Archäologische Ausgrabungen in Baden-Württemberg 2008

THEISS

Bibliografische Information Der Deutschen Nationalbibliothek
Die Deutsche Nationalbibliothek verzeichnet diese Publikation in der Deutschen Nationalbibliografie; detaillierte bibliografische Daten sind im Internet über http://dnb.d-nb.de abrufbar.

Umschlagbilder
Vorderseite: Schelklingen, Hohle Fels. Venus-Statuette aus Mammutelfenbein. Aurignacien, ca. 36 000–40 000 v. Chr. (Foto: Hilde Jensen). – Remseck-Pattonville. Byzantinische Bronzekanne aus einer merowingerzeitlichen Bestattung (Foto: Y. Mühleis).
Rückseite: Aalen-Wasseralfingen. Hallstattzeitliche Kragenrandschale aus einem Grabhügel (Foto: Y. Mühleis).

Redaktion: Karen Schmitt, Stuttgart
Gestaltung und Satz: Cornelia Fritsch, Filderstadt
Reproduktion: digigra4, Fellbach
Druck und Bindung: Firmengruppe Appl, aprinta Druck, Wemding
ISBN 978-3-8062-2257-9
ISSN 0724-8954

Archäologische Ausgrabungen in Baden-Württemberg 2008

Herausgegeben vom
Landesamt für Denkmalpflege im
Regierungspräsidium Stuttgart in Verbindung
mit den Fachreferaten für Denkmalpflege
in den Regierungspräsidien,
dem Archäologischen Landesmuseum,
der Gesellschaft für Archäologie
in Württemberg und Hohenzollern
und dem Förderkreis Archäologie in Baden.
Zusammengestellt von Dirk L. Krausse

Vorwort

Trotz einschneidender personeller Veränderungen können die „Archäologischen Ausgrabungen in Baden-Württemberg“ auch in diesem Jahr wieder pünktlich und in gewohnt hoher wissenschaftlicher und drucktechnischer Qualität erscheinen. Der vorliegende Band hält inhaltlich und konzeptionell an dem bewährten Schema fest: Aufnahme in die „Archäologischen Ausgrabungen ...“ finden demnach alle Berichte, die archäologische Ausgrabungen in Baden-Württemberg betreffen, sowie ausgewählte geophysikalische Untersuchungen. Ergebnisse von wissenschaftlichen Auswertungen, von Feldbegehungen und Luftbildprospektionen sowie Meldungen von Einzelfunden werden dagegen traditionell an anderer Stelle, nämlich in unserer Reihe „Fundberichte aus Baden-Württemberg“ veröffentlicht.

Nicht ganz unberechtigt ist allerdings der verschiedentlich vorgebrachte Einwand, dass sich die Arbeit einer modernen Archäologischen Denkmalpflege nicht auf Ausgrabungen und Funde beschränken darf, sondern vielmehr den unversehrten Schutz der archäologischen Denkmäler im Boden in den Mittelpunkt ihrer Bemühungen stellen muss. Betreffende Projekte, etwa zur Ausweisung archäologischer Reservate, oder auch Aktivitäten zur Inwertsetzung, Restaurierung und öffentlichen Erschließung archäologischer Denkmäler finden bisher in den etablierten Publikationsorganen der Archäologischen Denkmalpflege des Landes kein Forum. Hier wird zu prüfen sein, ob man zukünftig eine Auswahl besonders wichtiger und interessanter Berichte zu entsprechenden denkmalpflegerischen Vorhaben in die „Archäologischen Ausgrabungen und Projekte in Baden-Württemberg“ aufnimmt, um dem in den letzten Jahren überall in Europa vollzogenen Paradigmenwechsel hin zu einer präventiven Archäologie auch nach außen hin Rechnung zu tragen, allerdings ohne den bewährten und etablierten Charakter der Reihe grundsätzlich zu verändern.

Schon das Titelbild des diesjährigen Bandes führt wiederum eindrucksvoll vor Augen, wie reich Baden-Württemberg an herausragenden archäologischen Zeugnissen ist. Das Land besitzt aus fast allen ur- und frühgeschichtlichen Epochen archäologische Denkmäler von europäischer Bedeutung, z. T. sogar von Weltrang. Die Berichte des Bandes zeigen, dass das wissenschaftliche Niveau der baden-württembergischen Landesarchäologie dieser hohen Qualität der Quellen durchaus gerecht wird. Dies trifft sowohl auf die Universitäten als auch auf die Denkmalpflege im Lande zu.

Schematisch lassen sich auch für das Jahr 2008 nach dem Kriterium des Anlasses vier Gruppen von Ausgrabungen unterscheiden: 1. Reine Forschungsgrabungen an ungefährdeten Denkmälern (etwa in Höhlen oder im Grünland). – 2. Ausgrabungen an herausragenden, durch Land- und Forstwirtschaft bzw. Erosionsvorgänge (z. B. Bodensee) gefährdeten Fundstätten. – 3. Systematische Rettungsgrabungen im Vorfeld von Baumaßnahmen. – 4. Klassische Ad-hoc-Notgrabungen an akut durch Baumaßnahmen gefährdeten Denkmälern. Während Ausgrabungen der ersten Kategorie rein wissenschaftlich motiviert sind und in aller Regel im Rahmen von drittmittelfinanzierten Forschungsprojekten durchgeführt werden, gehören Untersuchungen der Kategorien 2 bis 4 zum Kerngeschäft der Archäologischen Denkmalpflege. In Baden-Württemberg werden jedes Jahr mehrere Zehntausend archäologische Denkmäler im Rahmen der industriell-landwirtschaftlichen Nutzung überpflügt. Wie die aktuellen Ausgrabungen in der keltisch-germanischen Siedlung von Lauda-Königshofen, dem bedeutenden römischen Siedlungs-, Verwaltungs- und Kultzentrum von Neuenstadt oder an der spätkeltischen Toranlage im Oppidum von Creglingen-Finsterlohr beispielhaft zeigen, wird die Landwirtschaft mittel- und langfristig zur Zerstörung zahlreicher einmaliger archäologischer Denkmäler führen. Durch flächige geophysikalische Prospektionen und gezielte Sondagen können von Seiten der Archäologischen Denkmalpflege zumindest die Ausdehnungen der Denkmäler, ihr jeweiliger Erhaltungszustand und ihre zeitliche und kulturelle Zugehörigkeit ermittelt und dokumentiert werden. Diese Maßnahmen sind Voraussetzung für einen weitergehenden Schutz, denn man kann nur schützen, was man kennt. Da Baden-Württemberg – im Unterschied zu vielen anderen Bundesländern – noch über nennenswerte Landesmittel zur Durchführung von archäologischen Ausgrabungen verfügt, setzt das Land hinsichtlich der Ausgrabungen der Kategorie 2 sicherlich nach wie vor Maßstäbe. Eine führende Position im nationalen Vergleich konnte die Landesdenkmalpflege auch im Hinblick auf drittmittelfinanzierte Ausgrabungs- und Auswertungsprogramme behaupten.

Schlechter steht das Land aber hinsichtlich der systematischen Rettungsgrabungen im Vorfeld von Baumaßnahmen da, also der Untersuchungen der 3. Kategorie. Hier ist seit Jahren in einigen Regionen eine quantitative Abnahme im Bereich großflächiger Untersuchungen zu verzeichnen. Da der Flächenverbrauch in Baden-Württemberg mit ca. 10 Hektar pro Tag (Tendenz 2008 wieder steigend) kontinuierlich hoch ist, kann kaum ein Zweifel daran bestehen, dass viele archäologische Denkmäler Tag für Tag unerkannt bzw. ungemeldet bei Bau- und Erschließungsmaßnahmen zerstört werden. Dies zeigt, dass es nicht ausreicht, im Rahmen von Genehmigungsverfahren auf die Meldepflicht nach § 20 DSchG zu verweisen, um die Denkmäler vor der undokumentierten Zerstörung zu bewahren. Abhilfe könnten nur systematische Prospektionen bringen, wie sie etwa in Nordrhein-Westfalen routinemäßig durchgeführt werden oder in Frankreich sogar gesetzlich vorgeschrieben sind. Die in den letzten Jahren im Vorfeld von Pipelineprojekten in Baden-Württemberg durchgeführten systematischen Prospektionen und Ausgrabungen führen eindrucksvoll vor Augen, dass durchschnittlich auf ein bekanntes archäologisches Denkmal ca. acht unbekannte Fundstätten entfallen. So waren sämtliche hallstattzeitlichen Denkmäler, die 2008 bei den systematischen Ausgrabungen nur wenige Kilometer östlich des Ipfs im Vorfeld des Baus der Ethylen-Pipeline Süd dokumentiert werden konnten, zuvor unbekannt. Ohne die ständige Anwesenheit von Fachpersonal beim „archäologie-gerechten" Abziehen des Humus wären diese herausragenden und kulturgeschichtlich wichtigen Denkmäler wahrscheinlich nicht erkannt, geschweige denn gemeldet worden.

Aber selbst wenn archäologische Fundstätten lange im Voraus bekannt und als Kulturdenkmale ausgewiesen sind, werden sie leider nicht selten überplant und zerstört, ohne dass für eine fachgerechte archäologische Ausgrabung im Vorfeld Sorge getragen wird. Ein geradezu erschütterndes Beispiel stellt in dieser Hinsicht der Bau eines Schweinestalls auf einer seit Jahren als Kulturdenkmal eingetragenen, großen und gut erhaltenen bandkeramischen Siedlung bei Öpfingen im Alb-Donau-Kreis dar. Als Nicht-Vegetarier wird man sicherlich geteilter Meinung darüber sein können, ob der Bau eines Schweinestalls mit eigener Zufahrtstraße auf einem archäologischen Denkmal der Zeit um 5000 v. Chr. prinzipiell genehmigungsfähig ist, zumal der Bau exakt an dieser Stelle (im freien Feld!) kaum zwingend gewesen sein dürfte. Wenn es jedoch um die Frage geht, ob die Archäologische Denkmalpflege vor der Genehmigung bzw. Realisierung entsprechender Bauvorhaben gehört wird und ob ihr Gelegenheit gegeben wird, die Denkmäler gegebenenfalls unter angemessenen Rahmenbedingungen zu dokumentieren und zu bergen, kann es nur eine Meinung geben! In diesem und ähnlich gelagerten Fällen wird man zukünftig genauer zu prüfen haben, wer die Verantwortung für entsprechende Versäumnisse zu tragen hat.

Die Zahl regelrechter Notgrabungen, also von

Ausgrabungen der 4. Kategorie, war nach Ausweis des vorliegenden Bandes auch 2008 relativ klein. Dies ist ein weiterer Beleg dafür, dass der Verweis auf § 20 DSchG im Rahmen von Genehmigungsverfahren zwar zu einer verwaltungsrechtlich opportunen Entlastung der Archäologischen Denkmalpflege, jedoch kaum zum Schutz der archäologischen Denkmale beiträgt.
Hier muss dringend Aufklärungsarbeit geleistet werden, damit bei Baumaßnahmen entdeckte archäologische Befunde und Funde häufiger gemeldet werden. Dies wird nur gelingen, wenn die betroffenen Baufirmen und Bauherren davon ausgehen können, dass die Archäologische Denkmalpflege in diesen Fällen schnell und bürgerfreundlich handeln wird. Die begrenzten Eigenmittel der Archäologischen Denkmalpflege sollten daher verstärkt für Prospektionen und für die zuverlässige und schnelle Erledigung von klassischen Notgrabungen eingesetzt werden. Im Gegenzug erscheint es bei der derzeitigen Personal- und Sachmittelausstattung alternativlos, die Kosten für Rettungsgrabungen im Vorfeld größerer Erschließungs- und Bauvorhaben zukünftig vermehrt den Vorhabenträgern bzw. Bauherren zu übertragen.
In diesem Zusammenhang darf nicht unerwähnt bleiben, dass die Archäologische Denkmalpflege in Baden-Württemberg in personeller Hinsicht im nationalen Vergleich unterdurchschnittlich ausgestattet ist. Nur in Bayern, Rheinland-Pfalz und Thüringen betreut ein Konservator eine größere Fläche als hierzulande. Noch dramatischer erscheint die personelle Unterversorgung im internationalen Vergleich, etwa mit der Schweiz oder mit Dänemark. Wenn etwa der Regierungsbezirk Tübingen, von Reutlingen bis nach Isny, von nur zwei Konservatoren betreut wird, dann ist die kritische Grenze um ein Vielfaches unterschritten. Da angesichts der Haushaltsziele der Landesregierung mit einer nennenswerten Aufstockung der Planstellen im Bereich der Archäologischen Denkmalpflege zukünftig nicht zu rechnen ist, kann die Lösung der Misere nur in der Umsetzung des von der Bundesrepublik bereits 2002 ratifizierten „Europäischen Übereinkommens zum Schutz des archäologischen Erbes“ (sog. Konvention von Malta), insbesondere in der Verankerung eines Prinzips zur Kostentragungspflicht durch den Verursacher im Rahmen größer angelegter Erschließungs- und Bauvorhaben bestehen. Dies gilt erst recht angesichts der ab 2011 angekündigten Konsolidierungshaushalte, die mit weiteren Reduzierungen der Landes- bzw. Wettmittel im Bereich Denkmalpflege einhergehen könnten.
Die Beiträge des vorliegenden Bandes zeigen, dass sich diese Entwicklung nicht zum Nachteil des archäologischen Erbes auswirken darf. Baden-Württemberg gehört nicht nur zu den ökonomisch reichsten Regionen Deutschlands und Mitteleuropas, sondern auch zu den kulturell reichsten. Dies gilt insbesondere für die archäologischen Zeugnisse der Ur- und Frühgeschichte und der Antike unseres Landes.

Abschließend gilt es, den zahlreichen Autoren ebenso wie den im Hintergrund tätigen Grabungstechnikern, Restauratoren, Grafikern, Fotografen, Verwaltungsmitarbeitern und Arbeitern zu danken. Besonderer Dank gilt den vielen ehrenamtlich Beauftragten im ganzen Land, die als „Augen und Ohren“ das Rückgrat der Archäologischen Denkmalpflege bilden.
Großer Dank gilt auch Herrn Landeskonservator a. D. Dr. Jörg Biel, der die Archäologische Denkmalpflege in Baden-Württemberg über die letzten 15 Jahre geleitet und die „Archäologischen Ausgrabungen“ in dieser Zeit sehr effektiv, konsequent und erfolgreich koordiniert hat.
Die Redaktionsarbeiten lagen in den bewährten Händen von Karen Schmitt, der ebenso wie dem Konrad Theiss Verlag Dank für die versierte und gewohnt qualitätvolle Realisierung des Bandes gebührt.

Esslingen, im April 2009 Dr. Dirk Krausse

Karte der Städte und Gemeinden, aus denen in diesem Band berichtet wird.

Inhalt

Verzeichnis der Autoren

Dr. Susanne Arnold, Regierungspräsidium Stuttgart, Landesamt für Denkmalpflege, Esslingen – susanne.arnold@rps.bwl.de

Manfred Benner, Heidelberg – benner.wendt.doku@t-online.de

Dr. Loup Bernard, MISHA, Strasbourg – loup.bernard@umb.u-strasbg.fr

Thomas Beutelspacher M.A., 72108 Rottenburg – thomas.beutelspacher@lycos.com

David Bibby B.A., Regierungspräsidium Stuttgart, Landesamt für Denkmalpflege, Esslingen – david.bibby@rps.bwl.de

Dr. Jörg Biel, Grafenberg – joergbiel@gmx.de

Lars Blöck M.A., Regierungspräsidium Freiburg, Ref. 26 Denkmalpflege – lbloeck@hotmail.com

Dr. Jörg Bofinger, Regierungspräsidium Stuttgart, Landesamt für Denkmalpflege, Esslingen – joerg.bofinger@rps.bwl.de

Dr. Andrea Bräuning, Regierungspräsidium Freiburg, Ref. 26 Denkmalpflege – andrea.braeuning@rpf.bwl.de

Dr. Hansjörg Brem, Amt für Archäologie des Kantons Thurgau, Frauenfeld – hansjoerg.brem@tg.ch

Prof. Nicholas J. Conard Ph.D., Institut für Ur- und Frühgeschichte und Archäologie des Mittelalters der Universität Tübingen, – nicholas.conard@uni-tuebingen.de

Dr. Folke Damminger, Regierungspräsidium Karlsruhe, Ref. 26 Denkmalpflege – folke.damminger@rpk.bwl.de

Dr. Bodo Dieckmann, Regierungspräsidium Stuttgart, Landesamt für Denkmalpflege, Arbeitsstelle Hemmenhofen – bodo.dieckmann@rps.bwl.de

Dipl.-Rest. Nicole Ebinger-Rist, Regierungspräsidium Stuttgart, Landesamt für Denkmalpflege, Esslingen – nicole.ebinger-rist@rps.bwl.de

Jürgen Ehrle, Institut für Archäologische Wissenschaften – Vor- und Frühgeschichte der Universität Frankfurt a. M. – juergen.ehrle@web.de

Daniela Euler M.A., Institut für Archäologische Wissenschaften – Vor- und Frühgeschichte der Universität Frankfurt a. M. – euler@em.uni-frankfurt.de

Prof. Dr. Lynn Fisher, Sociology/Anthropology Program, University of Illinois at Springfield – lfish1@uis.edu

Dr. Guntram Gassmann, Regierungspräsidium Stuttgart, Landesamt für Denkmalpflege – guntram.gassmann@rpt.bwl.de

Dr. Uwe Gross, Regierungspräsidium Stuttgart, Landesamt für Denkmalpflege, Esslingen – uwe.gross@rps.bwl.de

Dr. Jürgen Hald, Kreisarchäologe für den Landkreis Konstanz, Singen – juergen.hald@landkreis-konstanz.de

Dr. Susan Harris, Department of Anthropology, University of California, Santa Barbara – skharris@gmail.com

Dr. Martin Hees, Heilbronn

Silke Hesemann, M.A., Eppelheim

Dr. Marion Heumüller, Regierungspräsidium Stuttgart, Landesamt für Denkmalpflege, Esslingen – marion.heumüller@rps.bwl.de

Dr. Ludwig H. Hildebrandt, Wiesloch – ludwig.hildebrandt@online.de

Dr. Michael Hoeper, Freiburg – archaeologie-werkstatt@t-online.de

Dr. Bertram Jenisch, Regierungspräsidium Freiburg, Ref. 26 Denkmalpflege – bertram.jenisch@rpf.bwl.de

Walter Joachim, Stuttgart – walter.joachim@gmx.de

Prof. Dr. Michael A. Jochim, Department of Anthropology, University of California, Santa Barbara – jochim@anth.ucsb.edu

Ralf Keller M.A., Regierungspräsidium Stuttgart, Landesamt für Denkmalpflege, Esslingen – ralf.keller@rps.bwl.de

Steffen Killinger, Institut für Ur- und Frühgeschichte und Archäologie des Mittelalters der Universität Tübingen – steffenkillinger@yahoo.de

Prof. Dr. Claus-Joachim Kind, Regierungspräsidium Stuttgart, Landesamt für Denkmalpflege, Esslingen – claus-joachim.kind@rps.bwl.de

Dr. Frieder Klein, Regierungspräsidium Tübingen, Ref. 26 Denkmalpflege – frieder.klein@rpt.bwl.de

Dr. Ulrich Klein, Landesmuseum Württemberg, Stuttgart, Münzkabinett – ulrich.klein@landesmuseum-stuttgart.de

Dr. Jutta Klug-Treppe, Regierungspräsidium Freiburg, Ref. 26 Denkmalpflege –jutta.klug-treppe@rpf.bwl.de

Corina Knipper M.A., Institut für Ur- und Frühgeschichte und Archäologie des Mittelalters der Universität Tübingen – corina.knipper@uni-tuebingen.de und Institut für Anthropologie der Universität Mainz – knipper@uni-mainz.de

Dr. Peter Knötzele, Liegenschaften/Denkmalpflege, Stadt Heidenheim – peter.knoetzele@heidenheim.de

Dr. Peter König, Heidelberg – pekoepbf@web.de

Dr. Klaus Kortüm, Regierungspräsidium Stuttgart, Landesamt für Denkmalpflege, Esslingen – klaus.kortuem@rps.bwl.de

Prof. Dr. Rüdiger Krause, Institut für Archäologische Wissenschaften – Vor- und Frühgeschichte der Universität Frankfurt a. M. – r.krause@em.uni-frankfurt.de

Priv.-Doz. Dr. Dirk L. Krausse, Regierungspräsidium Stuttgart, Landesamt für Denkmalpflege, Esslingen – dirk.krausse@rps.bwl.de

Hans Lang, Regierungspräsidium Stuttgart, Landesamt für Denkmalpflege, Esslingen – hans.lang@rps.bwl.de

Dr. Martin Mainberger, Staufen – martin.mainberger@uwarc.de

Maria Malina, Heidelberger Akademie der Wissenschaften, Forschungsprojekt: The Role of Culture in Early Expansions of Humans, an der Universität Tübingen – maria.malina@uni-tuebingen.de

Dr. Irenäus Matuschik, Regierungspräsidium Stuttgart, Landesamt für Denkmalpflege, Arbeitsstelle Hemmenhofen – irenaeus.matuschik@rps.bwl.de

Marcus G. Meyer M.A., Regierungspräsidium Stuttgart, Landesamt für Denkmalpflege, Esslingen – marcus.meyer@rps.bwl.de

Adalbert Müller M.A., Freiburg – a.mueller@teraqua.de

Dr. Andrea Neth, Kreisarchäologin für den Landkreis Heilbronn, Regierungspräsidium Stuttgart, Landesamt für Denkmalpflege, Arbeitsstelle Lauffen a. N. – Andrea.Neth@rps.bwl.de

Prof. Dr. Hans Ulrich Nuber, Abt. für Provinzialrömische Archäologie der Universität Freiburg – nuber@geschichte.uni-freiburg.de

Dr. Matthias Ohm, Landesmuseum Württemberg, Stuttgart, Münzkabinett – matthias.ohm@landesmuseum-stuttgart.de

Dr. Harald von der Osten-Woldenburg, Regierungspräsidium Stuttgart, Landesamt für Denkmalpflege, Esslingen – harald.vonderosten@rps.bwl.de

Dipl.-Prähist. Petra Otte-Scheschkewitz, Regierungspräsidium Stuttgart, Landesamt für Denkmalpflege, Esslingen – petra.otte-scheschkewitz@rps.bwl.de

Dr. Arno Patzelt, Mössingen – terrana@terrana-geophysik.de

Dr. Britta Rabold, Regierungspräsidium Karlsruhe, Ref. 26 Denkmalpflege – britta.rabold@rpk.bwl.de

Dr. Reinhard Rademacher, Kreisarchäologe für den Landkreis Göppingen – r.rademacher@landkreis-goeppingen.de

Mark Rauschkolb, Stegen – mark.rauschkolb@pluto.uni-freiburg.de

Prof. Dr. Manfred Rösch, Regierungspräsidium Stuttgart, Landesamt für Denkmalpflege, Arbeitsstelle Hemmenhofen – manfred.roesch@rps.bwl.de

Dipl.-Ing. Bernd Säubert, Karlsruhe

Dr. Jonathan Scheschkewitz, Landesamt für Denkmalpflege, Esslingen – jonathan.scheschkewitz@rps.bwl.de

Dr. Helmut Schlichtherle, Regierungspräsidium Stuttgart, Landesamt für Denkmalpflege, Arbeitsstelle Hemmenhofen – helmut.schlichtherle@rps.bwl.de

Thomas Schlipf, Landesamt für Denkmalpflege, Esslingen – thomas.schlipf@rps.bwl.de

Dr. Beate Schmid, Regierungspräsidium Tübingen, Ref. 26 Denkmalpflege – beate.schmid@rpt.bwl.de

Dr. Doris Schmid, Regierungspräsidium Stuttgart, Landesamt für Denkmalpflege, Esslingen – doris.schmid@rps.bwl.de

Dr. Stefan Schmidt-Lawrenz, Römisches Freilichtmuseum Hechingen-Stein – info@villa-rustica.de

Matthias Schnyder, Amt für Archäologie des Kantons Thurgau, Frauenfeld – matthias.schnyder@tg.ch

Prof. i. R. Dr. Dr. h.c. Barbara Scholkmann, Institut für Ur- und Frühgeschichte und Archäologie des Mittelalters der Universität Tübingen – barbara.scholkmann@uni-tuebingen.de

Till Scholz M.A., Regierungspräsidium Stuttgart, Landesamt für Denkmalpflege, Esslingen – till.scholz@web.de

Dr. Rainer Schreg, Römisch-Germanisches-Zentralmuseum Mainz – schreg@rgzm.de

Dr. Gabriele Seitz, Abt. für Provinzialrömische Archäologie der Universität Freiburg – gabriele.seitz@geschichte.uni-freiburg.de

Przemyslaw Sikora M.A., Tübingen – przsikora@yahoo.de

Benedikt Stadler M.A., Reiss-Engelhorn-Museen Mannheim, Abt. Archäologische Denkmalpflege und Sammlungen – benedikt.stadler@mannheim.de

Gerd Stegmaier M.A., Regierungspräsidium Stuttgart, Landesamt für Denkmalpflege – gerd.stegmaier@gmx.de

Dr. Elisabeth Stephan, Regierungspräsidium Stuttgart, Landesamt für Denkmalpflege, Arbeitsstelle Konstanz, Osteologie – elisabeth.stephan@rps.bwl.de

Prof. Dr. Heiko Steuer, Institut für Ur- und Frühgeschichte und Archäologie des Mittelalters der Universität Freiburg – heiko.steuer@ufg.uni-freiburg.de

Martin Straßburger M.A., Bollschweil – martin@miningarchaeology.com

Dr. Andreas Thiel, Regierungspräsidium Stuttgart, Landesamt für Denkmalpflege, Esslingen – andreas.thiel@rps.bwl.de

Dr. Martin Thoma, Regierungspräsidium Stuttgart, Landesamt für Denkmalpflege, Esslingen – mthoma15@yahoo.de

Prof. Dr. Ulrich Veit, Institut für Ur- und Frühgeschichte und Archäologie des Mittelalters der Universität Tübingen – ulrich.veit@uni-tuebingen.de

Teresa Verrept, Institut für Ur- und Frühgeschichte und Archäologie des Mittelalters der Universität Tübingen – teresa.verrept@uni-tuebingen.de

Christina Vossler M.A., Institut für Ur- und Frühgeschichte und Archäologie des Mittelalters der Universität Tübingen – ihlefix@web.de

Dr. Heiko Wagner, Kirchzarten – dendler-wagner@t-online.de

Prof. Dr. Joachim Wahl, Regierungspräsidium Stuttgart, Landesamt für Denkmalpflege, Arbeitsstelle Konstanz, Osteologie – joachim.wahl@rps.bwl.de

Dr. Martin Waldhör, Mössingen – terrana@terrana-geophysik.de

Michael Weihs M.A., Altenriet – WeihsBW@aol.com

Dr. Günther Wieland, Regierungspräsidium Karlsruhe, Ref. 26 Denkmalpflege – guenther.wieland@rpk.bwl.de

Andreas Willmy M.A., Institut für Ur- und Frühgeschichte und Archäologie des Mittelalters der Universität Tübingen – andreas.willmy@gmx.de

Dr. Klaus Wirth, Reiss-Engelhorn-Museen Mannheim, Abt. Archäologische Denkmalpflege und Sammlungen – klaus.wirth@mannheim.de

Björn Zängle, Institut für Archäologische Wissenschaften, Abt. Urgeschichtliche Archäologie der Universität Freiburg – boezae@gmx.de

Spektakuläre Funde aus dem unteren Aurignacien vom Hohle Fels bei Schelklingen, Alb-Donau-Kreis

Die Ausgrabung 2008 am Hohle Fels fand vom 4. August bis zum 26. September unter Beteiligung einer internationalen Grabungsmannschaft mit durchschnittlich zwölf Teilnehmern statt. Ziele der Kampagne waren die Vergrößerung der Grabungsfläche nach Westen zum Höhleneingang hin und die weitere Untersuchung der unteren Aurignacien-Schichten im nördlichen Bereich der Ausgrabung. Im Laufe der Grabungszeit 2008 wurden knapp 1900 Einzelfunde erfasst, darunter zahlreiche Steinartefakte, Tierknochen und Artefakte aus Knochen, Geweih und Elfenbein. Darüber hinaus wurde ein Vielfaches mehr an Funden beim Schlämmen geborgen.

Funde des Gravettiens und Neues zur Stratigrafie des Aurignaciens

Im westlichen Grabungsbereich wurde hauptsächlich in den teilweise umgelagerten Magdalénien-Schichten gearbeitet. Die gravettienzeitlichen Schichten wurden an dieser Stelle ebenso angeschnitten. Hier haben wir ein typisches Fundspektrum dieser Periode dokumentieren können. Darunter besonders erwähnenswert ist eine Nähnadel aus dem gravettienzeitlichen Archäologischen Horizont (AH) IIa (Abb. 1,1). Diese Fundgattung steht üblicherweise in Verbindung mit dem Magdalénien. Dennoch scheint die stratigrafische Einordnung unterhalb der Schichten des Letzten Glazialen Maximums und damit ins Gravettien in diesem Fall sicher zu sein. Die Arbeiten in den Schichten des Aurignaciens brachten erhebliche Überraschungen und vielfältige Funde mit sich. Die stratigrafischen Einheiten des Aurignaciens scheinen im nördlichen Bereich der Grabungsfläche besonders stark untergliedert zu sein. Stratigrafische Beobachtungen zeigten, dass das fundreiche, keilförmige Schichtpaket, welches

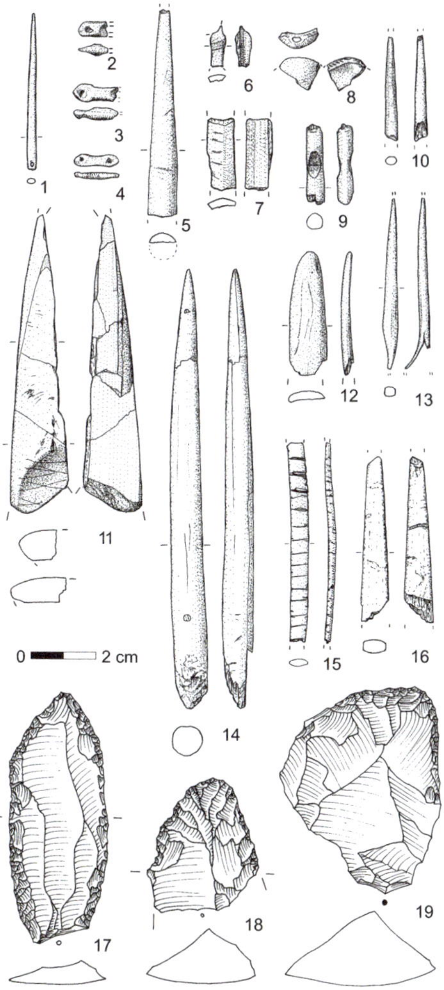

Abb. 1
Hohle Fels. Organische Artefakte aus dem Gravettien, dem Übergangsbereich Gravettien/Aurignacien und dem Aurignacien, Steinartefakte aus Jurahornstein des untersten Aurignaciens. Gravettien: AH IIa (1, 8); Übergangsbereich: AH IIdb (5); Aurignacien: AH IV.3 (11, 12), AH Va (9, 10, 14, 16), AH Va.9 (3, 4), AH Va.10 (2, 6, 15), AH Vb (7, 17–19). 1 Knochennadel; 2–4 doppelt durchlochte Elfenbeinartefakte; 5 fragmentierte Elfenbeinspitze; 6, 7 mögliche Flötenfragmente; 8 Muschelfragment; 9 Schmuckrohling aus Elfenbein; 10 fragmentierte Spitze aus Knochen; 11 Basisfragment einer großen Geschossspitze aus Elfenbein; 12 Glätterfragment aus Geweih; 13, 16 Geschossspitzen mit gespaltener Basis aus Geweih; 15 gekerbtes Band aus Elfenbein; 17 Spitzklinge; 18 Kielkratzer; 19 Kratzer an Abschlag.

2007 als AH Va gegraben wurde, nicht zum basalen Aurignacien gehört, das in den Jahren davor ursprünglich die Bezeichnung AH Va trug. Daher war es notwendig, die ursprünglich dem AH Va zugeordneten Funde in den neu definierten AH Vb einzugliedern. Die Schicht AH Vb liegt an der Basis des Aurignaciens und entspricht der stratigrafisch tiefsten Einheit des Aurignaciens im Hohle Fels. Diese Schicht besteht aus rot-braunem tonigem Schluff, der bislang relativ arm an Funden war. Nur in den Quadraten 89 und 30, im nordwestlichen Grabungsareal, beinhaltete diese Schicht mehr und weit wichtigere Funde, als es bislang der Fall war.

Zu den bemerkenswerten Funden des Jahres 2008 aus dem unteren Aurignacien gehören eine Spitze mit gespaltener Basis (Abb. 1,13) sowie ein größeres und ein kleineres rundum bearbeitetes Stück Elfenbein. Das kleine Fragment hat eine bearbeitete Facette, die nach einem Grifflochfragment aussieht, das größere einige gravierte Striche. Beide zeigen längs verlaufende Rillen im vertieften Innenbereich und oberflächige Bearbeitung (Abb. 1,6.7). Diese Bearbeitungsmerkmale erinnern stark an die Fragmente der Elfenbeinflöte aus dem Geißenklösterle. Jedoch müssen weitere Funde dieser Art geborgen werden, bevor das Vorhandensein einer Elfenbeinflöte als hundertprozentig gesichert gelten kann. Darüber hinaus stammen viele Steinartefakte und zahlreiche Späne der Elfenbeinbearbeitung aus dieser Schicht des untersten Aurignaciens.

Abb. 2 Hohle Fels. Grabungssituation mit Fundlage der Venus (roter Pfeil).

Die Venus vom Hohle Fels

Zwischen dem 8. und dem 15. September wurden mehrere bemerkenswerte bearbeitete Elfenbeinfragmente in AH Vb des Quadrates 30 entdeckt, die alle zusammengesetzt werden konnten. Das Hauptstück wurde am 9. September von A. Mistireki neben mehreren 30 bis 40 cm großen Kalkblöcken geborgen (Abb. 2). Nach der Reinigung wurde klar, dass die Fragmente von einer Frauenfigurine stammen. Der linke Schulterbereich und ein Teil des linken Arms fehlen, sonst ist die Figur vollständig und gut erhalten. Die Darstellung ist in ihrer jetzigen Form 59,7 mm lang, 34,6 mm breit, 31,3 mm dick und wiegt 33,3 Gramm. Die Figur wurde sehr detailreich geschnitzt und besitzt eine Reihe besonderer Merkmale (Abb. 3). Die „Venus" hat weder Kopf noch Hals. Stattdessen ist eine sorgfältig geschnitzte Öse etwas asymmetrisch oben auf den breiten Schultern der Figur platziert. Die Öse ist leicht verwittert, trägt aber teilweise noch eine Politur, die darauf hindeutet, dass die Figur zumindest gelegentlich an einer Schnur aufgehängt wurde. Die Brüste sind üppig und zeigen weit nach vorne. An den kurzen Armen sind Hände mit besonders feinen und deutlich erkennbaren Fingern geschnitzt. Sie liegen unterhalb der Brüste auf dem Bauch. Die Taille ist etwas schmaler als die breite Schulterpartie und die Hüften. Das Schamdreieck und die Genitalien sind deutlich ausgeformt. Ein Schlitz zieht sich von der Vulva auf der Vorderseite der Figur bis zur Rückseite. Die Beine sind kurz und laufen am Ende spitz zu. Sie wurden asymmetrisch und weniger detailreich dargestellt. Die Oberfläche der Venus ist gekennzeichnet durch mehrere tief eingeschnittene, horizontale Linien, die am Bauch und am Rücken der Figur gut sichtbar sind. Es ist denkbar, dass hiermit ein bän-

derartiges Kleidungsstück wiedergegeben ist. An anderen Stellen wie zum Beispiel auf den Schultern, Armen und Brüsten sind zahlreiche kürzere, tiefe Linien in die Oberfläche der Figur geschnitzt, welche das Volumen der Figur hervorheben.
Die stratigrafische Lage der Venus vom Hohle Fels an der Basis des Aurignaciens deutet darauf hin, dass sie wahrscheinlich die bisher älteste figürliche Darstellung aus den Höhlen der Schwäbischen Alb ist. Damit wäre sie möglicherweise die älteste figürliche Darstellung, die bislang weltweit bekannt ist. Die zehn Radiokohlenstoffdaten, die für AH Vb vorliegen, streuen zwischen 31 000 und 40 000 vor heute. Wie wir längst wissen, ist die Datierung des Aurignaciens mit der Radiokohlenstoff-Methode schwierig.
Vor der Entdeckung der Venus vom Hohle Fels waren figürliche Kunstwerke aus dem untersten Aurignacien der Schwäbischen Höhlen unbekannt. Ebenfalls völlig unbekannt sind rundplastische Frauendarstellungen aus dem Aurignacien überhaupt. Ähnliche Venus-Figuren mit markanten Geschlechtsmerkmalen sind im Gravettien über ganz Europa verbreitet. Somit kann die Entdeckung der Venus vom Hohle Fels als Sensation und große Überraschung gelten, mit der viele unserer Ideen über die Entstehung und die Bedeutung der Eiszeitkunst in ein völliges neues Licht gerückt werden.

Abb. 3
Hohle Fels. Venus aus Mammutelfenbein. Unterstes Aurignacien, AH Vb. Länge 5,97 cm.

Eine Knochenflöte

Die Ausgrabung 2008 am Hohle Fels wird der Fachwelt sicherlich aus mehreren Gründen lange in Erinnerung bleiben. Kurz nach der Entdeckung der Venus kam ein weiterer besonderer Fund zutage. Etwa 70 cm südöstlich der Venus wurden am 17. September von K. Koll Fragmente einer Knochenflöte geborgen. Die insgesamt zwölf Bruchstücke stammen ebenfalls aus dem AH Vb. Nach der Zusammensetzung der Stücke wurde klar, dass wir hiermit die mit Abstand am besten erhaltene Flöte der schwäbischen Höhlen haben und zugleich höchstwahrscheinlich das älteste Musikinstrument, das weltweit bekannt ist (Abb. 4). Ein Ende der Flöte ist unvollständig; ihr erhaltener Teil hat eine Länge von 21,8 cm und einen Durchmesser von etwa 8 mm. Damit ist die Flöte deutlich länger als die Knochenflöten und die Elfenbeinflöte vom Geißenklösterle. Vergleiche mit vielen Vogelknochen, die wir mit Dr. S. Münzel in Tübingen durchgeführt haben, zeigen, dass die Flöte am besten zu dem Radius eines Gänsegeiers passt. Diese Vogelart ist auch in der pleistozänen Fauna vom Achtal bekannt. Fünf Grifflöcher sind erhalten, davon sind vier vollständig. Ein Ende der Flöte ist fast komplett erhalten; es läuft bogenförmig aus und ist in Richtung der Längsachse

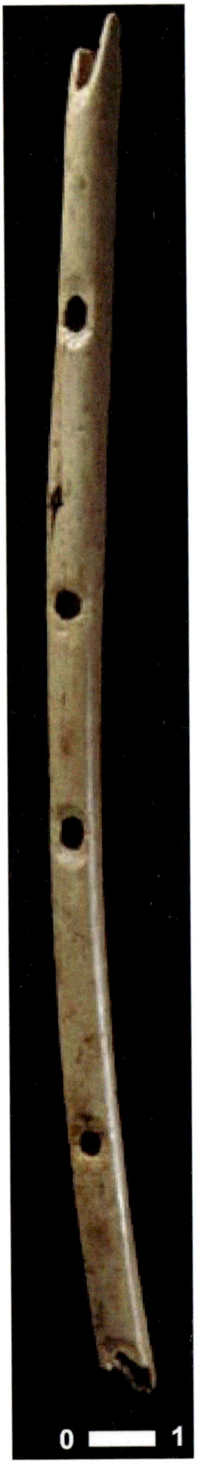

Abb. 4
Hohle Fels. Flöte aus dem Radius eines Gänsegeiers. Unterstes Aurignacien, AH Vb. Länge 21,8 cm.

V-förmig eingekerbt. Dieses Ende ist vermutlich das Mundstück der Flöte. Zurzeit arbeitet W. Hein an einer Rekonstruktion der Flöte, womit wir hoffen, in nächster Zeit deren Spielbarkeit überprüfen zu können. Die Flöte trägt keine Verzierungen. Stattdessen sind an mehreren Stellen sehr feine Linien vorhanden, die möglicherweise als Markierungen mit dem Ausmessen der Grifflöcher in Verbindung stehen. Die Entdeckung dieser gut erhaltenen Flöte zusammen mit den inzwischen mehrfachen Hinweisen auf Knochen- und Elfenbeinflöten an den Fundplätzen Geißenklösterle, Vogelherd und Hohle Fels verdeutlichen die Tatsache, dass Musik bereits im frühesten Jungpaläolithikum der Schwäbischen Alb ein weit verbreiteter Bestandteil des Lebens war. Sie zeigt auch, dass nur durch eine sehr sorgfältige Grabungstechnik solche feinen und empfindlichen Funde geborgen werden können.

Forschungskontinuität seit vielen Jahren

Neben diesen zwei absolut herausragenden Funden wurden viele weitere Erkenntnisse im Laufe der Grabungskampagne gewonnen. So haben wir das Aurignacien mit seinen vielen Schichten und Befunden stärker als bislang unterteilen können und hoffen, damit die kulturelle Entwicklung im Zeitraum zwischen 40 000 und 30 000 Jahren vor heute künftig besser als je zuvor differenzieren zu können. Beeindruckend ist die immer größer werdende Vielfalt, die unter den Steinartefakten und besonders unter den organischen Funden des Aurignaciens dokumentiert wird (Abb. 1). Hierzu zählen immer weitere Formen von Knochen-, Geweih- und Elfenbeinwerkzeugen sowie Schmuckstücke aus Mammutelfenbein.
Das Ausgrabungsjahr 2008 brachte manche wunderbaren Überraschungen mit sich, die unsere Erwartungen deutlich übertrafen. Die Forschung am Hohle Fels zeigt, wie wichtig es ist, dass Strukturen für langfristige Forschungsprogramme geschaffen werden. Nach vielen Grabungskampagnen zwischen 1977 und 1996 unter der Leitung von J. Hahn gräbt die jetzige Mannschaft mittlerweile ununterbrochen seit zwölf Jahren. Ohne diese Kontinuität in der Forschung wären die Erfolge der letzten Jahre nicht möglich gewesen. Abschließend bleibt nur zu erwähnen, dass alle diese neuesten Funde in der Großen Landesausstellung „Eiszeit – Kunst und Kultur" zwischen dem 18. September 2009 und dem 10. Januar 2010 im Kunstgebäude Stuttgart zu sehen sein werden.

Die Ausgrabung wurde unterstützt durch die Firma Heidelberg Cement AG (Schelklingen), das Landesamt für Denkmalpflege, die Heidelberger Akademie der Wissenschaften, die Museumsgesellschaft Schelklingen und die Gesellschaft für Urgeschichte (Blaubeuren). Michael Bolus, Ralf Ehmann, Susanne Feine, Wulf Hein, Katharina Koll, Bertrand Ligouis und Susanne Münzel danken wir für die Unterstützung bei der Fertigstellung dieses Aufsatzes.

Nicholas J. Conard, Maria Malina

Literaturhinweise

N. J. Conard/M. Bolus, Radiocarbon dating the late Middle Paleolithic and the Aurignacian of the Swabian Jura. Journal Hum. Evolution 55, 2008, 886–897; N. J. Conard/M. Malina/S. C. Münzel/F. Seeberger, Eine Mammutelfenbeinflöte aus dem Aurignacien des Geißenklösterle. Neue Belege für eine musikalische Tradition im frühen Jungpaläolithikum auf der Schwäbischen Alb. Arch. Korrbl. 34, 2004, 447–461; J. Hahn/S. C. Münzel, Knochenflöten aus dem Aurignacien des Geißenklösterle bei Blaubeuren, Alb-Donau-Kreis. Fundber. Baden-Württemberg 20, 1995, 1–12.

Weitere Belege für eiszeitliche Kunst und Musik aus den Nachgrabungen 2008 am Vogelherd bei Niederstotzingen-Stetten ob Lontal, Kreis Heidenheim

Die Nachgrabungen am Vogelherd laufen seit 2005 und stehen im Mittelpunkt der öffentlichen Wahrnehmung der Forschung zum Paläolithikum in Baden-Württemberg. Spätestens seit der Entdeckung der neuen Mammut-Skulptur im Sommer 2006 und den darauf folgenden Sonderausstellungen ist die wissenschaftliche Bedeutung des Fundplatzes nicht nur unter Spezialisten bekannt. Die Grabungskampagne 2008 erstreckte sich vom 5. Mai bis zum 1. August und war damit wesentlich länger als die vorherigen Geländekampagnen (Abb. 5). Während der Geländearbeit nahmen 36 Ausgräber aus Europa, Asien, Nordamerika und Afrika an der Forschung teil.

Vorgehensweise

Da die von uns untersuchten Sedimente meist durch die Grabung G. Rieks im Jahr 1931 und spätere ungenehmigte Grabungen bereits umgelagert und durchmischt sind, können wir deutlich schneller arbeiten, als es in ungestörten Ablagerungen möglich wäre. Auch aus diesem Grund werden nur bedeutendere Funde einzeln eingemessen. Im Laufe der Grabung 2008 wurden etwa 420 Steinartefakte und über 600 Knochen-, Geweih- und Elfenbeinfunde aufgenommen. Dazu zählten fast 70 Beispiele für Werkzeuge oder Schmuck aus Knochen und Elfenbein. Auch wenn die Sedimente am Vogelherd weitgehend aus umgelagerter Höhlenfüllung bestehen, wurden die sedimentären Eigenschaften der Fundlagen und der Proben festgehalten. Darüber hinaus wurden in regelmäßigen Abständen Nord-Süd- und Ost-West-Profile dokumentiert. Hiermit ist die Voraussetzung für eine mögliche Rekonstruktion der ursprünglichen Lage der Sedimente und der Funde am Ende der Nachgrabung gegeben. Bislang wurden die Sedimente am Vorplatz der Höhle und am Hang unterhalb der Höhle in sechs Haupteinheiten gegliedert. Erwartungsgemäß sind die Schichtpakete durch unterschiedliche Vermischungsgrade gekennzeichnet.

2008 wurden 9453 Säcke Sediment geborgen und damit fast so viele wie insgesamt in den drei Jahren zuvor, in denen ungefähr 10240 Säcke zusammenkamen. Nur etwa die Hälfte des diesjährigen Volumens konnte an der Schlämmanlage in Gerhausen bei Blaubeuren gewaschen werden, und nur ein sehr kleiner Teil davon konnte bislang sortiert werden. Daher gilt dieser Jahresbericht mehr als je zuvor als Zwischenbericht über die laufenden Arbeiten.

Steinartefakte

Die Technologie und Typologie der Funde zeigten, dass ein Großteil von ihnen wie bereits in den vergangenen Jahren aus dem Au-

Abb. 5 Vogelherd. Grabungssituation 2008.

rignacien stammt, das zwischen 40 000 und 30 000 Jahren vor heute datiert. Weitere Funde kamen aus den Schichten des Mittelpaläolithikums sowie aus den späteren Phasen des Jungpaläolithikums wie auch zum Teil aus der Mittel- und der Jungsteinzeit.

Abb. 6

Vogelherd. Organische Artefakte (1–8) und Steinartefakte (9–13, alle Jurahornstein). 1 bearbeiteter Wildschweinhauer, der an eine stilisierte Frauenfigurine erinnert; 2 doppelt durchlochter Elfenbeinanhänger; 3 einfach durchlochtes Elfenbeinartefakt; 4 Elfenbein-Flötenfragment; 5 gekerbtes Elfenbeinartefakt; 6 durchlochter, gebrochener Höhlenbären-Milcheckzahn; 7 Geschossspitze mit gespaltener Basis aus Geweih; 8 Hälfte eines Rundstabfragments aus Elfenbein; 9 Spitzklinge; 10 Kielkratzer; 11 Spitzklingenfragment; 12 lateral retuschierte Lamelle; 13 Klingenkern.

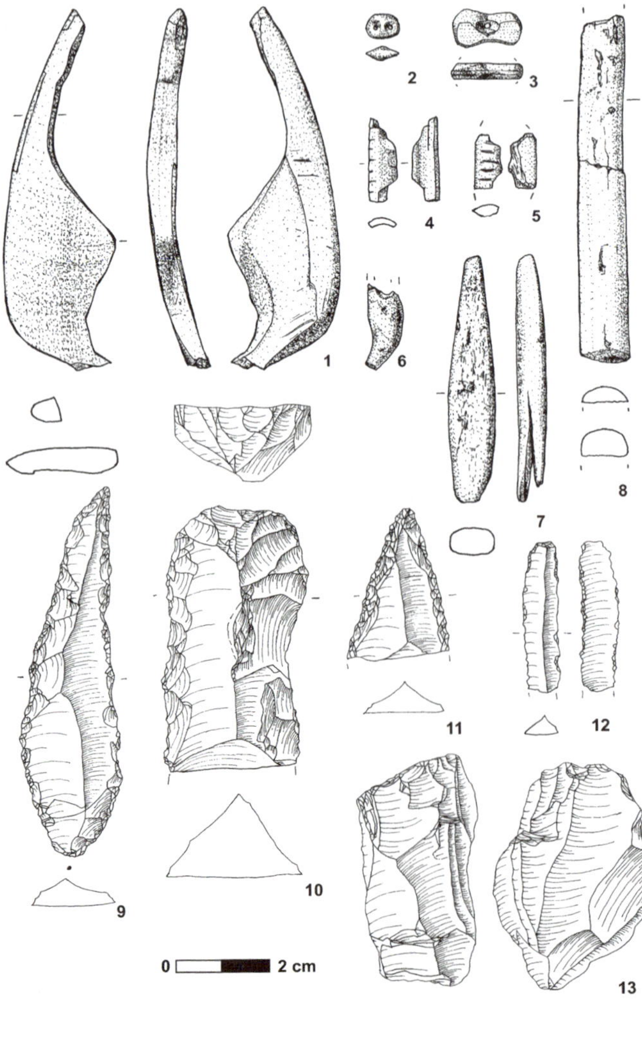

Die Steinartefakte der Grabung sind gekennzeichnet durch klassische Formen des Aurignaciens wie Klingenkerne, Kratzer, Kielkratzer und Spitzklingen (Abb. 6,9–11.13). Die Kanten der Steinartefakte weisen häufig die relativ grobe, sogenannte Aurignacien-Retusche auf. Vereinzelt kommen Levallois-Kerne und Schaber des Mittelpaläolithikums sowie retuschierte und rückengestumpfte Lamellen des mittleren und späten Jungpaläolithikums vor (Abb. 6,12). Eine systematische Auswertung der Steinartefakte wurde bislang nicht vorgenommen.

Funde aus organischem Material

Während die Steinartefakte starke Gemeinsamkeiten mit den 1934 von G. Riek publizierten Funden aufweisen, finden wir jedes Jahr viele neue und teilweise einmalige organische Fundtypen aus Knochen, Geweih und Elfenbein. Unter den Funden, die während der Grabung und auch beim anschließenden Schlämmen und Sortieren dokumentiert wurden, sind einige Knochen- und Geweihspitzen, teilweise mit erhaltener gespaltener Basis, die eine typische Jagdwaffe des Aurignaciens repräsentieren (Abb. 6,7). Verzierte und unverzierte rundliche Stäbe aus Mammutelfenbein sind ebenfalls häufig belegt. Außerdem wurden weitere Schmuckstücke aus Elfenbein geborgen. Diese kleinen Funde werden meistens beim Sortieren der Feinrückstände aus den Sedimentproben entdeckt. Am häufigsten sind doppelt durchlochte Elfenbeinanhänger belegt, wie sie von stratifizierten Fundplätzen aus den Aurignacien-Schichten bekannt sind. Darüber hinaus fanden sich viele durchlochte kleine Elfenbeinobjekte, die von uns als Schmuck klassifiziert werden (Abb. 6,3). Es ist durchaus denkbar, dass manche dieser Formen Funktionen hatten, die über den rein ästhetischen Anspruch von Schmuckstücken hinausgingen.
Unter den vielen Fragmenten bearbeiteten Elfenbeins ist eines, bei dem es sich höchst-

wahrscheinlich um einen Teil einer Elfenbeinflöte handelt (Abb. 6,4). Dieses nur 17,8 mm×5,8 mm×1,8 mm große Stück besitzt einen außen konvexen und innen konkaven Querschnitt, wie er bislang nur von Fragmenten der Elfenbeinflöte aus dem Aurignacien vom Geißenklösterle bekannt ist. Zwei weitere Eigenschaften sprechen stark dafür, dass dieses Stück Teil einer Flöte ist: Der Fund zeigt mehrere kleine Kerben an seiner Kante, genau wie viele Flötenfragmente vom Geißenklösterle. Darüber hinaus ist das Artefakt an einer Stelle der Außenseite abgeflacht, was ein fragmentarisch vorhandenes Griffloch darstellen könnte. Diese Merkmale sind bislang nur bei den Fragmenten der Elfenbeinflöte bekannt. Wenn diese Deutung bestätigt wird, wäre es, neben den drei Fragmenten einer Knochenflöte aus dem Grabungsjahr 2005, der zweite Hinweis auf eiszeitliche Musikinstrumente am Vogelherd.

Zu den Funden der Grabung 2008 zählt auch eine intensiv bearbeitete Zahnlamelle (Abb. 6,1). Dieser ungewöhnliche Fund ist 75,6 mm lang und erinnert an die stark stilisierten Frauenfiguren des Magdaléniens. Solche einmaligen Funde sind besonders schwer zu deuten, daher sind wir bislang unsicher, wie wir dieses ungewöhnliche Artefakt am besten interpretieren sollen.

Figürliche Kunstwerke

Besonders erfreulich war auch die Entdeckung weiterer Fragmente figürlicher Kunstwerke aus Elfenbein. Einige kleine Elfenbeinfragmente zeigen eindeutig bearbeitete Oberflächen. Drei solcher Stücke sind mit Sicherheit Teile figürlicher Kunst. Ein abgeplatzter Teil einer Elfenbeinfigur mit einer Länge von 31,3 mm, einer Höhe von 15,8 mm und einer Dicke von 5,8 mm gehört höchstwahrscheinlich zu einer Tierdarstellung (Abb. 7,2). Teilweise sind zwei Beine und der Hals oder der Ansatz des Kopfes erhalten. Das Fragment trägt zahlreiche markante, kurze Striche, die der Darstellung eine hohe plastische Wirkung verleihen. Welche Tierart hier abgebildet wurde, bleibt unklar; allerdings besitzt der Körper eine ziemlich gedrungene Form, im Gegensatz zu den beispielsweise eher langgestreckten Formen der meisten Raubkatzen-Darstellungen aus dem Vogelherd.

Bei der zweiten Figur mit den Maßen 45,2 mm×22,6 mm×9,3 mm ist die linke Seite eines Tieres erhalten (Abb. 7,1). Auch bei dieser Darstellung ist die Tierart nicht erkennbar. Der Körper wirkt massig und robust, während die Beine ausgesprochen grazil sind. Ein Teil des Halses ist erhalten, aber zu unvollständig, um uns etwas über die Tierart zu verraten. Der Blick auf die Figur von hinten zeigt einen Schwanz, der zum Teil erhalten ist. Die allgemeine Form und die Proportionen erinnern an die eines großen Boviden. Im Vergleich mit den in der Kunst des Aurignaciens häufig dokumentierten Tieren kann mit relativ hoher Sicherheit behauptet werden, dass die Figur weder eine Raubkatze, noch ein Pferd oder ein Mammut darstellt. Der erhaltene Teil der Figur trägt

Abb. 7
Vogelherd. Figürliche Elfenbeinfragmente. 1 Tierfigur (Bovide?) mit dünnen Beinen und ohne Kopf; 2 Tierfigur ohne Kopf mit Oberflächenbearbeitung; 3 Fischdarstellung (?).

keine der üblichen Zeichen der Oberflächenbearbeitung. Die Figur vermittelt eine verhältnismäßig strenge, statische Haltung. Bei einer Reihe von tiefen horizontalen Linien vor allem auf den Vorderbeinen scheint es sich um Bissspuren von Nagern zu handeln. Die Oberfläche des Stückes ist teilweise stark verwittert. Diese Tatsache verdeutlicht die Notwendigkeit, die Grabung im Abraum des Vogelherds fortzusetzen, damit eventuell noch erhaltene organische Funde nicht unnötig dem Verfall durch Verwitterung ausgesetzt sind.

Eine dritte Figur ist in vielerlei Hinsicht einmalig und auch etwas ungewöhnlich. Die Skulptur ist flach und von länglicher Form mit Dimensionen von 70,3 mm × 30,8 mm × 9,2 mm (Abb. 7,3). Beide Seiten der Figur wurden sorgfältig bearbeitet und tragen mehrere Reihen regelmäßig platzierter Punkte sowie Serien kurzer, tief eingeschnittener Linien entlang der Kanten des Stückes. Es sind weder Beine noch ein eindeutiger Kopf oder Hals angegeben, und die flache Form kann auf keinen Fall ein Säugetier, einen Menschen oder ein Mischwesen wiedergeben. Alle vorhandenen Eigenschaften deuten darauf hin, dass die Figur einen Fisch darstellt. Ohne erhaltenen Kopf, Mund und Augen ist diese Interpretation unsicher, jedoch sprechen die hydrodynamische Form und die schwungvolle Gestaltung der Figur für einen Fisch. Andere Fischdarstellungen sind in der schwäbischen Kleinkunst unbekannt und im Allgemeinen, verglichen mit anderen Tierdarstellungen, eher selten in der Kunst des Paläolithikums. Eine weitere Deutungsmöglichkeit ist sicherlich, dass es sich um eine symbolische Darstellung handelt.

Zwischenbilanz

Nach vier Grabungskampagnen im Abraum des Vogelherds rechnen wir damit, dass ungefähr die Hälfte der Höhlenfüllung der Ausgrabung Gustav Rieks von 1931 untersucht wurde. Bislang haben wir fast 20 000 Sedimentsäcke gefüllt, 15 000 davon wurden geschlämmt, und etwas mehr als 10 000 Proben wurden bereits sortiert. Obwohl die Ergebnisse unsere Erwartungen an die Nachgrabungen schon übertroffen haben, bleibt für die kommenden Jahre noch einiges an Arbeit am Vogelherd. Alle bedeutenden Funde der Nachgrabung am Vogelherd werden in der Großen Landesausstellung „Eiszeit – Kunst und Kultur“ vom 18. 9. 2009 bis zum 10. 1. 2010 in Stuttgart zu sehen sein.

Für die großzügige finanzielle und logistische Unterstützung danken wir dem Kreis Heidenheim, der Stadt Niederstotzingen, dem Ministerium für Wissenschaft, Forschung und Kunst Baden-Württemberg, der Heidelberger Akademie der Wissenschaften, dem Förderverein Eiszeitkunst im Lonetal, dem Landesamt für Denkmalpflege, der Firma ratiopharm (Ulm), der Firma Heidelberg Cement AG (Schelklingen) und der Adolf Würth GmbH (Künzelsau). Für die Unterstützung bei den Arbeiten zur Fertigstellung dieses Beitrags danken wir besonders Michael Bolus, Ralf Ehmann, Elham Ghasidian, Juraj Lipták, Susanne Münzel und Sarah Rudolf.

Nicholas J. Conard, Maria Malina,
Teresa Verrept

Literaturhinweise

N. J. Conard/M. Lingnau/M. Malina, Einmalige Funde durch die Nachgrabung am Vogelherd bei Niederstotzingen-Stetten ob Lontal, Kreis Heidenheim. Arch. Ausgr. Baden-Württemberg 2006, 20–24; G. Riek, Die Eiszeitjägerstation am Vogelherd im Lonetal, Bd. 1 (Tübingen 1934).

Neue Ausgrabungen am Hohlenstein-Stadel im Lonetal, Gde. Asselfingen, Alb-Donau-Kreis

Das Lonetal gehört mit seinen einmaligen Höhlenfundstellen zu den wichtigsten archäologischen Landschaften in Südwestdeutschland. Die Stationen Vogelherdhöhle, Hohlenstein, Bockstein, Fohlenhaus und Haldensteinhöhle erbrachten Schichtenfolgen, welche zu den herausragenden Stratigrafien der Alt- und Mittelsteinzeit zu zählen sind. Besonders spektakulär sind die Zeugnisse des frühesten Kunstschaffens der Menschheit. Aus den Fundschichten des Aurignaciens aus der Vogelherdhöhle und dem Hohlenstein, ebenso wie aus der Geißenklösterle-Höhle bei Blaubeuren und dem Hohle Fels bei Schelklingen im Achtal, stammen kleine Schnitzereien aus Mammutelfenbein, die mehr als 30 000 Jahre alt sind. Der Fund der kleinen Mammutfigur im Abraum der früheren Grabungen am Vogelherd stellte mit seiner Resonanz auch in der breiten Öffentlichkeit alles bisher in der deutschen Paläolith-Forschung Dagewesene in den Schatten.

Wegen der internationalen Wichtigkeit der Zeugnisse des künstlerischen „Urknalls“ auf der Schwäbischen Alb vor mehr als 30 000 Jahren gibt es seit einiger Zeit Bestrebungen, die betreffenden Höhlenfundplätze auf die Liste des Welterbes der UNESCO zu bringen. Im Rahmen dieser Bestrebungen ist es notwendig, den aktuellen Zustand der vier Kulturdenkmale zu überprüfen. In der Geißenklösterle-Höhle und im Hohle Fels fanden und finden in neuester Zeit archäologische Ausgrabungen statt. Es ist deutlich, dass in beiden Fundstellen noch umfangreiche Schichten vorhanden sind, welche Funde führen. Auch die Vogelherd-Höhle steht in den letzten Jahren wieder im Brennpunkt der Forschungen. Hier ist es recht klar, dass die Höhle selbst mehr oder weniger vollständig ausgegraben ist.

Der Hohlenstein

Als diejenige der vier Fundstellen, über die am wenigsten bekannt ist, muss der Hohlenstein auf Gemarkung Asselfingen im Alb-Donau-Kreis bezeichnet werden. Der Hohlenstein, ein Felsmassiv am südlichen Hang des Lonetals, birgt mindestens drei steinzeitliche Fundstellen. Die Bärenhöhle und der Stadel sind zwei größere Ganghöhlen mit einer heutzutage begehbaren Länge von jeweils mehr als 30 m. Zwischen den beiden Höhlen liegt ein Felsdach, welches als Kleine Scheuer bezeichnet wird. Die Bärenhöhle ist wahrscheinlich die Stelle, in der das erste Mal in Südwestdeutschland gezielt Ausgrabungen in einem Höhlenfundplatz stattfanden. 1862 fand Oskar Fraas hier Zehntausende von Höhlenbärenknochen, übersah bei dieser ersten Untersuchung allerdings die menschlichen Hinterlassenschaften. Auch die anderen Fundplätze wurden recht früh untersucht. In der Kleinen Scheuer wurde seit 1908 von R. R. Schmidt, etwas später von Elsbeth und Wolfgang Soergel gegraben. In den 1930er und 1950er Jahren folgten Untersuchungen von Robert Wetzel, schließlich 1973 von Joachim Hahn.

Frühere Grabungen in der Stadelhöhle

In der Stadelhöhle am Hohlenstein unternahmen Robert Wetzel und Otto Völzing ab 1935 die ersten dokumentierten Ausgrabungen. Sie wurden abrupt durch den Ausbruch des Zweiten Weltkriegs 1939 unterbrochen. Im Jahr 1956 setzte Wetzel seine Forschungen in der Stadelhöhle (wie auch in der Bärenhöhle) fort, die letzte Grabungskampagne fand 1961 statt. Erst 1983 erfolgte wieder eine kleine Untersuchung im Inneren der Höhle durch Eberhard Wagner. Schließlich

gab es in den Jahren 1997 und 1998 im Tal vor dem Hohlenstein Ausgrabungen durch das Institut für Ur- und Frühgeschichte der Universität Tübingen unter der Leitung von Nicholas Conard.
Die Grabungen von Wetzel in der Stadelhöhle erbrachten eine stark gegliederte Stratigrafie. An der Basis der Abfolge wurden zwei bzw. drei Fundschichten des Mittelpaläolithikums entdeckt. Neben Steinwerkzeugen und Tierknochen enthielten sie den bis heute einzigen Knochen eines Neandertalers aus Baden-Württemberg, einen Oberschenkel. Über den mittelpaläolithischen Schichten folgte ein Fundhorizont mit Artefakten des Aurignaciens, der auch den berühmten „Löwenmenschen", eine rund 30 cm hohe Schnitzerei aus Mammutelfenbein, erbrachte. Darüber lag eine Fundschicht des Magdaléniens. Abgeschlossen wurde die Sequenz durch einen humosen Horizont, der Funde des Mesolithikums, des Neolithikums und der Urnenfelderzeit enthielt. Ausgehend von dieser humosen Schicht war eine Grube eingetieft, in der die spektakuläre Bestattung dreier Schädel aus dem Spätmesolithikum lag. Ebenfalls aus dem Humus stammt die sogenannte „Knochentrümmerstätte", mehrere Gruben mit hunderten von menschlichen Knochen aus dem Neolithikum.
Die Stadelhöhle am Hohlenstein galt lange Jahre als weitgehend ausgegraben. So erbrachten z. B. die letzten Untersuchungen von Wagner nur gestörte Sedimente. Sicher konnte man sich aber über dieses negative Urteil nicht sein. Deshalb wurde der Entschluss gefasst, durch einige kleine, räumlich sehr begrenzte Sondagen im Bereich des Hohlenstein die Ist-Situation zu überprüfen. Hierbei sollte die Frage beantwortet werden, ob noch in größerem Umfang fundführende Bereiche am Hohlenstein vorhanden sind. Ziel dieser Untersuchungen soll sein, gegebenenfalls die Planung notwendiger Schutzmaßnahmen im Rahmen der angestrebten Aufnahme in die Welterbe-Liste der UNESCO zu erleichtern.

Abb. 8 Grabungsarbeit 2008 im Hohlenstein-Stadel.

Der Stadelvorplatz

Die neuen Ausgrabungen am Stadel (Abb. 8) fanden vom 14. Juli bis zum 12. September 2008 statt. Beteiligt waren insgesamt sieben Grabungsarbeiter. Nach Recherchen in den alten Grabungsunterlagen wurde recht schnell klar, dass die Arbeiten von Wetzel im Jahre 1961 keineswegs abgeschlossen waren. Er hatte geplant, 1962 die Untersuchungen auf dem Vorplatz fortzusetzen. Dieses Vorhaben konnte aber durch seinen Tod nicht mehr durchgeführt werden.
Aus den Tagebüchern der Grabung, die 1961 unter der örtlichen Leitung von Marie-Luise Wirsing (die spätere Marie-Luise Taute) stand, geht hervor, dass in diesem Jahr ein Grabungsschnitt an der östlichen Felswand des Vorplatzes am Stadel angelegt worden war. Diese Stelle wurde damals „Stadeleingang Ost" bzw. „Stadelvorplatz" genannt. Am 26. August 1961, mit Ende der Grabungskampagne 1961, wurde der Grabungsschnitt durch einen Bretterboden geschlossen und mit Sediment überdeckt. An dieser Stelle sollte 1962 weitergearbeitet werden.
Der mutmaßliche Platz, an dem die Grabungen am „Stadelvorplatz" stattfanden, scheint sich heute im Gelände durch eine deutliche Vertiefung der Oberfläche abzuzeichnen. Deshalb wurde 2008 an dieser Stelle eine begrenzte Grabungsfläche von acht Quadratmetern geöffnet. Sehr bald zeigte es sich, dass punktgenau der alte Grabungsschnitt von Robert Wetzel aus dem Jahr 1961 ange-

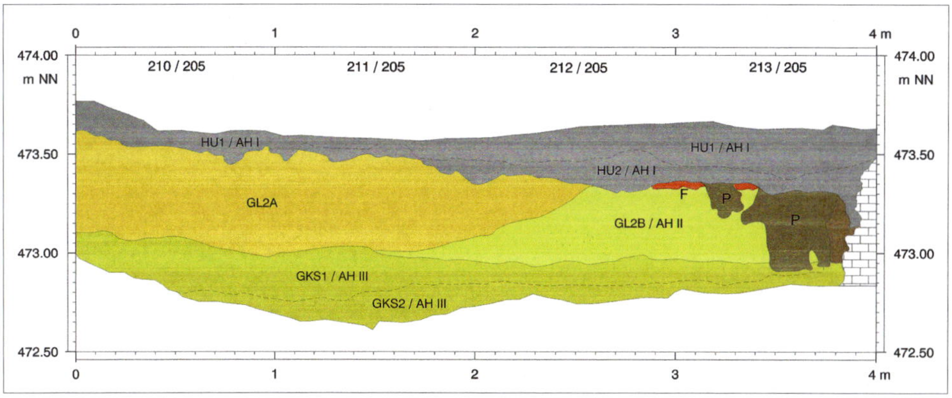

Abb. 9
Hohlenstein-Stadel. Profil der Hauptgrabungsfläche 2008 mit Kennzeichnung der Geologischen und Archäologischen (AH) Horizonte.

troffen worden war. Quer durch die geöffnete Fläche zog sich die nördliche Profilkante des alten Grabungsschnittes, die 1961 durch eine Zeichnung dokumentiert worden war. Somit konnten 2008 vier Quadratmeter mit intakten Sedimenten detailliert ausgegraben werden. Zusätzlich wurde in rund 10 m Entfernung ein kleiner Suchschnitt am Hang vor der Höhle angelegt. Während der Ausgrabung wurden alle Fundobjekte mit Hilfe eines Tachymeters dreidimensional eingemessen, alle Sedimente geschlämmt und die Schlämmreste ausgelesen.

Stratigrafie und Funde

Die Ausgrabungen zeigten, dass die Profilaufnahme aus dem Jahr 1961 weitgehend der heutigen Interpretation entsprach (Abb. 9). Der oberste Archäologische Horizont I in einem gegliederten schwarzgrauen humosen Sediment enthielt neben römischen, eisen- und bronzezeitlichen sowie jungneolithischen Scherben und Steinartefakten (Abb. 10,1.3) auch Steinartefakte, die in das Mesolithikum (Abb. 10,2) gehören. Bis an seine Basis fanden sich aber immer wieder auch Glasscherben und Metallfragmente, so dass davon auszugehen ist, dass der Humus stark gestört ist. Hierfür sprechen auch die Spuren einiger kleinerer Schürfungen von Raubgräbern. Ausgehend vom Humus waren mehrere Gruben und Pfostenlöcher (P) in das liegende gelbe Sediment eingetieft. Dies setzt eine Beobachtung fort, welche bereits 1961 gemacht worden war. Zwar ergeben die Pfostengruben derzeit noch keinen interpretierbaren Grundriss, es zeichnet sich jedoch ab, dass in vorgeschichtlicher Zeit an der senkrechten Felswand des Stadelvorplatzes ein kleines Gebäude errichtet worden war.
Inmitten der Pfostengruben fand sich, direkt an der Felswand, eine rundliche, stark rot orange verziegelte Zone (F) mit einem Durchmesser von etwa 1 m (Abb. 11). Hierbei handelt es sich um die Überreste einer Feuerstelle. Unverziegelte Lehmklumpen machen deutlich, dass die Feuerstelle durch einen Lehmestrich verstärkt war. Eine Datierung des Befundes ist derzeit ebenso wenig möglich wie die Beantwortung der Frage, ob die Feuerstelle etwas mit den erwähnten Pfostengruben zu tun hat. Auszuschließen ist dies aber nicht.
Unter dem Humus folgen ausschließlich pleistozäne Sedimente. Das unmittelbar liegende Sediment war deutlich zweigeteilt. Im Osten, an der Felswand, fand sich ein mittlerer Kalkschutt mit lössig-schluffigem Bindemittel (Geologischer Horizont GL2B). Er enthielt als Archäologischer Horizont II einige Dutzend Steinartefakte des Magdaléniens, darunter mehrere Rückenmesser (Abb. 10,5.6) und eine Rückenspitze (Abb. 10,7). Ein kurzer Kratzer (Abb. 10,4) aus dem Horizont II kann als Hinweis auf eine spätpaläolithische Besiedlung interpretiert werden, welche der-

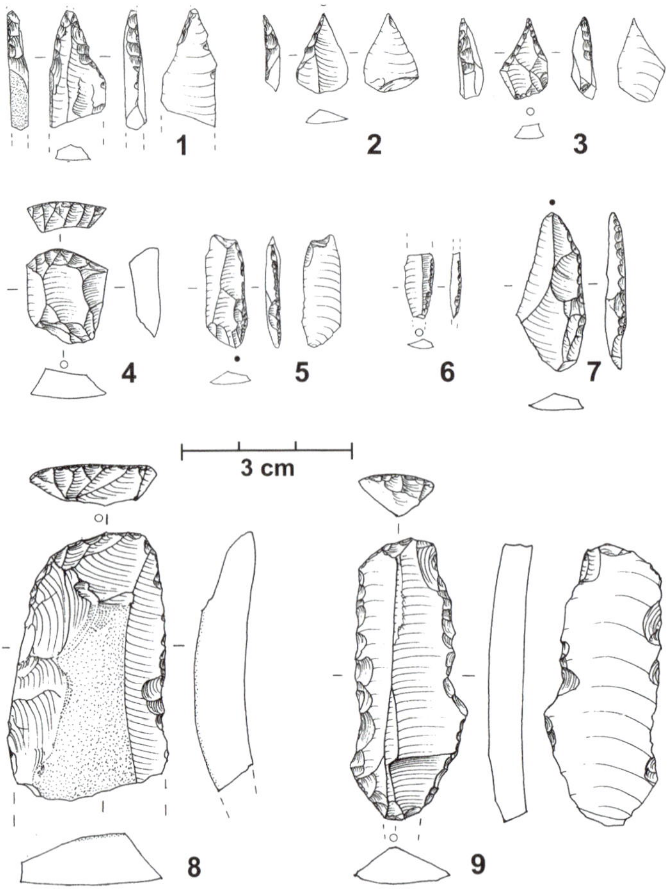

Abb. 10
Hohlenstein-Stadel, Steinartefakte aus der Grabung 2008. 1, 3 Bohrer, AH I Neolithikum; 2 Mikrospitze, AH I Mesolithikum; 4 kurzer Kratzer, AH II Spätpaläolithikum (?); 5, 6 Rückenmesser, AH II Magdalénien; 7 Rückenspitze, AH II Magdalénien; 8 Klingenkratzer, AH III Aurignacien; 9 kryoretuschierte Klinge, AH III Aurignacien.

zeit stratigrafisch noch nicht eindeutig zu fassen ist. In die Sedimente des Geologischen Horizontes GL2B schneidet ein feinstückiger, lockerer gelber Bergkies (Geologischer Horizont GL2A) ein, der archäologisch mehr oder weniger steril ist. Hierbei handelt es sich offensichtlich um die Füllung einer Rinne, die wahrscheinlich in das späte Glazial zu datieren ist. Ein ähnliches Sediment wurde 2008 in einem weiteren kleinen Suchschnitt etwa 10 m westlich der Hauptgrabungsfläche gefunden. Vielleicht entspricht dieses Sediment sogar den Schichten, die von Joachim Hahn bei seiner Ausgrabung 1973 an der Kleinen Scheuer als „möglicherweise gestört" bezeichnet wurden.

Ohne dass während der Ausgrabung eine klare Grenze erkennbar geworden wäre, zeigt sich unter dem Sediment des Archäologischen Horizontes II im Profil ein stark lösshaltiges Band (Geologischer Horizont GKS1), welches nach unten hin immer mehr gröbere Kalksteine (Geologischer Horizont GKS2) enthielt. In den betreffenden Sedimenten, als Archäologischer Horizont III definiert, fanden sich einige Artefakte mit Merkmalen des Aurignaciens. Darunter gibt es einen großen Klingenkratzer aus einem ortsfremden Feuerstein (Abb. 10,8). Dieses Rohmaterial war bereits im alten Inventar aus dem Stadel aufgefallen. Hinzu kommt unter anderem auch eine stark kryoretuschierte Klinge (Abb. 10,9).

Abgeschlossen wird die 2008 aufgedeckte Schichtenfolge durch einen rötlich-gelben Lehm, den Archäologischen Horizont IV. An seiner Oberkante wurde ein Abschlag entdeckt, der Merkmale des Mittelpaläolithikums trägt.

Neben den Steinartefakten wurden in allen Horizonten Tierknochen gefunden, deren sehr gute Erhaltung bemerkenswert ist. Während der Grabung konnten Reste von Wildpferd und Rentier identifiziert werden, außerdem einige Stücke Mammutelfenbein. Hinzu kommen zahlreiche Knochen und Zähne vom Höhlenbär. Auffällig ist die große Menge von

Abb. 11
Hohlenstein-Stadel. Oberfläche der verziegelten Fläche an der Felswand.

Kleinsäuger-Knochen. Diese Reste von Wühlmäusen werden eine detailliertere Ansprache der ökologischen Verhältnisse während der paläolithischen Besiedlungen am Hohlenstein zulassen.

Die Untersuchungen 2008 waren überaus erfolgreich. Eine gegliederte Schichtenfolge konnte erfasst werden und das Fundmaterial lässt eine chronologische Einordnung der Fundschichten zu. Somit ist der erste Schritt getan, die anstehenden Fragen in Bezug auf den Hohlenstein zu beantworten. Die Arbeiten müssen aber in den nächsten Jahren fortgesetzt werden.
Die Untersuchungen des Jahres 2008 wurden von der Gemeinde Asselfingen maßgeblich unterstützt. Bürgermeister Bollinger und Herrn Junginger sei daher für ihre tatkräftige Hilfe ganz herzlich gedankt.

Claus-Joachim Kind, Thomas Beutelspacher

Literaturhinweise

Arch. Ausgr. 1998, 40–47. – D. Beck, Das Mittelpaläolithikum des Hohlenstein – Stadel und Bärenhöhle – im Lonetal. Universitätsforsch. prähist. Arch. 56 (Bonn 1999). – J. Hahn/H. Müller-Beck/W. Taute, Eiszeithöhlen im Lonetal. Archäologie einer Landschaft auf der Schwäbischen Alb. Führer arch. Denkmäler Baden-Württemberg 3 (Stuttgart [2]1985). – E. Schmid/J. Hahn/U. Wolf, Die altsteinzeitliche Elfenbeinstatuette aus der Höhle Stadel im Hohlenstein bei Asselfingen, Alb-Donau-Kreis. Fundber. Baden-Württemberg 14, 1989, 33–118. – E. Wagner, Eine Frauenstatuette aus Elfenbein vom Hohlenstein-Stadel im Lonetal, Gde. Asselfingen, Alb-Donau-Kreis. Arch. Korrbl. 14, 1984, 357–360.

Eine Nachgrabung in der mittelsteinzeitlichen Fundstelle Henauhof-Nordwest am Federsee, Bad Buchau, Kreis Biberach

Im Sommer 2008 wurden in der Fundstelle Henauhof-Nordwest (HNW) am Federsee neue Ausgrabungen durchgeführt. Mit Unterstützung des Landesamtes für Denkmalpflege hat eine Mannschaft von Studenten der Universität Kalifornien, Santa Barbara (USA) unter der freundlichen Mithilfe von Herrn Professor Josef Merkt, Herbertingen, fünf Wochen lang gearbeitet.

Fragestellung

Die Fundstelle Henauhof-Nordwest wurde zwischen 1981 und 1987 auf einer Fläche von 319 m² untersucht. Ausgangspunkt der neuen Arbeit waren einige Fragen, die bei der Analyse der früheren Grabung aufgetaucht waren. Aus Erfahrungen mit anderen Fundstellen am Federsee wurde erkannt, dass die Schichtbildung in Henauhof-Nordwest vielleicht komplizierter war, als ursprünglich angenommen wurde. Deshalb sollte 2008 in einem begrenzten Grabungsschnitt die Stratigrafie noch einmal überprüft werden. Hierbei sollte untersucht werden, inwieweit einzelne Fundhorizonte gestört und vermischt sind. Dies betraf vor allem den Umstand, dass typische Artefakte, darunter z. B. mesolithische Knochenspitzen und neolithische Keramikscherben, während der früheren Grabung in verschiedenen Schichten gefunden wurden. Zudem sollte der Erhaltungszustand der anmoorigen Schichten in den noch erhalten Teilen dieses wichtigen Kulturdenkmals aus konservatorischen Gründen überprüft werden.

Stratigrafie der Fundstelle

Henauhof-Nordwest liegt im südwestlichen Teil des Federseebeckens am Ufer des alten

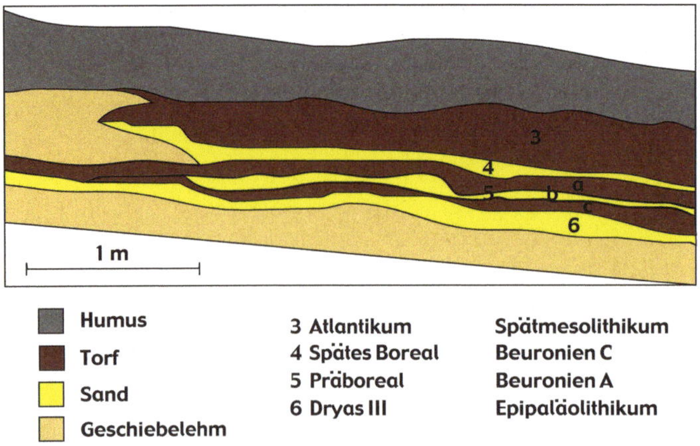

Abb. 12 Bad Buchau, Henauhof-Nordwest. Stratigrafie in den Grabungsflächen von 1981–1987.

Sees. Die Schichtenfolge wird sowohl durch lakustrine als auch durch terrestrische Sedimente gebildet. Eine vereinfachte Schichtenfolge lässt sich wie folgt beschreiben (Abb. 12): Auf dem Beckenton liegt eine Sandschicht (6), die aus der Jüngeren Dryas stammt. Oberhalb dieser Schicht fand sich ein zersetzter Torf (5), teilweise durch eine dünne Sandschicht geteilt, der in das Präboreal datiert wurde. Auf diesem Torf liegt wieder eine Sandschicht (4), die aus dem Boreal stammt. Die beiden Sandschichten (6 und 4) werden seewärts dünner und verschwinden einige Meter vom alten Ufer. Oberhalb der Sandschicht 4 liegt eine weitere Torfschicht (3), die im Atlantikum gebildet wurde. Stellenweise ist der obere Teil dieser Schicht lehmig und wurde als Schicht 2 bezeichnet. Abschließend folgt der rezente Humus als Schicht 1.

Im östlichen Teil der alten Grabungfläche aus den achtziger Jahren lag auf Schicht 2 eine kompakte Schicht von gelbem Lehm mit Kies (C). Hier sind während des Atlantikums offensichtlich Teile von hangaufwärtigen Sedimenten abgerutscht. Da die Sedimente selbst aber älter sind, enthielten sie Fundobjekte aus den unterschiedlichsten Zeitperioden. Im westlichen Teil der alten Grabungsfläche fand sich eine schwarzgraue Schicht aus Lehm, Kies und Sand (G), die in der Sandschicht 4 ausläuft und daher zeitgleich sein dürfte.

Das Fundmaterial

Die älteren Grabungen in Henauhof-Nordwest haben in den verschiedenen Horizonten archäologische Funde erbracht. In Schicht 6 fanden sich spätpaläolithische Artefakte, in den Schichten 4 und 5 Funde aus dem Frühmesolithikum. In Schicht 3 wurde eine spätmesolithische Fundstreuung entdeckt. Außerdem gab es einige Funde aus dem Neolithikum, der Bronzezeit und der Eisenzeit. Dank der guten Erhaltungsbedingungen gab es viele Knochen- und Geweihfunde.

Besonders erwähnenswert sind durchbohrte Tierzähne (Abb. 13) sowie ungefähr 200 Knochenspitzen und deren Fragmente. Dies ist eine der größten Kollektionen derartiger Spitzen, die wir aus dem Mesolithikum Mitteleuropas kennen. Während der Grabungen in den 1980er Jahren wurden mehr als die Hälfte der Spitzen in der frühmesolithischen Sandschicht 4 entdeckt. Zusätzlich lagen 25 weitere Stücke in der Lehmschicht G, sie dürften also dasselbe Alter besitzen. Überraschenderweise stammten aber zwölf Stücke aus der älteren Schicht 5 und 47 aus der spätmesolithischen Schicht 3. Dies war als ein Hinweis auf die technische Kontinuität in der Produktion von Knochenspitzen während des ganzen Mesolithikums interpretiert worden.

Im Sommer 2008 wurde in der Südwestecke der alten Grabungsfläche ein Areal von 13 m^2 ausgegraben. Alle schon bekannten Schichten wurden erneut angetroffen und haben Funde ergeben. Dies bestätigte die stratigrafische Differenzierung aus der früheren Gra-

Abb. 13 Bad Buchau, Henauhof-Nordwest. Durchbohrter Fuchszahn aus der Grabung 2008.

Abb. 14
Bad Buchau, Henauhof-Nordwest. Fragmente von zwei Knochenspitzen aus der Grabung 2008.

bung. 2008 wurden insgesamt 117 Steinartefakte, 220 Knochenfragmente, acht Keramikscherben und eine Geweihsprosse gefunden.
Bei einer genauen Überprüfung der Schichtenfolge in der neuen Grabungsfläche konnte bestätigt werden, dass die schwarzgraue Schicht von Lehm, Kies, und Sand (G) tatsächlich ununterbrochen in die Sandschicht 4 läuft. Das heißt, dass dieses Sediment währen des Boreals vom Hang herabgerutscht ist und dass die darin enthaltenen Funde ebenfalls frühmesolithisch sind. Im Gegensatz dazu liegt die gelbe Kieslehmschicht C auf dem Torf der Schichten 2 und 3 und ist daher jünger als das Frühatlantikum. Diese Interpretation wird durch die Lage der neolithischen Keramikscherben unterstützt. Die meisten von diesen stammen aus Schicht C.

Zur Datierung der Knochenspitzen

Auch in der neuen Grabungsfläche wurden wiederum dreizehn Fragmente von Knochenspitzen gefunden (Abb. 14). Zwölf von ihnen stammen aus den frühmesolithischen Schichten 4 und G, ein Stück wurde in der Torfschicht 3 gefunden. Allerdings lag dieses Stück in einem Areal, in dem die Schichten teilweise stark zerstört waren. Daher ist seine Zugehörigkeit zu dem spätmesolithischen Inventar nicht sicher.
Nach den Ergebnissen der neuen Grabungen ist also damit zu rechnen, dass die Knochenspitzen hauptsächlich, wenn nicht gar völlig, in das boreale Frühmesolithikum zu datieren sind. Dies löst aber nicht das Problem, dass in den früheren Grabungen 59 Exemplare, also rund 29 % der Spitzen, entweder der präborealen Schicht 5 oder der atlantischen Schicht 3 zugewiesen wurden. Allerdings fanden sich in der alten Grabungsfläche auch einige Mikrolithen des Frühmesolithikums in der spätmesolithischen Schicht 3. Dies könnte bedeuten, dass die Bildung der Schicht 3 bereits im Frühmesolithikum begonnen hatte oder dass die Schichten 4 und 3 teilweise vermischt sind.
Es ist daher durchaus möglich, dass die Knochenspitzen tatsächlich nur aus dem borealen Frühmesolithikum stammen. Nach unserer heutigen Kenntnis kann das aber nicht mit letzter Sicherheit gesagt werden. Vielleicht können Untersuchungen von zusammengesetzten Fragmenten diese Frage zumindest teilweise lösen. Zudem sollen weitere technologische Analysen der Knochenspitzen von Frau Dr. Eva David (CNRS Paris) die Frage nach einer Kontinuität der Herstellung beantworten können.

Michael A. Jochim

Literaturhinweise

M. Jochim, Arch. Ausgr. Baden-Württemberg 1985, 33–36; ders., ebd. 1987, 30–32; ders., Henauhof-Nordwest – ein mittelsteinzeitlicher Lagerplatz am Federsee. Materialh. Vor- u. Frühgesch. Baden-Württemberg 19 (Stuttgart 1993); M. Jochim/C.-J. Kind, Arch. Ausgr. Baden-Württemberg 2007, 32–35.

Fortsetzung der Untersuchungen zur neolithischen Besiedlung und Hornsteinnutzung auf der Blaubeurer Alb, Alb-Donau-Kreis

Im Sommer 2008 wurden die archäologischen Untersuchungen zur neolithischen Besiedlung und Hornsteingewinnung auf der südöstlichen Schwäbischen Alb im Rahmen eines von der U.S. National Science Foundation unterstützten Forschungsvorhabens der Universitäten Illinois-Springfield und Tübingen fortgesetzt. Das Forschungsinteresse gilt hierbei nicht einzelnen Fundstellen, sondern der chronologischen und funktionalen Differenzierung einer neolithischen Siedlungslandschaft und insbesondere der Verbreitung natürlicher Hornsteinvorkommen, der Organisation der Hornsteingewinnung und ihrer wirtschaftlichen Bedeutung.

Insgesamt hat es sich bewährt, auf den umfangreichen Beständen von Privatsammlungen aufzubauen und ergänzend dazu Oberflächenbegehungen mit GPS-Fundeinmessungen, geomagnetische Prospektionen und Bohrstocksondierungen durchzuführen (Abb. 15). Mittels kleiner gezielter Grabungsschnitte (1 m×1m bis 1 m×3 m) werden schließlich einzelne Befunde untersucht, um gezielt Referenzkomplexe zu bergen, mit denen die vielfältig durchmischten und undatierten Oberflächenfunde besser interpretiert werden können.

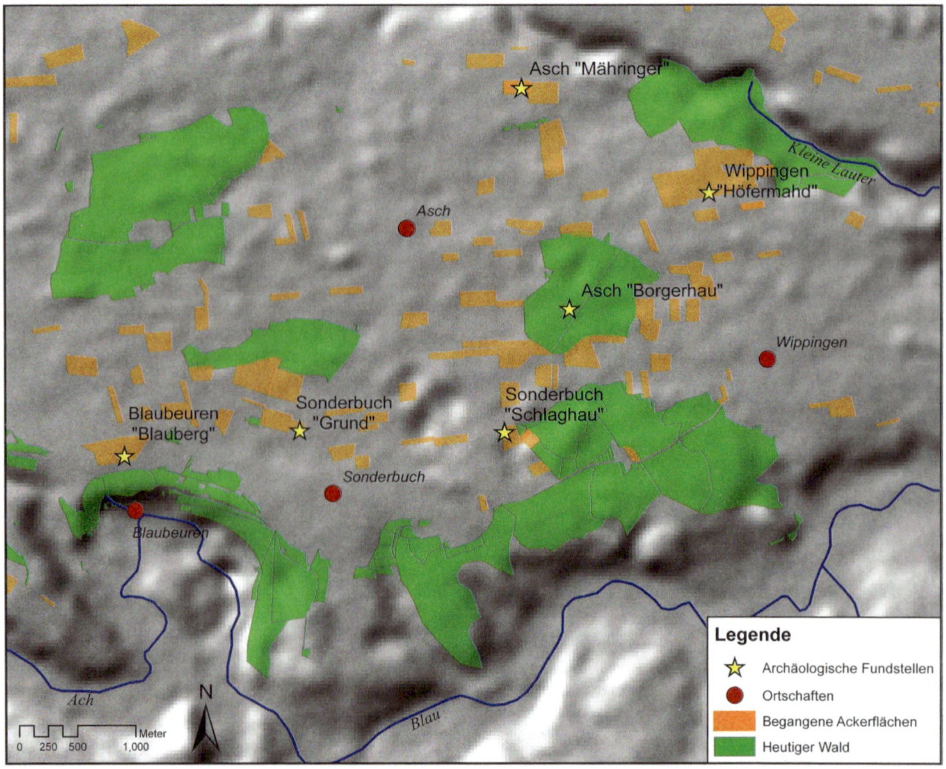

Abb. 15
Blaubeurer Alb. Lage der 2002–2008 begangenen Ackerflächen sowie der mit geomagnetischen Prospektionen, Bohrungen und Sondagen näher untersuchten Fundstellen.

Die bandkeramische Siedlung Sonderbuch „Schlaghau"

Die bandkeramische Siedlung Sonderbuch „Schlaghau" (Sonderbuch 8) liegt in nur wenigen hundert Metern Entfernung von der im vorigen Jahr untersuchten Hornsteinabbaustelle Asch „Borgerhau" auf ca. 670 m ü. NN und ist eine der höchstgelegenen Siedlungen dieser Zeit. Geomagnetische Prospektionen auf einer Fläche von ca. vier Hektar im Sommer und Herbst 2007 erbrachten deutliche Hinweise auf Längsgruben und Pfostenlöcher mehrerer Häuser. Nach ersten Sondageschnitten 2006 und 2007 wurden auf der Grundlage von Geomagnetik und Bohrungen fünf hausbegleitende Längsgruben sowie ein Pfostenloch und eine Siedlungsgrube mit kleinen Testschnitten – insgesamt ca. 18 m^2 – untersucht.

Die Befunde sind besonders im tiefer gelegenen Nordwestteil der Fundstelle sehr gut erhalten, wo die Längsgruben noch bis zu 120 cm unter die heutige Oberfläche reichen. Im etwas höher gelegenen Süden und im Westen ist offenbar bereits mehr Material aberodiert, so dass hier bis in ca. 100 cm bzw. nur 70–80 cm Tiefe Verfüllungsschichten angetroffen wurden. Zum Teil lassen sich in den Gruben verschiedene Schichten bzw. Sedimentpakete differenzieren. In zwei Schnitten weisen sich überschneidende Befunde auf eine Mehrphasigkeit hin, was auch in der leicht unterschiedlichen Ausrichtung der Längsgruben im Magnetogramm Bestätigung findet. Besonders erwähnenswert ist die in Schnitt 2 untersuchte Längsgrube, die bis auf die Oberfläche des stark angewitterten anstehenden Kalksteins eingetieft war und außerordentlich große Mengen an Holzkohle enthielt (Abb. 16). Gemeinsam mit den Brandresten in einem zum gleichen Haus gehörenden Pfostenloch lässt dies darauf schließen, dass das Gebäude möglicherweise einem Feuer zum Opfer fiel.

Bislang konnten etwa 1000 Silexartefakte – ein Bruchteil des 2008 geborgenen Inventars – nach Grundform und Modifikationen

Abb. 16
Blaubeuren-Sonderbuch „Schlaghau". Querprofil einer bandkeramischen Längsgrube, die bis auf die Oberfläche des stark verwitterten Kalksteins eingetieft wurde.

bestimmt werden. Darunter sind vor allem Artefakte der Grundproduktion (Abschläge und z. T. sehr regelmäßige Klingen), einige Kerne sowie für eine Siedlungsstelle typische Geräte wie Kratzer, end- und lateralretuschierte Stücke, Bohrer und Klingen mit Sichelglanz. Insgesamt deutet sich eine ungleichmäßige Verteilung der Steingeräte innerhalb der Fundstelle an, wobei ein Großteil der Artefakte aus einer der Gruben (Schnitt 4) stammt. Die Artefakte wurden aus verschiedenen Hornsteinvarianten gefertigt, die farblich von hellgrau bis gelbgrau oder beige reichen. Dadurch unterscheidet sich das Inventar vom überwiegend grauen Hornstein der Abbaustelle Asch „Borgerhau" und von dem aus der mittelneolithischen Siedlung von Sonderbuch „Grund", wo im Jahr 2006 Testschnitte angelegt wurden. Die aus den Grubenverfüllungen der Siedlung „Schlaghau" stammende, zumeist stark fragmentierte Keramik datiert nach einer ersten Durchsicht in die jüngere Linearbandkeramik.

Sondagen und Bohrungen in weiteren möglichen Hornsteinvorkommen und Siedlungen

In *Wippingen (Gde. Blaustein) „Höfermahd"* wurde während der Oberflächenbegehungen im Jahr 2006 eine dichte Fundkonzentration von ca. 1200 Steinartefakten und über 200 Rohmaterialstücken dokumentiert. Sowohl die Artefakte, die zumeist der Grundproduktion zuzurechnen sind, als auch die Rohmaterialknollen sind aus einem sehr feinkörnigen, weißen bis gelbgrauen Jurahornstein mit sehr dünner Kortex. Geomagnetische Prospektionen zeigten im Bereich der Fundkonzentration allerdings nur wenige deutliche und einige eher unspezifische Anomalien. Zwei kleine geomagnetische Anomalien wurden in 1 m × 1 m großen Testschnitten sondiert. In einem der Schnitte lag unter dem Pflughorizont und einer ca. 30 cm mächtigen Schicht mit Hornsteinartefakten und historischer Keramik eine nicht zu datierende dunkle Grubenfüllung, die bis in über 160 cm Tiefe reichte. In einem zweiten Schnitt wurden unter dem Pflughorizont und einer schluffigen Schicht mit Artefakten die erwarteten rohmaterialführenden Sedimente angetroffen. Dabei handelte es sich zunächst um einen überwiegend gelblichen, schluffigen Lehm mit zahlreichen Frosttrümmern, der über rotem Lehm mit größeren Bruchstücken und Knollen aus weißem bis hellgrauem Hornstein von zum Teil sehr guter Qualität lag. Aus dem roten Lehm wurde ca. ein Dutzend stark patinierter Abschläge geborgen, die wahrscheinlich zu verlagertem Material einer paläolithischen Fundstelle gehören. Das Sediment hat große Ähnlichkeit mit den ebenfalls rohmaterialreichen Verwitterungslehmen der ca. 1 km entfernten Hornsteinabbaustelle Asch „Borgerhau“. In den Wippinger Testschnitten lässt sich der Abbau jedoch bislang nicht belegen.

An der seit längerem als Rohmaterialvorkommen bekannten Fundstelle *Blaubeuren „Blauberg“* waren 2006 systematische Begehungen und 2007 eine geomagnetische Prospektion durchgeführt worden. Unter den Oberflächenfunden waren Abschläge, einige Kerne und wenige modifizierte Artefakte sowie zahlreiche Bruchstücke unbearbeiteten Hornsteins unterschiedlicher Qualität, darunter einige größere Knollen bzw. Blöcke von über 10 cm Durchmesser. Mit Bohrungen und zwei Testschnitten wurden nun eine größere Anomalie sowie der natürliche Bodenaufbau untersucht. In einer der Sondagen fand sich in 50–80 cm Tiefe natürlicher, grobkörniger, zumeist plattiger Hornstein von minderer Qualität, der sich von den Oberflächenfunden unterscheidet und kaum als Rohmaterial für die Steingeräteherstellung in Frage kommt. Im zweiten Testschnitt konnte eine größere geomagnetische Anomalie als wahrscheinlicher Erdfall identifiziert werden. Eine ca. einen Meter unter die Ackeroberfläche reichende grubenartige Vertiefung war recht homogen mit schluffigem, holzkohlehaltigem Sediment verfüllt, das eine wohl mittelalterlich/neuzeitliche Scherbe enthielt. Hinweise auf Siedlungsbefunde oder gar steinzeitliche Hornsteingewinnung konnten bislang nicht gefunden werden, so dass es weiterer Untersuchungen bedarf, um die Herkunft des qualitätvolleren Hornsteins und der Artefakte an der Oberfläche zu klären.

An der Fundstelle *Asch „Mähringer“* konnten aufgrund der späten Getreideernte lediglich in Randbereichen der geomagnetischen Testfläche Bohrungen durchgeführt werden. Sie lassen die Anomalien eher auf natürliche Bohnerzvorkommen als auf archäologische Befunde zurückführen. Um die Fundstelle jedoch besser einschätzen zu können, bedarf es weiterer Untersuchungen.

Schlussfolgerungen

Die Verbindung von archäologischen und geomagnetischen Prospektionen mit Bohrungen und gezielten Testgrabungen erwies sich als ein effektives Vorgehen zur Überprüfung von Oberflächenfundstellen. Es zeigt sich eine langfristige wirtschaftliche Bedeutung der Hornsteinvorkommen der Blaubeurer Alb seit der Linearbandkeramik, insbesondere der Abbaustelle Asch „Borgerhau“.

Die Bohrungen und Testgrabungen, die durch bodenkundliche Untersuchungen unter der

Leitung von Dr. Peter Kühn und Wolf-Rüdiger Eitelmann (Geographisches Institut der Eberhard-Karls-Universität Tübingen) ergänzt werden, geben des Weiteren Einblick in die komplexe holozäne Landschaftsgeschichte der Karsthochfläche. Nachdem die Geländearbeiten vorerst beendet sind, schließt sich nun die Aufarbeitung der Befunde und vor allem des umfangreichen lithischen Fundmaterials an. Ein Vergleich mit inzwischen erfassten Fundkomplexen auf der benachbarten Ulmer Alb erlaubt einen tieferen Einblick in den Zusammenhang zwischen dem Hornsteinabbau, der Erstverarbeitung des Rohmaterials vor Ort sowie seiner Nutzung in den neolithischen Siedlungen des Studiengebietes und darüber hinaus.

Die Untersuchungen wurden durch die U.S. National Science Foundation (Award BCS-0316125) gefördert. Ohne die tatkräftige Mitarbeit zahlreicher Studierender aus Tübingen und verschiedenen U.S.-Universitäten sowie vor allem von Dr. Arno Patzelt und Mitarbeitern (Terrana Geophysik) hätten die vorgestellten Ergebnisse nicht erzielt werden können. Wir danken dem Institut für Ur- und Frühgeschichte und Archäologie des Mittelalters der Universität Tübingen, der Gesellschaft für Urgeschichte, dem Urgeschichtlichen Museum sowie der Stadt Blaubeuren und Herrn R. Bollow für Werkzeuge, Unterkunft und Arbeitsraum sowie Beihilfe im Gelände. Herrn A. Bohnacker (Sonderbuch), Familie Baier (Wippingen) und Herrn Ch. Söll (Sonderbuch) sind wir für die Erlaubnis, auf ihren Grundstücken arbeiten zu dürfen, zu herzlichem Dank verpflichtet. Herrn Helmut Mollenkopf (Treffensbuch), der unsere Arbeiten bis zu seinem Tod Anfang 2009 aufs Großzügigste unterstützte, gedenken wir mit aufrichtiger Dankbarkeit.

Susan Harris, Lynn Fisher, Corina Knipper, Rainer Schreg

Literaturhinweise

W. Burkert, Lithische Rohmaterialversorgung im Jungpaläolithikum des südöstlichen Baden-Württemberg. Unveröff. Diss. Tübingen 2001; L. Fisher et al., Arch. Ausgr. Baden-Württemberg 2007, 36–41; C. Knipper et al., ebd. 2006, 33–37.

Zwei Fußballfelder Bandkeramik – Siedlungsspuren bei Öpfingen, Alb-Donau-Kreis

Silexfunde und Keramikscherben von der Ackeroberfläche sowie streifenartige Unregelmäßigkeiten im Luftbild hatten auf dem Höhenrücken über der Donau östlich Öpfingen eine Siedlung der Bandkeramik erschließen lassen. Dies gab den Anlass, das im Gewannbereich „Haipfel“ gelegene Areal im Verzeichnis der archäologischen Kulturdenkmale zu führen. Dass dies zu Recht geschehen war, sollte im Sommer 2008 die

Abb. 17
Öpfingen, „Haipfel“. Blick auf die Untersuchungsfläche, Anflug aus südöstlicher Richtung (4. 8. 2008).

telefonische Mitteilung des örtlichen ehrenamtlichen Beauftragten für die Archäologische Denkmalpflege bestätigen: Für ein landwirtschaftliches Bauprojekt war der Oberboden abgetragen worden, und auf einer Fläche von etwa zwei Fußballfeldern Größe zeigten sich neolithische Siedlungsspuren (Abb. 17). In das Planungs- und Genehmigungsverfahren war die Archäologische Denkmalpflege allerdings nicht einbezogen gewesen.

Ein Dilemma

Was tun? Auf einer Fläche von rund 8000 Quadratmetern lagen die archäologischen Befunde offen zutage. Das Areal sachgerecht zu untersuchen hätte – gemessen etwa an dem Grabungsprojekt 1982–1985 der bandkeramischen Siedlung im nahen Ulm-Eggingen – einen Zeitraum von wenigstens einem halben Jahr beansprucht. Finanzmittel und Personal waren dafür kurzfristig nicht aufzubieten. Das Kulturdenkmal aufzugeben, da man bandkeramische Siedlungen mit ihren typischen Bauformen und Gebäudeausrichtungen sowie den charakteristischen hausbegleitenden Gruben und Funden vermeintlich gut zu kennen glaubt, sollte nicht in Betracht gezogen werden. So galt es, die noch knapp zweiwöchige Urlaubsphase am Bau zu nutzen, um zumindest die Siedlungsstrukturen im Plan festzuhalten.

Der Siedlungsausschnitt

Durch Ackerbau und Erosion bedingt, sind die Siedlungsstrukturen auf der Kuppe des gegen Osten geneigten Lössrückens in Mitleidenschaft gezogen. Dies macht sich mit

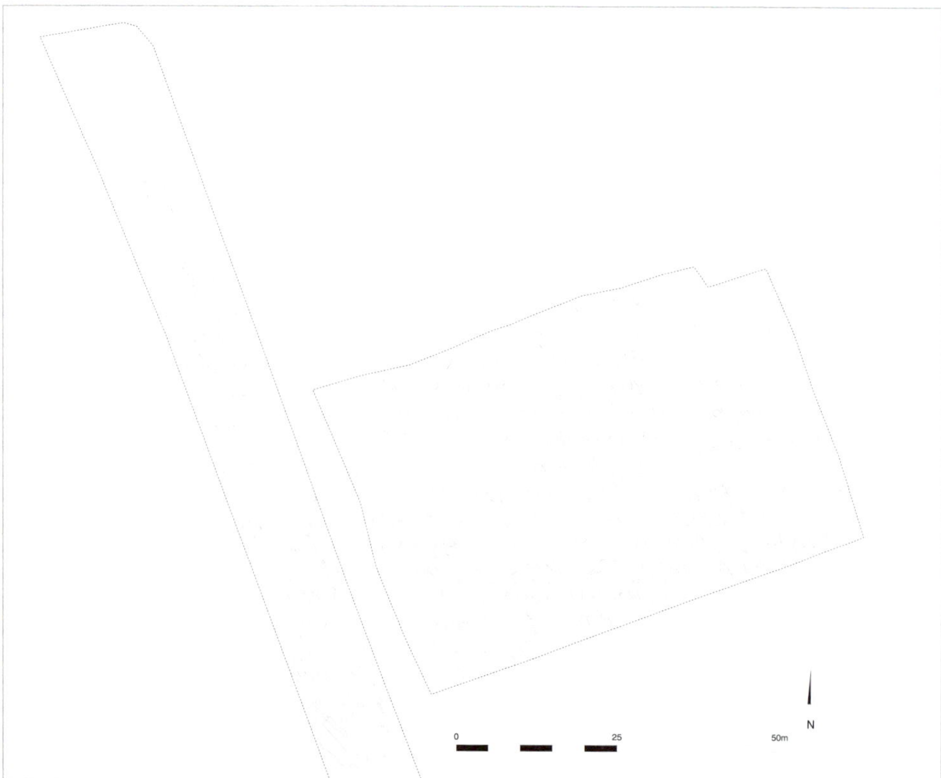

Abb. 18 Öpfingen, „Haipfel". Ausschnitt aus dem Gesamtplan der bandkeramischen Siedlungsreste.

einem Ausdünnen der archäologischen Befunde im südlichen Teil des Untersuchungsgebiets bemerkbar. Bessere Erhaltungsbedingungen sind am unteren Hang zur flachen Mulde gegen Norden hin anzutreffen. Dort sind die Befunde bereits von angeschwemmtem Boden überlagert.
Kennzeichnende Wandgräbchen rückwärtiger Gebäudepartien, aber auch charakteristische Pfostenkonfigurationen anderer Gebäudeteile lassen wenigstens zwölf typische bandkeramische Bauten erkennen (Abb. 18). Darüber hinaus unterstreichen hausbegleitende Längsgruben und Grubenreihungen die generell nordnordwest-südsüdöstliche Ausrichtung der Baustrukturen. Im Mittel sind die Baurichtungen etwa 40 Grad aus der Nordrichtung gegen Westen gedreht. Auffallend ist eine noch fragmentarisch fassbare Gräbchenstruktur, die leicht bogenförmig dem Geländeverlauf in west-östlicher Richtung folgt. Möglicherweise handelt es sich um eine zeitweilige Siedlungsbegrenzung.
Eine systematische Fundbergung konnte nicht erfolgen. Nur stichprobenweise wurden aus den teilweise noch gut metertief erhaltenen hausbegleitenden Längsgruben Funde entnommen. Mit Keramikresten, Silex- und Steingerät sowie Knochenartefakten ist das Spektrum der zu erwartenden Siedlungshinterlassenschaften vertreten. Es fügt sich in das Bild, das von anderen Stellen im Bereich des Hochsträß am südöstlichen Rand der Schwäbischen Alb gezeichnet werden kann. Besonders die nahen Fundplätze Ulm-Eggingen und Erbach-Ringingen sind gut vergleichbar. Demnach gehört auch die Siedlung Öpfingen, „Haipfel" den mittleren bis jüngeren Entwicklungsphasen der Bandkeramik an.

Ausblick

Der Siedlung unmittelbar zu Füßen liegt die Donauniederung. In südlicher Richtung schweift der Blick weit über Oberschwaben den Alpen zu. Gegenüber führt von Süden die von Riß, Dürnach und Rottum durchflossene Niederung heran, und am südlichen Talrand der Donau ist jener Rücken zu erkennen, der später mit dem römischen Kastell Rißtissen besetzt wird. Ob die in der jüngeren Geschichte verkehrsgeografisch bedeutsame Situation bereits zu bandkeramischer Zeit eine Rolle spielte, muss offenbleiben.
Im Rahmen der kurzfristigen Rettungsgrabung konnte wenigstens das Ausmaß der Zerstörung dokumentiert werden. Große Teile des ausgedehnten bandkeramischen Siedlungsgebiets liegen noch im Ackerland. Zukünftiger Forschung kann in groben Zügen ein Eindruck vom Erhaltungszustand der Siedlungsspuren vermittelt werden und eine drohende Lücke im Siedlungsplan kann – sicherlich unzureichend – überbrückt werden.

Wir danken dem regional tätigen ehrenamtlichen Beauftragten, Herrn R. Blumentritt, für sein rasches und umsichtiges Wirken.

Frieder Klein

Literaturhinweise

C.-J. Kind, Ulm-Eggingen. Die Ausgrabungen 1982 bis 1985 in der bandkeramischen Siedlung und der mittelalterlichen Wüstung. Forsch. u. Ber. Vor- u. Frühgesch. Baden-Württemberg 34 (Stuttgart 1989). – Ders., Funde und Befunde aus der bandkeramischen Siedlung von Ringingen, Gde. Erbach, Alb-Donau-Kreis. Fundber. Baden-Württemberg 15, 1990, 17–147.

Eine endneolithische Siedlung im Neckartal bei Stuttgart-Hofen

Die Landeshauptstadt Stuttgart plant im Stadtteil Hofen, Gewann „Mittlere Wohlfahrt“ für 2009 eine Erweiterung der Wohnbebauung. Das Gelände liegt auf einem von Ost nach West abfallenden, breit gefächerten Gleithang einer großen Flussschleife des Neckars, etwa 20–25 m über dem heutigen Wasserspiegel. Da hier bei Baumaßnahmen und Flurbegehungen immer wieder vorgeschichtliche Scherben gefunden wurden, schien es angezeigt, die archäologische Situation abzuklären. Im Mai und Juni 2008 wurden deshalb vier Baggerschnitte quer zur Hanglage angelegt. Nicht ganz unerwartet zeigten sich in den oberen drei Flächen erosionsbedingt keine relevanten Befunde.

Grubenhäuser

In einem flacheren Bereich im untersten Schnitt zeichneten sich im Lösslehm über Kalkmergel drei große Grubenverfärbungen ab (Abb. 19 Nr. 1–3). Zwei davon, der Länge

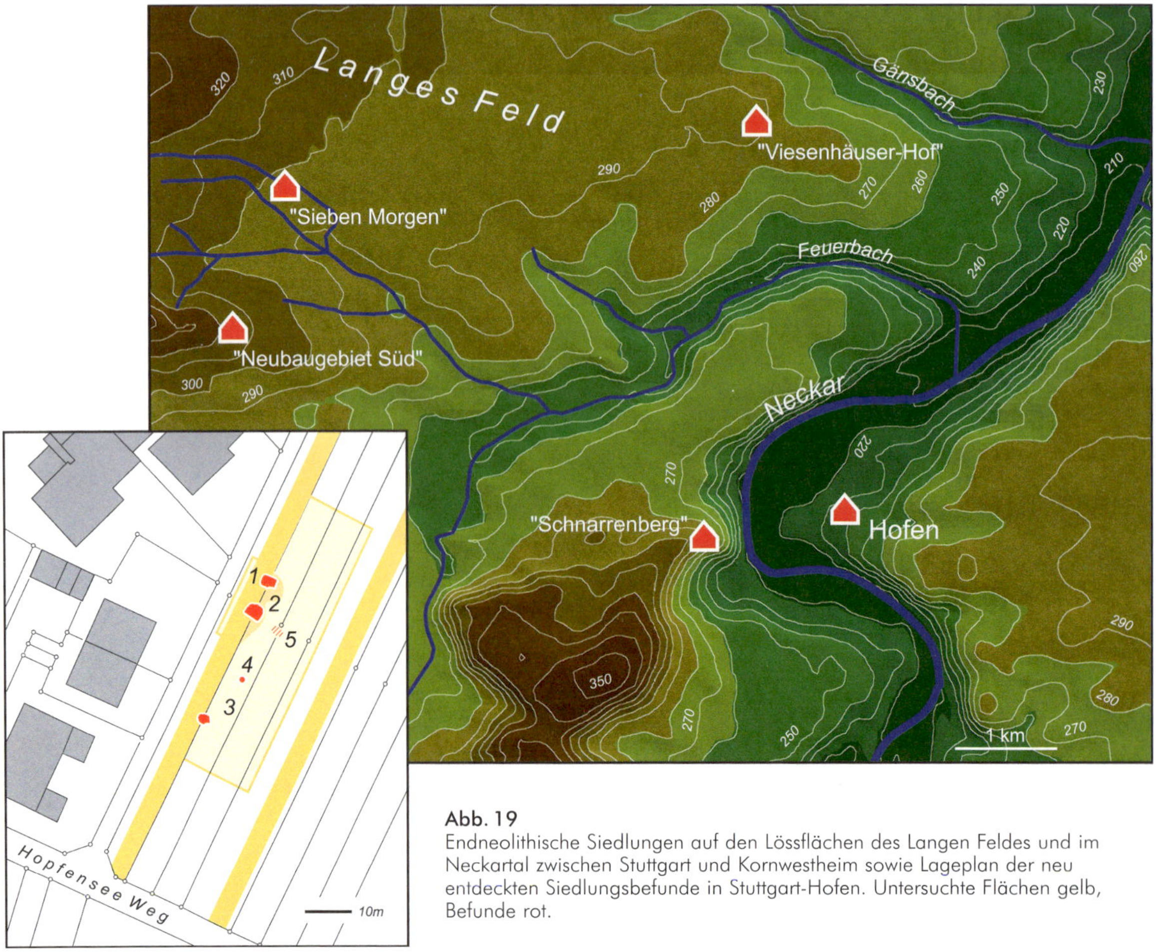

Abb. 19
Endneolithische Siedlungen auf den Lössflächen des Langen Feldes und im Neckartal zwischen Stuttgart und Kornwestheim sowie Lageplan der neu entdeckten Siedlungsbefunde in Stuttgart-Hofen. Untersuchte Flächen gelb, Befunde rot.

nach in Südost-Nordwest-Richtung ausgerichtet, lagen nur 4 m auseinander. Die Grubenfüllungen waren bis auf geringe Reste von 20–50 cm aberodiert, die Befundgrenzen mehrfach undeutlich. Obwohl keine Pfostengruben oder andere Hinweise auf bauliche Konstruktionen gefunden wurden, ließen die kastenförmig eingetieften, ebenen Grubenböden kleinere Grubenhäuser von ca. 9–12 m² erkennen. Haus 2 hatte zudem in der Mitte eine Eintiefung mit eingelagerten Rotlehmstücken. Der dritte Befund, ein kleinerer, flacher Grubenrest, lag 20 m entfernt und zeigte keine besondere Struktur. Aus ihm wurden lediglich einige Steine und Tierknochen, dabei zwei spatelförmige Knochengeräte geborgen. Auch hier könnte es sich um ein abgegangenes Grubenhaus handeln.

Im Umfeld der Grubenhäuser wurde im Oktober 2008 eine Fläche von 900 m² abgeschoben, in der sich lediglich ein Pfostenloch mit wenigen kleinen Rotlehmbröckchen (Abb. 19 Nr. 4) und eine unregelmäßige Verfärbung ohne Funde (Abb. 19 Nr. 5) abzeichneten. Auch dieser Negativbefund ist von Interesse, zeigt er doch, dass ähnlich wie in Stuttgart-Stammheim die Grubenhäuser vereinzelt oder in kleinen Gruppen in der Landschaft lagen.

Aus der Verfüllung der beiden großen Grubenbefunde stammt eine größere Anzahl verbrannter bzw. feuergeröteter Kalksteinbruchstücke und Flusskiesel, Holzkohlen, teils in flachen Brandhorizonten konzentriert, eine Serie von Tierknochen sowie ein kleineres Fundinventar.

In Grubenhaus 1 wurden ca. 30 Keramikfragmente von größeren steilwandigen Gefäßen, dabei auch Stücke eines schweren Kübelbodens (Abb. 20,2.3) und die Randscherbe einer feinen Knickwandschüssel (Abb. 20,1) geborgen. Zudem fanden sich ein kleines Knochengerät, ein Sicheleinsatz mit Lackglanz, eine Klinge und ein Schaber aus Silex, ein Klopfstein aus einem quarzitischen Kiesel und ein flacher, leicht wannenförmiger Kalkstein, der vielleicht als Reibplatte Verwendung fand.

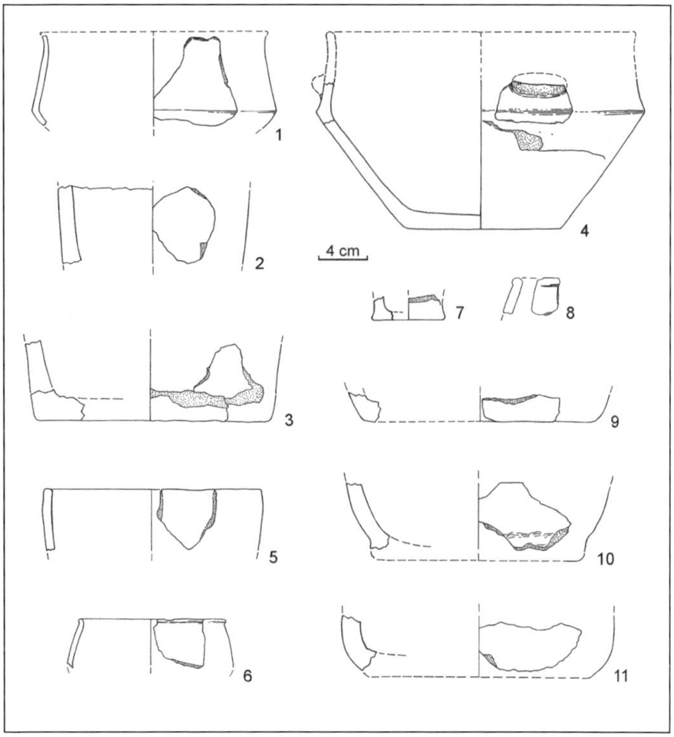

Abb. 20
Stuttgart-Hofen. Keramikfunde aus den Grubenhäusern. 1–3 Haus 1, 4–11 Haus 2.

In Grubenhaus 2 fanden sich eine größere Knickwandschüssel mit einer ausgebrochenen Applikation (Abb. 20,4), die Scherbe einer kleinen Knickwandschüssel und ein Fragment mit verdickter Randlippe, wohl zu einer weiteren Knickschüssel gehörig (Abb. 20,6.8). Zudem kamen die Randscherbe eines mittelgroßen Gefäßes mit abgestrichenem Rand (Abb. 20,5), ein kleiner, abgesetzter Standboden (Abb. 20,7) und etwa 40 Scherben großer Töpfe zum Vorschein, darunter auch Ansätze einfacher und abgesetzter Standböden (Abb. 20,9–11). An Silices fanden sich zwei Kratzer, ein kleines Messer, eine kleinere, dolchartige Spitze, ein Abschlag und ein Klingenbruchstück. Die Grube enthielt zudem das Fragment eines zu einer Sattelmühle gehörigen Läufers aus feuergerötetem Sandstein und einen quarzitischen Kiesel ähnlich dem aus Haus 1, aber ohne Klopfspuren. In der Südwest-Ecke des Hauses konzentrierten sich dreizehn Knochen- und Geweihgeräte (Abb. 21).

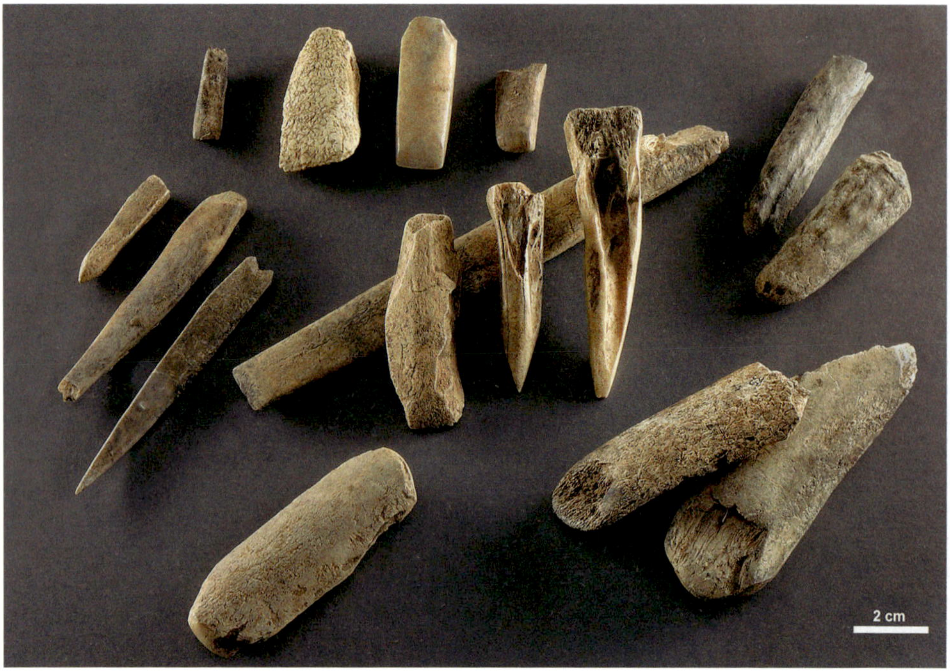

Abb. 21 Stuttgart-Hofen. Meißel, Spitzen und spatelförmige Geräte mit stumpfen Enden aus Knochen, Retuscheure aus Hirschgeweih. Grubenhaus 1 (links oben), Haus 2 (Mitte) und Grube 3 (rechts unten).

Aus zerstreutpooriger, jahrringarmer Holzkohle in Grubenhaus 2 konnte von B. Kromer im Institut für Umweltphysik Heidelberg eine ^{14}C-Datierung gewonnen werden (Hd-27828: 4412 ±37 BP). Sie liegt kalibriert mit 1 Sigma bei 3095–2930 v. Chr.

Bedeutung der Funde

Die detaillierte Vorstellung der Funde ist deshalb angebracht, weil das Spektrum, so klein es auch ist, den bislang äußerst schmalen Fundbestand des Neckarraumes im frühen Endneolithikum, zwischen 3400 und 2800 v. Chr., entscheidend erweitert. Es ist dies die Zeit des Gletschermannes „Ötzi" und zahlreicher Pfahlbausiedlungen im Alpenvorland. Angesichts der Siedlungsfunde des Voralpenraumes und des gleichzeitigen Fundreichtums auf dem Goldberg im Nördlinger Ries war das Ausbleiben von Siedlungsnachweisen auf den fruchtbaren Lössböden des Neckarbeckens bislang äußerst merkwürdig. Die scheinbare Fundleere des Raumes hat sich nun durch die Identifikation einiger endneolithischer Kollektivgräber und durch die Entdeckung einer Höhensiedlung auf dem „Schnarrenberg" bei Stuttgart-Münster, von Siedlungsgruben bei Stuttgart, Viesenhäuser Hof, und Gruben sowie Grubenhäusern an zwei Orten bei Stuttgart-Stammheim langsam zu füllen begonnen (Abb. 19).

Im Fundbestand von Stuttgart-Hofen ist zunächst das Keramikspektrum bedeutsam, das nun erstmals klare Leitformen der Goldberg-III-Gruppe erkennen lässt: Vor allem Knickwandschüsseln, aber auch die Gestaltungselemente der gerundeten, verdickten Randlippe, der länglich-ovalen Applikation und des eben abgestrichenen Randsaumes sind typisch. Die Qualität der Ware ist deutlich besser als die der zeitgleichen Horgener Kultur im Alpenvorland. Die Feinkeramik ist sandgemagert bis feintonig, relativ hart gebrannt und von schwarzer bis roter Farbe. Selbst die gröberen Töpfe weisen kaum Steingrusmagerung auf, scheinen aus schamottegemagertem Lösslehm aufgebaut und sind weich gebrannt mit einfach verstrichenen Oberflächen. Auffällig ist das Auftreten so vieler, meist kleiner Knochenmeißel sowohl in Grubenhaus 4 von Stammheim wie in Grubenhaus 2 von Hofen. Dies scheint auch für den Neckarraum die Herstellung zahlreicher Holzgeräte und Holzgefäße anzudeuten, wie sie in den Pfahlbausiedlungen Oberschwabens und des Bodensees in großer Zahl nachgewiesen sind. Wie in Stammheim ist auch in Hofen die Verarbeitung von Textilfasern durch gebrauchspolierte Rippenspitzen, sogenannte „Hechelzähne", belegt, eine weitere Eigenheit der Epoche, die im Alpenvorland nachweislich eine Intensivierung des Leinanbaues erlebte. In Stammheim waren Getreidekörner von Nacktgerste und nicht weiter bestimmbarem Weizen festzustellen, in Hofen zeigt der Sicheleinsatz, dass geerntet, und der Läufer, dass auch hier im Grubenhaus Getreide gemahlen wurde. Sehr erfreulich ist in Hofen nun der gegenüber Stammheim bessere Erhaltungszustand der Tierknochen. Ihrer Analyse gilt der untenstehende Teil des Beitrags.

Schlussbemerkung

Ein Vergleich der Siedlungslagen und Befunde im Stuttgarter Neckarraum deutet an, dass es im bislang dunklen Zeitalter zwischen 3400 und 2800 v. Chr. eine Hierarchie unterschiedlicher Siedlungen gegeben hat: zentrale Höhensiedlungen wie den „Schnarrenberg", größere, vielleicht in einer leichten Holzbauweise errichtete Siedlungen wie am „Viesenhäuser Hof", deren Befunde durch Lehmentnahmegruben gekennzeichnet sind, und einzeln im Gelände stehende oder zu kleinen Weilern gruppierte Grubenhäuser wie in Stammheim und Hofen. Klar wird nun, dass neben einzelnen Höhen sowohl Hang- als auch Plateau- und Tallagen besiedelt waren. Neben den Grubenhäusern in der Talaue eines kleinen Neckarzuflusses in Stammheim „Siebenmorgen" ist jetzt in Stuttgart-Hofen eine Siedlung direkt im Neckartal nachgewiesen. Dies spricht für eine gleichzeitige oder saisonal wechselnde Nutzung unterschiedlicher Landschaftsökosysteme und damit für eine vielschichtige und relativ intensive Nutzung des gesamten Siedlungsraumes.

Helmut Schlichtherle, Walter Joachim

Die Tierknochen aus den endneolithischen Grubenhäusern

Der in den Grubenhäusern geborgene Fundkomplex umfasst 383 Tierreste. Diese stammen überwiegend aus dem Grubenhaus 2, in den Befunden 1 und 3 fanden sich dagegen nur wenig Faunenfunde. Die Erhaltung der Knochen ist relativ gut. Die Mehrzahl besitzt mehr oder weniger stark aufgeraute Oberflächen und eine kreidige Konsistenz des Gewebeinneren. Einige wenige Stücke fallen durch sehr glatte Oberflächen und eine feste Konsistenz auf.

Bei 17 Funden handelt es sich um Artefakte (siehe Abb. 21). Diese wurden zu etwa gleichen Anteilen aus Skelettelementen von Hausrind und Rothirsch gefertigt. Verwendet wurden große Langknochen wie Metapodien, Radius (Speiche) und Tibia (Schienbein), aber auch Rippen und Geweih. Die Herstellung von Artefakten aus Skelettelementen kleinerer Säuger ist nicht belegt.

Beim restlichen Faunenmaterial handelt es sich überwiegend um Nahrungs- und Schlachtabfälle. Gut 40 % der Funde sind so stark fragmentiert, dass eine Artbestimmung nicht mehr möglich ist. Da das Knochengewicht dieser Funde durchschnittlich aber nur 1,7 g beträgt, macht der Gewichtsanteil der Unbestimmten nur 13,4 % am gesamten Faunenmaterial aus.

Nahezu alle bestimmten Säugerreste stammen von Haustieren. Unter diesen dominiert das Schwein, gefolgt von den kleinen Hauswiederkäuern Schaf und Ziege sowie Rind (Abb. 22a). Bei der Betrachtung des Knochengewichts relativiert sich der hohe Anteil der Schweinereste, da die Rinder aufgrund

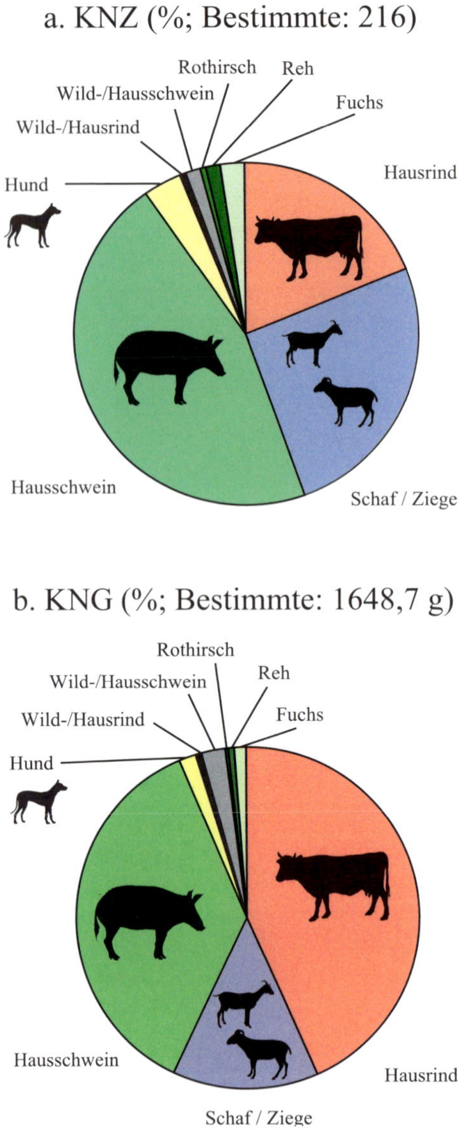

Abb. 22 Stuttgart-Hofen „Mittlere Wohlfahrt". Artenverteilung der Knochenfunde aus den Grubenhäusern, a nach Knochenanzahl (KNZ), b nach Knochengewicht (KNG).

ihrer größeren und schwereren Skelettelemente hier einen größeren Anteil am Fundgut ausmachen (Abb. 22b). Werden acht Zahnfunde, die zwei Individuen zugeordnet werden können, aus der Rechnung ausgeschlossen, reduziert sich der Schweineanteil zusätzlich in geringem Umfang. Der Haushund scheint mit acht Funden relativ häufig vertreten. Da aber sechs der acht Fragmente wahrscheinlich von einem Schädel stammen, ist nur ein Individuum sicher belegt. Der Jagd auf Wildtiere kam nur eine geringe nahrungswirtschaftliche Bedeutung zu. Trotz der häufigen Verwendung von Rothirschresten für die Artefaktherstellung liegt vom Rothirsch nur ein unmodifizierter Fund vor. Zu berücksichtigen ist hierbei jedoch, dass ein Teil der Artefakte aus postcranialen Skelettelementen von Tieren gefertigt wurde, die vorrangig zum Nahrungserwerb erlegt und deren Knochen erst anschließend für die Herstellung der Geräte verwendet wurden. Werden diese Stücke in die Betrachtungen einbezogen, erhöht sich die Zahl der Rothirschfunde auf vier (36,5 g), wenn es sich bei den als Rind- oder Rothirsch bestimmten Funden auch um Rothirsch handeln sollte, sogar auf neun (56,7 g). Das Reh ist nur mit drei Funden belegt, und Wildschwein und Ur konnten nicht sicher nachgewiesen werden. Bei den Funden vom Rotfuchs handelt es sich bis auf eine Ausnahme um die Reste linker Unterkiefer von vier Individuen. Möglicherweise wurden diese als Rohmaterial für Zahnschmuck gesammelt. Hinweise, die dies bestätigen würden, sind jedoch an den Funden nicht vorhanden.

Die Zusammensetzung des Faunenkomplexes aus Stuttgart-Hofen belegt eine intensive Haltung von Schweinen und Rindern. Rinder könnten neben der Nutzung ihrer Primärprodukte wie Fleisch, Fett, Fell etc. auch als Zugtiere z. B. beim Pflügen zum Einsatz gekommen sein. Konkrete Belege hierfür in Form von pathologischen Veränderungen am Fußskelett, wie sie in Seekirch-Achwiesen am Federsee nachgewiesen wurden, fanden sich an den Knochenresten jedoch nicht. Schweine wurden in Stuttgart-Hofen hauptsächlich als Fleischressource genutzt und im juvenilen bis subadulten Alter zwischen ca. 1 und 2,5 Jahren geschlachtet. Ausgeprägte Hiebspuren an zwei Humeri, einer Ulna und zwei Tibiae dokumentieren die Zerlegung dieser Tiere. Der Anteil von Schweinen im Fundmaterial aus Stuttgart-Hofen ist verglichen mit der Zusammensetzung des Fauneninventars aus den endneolithischen Siedlungsresten von Stuttgart-Stammheim „Neubaugebiet-Süd“ und „Sieben Morgen“ sehr hoch. Da in diesen Siedlungen jedoch nur ein kleiner Faunenkomplex geborgen wurde und die Knochenerhaltung schlecht ist, sind die Ergebnisse dort kaum repräsentativ. Die Zusammensetzung der Faunenreste aus Stuttgart-Hofen weist mit einem niedrigen Wildsäugeranteil von 3,6% und einem relativ hohen Schweineanteil aber deutliche Parallelen zum Inventar der Goldberg-III-Siedlung Seekirch-Achwiesen am Federsee auf.

Elisabeth Stephan

Literaturhinweise

W. Löhlein, Spätneolithische Grabmonumente mit trapezoidem Grundriß im Neckarland? Fundber. Baden-Württemberg 20, 1995, 219–228;
I. Matuschik/H. Schlichtherle, Zeitgenossen des Gletschermannes am Mittleren Neckar: Die Siedlungen von Stuttgart-Stammheim und -Mühlhausen. Arch. Inf. Baden-Württemberg 56 (im Druck). – K. Steppan, Archäozoologische Untersuchungen in jung- und endneolithischen Moorsiedlungen am Federsee. In: Ökonomischer und ökologischer Wandel am vorgeschichtlichen Federsee. Hemmenhofener Skripte 5 (Freiburg i. Br. 2004) 187–231.

Besiedlungsgeschichte und -dynamik der jungsteinzeitlichen Pfahlbausiedlungen von Sipplingen „Osthafen“, Bodenseekreis

Mit siebzehn bis achtzehn nachgewiesenen Besiedlungshorizonten des Jung- und Endneolithikums bei Schichtabfolgen in einer Mächtigkeit von bis zu zwei Metern nehmen die Pfahlbausiedlungen von Sipplingen „Osthafen“ bei der Erforschung der Besiedlungs- und Wirtschaftsgeschichte in der späten Jungsteinzeit des Bodenseeraumes eine Schlüsselrolle ein. Mit Ausnahme von Kulturschichten der Horgener Kultur (3316 bis 2855 v. Chr.) im Westen der Fundstelle fanden bislang aber nur punktuelle Untersuchungen statt, die hauptsächlich unter denkmalpflegerischen Gesichtspunkten erfolgten. Vorrangige Ziele waren, akut durch Erosion bedrohte Kulturschichten im Hafenbereich auszugraben und im gesamten Siedlungsareal die Ausdehnung der Schichten zu ermitteln, um Schutzmaßnahmen einzuleiten. Die Verknüpfung der bei den bisherigen Untersuchungen erzielten Ergebnisse zu einer Besiedlungs- und Wirtschaftsgeschichte der Fundstelle blieb aber ein Desiderat. Da die Aufgabe vom Landesamt für Denkmalpflege im Regierungspräsidium Stuttgart allein nicht zu leisten war, wurde zu ihrer Bewältigung bei der Deutschen Forschungsgemeinschaft ein Antrag auf Förderung gestellt. Im Winter des Jahres 2008 hat das von Prof. Dieter Planck beantragte Forschungsprojekt „Das Sipplinger Dreieck als Modell jung- und endneolithischer Siedlungs- und Wirtschaftsdynamik am Bodensee“ seine Arbeit aufgenommen.

Fragestellungen und Zielsetzungen

Ziel des Projektes ist es, die Kultur- und Besiedlungsgeschichte in Sipplingen „Osthafen“ in Wechselwirkung mit der wirtschaftlichen und technologischen Entwicklung darzustellen und im Vergleich zum allgemeinen Besiedlungsgeschehen im Bodenseeraum und der Klimaentwicklung in der späten Jungsteinzeit zu bewerten. Dazu sollen zunächst die an verschiedenen Stellen des Siedlungsareals dokumentierten Schichtabfolgen im Verbund mit der Jahrringdatierung zahlreicher Bauhölzer zu einer Besiedlungsgeschichte der Fundstelle verknüpft werden. Zudem soll gewichtet werden, in welchem

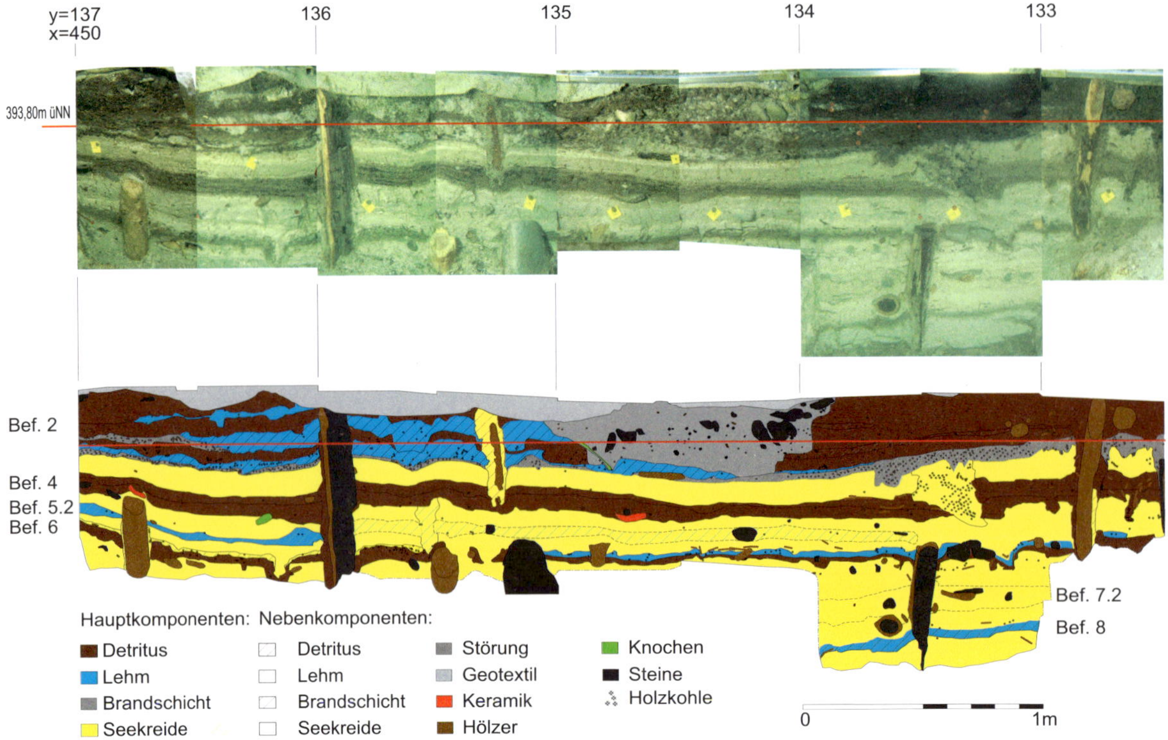

Abb. 23
Sipplingen „Osthafen". Fotografische Aufnahme (oben) und zeichnerische Umsetzung (unten) eines Profils im zentralen Bereich der Fundstelle mit Kulturschichten der Horgener (Bef. 2 und 4), Pfyner Kultur (Bef. 5.2, 6 und 7.2) und Hornstaader Gruppe (Bef. 8).

Ausmaß die unterschiedlich große Flächenausdehnung der verschiedenen Kulturschichten und somit Siedlungen auf unterschiedliche Sedimentationsbedingungen (Erosion) oder auf demografische Schwankungen zurückzuführen ist. Durch Feuchtbodenbedingungen sind pflanzliche Materialien und Knochen vorzüglich erhalten und erlauben archäobotanische und -zoologische Untersuchungen zur Wirtschaftsweise der Bewohner der verschiedenen Siedlungen; die Wuchsanalyse der Bauhölzer ergibt Hinweise auf die Art der Waldwirtschaft und zu Umweltveränderungen. Außerdem liegt das Siedlungsareal in einer durch steile Abhänge abgegrenzten Siedlungskammer, dem sogenannten Sipplinger Dreieck. Durch Kolluvienuntersuchungen am Fuß der Steilhänge erhoffen wir uns Aufschluss zum Sedimentationsgeschehen und somit zur Geschichte der land- und waldwirtschaftlichen Nutzung des Siedlungsumfeldes. Schließlich sollen die erzielten Resultate mit den Ergebnissen der aktuellen Klimaforschung konfrontiert werden. Hierdurch soll untersucht werden, ob bestimmte Faktoren, etwa besonders große oder aber kleine Siedlungsareale oder besonders hohe Jagdtieranteile, klimabedingt sind. In der aktuellen Forschung wird teilweise die These vertreten, dass durch hohe Wildtieranteile Krisenhorizonte auszumachen sind, in welchen Einbußen im Getreideanbau durch erhöhte Jagdaktivitäten kompensiert worden seien. Durch seine Siedlungslage und dichte Sequenz von dendrodatierten Kulturschichten bei vorzüglichen Erhaltungsbedingungen bietet Sipplingen für die gestellten Fragen die besten Voraussetzungen.

Eine Bastsandale und weitere Funde aus Horgener Kulturschichten

Dank der bisherigen Schichtuntersuchungen und der Jahrringdatierungen an rund 3 000 Bauhölzern durch Dr. A. Billamboz am dendrochronologischen Labor des Landesamtes für Denkmalpflege in Hemmenhofen kann die komplexe Kulturschichtabfolge des Siedlungsareals bereits in einen zeitlichen Rahmen eingefügt werden, der sich von 3919 bis 2415 v. Chr. erstreckt. Allerdings bestehen im Detail noch Fragen und Defizite. Zu ihrer Klärung wurden 2008 in taucharchäologischen Untersuchungen zwei Schnitte angelegt, einer davon im zentralen Bereich der Fundstelle. Er ergab eine Abfolge von sechs Kulturschichten, die durch sterile Seekreideschichten voneinander getrennt sind (Abb. 23). Aus den beiden obersten Kulturschichten stammt mit steilwandigen und teilweise am Rand gelochten Töpfen sowie Knickwandschüsseln ein Fundmaterial der späten Horgener Kultur (Abb. 24). Davon ist die obere Schicht mit einer Bauphase 2900–2860 v. Chr. zu verbinden. Für die untere ist der Fortgang der dendrochronologischen Untersuchungen abzuwarten.

Wie für die späte Horgener Kultur typisch, sind zwei Feuerstein-Pfeilspitzen aus Schicht 2 gestielt. Die Beilklingen aus beiden Kulturschichten bestehen großenteils aus Edelserpentin, einem aus dem Alpenrheintal importierten Felsgestein. Noch weiter reichende Handelskontakte bezeugt eine Klinge aus lessinischem Flint aus Schicht 4, einem Rohstoff, der in einer Lagerstätte am oberitalienischen Gardasee vorkommt. Die Hirschgeweihindustrie ist durch zahlreiche Zapfenzwischenfutter und durch Vogelpfeil-Bolzen vertreten, die Knochenindustrie durch Meißel, Spitzen und einen Anhänger aus einem Bärenzahn (Schicht 2).

Besonders hervorzuheben ist das große Fragment eines Schuhs aus der Brandschicht an der Basis von Schicht 2. Seiner Sedimenteinbettung entsprechend ist es leicht verkohlt und dadurch exzellent erhalten (Abb. 25). Es handelt sich um die aus Baumbaststreifen in der Art einer Espadrille geflochtene Sohle und Teile des seitlich aufgehenden Randes. Die Sohle ist vorne, im Bereich der Zehen „abgelaufen" und hinten, im Bereich der Ferse stärker fragmentiert.

Durch seine Machart ähnelt der Neufund einer bereits 1987 in Schicht 15 von Sipplingen gefundenen Sandale wie auch einer Sandale aus Allensbach, die es unter den seltenen jungsteinzeitlichen Kleidungsstücken Europas bereits zu einer gewissen „Berühmtheit" gebracht hat. Im Vergleich zu diesen Funden ist die neue Sandale lediglich etwas dichter und damit fester geflochten.

Es ist auffällig, dass am Bodensee bereits drei Sandalen des gleichen Typs aus verschiedenen Stationen der späten Horgener Kultur vorliegen, die in das 29. Jahrhundert v. Chr.

Abb. 24
Sipplingen „Osthafen". Profilsäule mit eingetragenen Schichtnummern (links) und Auswahl aussagekräftiger Gefäße aus den verschiedenen Kulturschichten (rechts). Absolute Daten vorbehaltlich der dendrochronologischen Untersuchungsergebnisse.

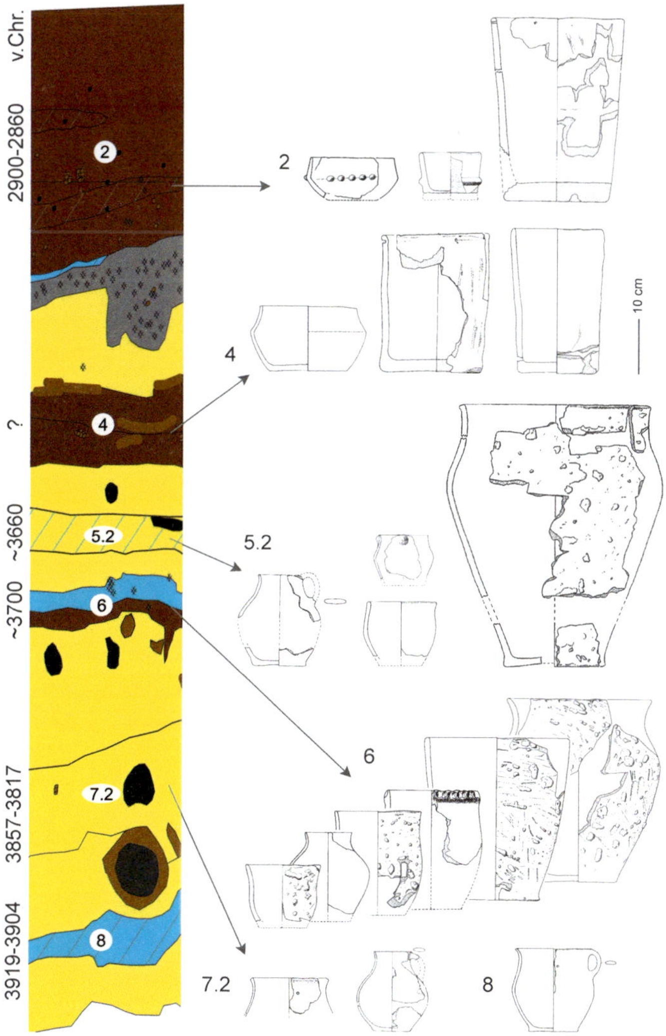

Abb. 26
Sipplingen „Osthafen". Spitze aus einem Röhrenknochen, deren Griffteil mit Baumbast umwickelt ist. Aus Schicht/Bef. 4 der späten Horgener Kultur.

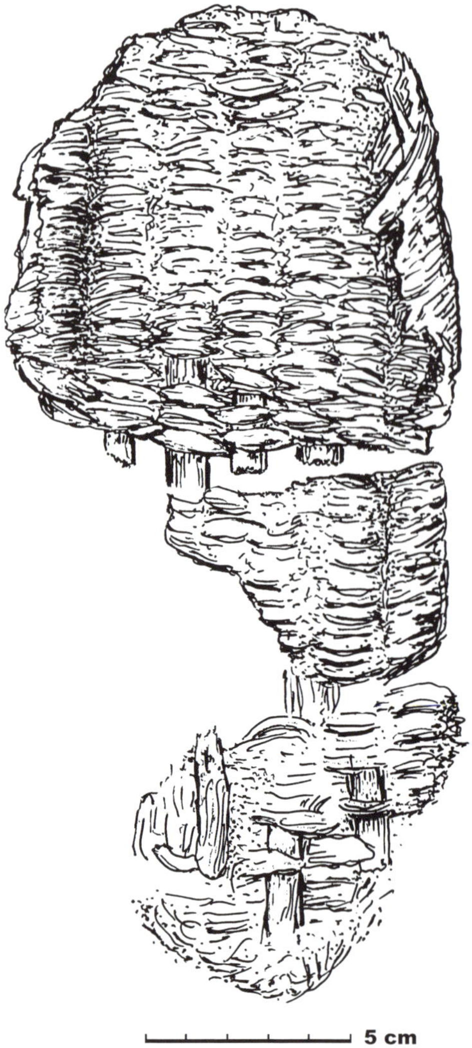

Abb. 25
Sipplingen „Osthafen". Aus Baumbast geflochtene Sohle mit aufgehendem Rand einer Sandale aus Schicht/Bef. 2.5.2 der späten Horgener Kultur.

datieren, während eine weitere Flechtsandale aus Allensbach einen anderen Typ repräsentiert. Diese zweite Sandale aus Allensbach ist in der Art eines ledernen Bundschuhs gefertigt und datiert in das mittlere Horgen, ca. 31.–30. Jahrhundert v. Chr. Vielleicht deuten sich in dieser Abfolge Etappen in der Entstehung der Flechtsandale an, vom Lederschuh über das Imitat in Textil bis zur optimierten, rein textil konzipierten „Espadrille". Ältere, also in die Pfyner Kultur oder die beginnende Horgener Kultur gehörige Schuhfunde gibt es am Bodensee bisher nicht. Eine besondere Beachtung verdient auch eine aus einem Röhrenknochen hergestellte Spitze aus Schicht 4, an deren Griffteil eine Umwicklung aus Baumbast erhalten blieb (Abb. 26). Möglicherweise sollte der Griff dadurch handlicher sein, oder mehrere solcher Spitzen waren zu einer Hechel zusammengebunden.

Die weitere Schichtabfolge

Aus der nach unten hin folgenden Kulturschicht 5.2 stammt u. a. ein Becher mit randständiger Knubbe (Abb. 24), eine Form, die für die späte Pfyner Kultur typisch ist. Die Schicht dürfte somit mit einer dendrochronologisch ermittelten Bauphase um 3660 v. Chr. zu verknüpfen sein. Die nachfolgende Schicht 6 ergab zahlreiche schlickgeraute Gefäße. Aufgrund der belegten Formen ist sie mit einer Besiedlung durch die mittlere Pfyner Kultur zu verbinden und mit einer Bauphase um 3700 v. Chr. zu verknüpfen.
Während die bisher angesprochenen Schichten auf der gesamten Fläche des Schnittes ausgegraben wurden, konnten die tiefsten Straten 7 und 8 nur in einem kleinen Teil der Gesamtfläche untersucht werden. In die Seekreideschicht 7 ist ein Horizont eingebunden, der durch eine Konzentration aus Steinen und liegenden Hölzern, aber auch von Funden gekennzeichnet wird. Aus dieser Schicht stammt sehr dünnwandige Keramik mit dem Fragment einer Flasche und einem weitgehend erhaltenen Krug, womit die Schicht mit einer Bauphase 3857–3817 v. Chr. zu verknüpfen sein dürfte. Auch Schicht 8 ergab sehr dünnwandige Keramik, u. a. mit einem weitgehend erhaltenen, gehenkelten Becher. Bei dieser Schicht gelang bereits die Jahrringdatierung von Hölzern, die der Schicht unmittelbar auflagen, sie ergab eine

Datierung auf 3910 v. Chr. und ist somit zeitlich der Hornstaader Gruppe zuzuweisen. Obzwar Fragen der Datierung im Detail noch offen sind – weiterer Aufschluss ist vom Fortgang der dendrochronologischen Untersuchungen zu erwarten – stellt die vorgestellte Stratigrafie einen Schlüssel dar zur Korrelation der Kulturschichten in der Pfahlbaubucht von Sipplingen.

Der Deutschen Forschungsgemeinschaft danken wir für die Gewährung einer Sachbeihilfe, der Gemeinde Sipplingen für ihr Interesse an den Ausgrabungen, ihre Unterstützung und die Bereitstellung eines Grabungsbüros.

Irenäus Matuschik, Adalbert Müller, Helmut Schlichtherle

Literaturhinweise

A. Feldtkeller/H. Schlichtherle, Jungsteinzeitliche Kleidungsstücke aus Ufersiedlungen des Bodensees. Arch. Nachr. Baden 38/39, 1987, 74–84; M. Kolb, Die Seeufersiedlung Sipplingen und die Entwicklung der Horgener Kultur am Bodensee. In: H. Schlichtherle (Hrsg.), Pfahlbauten rund um die Alpen (Stuttgart 1997) 22–28; M. Mainberger u. a., Rettungsgrabung in den Schichten 2 und 3 der Pfahlbaustation Sipplingen-Osthafen/Bodenseekreis. Nachrichtenbl. Arbeitskr. Unterwasserarch. NAU 11/12, 2005, 53–61; Siedlungen der Pfyner Kultur im Osten der Pfahlbaubucht von Sipplingen Bd. 1, Funde und Befunde; Bd. 2, Naturwissenschaftliche Untersuchungen. Hemmenhofener Skripte 4 (Freiburg i. Br. 2003/2004).

Unterwasserarchäologie im Ausfluss des Bodensees – ein deutsch-schweizerisches Kooperationsprojekt in der „Stiegener Enge" zwischen Öhningen, Kreis Konstanz, und Eschenz, Kanton Thurgau

Bei winterlichem Tiefwasser erhebt sich aus der Seemitte zwischen Öhningen (D) und Eschenz (CH) eine flache Seekreidebank, der sogenannte „Orkopf". Unmittelbar westlich dieser Untiefe rücken Nord- und Südufer zu einem schmalen Durchlass, der „Stiegener Enge", zusammen, und der Untersee verwandelt sich in ein stark strömendes Fließgewässer (Abb. 27). Seit Anfang der 1990er Jahre mehren sich Hinweise, dass im Bereich dieser topografisch und hydrologisch markanten Engstelle, die nur 1,5 Kilometer von der „Insel Werd" bei Stein am Rhein und vom Ausfluss des Bodensees in den Hochrhein entfernt ist, mit prähistorischen Belegungen zu rechnen ist. So ließen 1984 von O. Braasch aufgenommene Luftbilder ausgedehnte, sich über weite Teile der Untiefe erstreckende Pfahlfelder erkennen. Im Zuge sedimentologischer Erkundungen verprobte Pfähle ergaben zwei frühbronzezeitliche ^{14}C-Daten. Gelegenheit zu einer Überprüfung dieser Beobachtungen durch Taucher ergab sich dann im Winter 2005/06, als im Bereich des Strandbades Öhningen archäologische Prospektionen durchgeführt wurden und gleichzeitig auf schweizerischer Seite ähnliche Untersuchungen im Bereich der Eschenzer Bucht anstanden. Da die Landesgrenze quer über die Untiefe verläuft, wurden die entsprechenden Arbeiten im Rahmen eines schweizerisch-deutschen Kooperationsprojektes angelegt, das 2007 und 2008 jeweils im Umfang von ein bis zwei Arbeitswochen fortgeführt wurde. Die örtliche Leitung der Geländearbeiten, die mit Tauchern durchgeführt wurden, teilten sich M. Schnyder (CH) und M. Mainberger (D).

Stratigrafie und Geomorphologie

Eine quer über den See angelegte Bohrflucht lässt erkennen, dass die heute in alle Richtungen abfallende Untiefe bereits in der letzten Eiszeit als Geländerippe entstanden war. Im tieferen Untergrund ist sie aus Ton aufgebaut. Darüber haben sich im Laufe des Holozän umfangreiche Seekreideschichten abgelagert. Die dem deutschen Ufer zugewandte, heute als Fahrwasser dienende Rinne scheint nach unseren stratigrafischen Beobachtungen über lange Zeiträume die Hauptströmung des Seerheins aufgenommen zu haben, während sich in dem dem schweizerischen Ufer zugewandten Becken offenbar ruhigeres Wasser befand. Ob der „Orkopf" allerdings zu allen Zeiten ringsum von Wasser umgeben war, wissen wir noch nicht; es ist nach jetzigem Kenntnisstand auch denkbar, dass die Untiefe erst in den letzten Jahrhunderten durch Erosion entstanden ist und dass zur Zeit der prähistorischen Belegung noch eine Landbrücke zum südlichen Ufer bestand.

Pfahlfelder

Wir wissen inzwischen, dass es über die frühbronzezeitliche Besiedlung hinaus mindestens zwei neolithische Belegungen gab. Die älteste Besiedlung des Platzes erfolgte um 3880 v. Chr. und damit noch in der Initialphase der bäuerlichen Besiedlung der Bodenseeufer am Anfang des 4. Jahrtausends v. Chr. (Abb. 27 Nr. 1).

Die Datierungen der Pfähle im dendrochronologischen Labor des Landesamtes für Denkmalpflege, Hemmenhofen, verdanken wir Dr. A. Billamboz. Eine zweite Belegung dieses Pfahlfeldes datiert nach einem kalibrierten ^{14}C-Datum in das Endneolithikum. Während die bronzezeitliche Pfählung (Abb. 27 Nr. 2) noch recht gut geschützt in Seekreiden liegt, ragen die Pfostenfundamente der neolithischen Dörfer bis zu einem Meter hoch aus

Abb. 27 Bodensee, Blick auf die „Stiegener Enge". In der Bildmitte der „Orkopf", rot eingetragen die nachgewiesenen Pfahlfelder. 1 neolithische Pfahlfelder; 2 frühbronzezeitliches Pfahlfeld; 3 Pfählung unbekannter Zeitstellung; 4 einzelner Pfahl; 5 diverse kleine Pfählungen; schraffiert: bei Niedrigwasser begehbare Fläche.

Abb. 28
Bodensee, „Stiegener Enge“. Taucher beim Bergen des einzelnen Pfahls in der Fahrrinne.

dem Sediment und sind offenbar extremen Erosionsvorgängen ausgesetzt.
Neben diesen großen, unzweifelhaft mit Hausbauten zu verbindenden Pfostensetzungen gibt es eine dritte, eigenartige Baustruktur. Es handelt sich um eine lineare, von der Nordwestseite der Untiefe in Richtung des Nordufers ausgreifende Pfählung aus Eichen und Weichhölzern (Abb. 27 Nr. 3). Die etwa 3 m breite Postensetzung verschwindet nach etwa 15 m in den Lockersedimenten des Fahrwassers, greift aber wohl noch ein gutes Stück weiter aus. In genauer Verlängerung, etwa 50 m entfernt, fand sich ein weiterer, einzelner Eichenpfahl (Abb. 27 Nr. 4; Abb. 28). Als Gebäudestruktur kann diese Pfählung nicht interpretiert werden. Ob es sich um einen Steg oder eine Brücke handelt, muss derzeit noch offenbleiben. Eine Datierung steht hier, ebenso wie für weitere kleinere Pfostenstrukturen am deutschen und am schweizerischen Ufer (Abb. 27 Nr. 5) noch aus.

Funde

Kulturschichten konnten bislang nicht nachgewiesen werden. Alle Kleinfunde wurden außerhalb ihres ursprünglichen stratigrafischen Zusammenhanges am Seeboden aufgelesen. Aus spätneolithischer Zeit stammen Keramik und Steingeräte; aus der bronzezeitlichen Belegung eine bronzene Lanzenspitze (Abb. 29). Das geborgene Fundspektrum lässt darüber hinaus aber erkennen, dass der Platz auch nach den urgeschichtlichen Belegungen immer wieder aufgesucht wurde. Zu nennen sind insbesondere Funde römischer Keramik. Angesichts der Nähe des spätrömischen *vicus* Tasgetium, der knapp einen Kilometer entfernt im Bereich des heutigen Eschenz liegt, und bislang fehlender Baubefunde auf dem „Orkopf“ selbst, können diese Funde sicherlich nicht als Belege für eine dauerhafte römische Belegung des Platzes gesehen werden. Sie sind wohl eher als Hinweise auf die zeitgenössische Schifffahrt aufzufassen. Ähnliches gilt wohl auch für ein Schwertfragment, das in das Frühmittelalter datiert, und weitere Funde, die mit der Fischerei und dem Wasserverkehr jüngerer Epochen in Verbindung zu bringen sind. Aus Letzteren ist insbesondere ein gelochter Ankerstein zu nennen, der mit seiner dreieckigen Form frappierend Ankern aus dem mediterranen Raum ähnelt. Allerdings handelt es sich wohl eher um einen „Senkel“, wie er in der traditionellen Bodenseeschifffahrt bis in die frühe Neuzeit verwendet wurde.

Abb. 29
Öhningen/Eschenz „Orkopf“. Lanzenspitze aus Bronze.

Verkehrsgeografische Schlüsselposition

2008 konnte die Station in das Interreg IV A-Projekt „Ufererosion und Denkmalschutz im Bodensee und Zürichsee" aufgenommen werden. Im Hintergrund dieses Projektes stehen grundlegende Fragen nach dem Mechanismus und der Dynamik von Sedimentations- und Erosionsvorgängen in der Flachwasserzone der Voralpenseen. Von der Aufnahme des „Orkopf" in dieses Programm erwarten wir exemplarische Aufschlüsse über die besonderen Verhältnisse im Übergangsbereich von See und Fließgewässer. Schon jetzt deutet sich allerdings an, dass die Bedeutung des Platzes über diese Zusammenhänge weit hinausgeht. Die geomorphologischen Verhältnisse in der „Stiegener Enge" stellen in hydrologischer Hinsicht eine entscheidende Größe in Bezug auf das Verständnis der holozänen Seespiegelschwankungen des Bodensees dar. Aktualität erhalten die nachweisbaren Erosionsvorgänge in der Ausflussschwelle vor allem im Hinblick auf die tendenziell sinkenden Wasserspiegel der letzten Jahrzehnte. Darüber hinaus aber haben wir es mit einer verkehrsgeografischen Schlüsselposition ersten Ranges zu tun. Der Übergang des westlichen Bodensees in den Hochrhein stellt eine Zwangspassage für den Ost-West-Verkehr und einen der wenigen potenziellen Übergänge für den Nord-Süd-Verkehr vom Thurgauer Ufer in Richtung Hegau und zum nordwestlichen Bodensee dar. Legt man die Verhältnisse im topografisch und verkehrsgeografisch recht gut vergleichbaren „Konstanzer Trichter" als Maßstab zugrunde, haben wir im Raum zwischen „Orkopf" und der „Insel Werd" noch mit wichtigen Entdeckungen zu rechnen.

Martin Mainberger, Bodo Dieckmann, Matthias Schnyder, Hansjörg Brem

Literaturhinweise

H. Brem/H. Schlichtherle, Inselsiedlungen im Ausfluss des Bodensees. Arch. Deutschland 4/2007, 42; H. Schlichtherle, Prähistorische Ufersiedlungen am Bodensee. Eine Einführung in naturräumliche Gegebenheiten und archäologische Quellen. In: Berichte zu Ufer- und Moorsiedlungen Südwestdeutschlands II (Stuttgart 1985) 9–42; W. Ostendorp et al., Auswirkung des globalen Klimawandels auf den Bodensee. Schr. Ver. Gesch. Bodensee 125, 2007, 139–244.

Forschung am Rand der Pfahlbauökumene – Unterwasserarchäologie im Degersee, Stadt Tettnang, Bodenseekreis

Im Jahr 2002 berichtete Franz Hau aus Hofs im Allgäu, er habe beim Baden im Degersee „weiche Pfähle" beobachtet, ähnlich denen, die man ihm bei einer Führung über eine Ausgrabung in Bad Buchau gezeigt habe. Wir konnten zunächst nicht glauben, dass uns diese Fundmeldung lange beschäftigen würde. Der Degersee, Stadt Tettnang, liegt östlich der Argen am Rand des Westallgäuer Hügellandes und damit ein gutes Stück außerhalb des Verbreitungsgebietes der prähistorischen Pfahlbauten, die sich auf den westlichen Bodensee und Oberschwaben westlich und nördlich der Schussen konzentrieren (Abb. 30). Umso größer war die Überraschung, als wir an der angegebenen Stelle tatsächlich auf ein ausgedehntes Pfahlfeld, Bauhölzer und Kulturschichten stießen – unverkennbare Relikte prähistorischer Dörfer.

Stratigrafie und Zeitstellung

2004 einsetzende und seither jährlich im Umfang weniger Tage bis Wochen durchgeführte Tauchprospektionen (Abb. 31) lassen

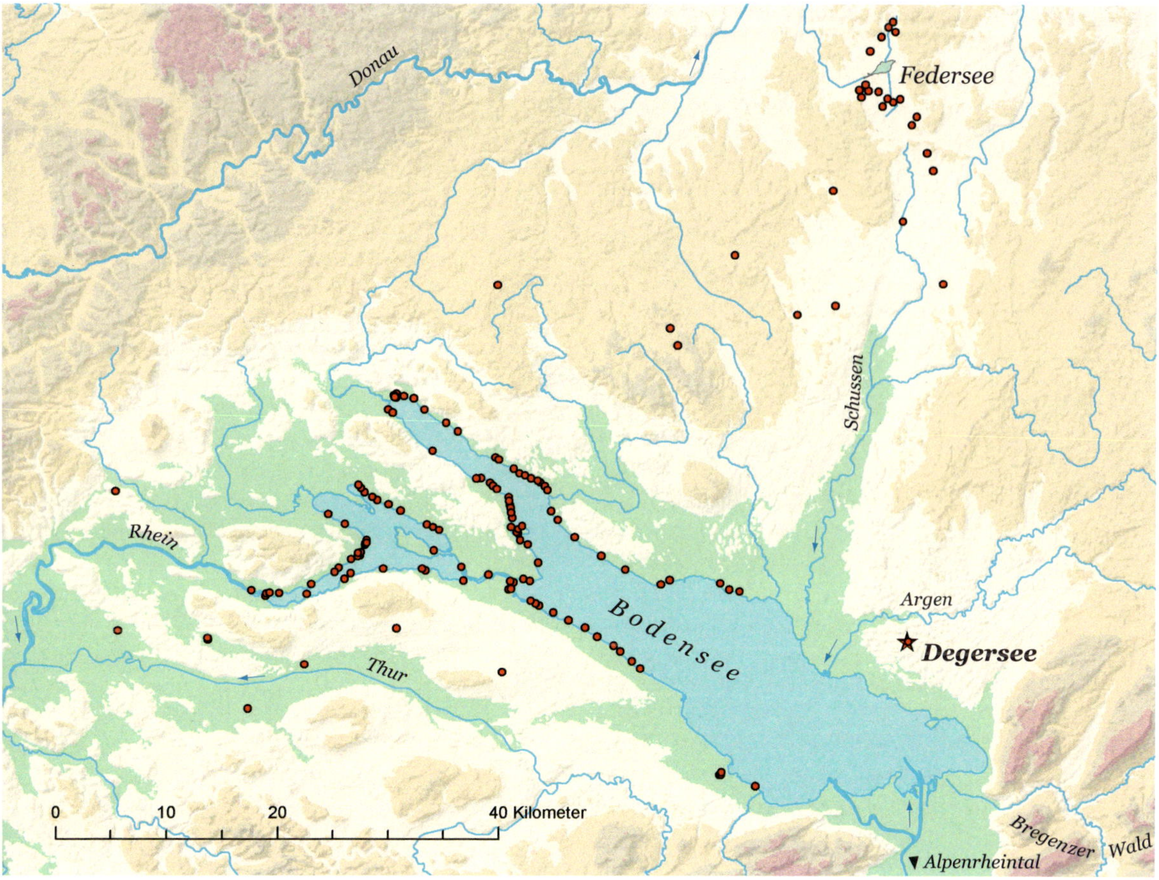

inzwischen die Konturen eines Fundplatzes erkennen, der im 4. Jahrtausend v. Chr. offenbar immer wieder aufgesucht wurde. Der Siedlungsplatz lag ehemals auf einem in den See ragenden Geländevorsprung. In Seekreiden gründende Fundamentpfähle und in alternierenden Lagen mit limnischen Sedimenten abgelagerte Kulturschichten weisen auf wechselnde Wasserstände zur Besiedlungszeit hin. Die erste Belegung des wiederholt aufgesuchten Platzes datiert nach Radiocarbondaten aus der Kulturschicht (KIA29542: 3942–3776 BC cal) und nach Ausweis von Funden in den Horizont Schussenried – Lutzengüetle. Stratigrafisch darüber folgt eine Kulturschicht, von der wir noch keine absoluten Daten besitzen, deren Fundinventar aber Hinweise auf eine Zeitstellung im mittleren Jungneolithikum gibt. Die nächstjüngere Belegung ist dendrochronologisch nachgewiesen und mit einem Fälldatum von 2956 v. Chr. in das Endneolithikum zu datieren. Ein etwas abseits des neolithischen Pfahlfeldes angetroffener Einbaum schließlich, der

Abb. 30
Der Degersee in der Verbreitung der prähistorischen Seeufer- und Moorsiedlungen im südwestdeutsch-schweizerischen Voralpenland.

Abb. 31
Tettnang, Degersee. Taucher im Einsatz.

Abb. 32 Tettnang, Degersee. Anhänger aus gehämmertem Kupfer.

als „Degersee 2004“ zu den Akten genommen wurde, ist radiometrisch kalibriert in den älteren Abschnitt der südwestdeutsch-ostschweizerischen Frühbronzezeit zu stellen (HD2453: ±15 bp; 1925–1880 BC cal). Siedlungsspuren konnten aus dieser Epoche bisher nicht festgestellt werden.
Unter den bislang etwas über 800 geborgenen Funden nehmen zwei Kupferobjekte eine prominente Stellung ein (Abb. 32). Es handelt sich um zwei länglich-zungenförmige Anhänger, zu denen es gute Vergleichsstücke in Münchshöfen-Altheimer Kontext, in Tirol, vor allem aber in Gräbern des 4. Jahrtausends im Karpatenbecken gibt. Damit wird abermals die Vermutung genährt, alpennah gelegene Seeufer- und Feuchtbodensiedlungen hätten eine besondere Funktion im Güterdistributionssystem ihrer Zeit gehabt. Im Falle der Dörfer im Degersee liegt ein solcher Zusammenhang sehr nah, sind sie doch genau in nördlicher Verlängerung des Alpenrheintals und auf der für unseren Raum vielleicht wichtigsten transalpinen Verkehrsachse positioniert. In merkwürdigem Gegensatz dazu steht allerdings die Lage der Fundstelle im Hinterland des Bodensees, in einer unübersichtlichen und schwer zugänglichen, von Niederungen und Mooren geprägten Drumlin-Landschaft.

Letzte Ruhestätte für ein prähistorisches Wasserfahrzeug

Der frühbronzezeitliche Einbaum wurde 2007 dokumentiert und, nachdem sich alle alternativen Schutzmaßnahmen als unzureichend erwiesen hatten, innerhalb des Degersees wieder in Seesedimente eingegraben. Wir hatten das Boot zwar noch „in situ“ angetroffen, da es aber in geringer Wassertiefe unmittelbar unter einem in den Sommermonaten intensiv frequentierten Badesteg lag, stellte sich schnell heraus, dass es in dieser Position keinerlei Chancen zur Überdauerung haben würde. Frische Bruchkanten belegten, dass das Objekt erst vor relativ kurzer Zeit freierodiert und nun rapidem Zerfall ausgesetzt war. Da sich der Versuch, den Fund durch Geotextil und Sandsäcke zu stabilisieren als unzureichend erwies und Bergung und Konservierung aus Kostengründen nicht in Frage kamen, entschieden wir uns zur Umbettung.
Vorteil dieses Verfahrens war, dass die Dokumentationsarbeiten weitgehend an Land durchgeführt werden konnten. Obwohl von dem ganz aus Erle gebauten Boot nur noch der Boden und kleine Abschnitte der Seitenwände erhalten waren, ließen sich die wichtigsten Eigenschaften des in der Aufsicht trapezförmigen Wasserfahrzeuges noch erkennen (Abb. 33). Das massivere, in einer geraden Kante abgeschnittene Ende kann als Heck, das halbkreisförmig zulaufende gegenüberliegende Ende als Bug angesprochen werden. Beide Schiffsenden waren ursprünglich mit in Nuten eingepassten Querschotten ausgestattet. Teile des Heckspiegels steckten noch in der Führung, wobei Moos als Kalfatmasse gedient hatte. Der erhaltene Teil des Boots maß 5,31 m bei einer maximalen Breite von 0,66 m.

Vorposten am Rand des Westallgäus und ein Geoarchiv unter Wasser

Der Degersee, der benachbarte Schleinsee und weitere Kleingewässer zwischen Argen und Bodensee sind wegen ihrer umfangreichen, bis in das Spätglazial zurückreichenden und über lange Zeitabschnitte jahreszeitlich geschichteten Sedimentablagerungen seit den 1960er Jahren immer wieder Gegenstand geochemischer, sedimentologischer und pollenanalytischer Untersuchungen gewesen. Für das Verständnis der jungneolithischen Dörfer im Degersee ergibt sich damit eine einzigartige Chance. Wenn es glückt, die Stratigrafie der prähistorischen Niederlassungen mit den laminierten Schichtabfolgen in der Seemitte zu verknüpfen, entsteht ein paläoökologischer, paläoökonomischer und paläoklimatologischer Vergleichsdatensatz von außerordentlich hoher Auflösung und Präzision. Zudem stellen dendrochronologisch datierte archäologische Befunde im Bezug auf die bislang nur radiometrisch datierten Bohrprofile exakte Eichdaten dar. Zusammen können die auf naturwissenschaftlichem und auf archäologischem Wege gewonnenen Daten eine Fundlandschaft erschließen, die bislang weitgehend unbekannt war. Die Lage bereits außerhalb des klimatisch besonders begünstigten Bodenseebeckens schiebt dabei Fragen in den Vordergrund, die die nordalpine Pfahlbauforschung in den letzten Jahren immer drängender beschäftigt haben, Fragen nach dem Verhältnis von Klimaschwankungen, demografischen Bewegungen und der wirtschaftlichen, sozialen und kulturellen Reaktion des Menschen. Der Präsident des Landesamtes für Denkmalpflege, Prof. Dr. D. Planck, hat deshalb 2007 zusammen mit dem Paläolimnologen Dr. J. Merkt bei der Deutschen Forschungsgemeinschaft einen Antrag auf Durchführung eines Forschungsprojektes gestellt. Diesem Antrag wurde stattgegeben, so dass die Projektgruppe, in der eine ganze Reihe von Naturwissenschaftlern – aus den Fachgebieten Pollenanalyse, Botanische Großrestanalyse, Archäozoologie, Dendrochronologie, Sedimentologie – mit Archäologen zusammenarbeiten, ihre Arbeit aufnehmen konnte. Eine erste, einmonatige Tauchkampagne wurde vom Landesamt für Umweltschutz, Institut für Seenforschung Langenargen, mit hydroakustischen Untersuchungen begleitet. Die Geländeuntersuchungen werden im Frühjahr 2009 fortgesetzt werden.

Martin Mainberger, Helmut Schlichtherle

Literaturhinweis

M. Mainberger, An Early Bronze Age Logboat from Degersee, Southern Germany. Internat. Journal Nautical Arch. 38.1, 2009, 3–12.

Abb. 33
Tettnang, Degersee. Frühbronzezeitlicher Einbaum. Der Brandfleck könnte – wie bei Einbäumen des Federsees – auf eine Feuerstelle im Boot hindeuten.

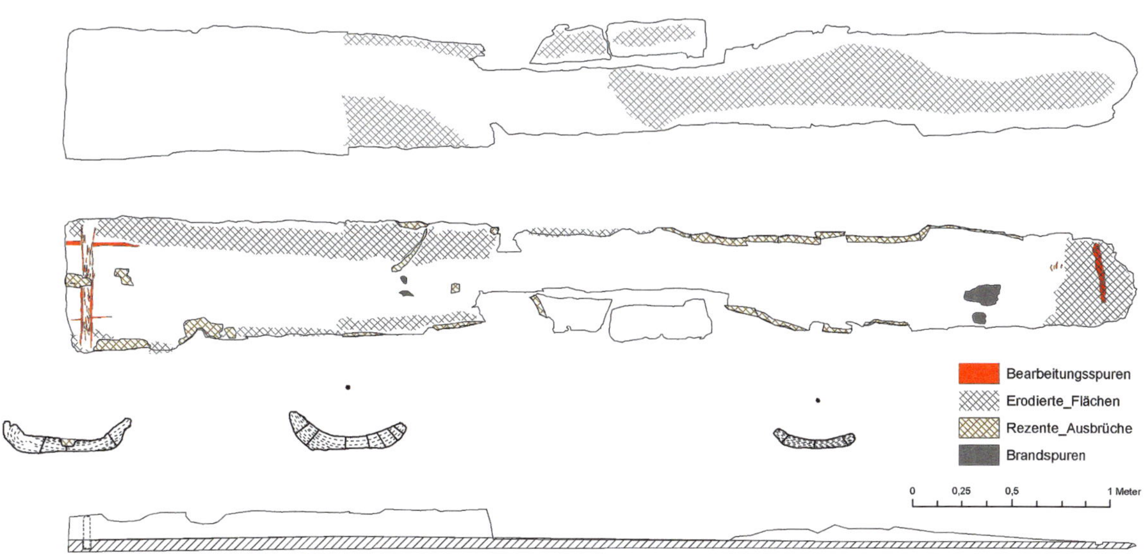

Siedlungsarchäologische Untersuchungen in der Aachniederung bei Singen, Kreis Konstanz

Nach der Erschließung des Baugebiets „Etzenfurth" auf der Nordstadtterrasse ist seit 2007 die Anbindung dieses Wohngebiets an die Landesstraße 191 nördlich von Singen eines der größeren Bauprojekte der Stadt. Die neue Straße quert die Niederung der Radolfzeller Aach bis zu einem 2008 begonnenen Brückenneubau und wird am Ostrand des Baugebietes „Etzenfurth" auf die Nordstadt führen (Abb. 34). Bereits im Februar 2007 wurden beim Bau eines Kreisels und eines Regenrückhaltebeckens eine Siedlung der späten Bronzezeit, ein Gräberfeld der Glockenbecherkultur sowie ungewöhnliche neolithische Befunde mit verbrannten Menschenknochen entdeckt und von der Kreisarchäologie des Landratsamtes Konstanz in Zusammenarbeit mit dem Referat 25 Denkmalpflege des Regierungspräsidiums Freiburg in einer Rettungsgrabung dokumentiert. Vorgewarnt durch diese Funde und ältere Beobachtungen im Gewann „Ipfi" wurde mit der Stadt Singen vereinbart, die künftigen Bauabschnitte frühzeitig archäologisch zu untersuchen. So konnten schon vor Baubeginn im Bereich der Brückenbaustelle (Dezember 2007) sowie auf der Straßentrasse westlich der Aach (September bis Dezember 2008) der Oberboden maschinell abgetragen und die in den Flächen zutage gekommenen Befunde ausgegraben werden (Gesamtfläche 1,3 ha). Während sich auf dem Baugrund der Brücke keine archäologischen Befunde mehr feststellen ließen, waren auf der Straßentrasse zahlreiche Spuren vorgeschichtlicher Siedlungstätigkeit zu verzeichnen.

Abb. 34
Singen, Nordstadtanbindung. Übersicht zur Lage der Fundstellen in der Niederung der Radolfzeller Aach nordöstlich des Hohentwiels. 1 Regenrückhaltebecken mit neolithischen Strukturen und einem Gräberfeld der Glockenbecherkultur 2007 (Bauabschnitt I); 2 Brückenbaustelle 2007 (Bauabschnitt II); 3 Straßentrasse mit spätbronze-/urnenfelderzeitlichen Siedlungsbefunden 2008 (Bauabschnitt III); 4 Einmündung Saubach in Radolfzeller Aach; 5 Neubaugebiet „Etzenfurth" auf der Nordstadtterrasse mit Siedlungsfunden des mittleren und jüngeren Neolithikums (5.–4. Jt. v. Chr.).

Der neolithische Fundniederschlag

Der Untergrund der Talaue besteht aus eiszeitlichen Schotterschichten, die von lehm- und sandverfüllten Rinnen durchzogen sind.

Abb. 35
Singen, Nordstadtanbindung. Zwei Silexpfeilspitzen der Jungsteinzeit aus einer verfüllten Geländerinne und einer bronzezeitlichen Kulturschicht (ca. 5.–3. Jt. v. Chr.).

Hinzu kommen zahlreiche Mulden und flache Geländedellen mit schwarzbraunen Sedimenten, die teilweise auch neolithische Funde enthielten. Hierzu gehören Scherben des Mittelneolithikums (u. a. der Rössener Kultur) sowie Silices, die sich meist nicht genauer zeitlich einordnen lassen. Zu den schönsten Stücken zählen zwei flächig retuschierte Pfeilspitzen des jüngeren Neolithikums, die aus einer mit Kolluvien verfüllten Geländerinne sowie einer bronzezeitlichen Kulturschicht stammen (Abb. 35). Gerade der jüngerneolithische Fundniederschlag ist im Hinblick auf die 2007 entdeckten Pfostengräbchen mit menschlichem Leichenbrand (Bauabschnitt I) interessant. Die ungewöhnlichen Grundrisse aus drei parallelen Gräbchen mit Pfostengruben müssen aufgrund der stratigrafischen Begebenheiten vor den bereits erwähnten glockenbecherzeitlichen Gräbern bestanden haben. Aus Gaimersheim, Oberbayern wurden nun erste vergleichbare Baustrukturen mit verbrannten Menschenknochen bekannt, die dort aufgrund der erhobenen ^{14}C-Daten ins Endneolithikum (Chamer Kultur) zu stellen sein dürften. Möglicherweise handelt es sich sowohl in Singen wie in Gaimersheim um Sonderbauten, die in Zusammenhang mit kollektiven Brandbestattungen stehen.

Bronzezeitliche Siedlungsbefunde

Nach einer ersten Durchsicht des Fundmaterials ist die Mehrzahl der Befunde in die späte Bronze- oder Urnenfelderzeit einzuordnen. Zu den am besten erhaltenen Strukturen zählt ein Nordwest–Südost orientierter Hausgrundriss im Westen der Grabungsfläche (Abb. 36). Die noch vorhandenen zwölf Pfostengruben gehören zu einem mindestens 8,4 m langen und 5,7 m breiten Gebäude. Die einstige Gebäudelänge dürfte knapp 10 m betragen haben. Nicht vollständig erhalten war ein das Haus umgebendes, noch bis zu 29 cm tiefes Traufgräbchen. Aus diesem konnten neben wenigen Silices und Tierknochen auch einige Keramikscherben der späten Bronzezeit geborgen werden. Nur wenige Meter westlich des Gebäudes verlief von WNW nach ONO eine mindestens 32 m lange Pfostenreihe quer über die Grabungsfläche. Sie setzte sich aus fünfzehn Pfostengruben zusammen, die in Abständen von 1,7 m bis 2,4 m in den Untergrund eingetieft waren. In einigen der Gruben zeichneten sich noch die Spuren von 20–30 cm mächtigen Holzpfosten ab, die von einem massiven Zaun oder einer ähnlichen Siedlungseinhegung stammen dürften. Wie groß das umgebene Areal war, ist ungewiss, da weder ein Ende noch eine Ecke der Einhegung in der Grabungsfläche erfasst werden konnte.

Weitere Pfostengrundrisse kamen in der östlichen Hälfte der Straßentrasse zutage. Hierzu gehören NNO–SSW orientierte, leicht trapezförmige Vier- und Sechspfostenbauten mit 2,9 m × 2,4 m und 3,8 m × 3,2 m Ausdehnung. Aufgrund der kleinen Grundflächen von 7 m^2 und 12 m^2 dürfte es sich um gestelzte Speicherbauten gehandelt haben. Vorratsgruben wurden in den instabilen Kiesböden nicht angelegt. Lediglich an einer Stelle konnten unförmige flache Grubenreste freigelegt werden, die Scherben der älteren Urnenfelderzeit enthielten.

Der bereits im Hochwasserbereich der Aach liegende östlichste Teil der Grabungsfläche wurde von mehreren flachen, etwa 7–9 m breiten Rinnen durchzogen, die mit grauem bis schwarzem Sediment verfüllt waren. Möglicherweise handelt es sich um ehemalige in die Aach mündende Bachläufe. 45 m westlich des heutigen Flussbetts konnte auf etwa 18 m Länge und 17 m Breite der Rest einer noch etwa 20 cm mächtigen Kultur-

Abb. 36 Singen, Nordstadtanbindung. Ausschnitt aus dem Gesamtplan 2008. 1 Pfostengrundriss eines Hauses mit Traufgräbchen der späten Bronzezeit (ca. 1300 bis 1000 v. Chr.); 2 Pfostenreihe eines massiven Zaunes.

schicht aus schwarzbraunem Lehm und Rotlehmkonzentrationen freigelegt werden. Darunter zeichneten sich einzelne Gräbchen und flache Pfostengruben ab, die zeigen, dass auch im Überschwemmungsbereich der Aach gesiedelt wurde. Vollständige Gebäudegrundrisse ließen sich hier nicht mehr rekonstruieren. Sie dürften längst den erodierenden Kräften des Flusses zum Opfer gefallen sein. Aus der Kulturschicht konnten in großer Anzahl Keramikscherben geborgen werden. Nach einer ersten Durchsicht scheinen sie überwiegend zu grobkeramischen Gefäßen der späten Bronzezeit bzw. der Urnenfelderkultur zu gehören.

Ausblick

Die Ausgrabungen der letzten Jahre in Singen haben wertvolle Erkenntnisse für die regionale Siedlungsgeschichte erbracht. Sie zeigen, dass auch die Talauen intensiv besiedelt waren und gerade hier die vermissten Siedlungen verschiedenster vor- und frühgeschichtlicher Epochen zu suchen sind. Ihre Entdeckung ist nur durch die systematische archäologische Begleitung von Baumaßnahmen möglich. Wenn im Jahr 2009 die Straßentrasse östlich der Radolfzeller Aach auf die Nordstadtterrasse verlängert wird, ist auch hier mit weiteren archäologischen Fundstellen zu rechnen, grenzt die Straßentrasse doch an das 2005 entdeckte große Siedlungsareal der mittleren und jüngeren Jungsteinzeit „Etzenfurth" (Abb. 34 Nr. 5).

Für die kooperative Zusammenarbeit und logistische Unterstützung der Ausgrabungsarbeiten sei der Stadt Singen mit Oberbürgermeister Oliver Ehret, dem Fachbereich Bauen und dem Ingenieurbüro Norbert Baur vielmals gedankt. Großen Dank schulde ich auch Herrn Armin Höfler, Herrn Ernst Kraus und den Schülern Toni Hübener und Konstantin Röhm für ihre ehrenamtliche Mitarbeit und Einsatzfreude. Für weitere Hilfe möchte ich der Familie Coffin-Schlieker, Herrn Dietmar Geistmann für neue Luftbilder sowie für wertvolle Hinweise Dr. Bodo Dieckmann, Dr. Gerd Riedel und Dr. Natascha Mehler herzlich danken.

Jürgen Hald

Literaturhinweise

R. Dehn/G. Fingerlin, Ausgrabungen der archäologischen Denkmalpflege Freiburg im Jahr 1979. Arch. Nachr. Baden 20, 1980, 3–39 bes. 11 f.; J. Hald, Arch. Ausgr. Baden-Württemberg 2005, 28–31; ders., ebd. 2007, 50–54 mit weiterer Lit.; N. Mehler, Feuer, Funde und viele Fragen: Rätselhafte Sonderbestattungen aus Gaimersheim, Oberbayern – mit einem Beitrag von Carola Berzin und Joachim Wahl, in: J. Auler (Hrsg.), Richtstättenarchäologie (Dormagen 2008) 190–206.

Bronzezeitliche Grabfunde im Gewerbegebiet „Heiligenwiesen", Sonnenbühl-Willmandingen, Kreis Reutlingen

Die Arbeit der regionalen Archäologischen Denkmalpflege ist wesentlich geprägt von Rettungsgrabungen, die in rascher Reaktion von der Zerstörung akut bedrohte Funde und Befunde sichern und dokumentieren. Neben der beispielsweise im Rahmen eines Genehmigungsverfahrens verankerten archäologischen Begleitung von Erdbaumaßnahmen ist es nicht selten die Mitteilung eines ehrenamtlichen Beauftragten für die Archäologische Denkmalpflege, die den Anstoß zur kurzfristig anberaumten Rettungsgrabung gibt.

Eine Fundgeschichte

Am Montagvormittag, dem 7. Juli 2008, teilt der ehrenamtliche Beauftragte für die Region telefonisch mit, dass er am Wochenende bei seiner Nachschau in einem Baugrundstück drei Steinsetzungen feststellt habe. In einem Fall zeigten sich Schädelreste, und dicht dabei deute sich eine Bronzenadel an. Er vermute ein weiteres Begräbnis in nächster Nähe der Fundstelle, wo bereits 2001 eine bei der Erschließung des Gewerbegebiets „Heiligenwiesen" angeschnittene Doppelbestattung der Bronzezeit, ausgestattet u. a. mit Knöchelbändern und Dolch, geborgen werden konnte. Den nun angetroffenen Befund habe er unangetastet belassen.

Es gelingt, die Fundstelle noch am selben Tag zu besichtigen. Im Bauareal sind die Erdarbeiten abgeschlossen, die Baugrube ist ausgehoben, und der Bereich für ein Hallengebäude ist bereits großteils aufgeschottert. Im Profil am Westrand der Baufläche bestätigen sich die skizzierten archäologischen Befunde; die Nadel gehört der mittleren Bronzezeit an. Eine Information der Archäologischen Denkmalpflege über weitere Bauvorhaben, erbeten 2001 nach den nur wenige Meter entfernt angetroffenen Funden, war nicht erfolgt.

Abb. 37
Sonnenbühl-Willmandingen. Ausgrabung und Dokumentation eines bronzezeitlichen Grabes bei laufendem Baubetrieb.

Am selben Abend sind die Baubehörde, der Bauherr und die Gemeinde verständigt, und tags darauf nehmen Mitarbeiter der Archäologischen Denkmalpflege – sie müssen allerdings vorübergehend von anderen Grabungsprojekten abgezogen werden – die Arbeit auf (Abb. 37). Sie werden dabei tatkräftig von dem ehrenamtlichen Beauftragten unterstützt.

Nach einer Woche sind Fundbergung und Dokumentation abgeschlossen. Das Bauvorhaben konnte derweil ohne Beeinträchtigung vorangetrieben werden.

Abb. 38
Sonnenbühl-Willmandingen. Das Bronzeschwert aus Grab 2 – ein Hinweis auf den besonderen Rang des Bestatteten.

Funde und Befunde

Die Lochhalsnadel, oberhalb des Kopfes gelegen, sollte die einzige überlieferte Beigabe in Grab 1 bleiben. Das Skelett fand sich in gestreckter Rückenlage, mit dem Kopf im Südosten und den Füßen gegen Nordwesten. Die 2,5 m lange und bis 80 cm breite Grabgrube war etwas in den verwitternden Jura-Felsgrund eingetieft. Seitenparallel aufgereihte Gesteinsbrocken lassen einen etwa 50 cm breiten Sarg erschließen. Über dem Begräbnis wölbte sich die etwa 1,4 m breite, aus Lesesteinen aufgeschichtete Steinpackung. Ein kleiner Hügel ist anzunehmen.
Gleichartig präsentierte sich das rund 15 m südlich gelegene Grab 2 mit seiner auffallend großen, ca. 3,6 m langen und 1,3 m breiten, ebenfalls südost (Kopf)- nordwestlich orientierten Grabgrube. Der Sarg, vielleicht ein Baumsarg, dürfte eine Länge von etwa 2,7 m und eine Breite von 60 cm besessen haben. Oberhalb des Kopfes war wiederum eine Bronzenadel anzutreffen, rechts des Körpers, in Höhe von Schädel und Oberarm, lag – mit der Griffpartie gegen Osten – eine 50 cm lange Schwertklinge mit trapezförmiger, viernietiger Griffplatte (Abb. 38). Der Grabbau und die Waffe deuten den hohen gesellschaftlichen Rang des Verstorbenen an. Alle bislang vorliegenden Funde gehören der frühen Phase der mittleren Bronzezeit an.

Das Umfeld

Drei, möglicherweise vier bronzezeitliche Begräbnisse konnten 2001 und 2008 in einem nur schmalen Streifen von 3–5 m Breite auf einer Strecke von rund 40 m beobachtet werden. 2002 erbrachte eine archäologische Baubegleitung in naher Nachbarschaft ein Brandgrab unbekannter Zeitstellung sowie eine beigabenlose nord (Kopf)- südlich orientierte Körperbestattung. Ein in seiner Ausdehnung und Geschichte noch nicht näher zu beschreibender Begräbnisplatz gewinnt hier Kontur.
Zur Erhaltung der Gräber trugen die etwas in den felsigen Grund reichenden Grabgruben ebenso bei wie die Lage des Bestattungsplatzes in der Talmulde der jungen Lauchert. Kolluviale Lehme bildeten über den Steinpackungen eine schützende Schicht von 30–40 cm Mächtigkeit. Die Gräber blieben so unentdeckt und dem Zugriff des Pfluges entzogen. Für bronzezeitliche Grabhügel und Grabhügelgruppen auf der Schwäbischen Alb ist deren Lage auf Höhen oder an meist südlich geneigten Hängen als charakteristisch angesehen worden. Der Willmandinger Befund verdeutlicht, dass diese Einschätzung vordringlich den Erhaltungs- und Auffindungsbedingungen zuzuschreiben ist. Das bisherige Bild der Grabhügellandschaft auf der Schwäbischen Alb erweist sich wesentlich bestimmt durch die bis in das 19. Jahrhundert extensive landwirtschaftliche Nutzung. In ackerbaulich minder geeigneten Lagen konnten Grabhügel eher überdauern und die Ausgräber des 19. Jahrhunderts anziehen.
Kaum 500 m vom Fundplatz der Gräber entfernt fanden sich im Baugebiet „Steinmäuerle“ in siedlungsgünstiger südlicher Hanglage Besiedlungsspuren des Neolithikums, der Urnenfelderzeit, der Hallstatt- und der Spätlatènezeit, aber auch Siedlungsreste der Bronzezeit. Es scheint der bislang seltene Fall gegeben, dass sich dort die dem Begräbnisplatz zugehörige Siedlung andeutet.

Die Bebauung im Gewerbegebiet „Heiligenwiesen“ ist weitgehend vollzogen. Die Auskunft, dass keine weiteren Begräbnisse zutage traten, ist nicht mehr zu prüfen. Die Chancen zu weiterem archäologischem Erkenntnisgewinn ruhen im angrenzenden Ackerland.
Dank seines langjährigen, engagierten und umsichtigen Wirkens, dank vieler Baustellenüberwachungen und Geländebegehungen hat der örtliche ehrenamtliche Beauftragte, Herr F. Pfannstiel, eine zur Beurteilung des vorgeschichtlichen Siedlungsgeschehens auf der Schwäbischen Alb modellhafte Fundregion erarbeitet. Mit dem bronzezeitlichen Begräbnisplatz von Willmandingen wurde dieser ein wesentlicher Aspekt hinzugefügt.

Frieder Klein

Literaturhinweise

H. Reim, Die mittlere Bronzezeit in Württemberg. In: Archäologie in Württemberg (Stuttgart 1988) 141–169. – R. Pirling/U. Wels-Weyrauch/ H. Zürn, Die mittlere Bronzezeit auf der Schwäbischen Alb. Prähist. Bronzefunde 20,3 (München 1980). – S. Oberrath, Bemerkungen zur Chronologie der Mittelbronzezeit in Württemberg. Fundber. Baden-Württemberg 19/1, 1994, 175–180. – Dies., Ein Beitrag zur Frühbronzezeit in Südwestdeutschland. Fundber. Baden-Württemberg 24, 2000, 191–213.

Zwei Grabhügel bei Dotternhausen, Zollernalbkreis

„[...] Von Spuren aus der Vorzeit nennen wir 4 altgermanische Grabhügel, einer auf der herrschaftlichen sog. Großen Wiese und 3 westlich vom Ort auf Privatwiesen; ersterer wurde geöffnet und verschiedene Gegenstände von Bronce (Ringe, Fibeln etc.), die im hiesigen Schlosse bewahrt werden, darin gefunden. [...]“ Die Grabung, von der 1877 die Beschreibung des Oberamts Rottweil berichtet, fand 1841 statt. Durch Schenkung der Familie von Cotta gelangten die Funde 1896 an das heutige Landesmuseum Württemberg in Stuttgart: Funde der Bronze- und Hallstattzeit sowie der Merowingerzeit. 1896 ist auch von Ausgrabungen in Grabhügeln beim „Turmweg“ östlich Dotternhausen zu erfahren, die gleichfalls bronze-, hallstattzeitliche und alamannische Funde erbrachten. 1975 konnten vor Überbauung der „Großen Wiese“ vier stark verflachte Grabhügel mit bronze- und hallstattzeitlichen Begräbnissen untersucht werden. Die Geschichte eines Hügels reicht in die Jungsteinzeit, ins ausgehende 4. Jahrtausend v. Chr. zurück.
Westlich von Dotternhausen sind wenigstens vier verstreut gelegene Hügel bekannt, dabei der, auf dem im heutigen Friedhof die St.-Anna-Kapelle steht. Ein Hügel im Wiesenland unmittelbar südlich der B 27 ist noch als flache Kuppe erkennbar; zwei weitere liegen, kaum mehr nachvollziehbar, in überbautem Gelände. Nördlich der Bundesstraße verzeichnete um 1900 die topografische Bestandsaufnahme noch fünf Grabhügel beim heutigen Zementwerk. Drei Hügel wurden unbeachtet beim Bahnbau zerstört, und die letzten beiden Grabdenkmäler drohten nun dem Bau eines Kalksteinrundlagers zum Opfer zu fallen. Mit Unterstützung der Firma Holcim konnten sie aber im Rahmen einer kurzfristigen Rettungsgrabung untersucht werden. Dabei wurden Funde geborgen, die einen Querschnitt durch die Besiedlungsgeschichte am Fuß der Schwäbischen Alb unterhalb des Plettenbergs bieten.

Die Grabhügel

Die beiden etwa 30 m voneinander entfernten Hügel zeichneten sich deutlich als etwa meterhohe Kuppen von gut 20 m Durchmesser ab. Bei der Grabung sollte sich jedoch zeigen, dass von der originalen Hügelschüttung nur noch wenig anzutreffen war. Zur Anlage der Grabdenkmäler hatte man einen flachen Geländerücken gewählt, die Hügel aus der Landschaft herausmodelliert und so ihre repräsentative Wirkung gesteigert. Ihr noch im frühen Mittelalter beherrschendes Aussehen lässt eine alamannische Nachbestattung mit Spatha und Sax erahnen, die sich in nur 20 cm Tiefe, unmittelbar unter dem Oberboden, fand. Den landschaftsprägenden Charakter der Hügel unterstreichen die alten Gewannbezeichnungen „Lehen" oder „Lehenwiesen".

Alamannische Gräber des 7. Jahrhunderts

Die in der nahen Umgebung altbekannten alamannischen Funde aus Grabhügeln ließen auch in den „Lehenwiesen" Nachbestattungen in älteren Grabdenkmälern erwarten. Überraschenderweise wurden aber zwei spätmerowingerzeitliche Bestattungsplätze mit zusammen 54 Gräbern angetroffen. Die beiden Gräbergruppen mit ihren typischen nordsüdlich verlaufenden Gräberreihen und westöstlich orientierten Bestattungen schließen sich jeweils im Südosten an die vorgeschichtlichen Hügel an. Offenkundig nehmen sie bewusst auf die repräsentativen Grabdenkmäler Bezug.

Abb. 39 Dotternhausen, „Lehenwiesen". Blick in eine Grabkammer des 7. Jhs. zu Füßen des Hügels 1. Im staunassen Boden konnten Hölzer gut überdauern, stark gelitten haben die Skelettreste und Beigaben aus Metall.

Waren die Begräbnisse ausreichend in den Untergrund eingetieft, so begünstigte der stark tonige, zur Staunässe neigende Boden die Erhaltung von Hölzern der aus Eichenbohlen gezimmerten Grabkammern (Abb. 39). Sie versprechen dendrochronologische Datierungen, die zusammen mit den überlieferten Grabausstattungen ein differenziertes Bild der Entwicklungsgeschichte der Bestattungsplätze während des 7. nachchristlichen Jahrhunderts skizzieren lassen. Es drängt sich auf, in den beiden Gräbergruppen unterschiedliche soziale Gruppierungen – Familienverbände oder Hofgemeinschaften – einer nahe gelegenen Siedlung zu sehen.
Vom alten Ortskern Dotternhausens liegt die Fundstelle allerdings 1 km in westlicher Richtung entfernt. Der Begräbnisplatz wird demnach kaum dem 1064 erstmals genannten „Doderenhusen" angehört haben. Neben einem kleinen Gräberfeld mit wohl zugehöriger Siedlung auf dem Hochplateau des Plattenberges sind nun drei weitere Begräbnisplätze des 7. Jahrhunderts auf Markung Dotternhausen bekannt. Es zeichnet sich eine noch vielschichtige Besiedlungsentwicklung hin zu den Verhältnissen im Mittelalter ab.

Die vorgeschichtlichen Grabdenkmäler

Der Zentralbereich von Hügel 1 erwies sich als durch alamannische Nachbestattungen sowie durch moderne Eingriffe gestört. Umgeben ist der Hügel von einem ringförmigen Graben von etwa 13 m Innendurchmesser, in den – nach Bodenverfärbungen zu urteilen – eine Bohlenwand eingestellt war. Fünfmal wird diese Hügeleinfassung von merowingerzeitlichen Begräbnissen überlagert. Dies legt ein höheres, vermutlich hallstattzeitliches Alter des Grabdenkmals nahe. Das ursprüngliche zentrale Begräbnis ließ sich leider nicht mehr fassen.
Rund 10 m östlich von Hügel 1 zeigte sich eine von alamannischen Begräbnissen und wohl auch durch eine Grabung des 19. Jahrhunderts zerrissene kompakte Steinpackung

Abb. 40
Dotternhausen, „Lehenwiesen". Beilklingen und Dolch aus einem Brandgrubengrab der mittleren Bronzezeit.

ursprünglich wohl rechteckiger Form von etwa 4 m × 4 m Ausdehnung. Das Bruchstück einer Nadel sowie die Klinge eines kleinen Bronzedolchs machen eine Grabanlage der mittleren Bronzezeit wahrscheinlich.
Eine weit in vorgeschichtliche Zeit zurückreichende Geschichte spiegelt auch der im Durchmesser etwa 15 m große Hügel 2. Obwohl gestört durch einen Baggerschurf zur Baugrunduntersuchung sowie durch ein Grabungsloch – wohl des 19. Jahrhunderts –, fanden sich neben merowingerzeitlichen Gräbern zwei Nachbestattungen der Späthallstattzeit sowie die Reste eines Brandgrabes der älteren Hallstattzeit. Bereits dieses nutzte aber ein vorhandenes Grabdenkmal. Noch im Zentralbereich des Hügels wurde ein Brandgrubengrab der frühen Mittelbronzezeit angetroffen, das sich durch die Beigabe zweier Beile, eines Dolchs sowie zweier Nadeln auszeichnete (Abb. 40). Dieses Begräbnis wiederum lehnte sich an eine U-förmige, nach Westen offene rechteckige Steinsetzung von ca. 4 m × 2,5 m Ausdehnung an. Ob es sich dabei um die Reste einer ebenfalls bronzezeitlichen, möglicherweise aber auch bedeutend älteren, jungsteinzeitlichen Grabanlage des 4./3. Jahrtausends v. Chr. handelt, muss offenbleiben. Verstreute Silexfunde im Grabungsareal weisen jedenfalls auf neolithische Besiedlung in nächster Umgebung hin. Den Blick auf eine reiche Kulturlandschaft unter dem Trauf der Schwäbischen Alb runden schließlich Besiedlungszeugnisse aus der spätkeltischen Zeit des 2./1. Jahrhunderts v. Chr. ab, die sich am Fuß der Grabhügel fanden.

Sehr zu danken ist für das gute Zusammenwirken und die engagierte, von Interesse und Verständnis geprägte Unterstützung der Firma Holcim Süddeutschland GmbH. Bei allem Termindruck konnten so ein rascher Einstieg in die Ausgrabung, ein zügiger Grabungsfortschritt und vielfältige Grabungsergebnisse erzielt werden.

Frieder Klein

Literaturhinweise

H. Reim, Hallstattzeitliche Grabhügel bei Dotternhausen und Geislingen im Zollernalbkreis. Arch. Ausgr. 1975, 24–31. – W. Löhlein, Zeugnisse spätneolithischen Bestattungswesens. Fundber. Baden-Württemberg 22/1, 1998, 185 bis 216. – G. Schmitt, Die Alamannen im Zollernalbkreis. Materialh. Arch. Baden-Württemberg 80 (Stuttgart 2007) 106 ff.

Fortsetzung der archäologischen Untersuchung der hallstattzeitlichen Grabhügelgruppe „Appenwang" in Aalen-Wasseralfingen, Ostalbkreis

Abb. 41 Aalen-Wasseralfingen „Appenwang". Profilsteg von Hügel 7. Ungewöhnlich starke Schneefälle erschwerten dem Grabungsteam Mitte März die Arbeit.

Zwischen März und Juni 2008 wurde die im Vorjahr begonnene Rettungsgrabung von elf obertägig noch gut erhaltenen Grabhügeln der Hallstattzeit auf der Flur Appenwang in Aalen-Wasseralfingen fortgeführt. Die Maßnahme war wegen einer genehmigten Erweiterung des Industriegeländes der Alfing-Kessler-Werke notwendig geworden.

Bereits 2007 wurde der bestehende Eichenbestand am Nordhang des Kochers komplett gerodet. Dieser Rodung ging eine topografische Aufnahme des Geländereliefs mittels LIDAR-Airborne-Scan voraus. Lage und Kubatur der elf Tumuli waren somit genau dokumentiert und bildlich dargestellt. Selbst vorhandene Trichterungen in einigen Hügeln waren schon im Vorfeld sichtbar. Während der ersten Grabungskampagne, die insgesamt von März bis November dauerte, konnten die Hügel 1 bis 5 und der Hügel 10 ausgegraben werden. Abgesehen von Hügel 1 mit einer Nachbestattung, bargen die Tumuli jeweils nur eine zentrale Brandbestattung in Holzkammern. Flachgräber und andere Befunde zwischen den Hügeln wurden, trotz sorgfältiger Untersuchung dieser Bereiche, nicht beobachtet.

Grabungskampagne 2008

Die Aufschüttungen der Hügel 6 bis 9 und 11, die in allen Fällen aus dem anstehenden Material, den sogenannten Goldshöfer Sanden bestanden, wurden vorsichtig mit dem ungezähnten Böschungshobel abgegraben, bis erste Spuren der zentralen Grabkammern beobachtet werden konnten. Keiner der Hügel enthielt Nachbestattungen. Durch das Zentrum des jeweiligen Grabhügels blieb in nordsüdlicher Richtung, in Hangneigung, ein etwa 1 m breiter Profilsteg stehen, der dann bis zum Niveau dieser ersten Spuren abgetragen wurde (Abb. 41). Alle Befunde wurden tachymetrisch und photogrammetrisch dokumentiert (Abb. 42).

Wie bereits während der Grabungkampagne 2007 festgestellt wurde, hat sich die prähistorische Oberfläche nur unter den schützenden Schüttungen der Grabhügel erhalten, außerhalb der Hügel wurde der anstehende Verwitterungslehm angetroffen.

Befunde

Die Tumuli beinhalteten jeweils nur die Zentralbestattung. Es handelte sich um rechteckige oder nahezu quadratische Kammerkonstruktionen mit bis zu 2 m Seitenlänge. Reste der Kammerbegrenzungen zeichneten sich in den meisten Fällen nur sehr undeutlich durch vermehrte Manganausfällungen im gewachsenen Boden ab. Ver- oder inkohlte Holzbretter im unmittelbaren Umfeld der Bestattungen waren in unterschiedlicher Qualität und Quantität erhalten. Bodendielen wurden nicht nachgewiesen. Die Kammerböden der Zentralbestattungen waren zumeist von einer unstrukturierten Holzkohleschicht bedeckt, auf der sich der Leichenbrand und die beigegebenen Keramikgefäße befanden. Die prähistorische Oberfläche unter den Holzkohleschichten wies in allen Fällen leichte Spuren von Verziegelung auf. Hier entsteht der Eindruck, als hätte man heiße Asche und Holzkohle, vielleicht die Verbrennungsrückstände, auf dem Kammerboden verteilt.

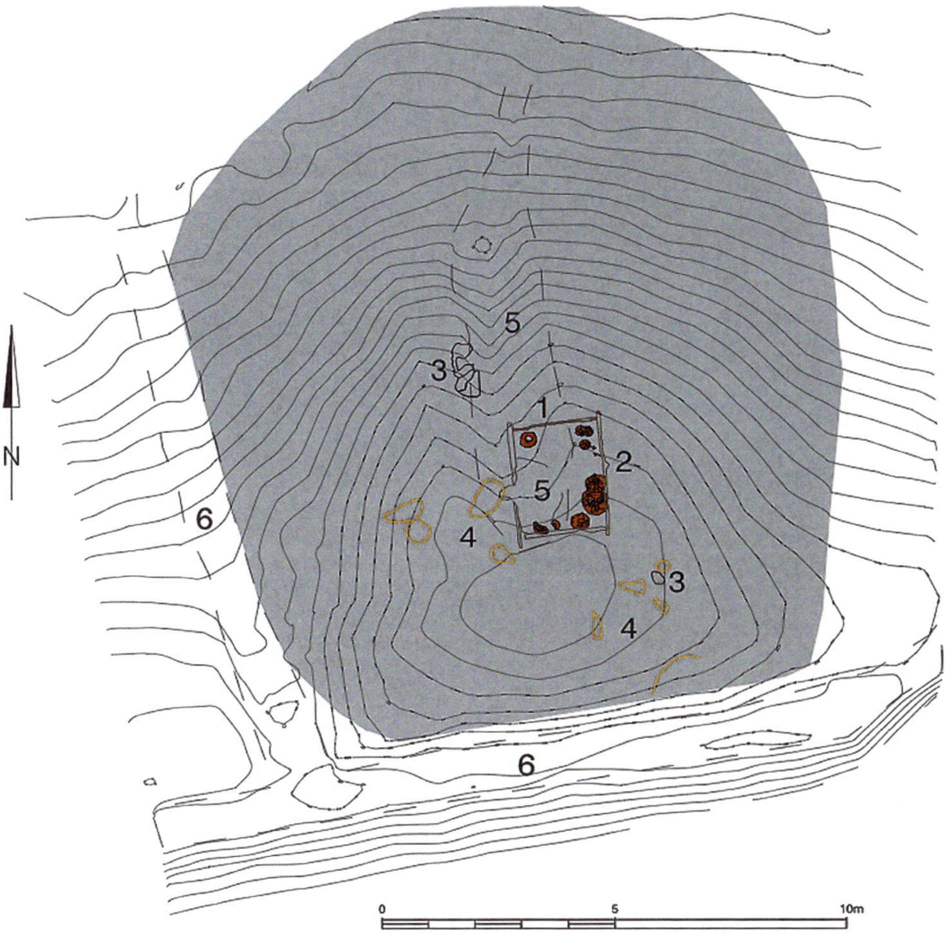

Abb. 42 Aalen-Wasseralfingen „Appenwang", Hügel 6. Umzeichnung der dokumentierten Befunde mit den Höhenlinien der topografischen Aufnahme. Grau: Hügelaufschüttung; 1 Grabkammer mit Holzkohlelage und Kammerspuren; 2 Keramik (rotbraun); 3 verkohlte Hölzer; 4 angeziegelte Bereiche (orange); 5 Raubtrichter; 6 Störung durch moderne Fahrrinne und Wassergraben der ehem. Werksbahn.

Abb. 43
Aalen-Wasseralfingen „Appenwang". Zentralgrab aus Hügel 6 mit Trichterspuren von undokumentierten Altgrabungen.

Keramische Urnen sind in keinem Fall belegt. Vielmehr ließen die Befunde darauf schließen, dass die Leichenbrände z. T. in einem organischen Gefäß deponiert worden waren. Daneben begegnen Leichenbrandschüttungen. Der Erhaltungszustand der Leichenbrände muss leider als schlecht bezeichnet werden.

Gefäßbeigaben

Bei hallstattzeitlicher Keramik handelt es sich um sehr weich gebranntes Material, was sich nach jahrhundertelanger Lagerung im Boden natürlich negativ auf den Erhaltungszustand der Scherben auswirkt. Auf Blockbergungen, wie in der ersten Grabungskampagne 2007, musste in den meisten Fällen aus Zeitgründen verzichtet werden. Die Gefäße waren größtenteils stark zerdrückt und fragmentiert. Die Scherben selbst waren sehr weich und die porösen Oberflächen haben sowohl im nassen als auch im getrockneten Zustand stark gelitten. Die Anzahl der beigegebenen Gefäße schwankt zwischen vier und neun. Auch in den durch unsachgemäße und undokumentierte Ausgrabungen des 19. und frühen 20. Jahrhunderts teilweise stark gestörten Gräbern ließen sich die Scherben gut einzelnen Gefäßen zuordnen (Abb. 43).

Es handelt sich wie schon bei den 2007 geborgenen Keramiken um Kegelhals- und Kragenrandgefäße, verschiedene Schalen und Teller und um kleine Henkeltassen, die meist als Schöpf- oder Trinkgefäße in Großgefäßen deponiert worden waren (Abb. 44). Als Sonderform können Miniaturgefäße genannt werden, die beispielsweise als Salbenbehältnisse gedient haben könnten (Abb. 45).

Die Gefäße entsprechen im Wesentlichen dem Keramikspektrum der sog. Ostalbgruppe der Stufe IIa C. Ob das Gräberfeld – abgesehen von der 2007 geborgenen Nachbestattung aus Hügel 1 – bis in die Stufe Lt D1 belegt worden ist, lässt sich zurzeit aufgrund des Fehlens näher datierbarer Formen nicht beantworten. Auch die 2008 untersuchten Gräber fallen durch das nahezu vollständige Fehlen von Metallbeigaben auf.

Neben komplett beigegebenen Gefäßen kommen auch regelmäßig Einzelscherben oder Gefäßteile mit und ohne sekundäre Brandspuren vor. Diese Scherben, aber auch Feuerstellen außerhalb der Grabkammern ge-

Abb. 44
Aalen-Wasseralfingen „Appenwang". Beigefäße aus dem Zentralgrab von Hügel 7, eine reich verzierte Kragenrandschale vom Typ „Alb-Hegau-Keramik" und das Teilstück eines großen Kegelhalsgefäßes, in dem sich die kleine Henkeltasse befand.

ben Hinweise auf Handlungen während der Einäscherung der Toten bzw. während der Beisetzung der Leichenbrände. Gefäße wurden mit verbrannt oder auch zerschlagen, und die eingesammelten Scherben wurden mit in die Grabkammer gegeben.

Fazit

Die hallstattzeitliche Nekropole von Aalen-Wasseralfingen wurde offensichtlich nur für kurze Zeit belegt. Dafür sprechen die geringe Anzahl der Grabhügel und das typo-chronologisch relativ einheitliche Beigabenspektrum. Denkbar wäre, dass es sich bei der Hügelgräbergruppe von Wasseralfingen um den Bestattungsplatz einer einzelnen Hofanlage bzw. um die Mitglieder einer einzigen Familie handelte, die sich in exponierter Lage, mit Blick auf die Flussauen des Kochers bestatten ließen.

Abschließend sei auch hier der Arbeitsgemeinschaft zur Beschäftigungsförderung im Ostalbkreis, Frau Walter, für die gute Zusammenarbeit gedankt. Ebenso gilt unser Dank der Firma Alfing-Kessler, stellvertretend Herrn Funk, für die unterstützende Kooperation während der Grabungszeit.

Dirk-Krausse, Hans Lang, Petra Otte-Scheschkewitz

Literaturhinweis

D. Krausse/H. Lang, Arch. Ausgr. Baden-Württemberg 2007, 54–58.

Abb. 45
Aalen-Wasseralfingen „Appenwang". Reich verziertes Miniaturgefäß mit Spitzboden (Rdm. 3,5 cm) aus Hügel 6 und zwei Fragmente von Miniaturgefäßen aus Hügel 10.

Abschließende Untersuchungen in einem neu entdeckten Grabhügel der späten Hallstattzeit beim Burrenhof, Gde. Grabenstetten, Kreis Reutlingen

Im Jahr 2007 hatten wir mit der Ausgrabung eines neu entdeckten Grabhügels der späten Hallstattzeit im Bereich der lange bekannten Nekropole beim Burrenhof („Hügel M") begonnen. Dabei stießen wir, neben einer ungestörten Nachbestattung eines weiblichen Individuums mit Trachtausstattung, auch auf einen zentral gelegenen, ca. 3,2 m auf 1,8 m großen Grabschacht. Aufgrund der anhaltend schlechten Witterung konnte das allem Anschein nach bereits antik gestörte Grab im Sommer 2007 allerdings nur teilweise ausgehoben werden. Der gesamte untere Teil der Grabfüllung sowie ein Teil der darüberliegenden Verfüllung des Grabschachtes blieben zunächst im Boden. Auch ein Teil der Steinpflasterung, die das Grabmonument einst bedeckte, blieb zunächst undokumentiert.
Mit Unterstützung der Archäologischen Denkmalpflege beim Regierungspräsidium Tübingen war es möglich, die noch ausstehenden Grabungs- und Dokumentationsarbeiten im Sommer 2008 durchzuführen. Den organisatorischen Rahmen für die Untersuchung bot wiederum eine Lehrgrabung des Instituts für Ur- und Frühgeschichte und Archäologie des Mittelalters der Eberhard-Karls-Universität Tübingen. An der Grabung, die vom 28. 7. bis zum 29. 8. 2008 dauerte

und die vor Ort von Andreas Willmy betreut wurde, waren siebzehn Studierende beteiligt.

Eine steinerne Hügelbedeckung

Durch Öffnung einer größeren, unmittelbar nördlich an die Grabungsfläche von 2007 anschließenden Fläche konnte die Vermutung bestätigt werden, dass die Grabanlage einst mit einer rechteckigen Steinpflasterung aus plattigen Weißjura-Kalksteinen von ca. 10 m Seitenlänge bedeckt war. Deutlich sichtbar war eine über mehrere Meter erhaltene Reihe größerer Steine, die den nördlichen Rand des Hügels markierte. Zur Hügelmitte hin fehlten entsprechende Steine zwar, doch dürfte dies das Resultat späterer Störungen des im Pflughorizont liegenden Befundes sein. Innerhalb der Nekropole beim Burrenhof konnte damit schon zum zweiten Mal ein viereckiger Grabhügel nachgewiesen werden (Abb. 46).

Ein antik beraubter Grabschacht mit Spuren von Holzeinbauten

Der zentrale Grabschacht des Hügels war im Vorjahr nur in seiner östlichen Hälfte und, wie zwei Bohrungen zeigten, bis etwa 20 cm oberhalb der Sohle ausgegraben worden. Dabei hatten sich bereits Anzeichen einer Beraubung gezeigt, die offenbar sehr gründlich war. Außer einigen weiteren Gagatperlen kamen nur vereinzelte Scherben und Knochenfragmente zutage. Letztere blieben auch deshalb spärlich, weil sich in dem kalkarmen Boden Knochen nur in unmittelbarer Nähe von Kalksteinen erhalten, wie sie sich nur an Kopf- und Fußende der Grabgrube fanden. Sie könnten die Reste einer durch die Beraubung gestörten Steinbedeckung der anzunehmenden Grabkammer darstellen.
Einziger genauer zu datierender Fund aus der Grabverfüllung blieb eine schon alt beschädigte bronzene Kahnfibel mit riefenver-

Abb. 46
Grabenstetten, Burrenhof. Aktualisierter Plan des Gräberfeldes.

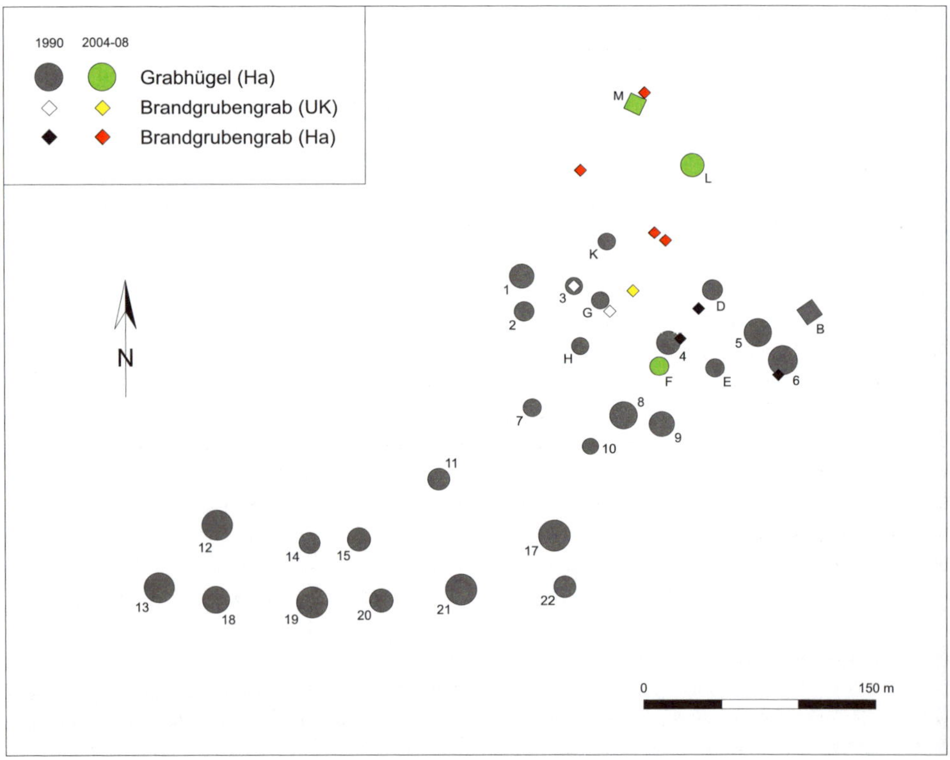

ziertem Bügel. Fibeln dieser Machart können in die Phase Ha D2 (ca. 625–540 v. Chr.) datiert werden. Da sich die Gewandnadel deutlich oberhalb der Grabschachtsohle fand, dürfte sie im Zuge der Beraubung verlagert worden sein.
Ungeachtet der sich bereits früh abzeichnenden Beraubung wurde der Grabschacht nur mit äußerster Vorsicht freigelegt. Die untersten 10–15 cm der dunklen Verfüllung, die sich deutlich vom hellgelben, anstehenden Verwitterungslehm abhob, wurden sorgfältig ausgeschält. Dabei zeichneten sich auf der Grubensohle bemerkenswert deutlich verschiedene Spuren ehemaliger Einbauten ab (Abb. 47). Die beiden Pfostenpaare am Kopf- und Fußende verband jeweils ein vierkantiger Querbalken, der noch deutlich als Abdruck zu erkennen war. Beide Unterzüge ragten seitlich über die Standspur der Eckpfosten hinaus. Die Pfosten selbst waren in die darunterliegenden Querbalken eingelassen. Der Boden der Grabgrube erwies sich nach seiner Freilegung als äußerst uneben. Das Oberflächenrelief wies speziell im zentralen Bereich der Grubensohle große Höhenunterschiede auf.
Dies lässt Rückschlüsse auf die Bauweise der einstigen Grabkammer zu. Die im Vergleich mit der Grabgrube geringe Größe des Pfostengevierts von ca. 1,6 m × 1,0 m und der unebene Grubenboden machen es schwer, eine ebenerdige Grabkammer mit äußeren Eckpfosten zu rekonstruieren. Vielmehr ist hier an eine etwas komplexere, abgehobene Konstruktion zu denken, bei der der Kammerboden nicht auf der Erde, sondern auf den Unterzügen lagerte. Darüber hinaus saßen die Kammerwände vermutlich auf den seitlich überstehenden Querbalken auf und umschlossen die vier Pfosten im Kammerinneren.

Eine Brandbestattung mit Alb-Hegau-Keramik

Wenige Meter nordöstlich von Hügel M kam gegen Ende der Grabungskampagne eine

Abb. 47
Grabenstetten, Burrenhof. Basis der Grabgrube des Zentralgrabes mit sich teilweise überschneidenden Eintiefungen von vier Pfosten und zwei Balken.

weitere Bestattung der frühen Eisenzeit zutage. Dabei handelt es sich um kleines Brandgrubengrab, das mehrere Gefäße aus Ton enthielt. Das komplette Grabensemble wurde en bloc in Gips geborgen und ist bislang noch nicht weiter untersucht. Dennoch lassen sich bereits jetzt erste Aussagen treffen. Allem Anschein nach handelt es sich um mindestens zwei Großgefäße, die ineinandergestellt deponiert wurden. In einer größeren Schale, die Leichenbrand enthielt, stand eine aufwendig im Alb-Hegau-Stil mit Ritz- und Stempelornamenten verzierte Kragenrandschüssel.

Rückblick und Bilanz

Mit dem Abschluss der Grabungen im Bereich von Hügel M können für die Nekropole beim Burrenhof nun mindestens 30 Grabhügel sowie 10 Brandgrubengräber der Urnenfelder- und Hallstattkultur namhaft gemacht werden. Von dieser großen Zahl an Grabmälern wurden allein zwischen 2004 und 2008 fünf Brandgrubengräber, zwei Grabhügel sowie das Zentralgrab von Hügel F neu entdeckt (Abb. 46). Diese Bilanz zeigt in eindrucksvoller Weise, welches archäologische Potenzial der Bestattungsplatz am Burrenhof nach wie vor bietet und welche Möglichkeiten auch für zukünftige Untersuchungen noch bestehen.

Für die tatkräftige Unterstützung unserer Arbeiten im Jahr 2008 danken wir erneut der Archäologischen Denkmalpflege des Regierungspräsidiums Tübingen (Dr. F. Klein und Mitarbeiter). Unser Dank geht darüber hinaus an Frau A. Grube, Herrn Bürgermeister H. Steidl (Grabenstetten) und die Mitarbeiter des Bauhofs der Gemeinde sowie an die Firma Ries Hoch- und Tiefbau GmbH (Erkenbrechtsweiler), die uns mit notwendigem Baumaterial versorgte. Herr A. Lehmkuhl (Bempflingen), ehrenamtlicher Mitarbeiter der Archäologischen Denkmalpflege, stand auch in diesem Jahr dem Grabungsteam hilfreich mit Rat und Tat zur Seite. Ebenfalls danken möchten wir dem Schwäbischen Albverein (Ortsgruppe Grabenstetten) sowie dem Förderverein Heidengraben e. V., die den Grabungsteilnehmern breitwillig Unterkunft gewährt haben. Namentlich erwähnt seien Frau L. R. Gruner, Frau W. Buck (beide Grabenstetten) und Frau M. Kicherer (Erkenbrechtsweiler). Ganz besonders möchten wir aber Herrn W. Buck (Grabenstetten) danken, dessen uneingeschränktes Verständnis und dessen große Hilfsbereitschaft die Feldarbeiten auf dem von ihm bewirtschafteten Areal erst möglich machten.

Andreas Willmy, Ulrich Veit,
Gerd Stegmaier

Literaturhinweis

G. Stegmaier/U. Veit, Arch. Ausgr. Baden-Württemberg 2007, 64–67.

Die Vorburg der Heuneburg bei Herbertingen-Hundersingen, Kreis Sigmaringen – zum Abschluss der Geländearbeiten

Im Rahmen des Schwerpunktprogramms der Deutschen Forschungsgemeinschaft zu den frühkeltischen Fürstensitzen sind die beiden Projekte Heuneburg-Außensiedlung sowie Heuneburg-Vorburg außerordentlich erfolgreiche Unternehmungen, die in dem Gesamtprojekt einen wichtigen Platz einnehmen. Die Grabungen in der Vorburg der Heuneburg haben völlig neue und unerwartete Ergebnisse erbracht, die auch die mit der Heuneburg vertrauten Forscher überrascht haben. Das Projekt zielte auf die Festlegung und Datierung der Außenbefestigungen, die Datierung und Struktur der Siedlungen zwischen Burg und Außenbefestigung sowie die Verkehrsanbindung zur Donau hin, also die Frage nach einer eventuellen Schiffslände. Zur Beantwortung dieser Fragen waren insgesamt vier Jahre Ausgrabungstätigkeit angesetzt, zwei Jahre sollten bis zum Ende des Programms für die Aufarbeitung und Publikation zur Verfügung stehen. Keines dieser Ziele konnte oder wird vollständig erreicht werden, doch haben die neuen Ausgrabungen die Erkenntnisse zur Heuneburg, an der immerhin seit 1950 intensiv geforscht wird, wesentlich weitergebracht. Diese wurden anfangs von Jörg Bofinger geleitet, nach dessen Ausscheiden aus dem Projekt seit 2006 von Gabriele Kurz, die auch die Gesamtpublikation vornehmen sollte. Ihre Aufgabe war vor allem die Untersuchung des stratigrafisch höchst komplizierten Steinfundamentes in der Außenbefestigung. Ihr plötzlicher Tod im April 2008 hat diese Arbeiten jäh unterbrochen. In verschiedenen ausführlichen Vorberichten, u. a. in diesem Jahrbuch, hat sie ihre Grabungsergebnisse präzise zusammengefasst. Für 2008 stand noch die Restuntersuchung eines Schichtblocks zwischen dem Steintor und dem gut erhaltenen Wallrest an, der für die feinchronologische

Einordnung der Außenbefestigung jedoch von großer Wichtigkeit war. Diese Grabung wurde vom 14. April bis 18. Juli vom Verfasser zusammen mit dem bisher dort tätigen Grabungstechniker Harald Deniffel zu Ende geführt.

Phasenabfolge der Außenbefestigung

Neben Restarbeiten im Bereich der Siedlung und des Tores bargen die Schichten unter und hinter dem Wall noch einige Überraschungen. Wie schon in früheren Vorberichten ausgeführt, bestand dieser aus drei Hauptphasen. Die erste Wallschüttung von 2 m Höhe überdeckt eine ältere Siedlungsschicht mit Zäunen und Gebäudespuren. Ihre Ausrichtung gibt die der späteren Bebauung vor, so dass schon in dieser Phase von einem Zugang bzw. einer Straße auszugehen ist. Der vorgelagerte Graben, der mit Sicherheit vorauszusetzen ist, wurde durch die jüngeren Baumaßnahmen beseitigt. Hinter dem ersten Wall liegen gut erhaltene Siedlungsspuren, unter anderem ein Hausgrundriss mit einem im Aufgehenden erhaltenen Backofen (Abb. 48) und reichlich Funden der Stufe Ha D1, darunter auch ein fast vollständig erhaltenes bemaltes Hochhalsgefäß (Abb. 49). Diese Siedlungsreste werden vom zweiten Wall überdeckt. Er ist aus dem Aushubmaterial des Grabens aufgeschüttet und trägt eine Holzpalisade. Zu ihm gehört das

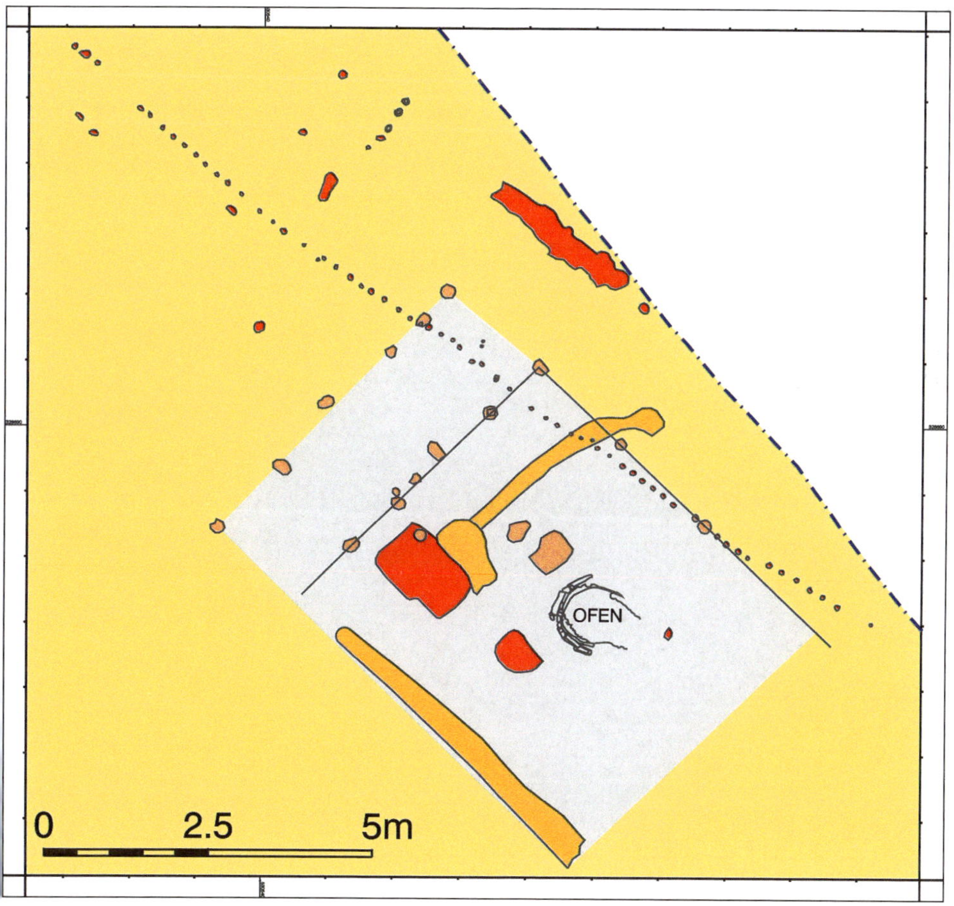

Abb. 48
Heuneburg-Vorburg. Älterer Staketenzaun und Hausgrundriss hinter Wall 1.

Abb. 49
Heuneburg-Vorburg. Keramik der Stufe Ha D1 aus dem Hausgrundriss.

Abb. 50
Heuneburg-Vorburg. Wall- und Grabenprofil der Außenbefestigung.

Steinfundament des Kammertores. An seiner Innenseite sind Podien angebaut, auf denen kleine Gebäude standen. Mindestens drei solcher übereinanderliegender Podien sind zu differenzieren. Die Innenseite des zweiten Walles ist auf diese Podien heruntergerutscht, so dass das Wallprofil etwas verändert worden ist. Ursprünglich ist hinter der Palisade in dieser Wallphase ein begehbarer Raum anzunehmen. Diese Siedlungsreste werden dann schließlich vom dritten und letzten Wall überbaut. Dieser ist nicht geschüttet, sondern aus lehmziegelartigen Elementen errichtet, deren Material in der näheren Umgebung nicht ansteht (Abb. 50). Sondagen auf der breiten Krone des Walles haben keine Befunde einer Befestigung ergeben, doch lagen diese Sondagen schon weit außerhalb des Torbereichs bzw. des Bereichs der Anbindung des Walles an das Tor. Dieses bestand nun aus den schon von G. Kurz beschriebenen Holzbauphasen nach der Stein-/Lehmziegelbebauung. Mit einer Grabentiefe bis zu 8 m und einer noch erhaltenen Höhe von 5 m stellt diese Anlage nicht nur ein beachtliches Befestigungswerk, sondern auch eine außerordentlich eindrucksvolle Architektur dar.

Ergebnisse

Der Auswertung des Befundes, die Siegfried Kurz zusammen mit der der Außensiedlung

vornehmen wird, kann hier nicht vorgegriffen werden. Ihr Abschluss ist bis 2011 geplant, doch möchte ich hier eine kurze Zusammenfassung der Grabungsergebnisse des Projektes geben.

Schon die Grabungen durch H. Reim bei der Anlage des Parkplatzes vor der Heuneburg hatten gezeigt, dass die äußere Befestigung der Heuneburg nicht wie bisher angenommen in das frühe Mittelalter, sondern in die späte Hallstattzeit zu datieren ist. In den von uns 2007 angefertigten hochauflösenden LIDAR-Scans sind die Reste der seit 1803 eingeebneten Befestigungen noch recht gut zu erkennen (Abb. 51). Die Versteilung der Hänge der Heuneburg ist in Ha D1 oder schon früher (Urnenfelderzeit?) erfolgt. Der Graben direkt am Fuß der Burg setzt an dieser Versteilung an. In diesem Graben konnten die Spuren von Holzbrücken, die zur Donauterrasse führen, ergraben werden. Ein Dendrodatum eines nicht im Verband liegenden Holzes ergibt das Schlagdatum 578 vor heute. In der oberen Grabenverfüllung liegt der Rand einer Amphore aus der Zeit um 530 vor heute. Die neuen LIDAR-Scans zeigen einen imposanten, gestalteten Aufgang von der Donau zur Donauterrasse und letztlich zum Donautor, der bisher keine Beachtung gefunden hat (Abb. 52). Diese Neuentdeckung wird auch die Überlegungen zu der Lage einer eventuellen Schiffslände neu beleben. Während sie bisher eher im Norden der Burg vermutet wurde, dürfte sie nun vielmehr im Süden zu suchen sein. Der Graben direkt am Fuß der Burg wurde nicht weiter gepflegt, überraschend ist der botanische Nachweis von Gebüschen in der Grabenfüllung, die dann vom Schutt der Mauern der Periode I überdeckt wurde. Die im LIDAR-Scan sehr gut zu erkennende mittlere Befestigung wurde im Verlauf des Projekts geschnitten, sie ist nach einem Dendrodatum zwar hallstattzeitlich, muss zunächst aber als nicht präziser datiert gelten. Trotzdem steht ihre Einbindung in das gesamte zusammenhängende Befestigungssystem außer Zweifel. Auch hier ist zwischen dem ergrabenen Osttor auf der Burg und dem neu entdeckten Tor der Außenbefestigung mit einem weiteren notwendigen Torbau zu rechnen, der bisher im

Westen der Anlage gesucht wurde. Er wurde bislang noch nicht lokalisiert. Die zeitliche Entstehung der oben beschriebenen Außenbefestigung muss noch genauer geklärt werden, auffällig ist das weitgehende Fehlen von Scherben der Alb-Hegau-Keramik, die für die Frühphase der hallstattzeitlichen Heuneburg typisch ist. Klar ist jedoch der Beginn während der Stufe Ha D1, die Datierung des Steinfundamentes in die Stufe Ha D1 sowie ein massiver Ausbau in Ha D3.

Die Siedlungsspuren zwischen diesem Außenwall und der Burg beginnen ebenfalls in Ha D1, wobei hier frühe Fibeln und Keramik verhältnismäßig selten sind. Auffällig sind natürlich die Siedlungsreste direkt hinter den verschiedenen Mauern, die auf einen deutlichen Platzbedarf im befestigten Bereich hinweisen. Diese Tendenz verstärkt sich noch in Ha D3 mit der Anlage von Wohnpodien im Steinhang. Auffällig ist auch der Fundreichtum dieser Siedlung mit über hundert Fibeln bzw. Fibelbruchstücken. Im Vergleich zur Zahl der Kleinfunde von der Heuneburg ist dieses Fundaufkommen doch sehr beachtlich.

Abb. 51 Hochauflösender LIDAR-Scan der Heuneburg.

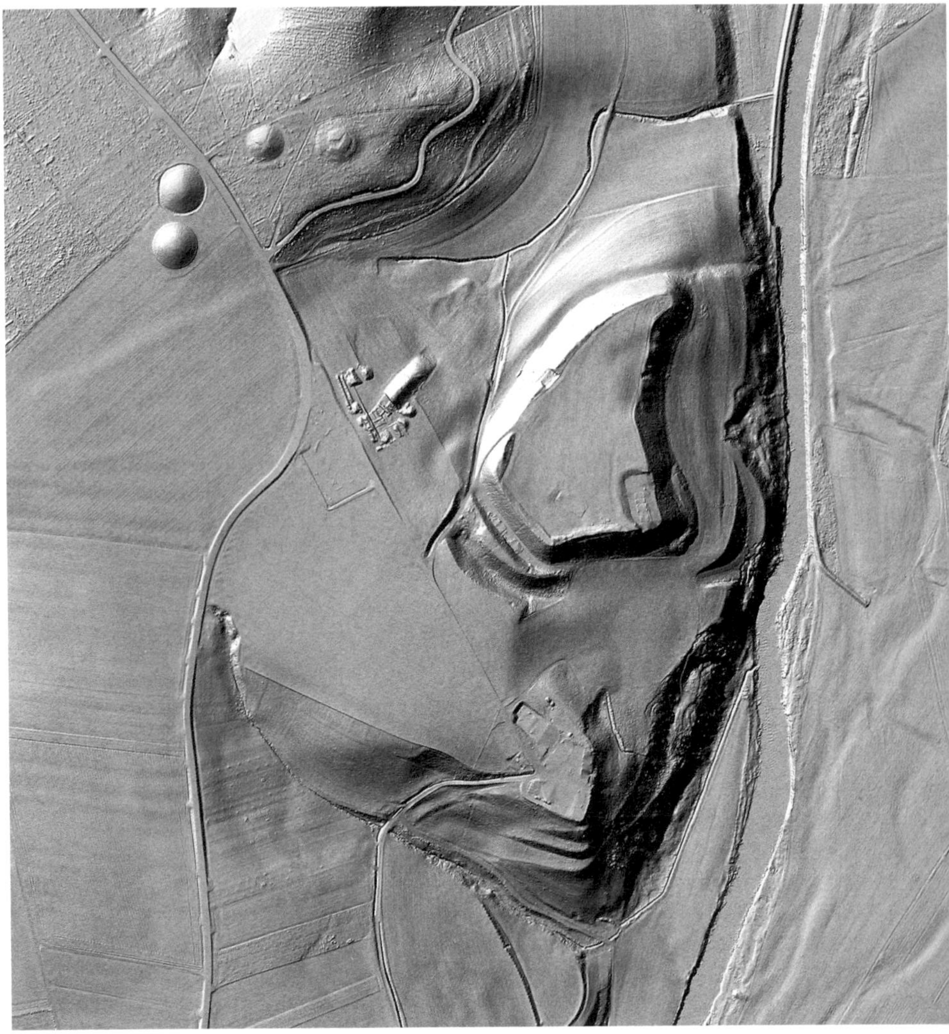

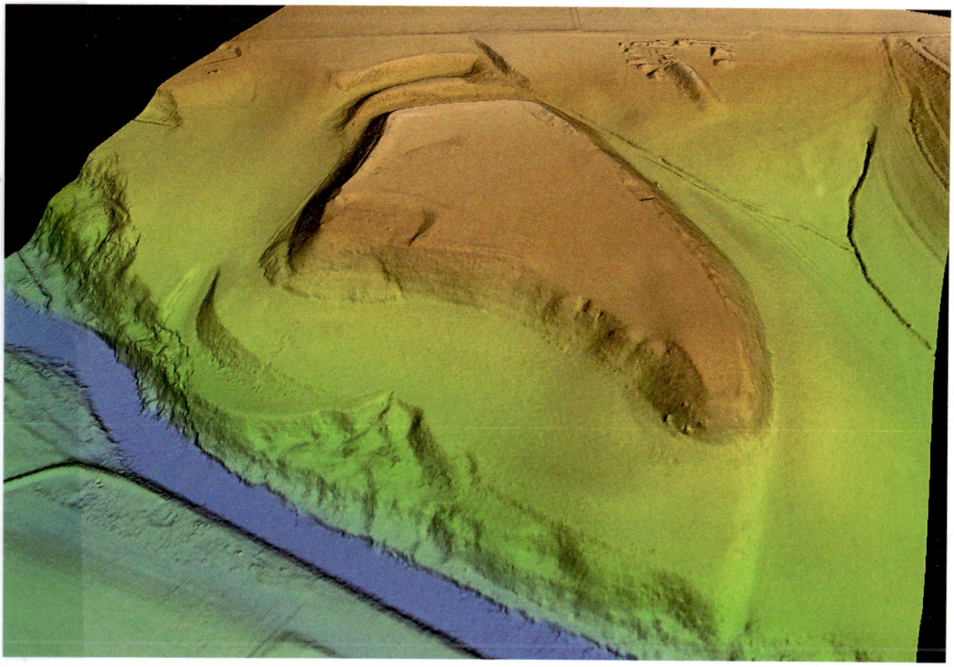

Abb. 52
Hochauflösender LIDAR-Scan der Heuneburg mit Aufgang von der Donau.

Ausblick

Die weitere Auswertung wird klären, wie die ergrabenen Befunde in diejenigen der Burg und der Außensiedlung feinchronologisch einzuordnen sind. Doch steht schon fest, dass der frühkeltische Fürstensitz Heuneburg mit diesen Grabungen neue und unerwartete Dimensionen gewonnen hat. Besonders die monumentale Toranlage, die die mediterrane Architektur der Lehmziegelmauer der Heuneburg ergänzt, zusammen mit der immer größer werdenden Ausdehnung der Außensiedlung, hat überrascht. Der Blick von der Burg ins Umland wird sich in Zukunft jedoch ausweiten. Die überraschenden Entdeckungen auf der Alten Burg bei Langenenslingen, die noch weitgehend unerforschte Große Heuneburg bei Upflamör, Neufunde vom beherrschenden Bussen, ein riesiges Grabhügelfeld im Ablachtal bei Mengen oder ein durch die Luftbildarchäologie neu entdeckter Großgrabhügel bei Riedlingen werden die zukünftige Forschung bestimmen. Es bleibt zu hoffen, dass diese hervorragenden Ergebnisse der archäologischen Forschung in angemessene denkmalschutzrechtliche Maßnahmen umgesetzt werden, wie wir dies vorgeschlagen haben, und dass sie bei der Präsentation im Freilichtmuseum Heuneburg sichtbar gemacht werden.

Jörg Biel

Literaturhinweise

G. Kurz, Arch. Ausgr. Baden-Württemberg 2007, 67–72 mit weiterer Lit.

Geophysikalische Prospektionen und archäologische Sondagen auf der Heuneburg, Gde. Herbertingen-Hundersingen, Kreis Sigmaringen

Zum Forschungsstand

In den letzten Jahrzehnten stand die nähere und weitere Umgebung der Heuneburg im Interesse der Forschung. Der eigentliche Burgberg galt dagegen aufgrund der langjährigen Ausgrabungen in den 1950er bis 1970er Jahren als hinlänglich erforscht. Im Rahmen des Schwerpunktprogramms „Frühkeltische Fürstensitze“ der Deutschen Forschungsgemeinschaft konnten in jüngster Zeit in der Vorburg, der Außensiedlung und im Umfeld der Heuneburg mit großem Erfolg und unter Anwendung moderner Methoden umfangreiche Untersuchungen durchgeführt werden. Dadurch rückt jetzt aber auch der Burgberg selbst wieder in den Fokus der Forschung, denn bei genauerer Betrachtung erweist sich, dass der Quellen- und Forschungsstand hierzu heutigen Ansprüchen nur noch bedingt genügt. So unterblieben bei den Altgrabungen auf der Heuneburg systematische archäobotanische Beprobungen ebenso wie kontextbezogene archäozoologische Datenerhebungen. Daher ist das Tierknochenmaterial vom Burgberg, soweit es überhaupt erhalten ist, für einen Vergleich mit den in den letzten Jahren erschlossenen Daten aus der Vorburg und der Außensiedlung der Heuneburg ungeeignet, weil es sich den Schichten nicht mehr zuverlässig zuweisen lässt. Auch in archäologisch-ausgrabungstechnischer Hinsicht können lediglich die von Egon Gersbach zwischen 1963 und 1979 freigelegten Flächen als gut dokumentiert gelten. Diese liegen aber fast ausschließlich im äußersten Süden der Innenfläche. Die seit 1950 gerade im nördlichen Teil des Burgbergs angelegten Schnitte sind dagegen zeichnerisch und fotografisch wesentlich schlechter dokumentiert und offensichtlich auch nicht zuverlässig eingemessen. Somit müssen die Flächen im Zentrum und in der Nordhälfte der Heuneburg, mithin zwei Drittel der Innenfläche, als unzureichend erforscht betrachtet werden. Dies gilt sowohl für die Innenbebauung, die eigentlich nur in der Südostecke der Heuneburg großflächig modern dokumentiert ist, als auch für die Periodisierung der Randbefestigung, deren genauer Verlauf im Norden und Osten der Anlage auf weiten Strecken nur spekulativ rekonstruiert werden kann.

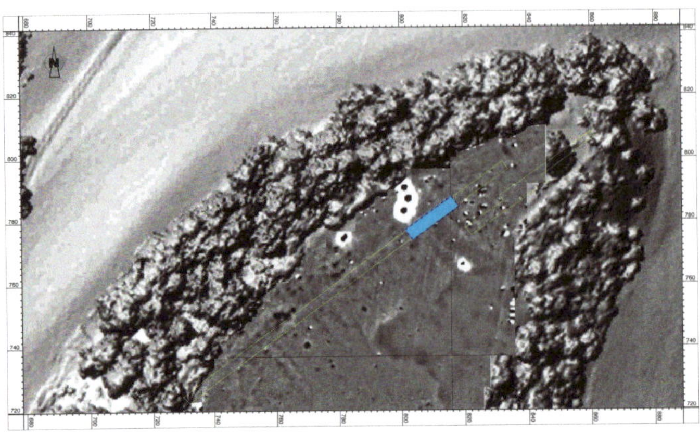

Abb. 53 Ergebnisse der geomagnetischen Messung auf der Heuneburg. Deutlich erkennbar ist u. a. der bogenförmig verlaufende „Graben“, der die Nordostspitze des Berges gegen die Innenfläche der Heuneburg abriegelt. Die Ausgrabungsfläche des Jahres 2008 wurde im Bereich des 1950 geöffneten Altschnitts 4 angelegt.

Geomagnetische Prospektion und Sondage

Aus diesem Grund wurde 2008 aus Mitteln des im Rahmen des „Culture 2000“-Programms durchgeführten EU-Projekts „European Landscapes: Past, Present and Future“ eine flächige geophysikalische Prospektion der Innenfläche des Burgbergs der Heuneburg in Auftrag gegeben. Die Messung wurde von der Firma Terrana Geophysik, Dr. A. Patzelt, mittels Geomagnetik durchgeführt und zeitigte überraschende Ergebnisse (Abb. 53). Im Norden fällt eine – im Kartenbild als geschwungenes, breites dunkles

Band erkennbare – lineare Struktur ins Auge, die die Nordostspitze des Berges abschneidet. Dabei handelt es sich offensichtlich um einen verfüllten Graben. Auffällig ist, dass die konvexe Seite des bogenförmig geschwungenen Grabens (?) nicht nach Nordosten, sondern nach Südwesten, also in Richtung der Innenfläche der Heuneburg weist.

Da der 1950 angelegte, aber äußerst dürftig dokumentierte Schnitt 4 diese Anomalie schneidet bzw. das nördliche Ende der Struktur tangiert, wurde dieser Schnitt im Sommer 2008 auf einer Länge von 20 m im Rahmen einer kleinen Lehrgrabung, an der Studierende der Universitäten Dijon, Kiel und Hamburg teilnahmen, erneut geöffnet. Die Pflugschicht (die Innenfläche der Heuneburg wurde bis in die 1990er Jahre als Acker genutzt) wurde maschinell entfernt. In dem darunter angelegten ersten Planum wurde deutlich, dass der Schnitt 4 der Altgrabung von 1950 nicht exakt eingemessen worden war und tatsächlich ca. 1,5 m weiter nordwestlich liegt, als auf den Plänen eingezeichnet. Die Altgrabung hat in diesem Bereich eine dichte, pflasterartige Lage von kleinen bis mittelgroßen Kalksteinen durchschnitten, die ursprünglich durchaus eine Art Weg- oder Platzbefestigung gebildet haben könnten (Abb. 54). Im Nordosten der Grabungsfläche, dort, wo sich nach Ausweis der geomagnetischen Kartierung der Graben befindet, taucht diese Steinlage dann in einer humos verfüllten Senke ab. An Fundmaterial sind aus dem Altschnitt und aus dem ungestörten Bereich der Steinlage neben zahlreichen hallstattzeitlichen Scherben auch einige Metallfunde, darunter eine Fußzierfibel, zu nennen.

Während der kurzen Lehrgrabung konnten weder die Sohle des 1950 angelegten Grabungsschnitts noch die Sohle des geophysikalisch lokalisierten Grabens erreicht werden.

Die Untersuchungen sollen im nächsten Jahr fortgesetzt werden, wobei auf der Bergung von Tierknochen und botanischen Makroresten besonderes Augenmerk liegen wird.

Abb. 54
Heuneburg. Situation während der Lehrgrabung 2008. Rechts zeichnet sich deutlich der Grabungschnitt von 1950 ab, der eine pflasterartige Steinpackung schneidet.

Falls sich die Vermutung bestätigen sollte, dass die grabenartige Struktur Teil eines Befestigungswerks ist, wird es die Frage zu beantworten gelten, warum seine konvexe Außen- bzw. Angriffsseite zur Innenfläche der Heuneburg weist.

Dirk Krausse, David Bibby, Jörg Bofinger

Literaturhinweise

W. Kimmig, Forschungsgeschichte. In: E. Gersbach, Ausgrabungsmethodik und Stratigraphie der Heuneburg. Heuneburgstudien 6 = Röm.-Germ. Forsch. 45 (Mainz 1989) 89–112 (mit älterer Literatur); E. Gersbach, Baubefunde der Perioden IVc–IVa der Heuneburg. Heuneburgstudien 9 = Röm.-German. Forsch. 53 (Mainz 1995); ders., Baubefunde der Perioden IIIb–Ia der Heuneburg. Heuneburgstudien 10 = Röm.-German. Forsch. 56 (Mainz 1996); H. Reim, Herbertingen-Hundersingen, Fürstensitz Heuneburg. In: S. Rieckhoff/J. Biel, Die Kelten in Deutschland (Stuttgart 2001) 362–366.

Bauvorgreifende archäologische Ausgrabungen auf der Trasse der Ethylen-Pipeline Süd (EPS) im Nördlinger Ries bei Riesbürg-Goldburghausen und Kirchheim am Ries, Ostalbkreis

Die Trasse der Ethylen-Pipeline Süd (EPS) aus Münchsmünster, Lkr. Pfaffenhofen (Bayern) kommend, führt im Nördlinger Ries unweit des Ortes Goldburghausen, Gde. Riesbürg, Ostalbkreis, über die Landesgrenze nach Baden-Württemberg.

Die Bedeutung des Nördlinger Rieses als bevorzugte Siedlungskammer seit der Jungsteinzeit liegt zum einen in dessen günstigen Klimabedingungen sowie andererseits in der vielerorts hohen Bodengüte begründet.

Angesichts zahlreicher bereits bekannter Fundstellen im Bereich der geplanten Trassenführung und weiterer zu erwartender Neuentdeckungen in der Altsiedellandschaft des Nördlinger Rieses wurde eine zusammenhängende Fläche von 2,5 km Länge auf der gesamten Trassenbreite von 12 m im Vorfeld der Baumaßnahme archäologisch untersucht (Abb. 55). Der lückenlose Schnitt durch diese Landschaft bot die Möglichkeit einer tatsächlichen Bestandsaufnahme und vermittelte das Bild einer beeindruckenden Dichte der vorhandenen archäologischen Substanz. Die wichtigsten Grabungsergebnisse werden hier in Kürze wiedergegeben. Auf dem Abschnitt von der Landesgrenze im Osten bis kurz vor den Ortsrand von Kirchheim am Ries konnten während dieser Untersuchungen zwischen Mai und Oktober zahlreiche neue Fundstellen dokumentiert und der Kenntnisstand zu bekannten Fundpunkten teils beträchtlich erweitert werden.

Abb. 55
Die Trasse der EPS im Nördlinger Ries, die auf 2,5 km Länge vollständig archäologisch untersucht wurde.

Über 7000 Jahre Geschichte – bandkeramische Siedlungsspuren

Eine der Neuentdeckungen war eine bisher unbekannte Siedlung der Linearbandkeramik, die ca. 600 m östlich der Landstraße Goldburghausen–Benzenzimmern erfasst wurde. Innerhalb des Arbeitsstreifens der Pipelinetrasse wurden mindestens drei nebeneinanderliegende Hausgrundrisse angeschnitten. Die vierschiffigen Langhäuser mit Wandgraben im Nordwesten zeigten die typische Nordwest-Südost-Orientierung. Die Breite der Häuser lag bei ca. 5,50 m, aufgrund der Beschränkung der Grabungsfläche auf die Breite des Arbeitsstreifens konnte die Länge nur auf 13 m erfasst werden (Abb. 56). In den hausbegleitenden Gruben fanden sich Siedlungsabfälle in Form von Keramik und Tierknochen, aber auch unterschiedliche Steinartefakte. Verzierte Keramikbruchstücke datieren in die ältere Linearbandkeramik.

Birituelles Gräberfeld der späten Hallstattzeit

Eine weitere wichtige Neuentdeckung stellt ein bisher unbekanntes Gräberfeld der späten Hallstattzeit dar. Drei Steinkränze aus großen Kalkbruchsteinen, wohl Umfassung heute im Gelände nicht mehr sichtbarer Grabhügel, wiesen Durchmesser von ca. 19–22 m auf. Im Fall des größten Hügels konnten keine Bestattungsspuren entdeckt werden, wobei das Zentrum nicht ergraben werden konnte, da es sich im Schutzstreifen der nur wenige Meter entfernt liegenden Transalpinen Ölleitung (TAL) befindet. Im Zentrum des mittleren Steinkranzes zeigte sich eine Leichenbrandschüttung mit umfangreichem Geschirrsatz (Großgefäße, Schalen, Schöpfgefäße). Die kleinste Hügeleinfassung offenbarte zwei Skelette einer Doppelbestattung mit eisernen Lanzenspitzen, Gürtelblechen, Fibeln, Hiebmesser, Ohr- und Armringen und zahlreichen Gefäßen als Beigabenensemble.

Abb. 56
Riesbürg-Goldburghausen. Nordwestseite eines Hauses der Bandkeramik. Zu sehen sind die Pfostenlöcher und der Wandgraben.

Außergewöhnlich ist eine weitere Urnenbestattung, die zwischen den beiden Skeletten niedergelegt war (Abb. 57).
In einem großen Brandschüttungsgrab, in dem wohl mehrere Individuen beigesetzt worden waren, konnten umfangreiche, gleichmäßig entlang der einstigen Grabkammerränder rechteckig angeordnete Gefäßbeigaben aufgedeckt werden (Abb. 58). Die Anordnung der Gefäße sowie eine Holzkohleschicht darunter deuten auf eine hölzerne Grabkammer hin. Spuren einer Überhügelung der Bestattung, etwa in Form einer Steineinfassung wie bei den anderen Befunden oder eines Kreisgrabens, konnten jedoch nicht nachgewiesen werden.

Ein neuer keltischer Rechteckhof

Ebenfalls herausragend ist die Entdeckung eines neuen Viereckhofes aus der Späthallstattzeit mit einer Kantenlänge von rund 60 bis 65 m. Von dieser exakt Nord–Süd ausgerichteten Grabenanlage wurden der südliche Graben mit einer Durchlasssituation und die Südostecke durch die Trasse angeschnitten. Der mehrphasige, bis zu 4 m breite und bis zu 1,50 m tiefe Graben barg umfangreiche Siedlungsabfälle.
Eine geophysikalische Prospektion dieses

Befundes auf dem angrenzenden Acker zeigte, dass es sich bei der Passage zwischen unregelmäßigen Grabenköpfen um den einzigen Zugang zu der Anlage handelt. Außerdem sind sowohl innerhalb wie auch außerhalb der Umgrenzung Bauspuren in Form von regelmäßigen Pfostenreihen, unterschiedlichen Gebäudegrundrissen (Langhaus, kleinere Hausgrundrisse, Pfostenbauten) und Gruben vorhanden (Abb. 59).

Römische Siedlungsspuren

Eine bereits durch Luftbilder bekannte und durch Bewuchsmerkmale deutlich erkennbare römische *villa rustica* mit Haupt- und Nebengebäuden sowie der typischen Umfassungsmauer liegt nur wenige Meter nördlich von der Leitungstrasse entfernt. Im Trassenbereich wurde im Areal des Gutshofs das Mauerfundament eines römischen Gebäudes angeschnitten, das trotz geringer Bodenüberdeckung in den Luftbildern nicht beobachtet werden konnte.

Bei einer weiteren Fundstelle römischer Zeitstellung handelt es sich um einen derzeit nicht genauer zu umreißenden Befund in Form eines Grabens und mehrerer Gruben, die teilweise mit Baumaterialresten und allgemeinem Siedlungsschutt verfüllt waren. Gebäudereste einer weiteren *villa rustica* wurden an dieser Stelle nicht entdeckt, können aber in der Nähe vermutet werden. Da sich im Umfeld dieser Fundstelle auf den Äckern kaum hochgepflügte Funde finden, ist davon auszugehen, dass hier im Fußbereich des Ohrenberges Kolluvien die älteren Oberflächen überdecken und die Überreste früherer Zeiten erst ab einer Tiefe von rund einem Meter zutage treten.

Abb. 57
Kirchheim am Ries. Mehrfachbestattung mit umfangreicher Ausstattung an persönlichen Kleidungsbestandteilen und Gefäßen. Zwischen den Körpergräbern liegt eine Urne mit Leichenbrand.

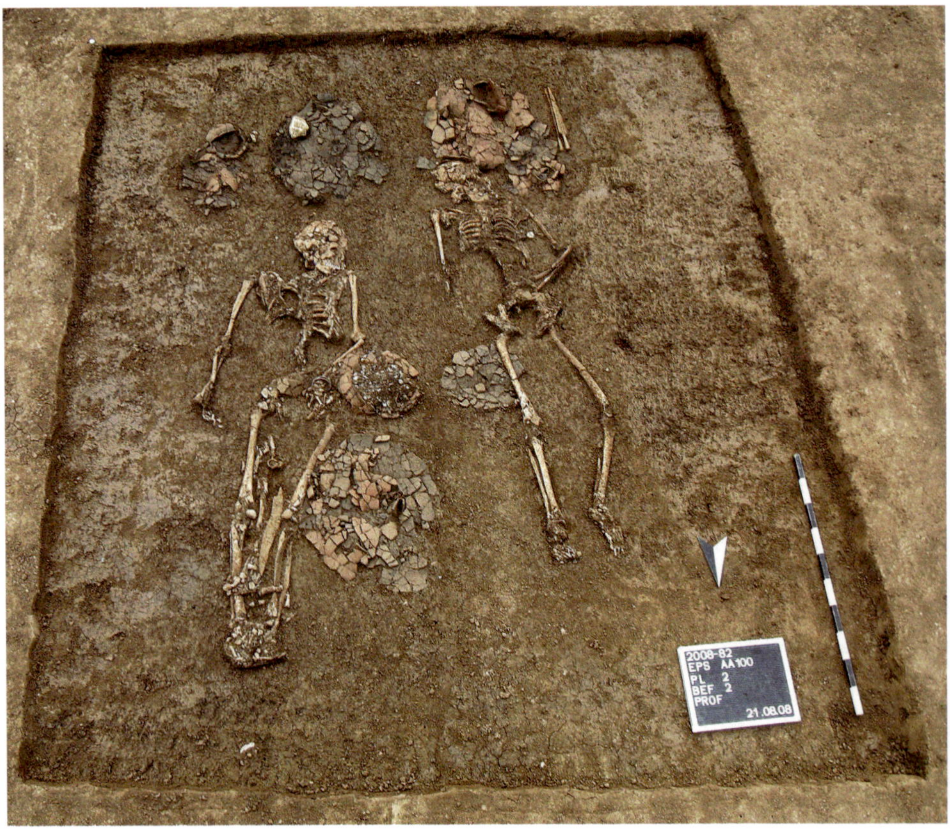

Eine weitere möglicherweise römerzeitliche Fundstelle konnte unmittelbar an der Landesgrenze zu Bayern entdeckt werden. Unter dem heute im Volksmund noch „Römerweg“ genannten Wiesenweg, auf dem auch die Landesgrenze verläuft, wurde eine römerzeitliche Straße vermutet.
In einem gemeinsamen Einsatz mit den Archäologen, die die Arbeiten auf bayerischer Seite des Trassenbereichs begleiten, wurde ein Schnitt durch diesen Feldweg gelegt. Leider konnte der erwartete Befund im Profil nicht entdeckt werden, jedoch zeigte sich wegparallel beiderseits des Wiesenweges in gut 1 m Tiefe jeweils ein Graben gleicher Breite und Ausprägung. Hierbei könnte es sich um die Straßengräben der einstigen römerzeitlichen Straße handeln, deren Körper bereits modernem Wegebau zum Opfer gefallen ist.

Abb. 58
Kirchheim am Ries. Brandschüttungsgrab mit vielen Gefäßen. Anordnung und Holzkohle deuten auf eine vergangene Grabkammer.

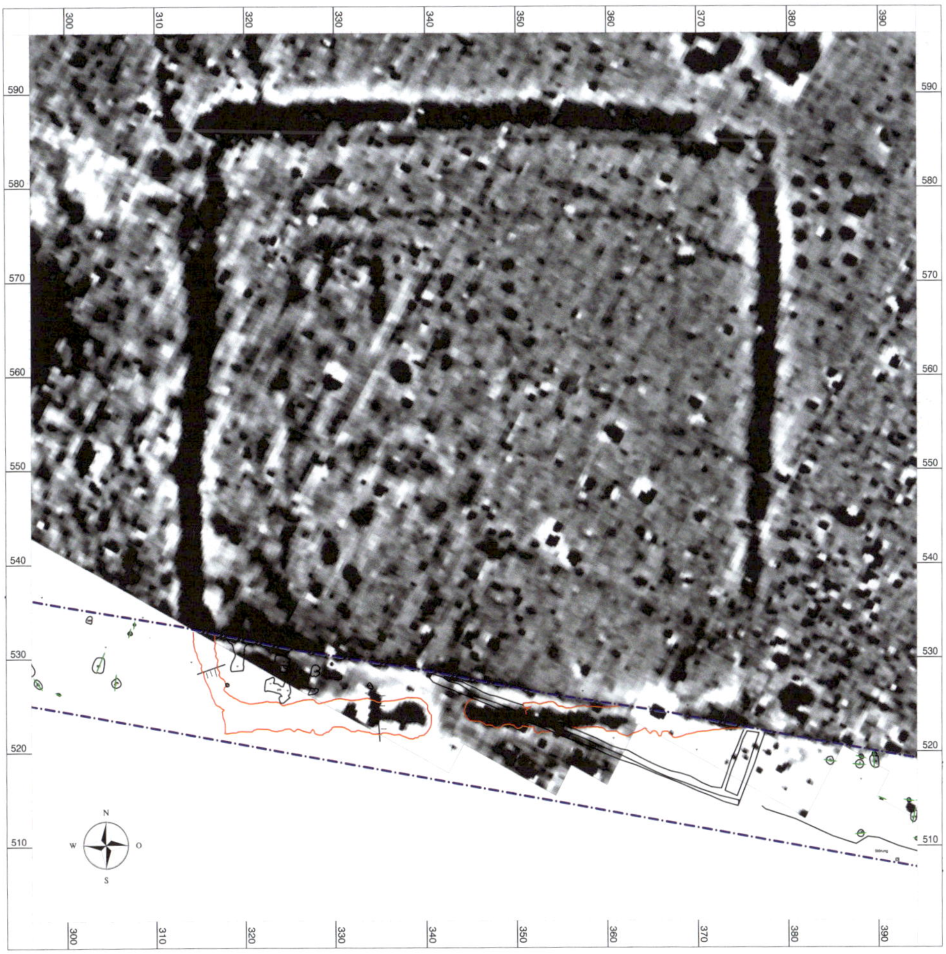

Abb. 59
Riesbürg-Goldburghausen. Viereckhof. Ausschnitt aus dem Grabungsplan mit dem Ergebnis der geophysikalischen Prospektion (Graben des Viereckhofes im Trassenbereich rot umrandet).

Nach den Römern

Bislang waren in diesem Bereich archäologische Siedlungsspuren aus der Zeit des frühen Mittelalters weitestgehend unbekannt. Umso bedeutender für die Beurteilung der Besiedlungsgeschichte der Landschaft des westlichen Rieskraters ist die Aufdeckung eines vollständigen Grundrisses eines kleinen Gebäudes von gerade einmal 6,5 m Länge und 3,5 m Breite, bestehend aus neun regelmäßig angeordneten Pfostenstellungen. Dank dem Fund eines Fragmentes stempelverzierter Keramik kann der Befund grob in das 6. oder frühe 7. Jahrhundert datiert werden. Jüngere archäologische Spuren fehlen im erfassten Trassenabschnitt, bis sie mit Resten frühneuzeitlichen Wegebaus wieder einsetzen.

Jörg Bofinger, Till Scholz

Literaturhinweise

J. Bofinger/T. Scholz, Arch. Ausgr. Baden-Württemberg 2007, 60–64; J. E. Fries, Die Hallstattzeit im Nördlinger Ries (Lassleben 2005); H. Frei/G. Krahe, Archäologische Wanderungen im Ries (Stuttgart 1979).

Der keltische Fürstensitz auf dem Ipf bei Bopfingen, Ostalbkreis – zur Geschichte der Burg und ihrer Fortifikationen

Die Erforschung des keltischen Fürstensitzes auf dem Ipf, die seit 2004 durch gezielte archäologische Ausgrabungen im Rahmen des Schwerpunktprogramms der Deutschen Forschungsgemeinschaft „Frühe Zentralisierungs- und Urbanisierungsprozesse" (SPP 1171) vorangetrieben wurde, konnte nun nach fünf Grabungskampagnen im Oktober 2008 mit unerwartet spannenden Ergebnissen vorläufig abgeschlossen werden. Die Ausgrabungen haben wesentliche neue Erkenntnisse für die unterschiedlichen Besiedlungsstrukturen auf Oberburg und Unterburg sowie zu der grundsätzlich bedeutenden Frage

Abb. 60 Ipf bei Bopfingen. Grabungen (Schnitt 6) auf der Unterburg im Bereich der linearen quadratischen Gräbchenstrukturen im August 2008. Blick nach Südosten mit der Lindenallee, die den heutigen Aufgang auf den Ipf markiert.

des Alters der sog. äußeren Befestigung des Berges ergeben. Diese äußere Befestigung umschließt immerhin eine Fläche von rund 12 ha einschließlich der sog. Wassergruben im Norden des Berges und der siedlungsgünstigen Flächen auf dem nach Osten auslaufenden Hangfuß. Schließlich galt es die Erbauungszeit dieser großen Befestigung zu klären. Die insgesamt sechs Grabungsschnitte auf der Ober- und der Unterburg wurden ausgehend von den Informationen aus den geomagnetischen Prospektionen, den Luftbildern wie auch einem dreidimensionalen Geländemodell (aus LIDAR-Daten) angelegt. Diese Grundlagen wurden durch archäologische Fragestellungen ergänzt, die sich aus dem unmittelbaren und weiteren Siedlungsumfeld am Westrand des Nördlinger Rieses ergaben, insbesondere auch durch die neuen spektakulären Befunde und Funde der Rechteckhöfe und Großgrabhügel am Fuße des Ipf beim Weiler Osterholz, Gde. Kirchheim am Ries.

Während der viermonatigen abschließenden Feldkampagne 2008 wurde noch ein neuer Grabungsschnitt (Nr. 6) geöffnet (Abb. 60), in dem rechtwinklig aufeinander zulaufende, lineare geomagnetische Strukturen aufgedeckt wurden. Dadurch sollten innerhalb der Siedlungsfläche der Unterburg an einer weiteren Stelle Daten zum Alter und zur Konstruktion der Rechteckeinfriedungen (Abb. 61) gewonnen werden. Im Zentrum des Interesses stand jedoch der im Jahre 2006 begonnene Wallschnitt in der äußeren Befestigung an der Stelle, an der bereits Friedrich Hertlein vor hundert Jahren Untersuchungen durchgeführt hatte.

Palisadengräben und rechteckige Einfriedungen

Im Zuge der geomagnetischen Messungen wurden 2004 große Flächen der Unterburg innerhalb der äußeren Befestigung prospektiert. Dabei kamen zahlreiche lineare Anomalien zutage, die sich zu mehreren etwa

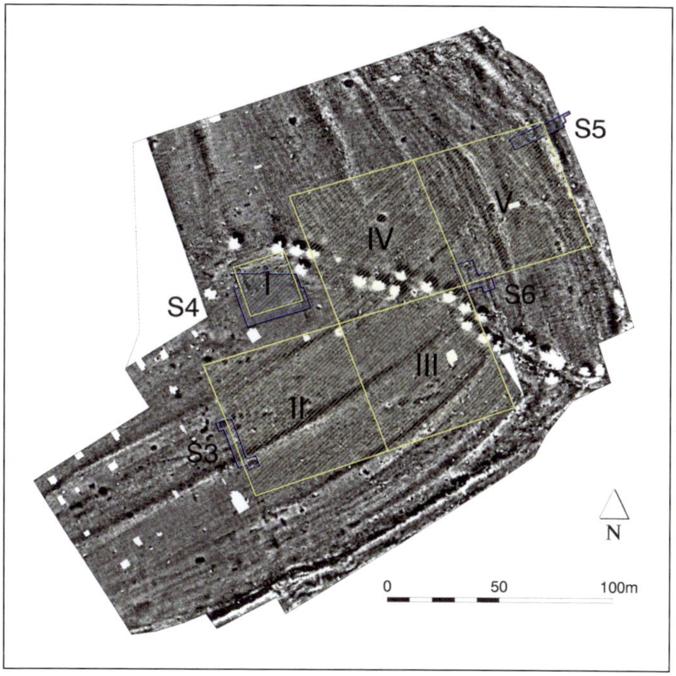

Abb. 61
Ipf bei Bopfingen. Magnetogramm der geomagnetischen Messungen (A. Patzelt, 2004). Die deutlichen Anomalien von Gräbchen, Gruben und Terrassierungen bildeten die Grundlage für die Ausgrabungen 2005 bis 2008. Gelb: Palisadeneinfriedungen I–V (rekonstruiert); blau: Grabungsschnitte S3–S6.

60 m × 60 m großen quadratischen Strukturen sowie zu einer kleineren, etwa 22 m × 22 m großen quadratischen Anlage rekonstruieren lassen. Bei den Ausgrabungen der letzten Jahre wurden an zwei Stellen in den Grabungsschnitten 3 und 4 Gräbchenstrukturen aufgedeckt, so vor allem die kleinere quadratische Anlage (Abb. 61 Nr. I) zu zwei Dritteln ausgegraben und der Palisadengraben mit Pfostenstandspuren und Steinverkeilungen untersucht. In Schnitt 3 wurde 2005 ein Abschnitt des Palisadengrabens von Anlage II untersucht und wichtige Informationen für seine Datierung in die späte Hallstattzeit gewonnen. In diesem Jahr galt die Aufmerksamkeit interessanten Strukturen am Schnittpunkt der Anlagen III, IV und V (Abb. 61; 62). Hier befinden sich parallel und rechtwinklig zueinander verlaufende Anomalien, die auch eine mögliche Torsituation vermuten ließen. Nach dem Abtrag der Grassoden und des Unterbodens zeigten sich Gräbchen und Gruben als dunkle Verfärbungen im hellen Hangschutt des Weißen Jura. Im Zuge der Ausgrabungen wurde deutlich, dass es

sich bei den Palisadengräben (Breite 0,5–0,8 m, Tiefe bis 0,8 m), die keine Pfostenstandspuren oder Steinverkeilungen zu erkennen gaben, um zwei unterschiedliche Befunde der Rechteckstrukturen handelt (Abb. 62). Aus den Verfüllungen der Gräben liegen nur wenige Funde der älteren Eisenzeit vor, so dass keine feinchronologischen Differenzierungen möglich sind. In Schnitt 5 konnte an der Innenseite des Walls der Befestigung ein parallel zu diesem verlaufendes Gräbchen aufgedeckt werden, dessen Zuordnung zunächst unklar blieb. Erst bei der Bearbeitung der Pläne und dem Abgleich von Messdaten stellte sich seine Zugehörigkeit zu der Einfriedung V heraus (Abb. 61) – ein wichtiger Befund für die Beurteilung der Abfolge und der Chronologie der Baustrukturen und der äußeren Befestigung, da beide im Befund von Schnitt 5 nicht gleichzeitig bestanden haben können (siehe unten).

Die Frage nach möglichen Unterbrechungen der Gräbchen für Zugänge kann weder aus dem Magnetogramm noch aus den Grabungsbefunden beantwortet werden. Auch bleibt die Frage nach der Innenbebauung und einer Binnengliederung bis auf einige wenige Hinweise in Form von Pfostengruben, insbesondere in Schnitt 3 von 2005, unbeantwortet. Dies liegt neben den zu gering dimensionierten Grabungsflächen an den Möglichkeiten der Auflösung der Geomagnetik, auch bedingt durch die teilweise mächtigen Anschüttungen im Zuge der Terrassierungen. Eine Möglichkeit der Interpretation der Einfriedungen besteht darin, dass es sich um Rechteckhöfe handelt, die von einer oder mehreren Familieneinheiten (unbekannter Größe) genutzt wurden. Schließlich lässt sich aus der Fülle der Einzelbeobachtungen ableiten, dass die Bebauung auf der Unterburg jedenfalls nicht sehr dicht gewesen sein mag. Die Anzahl der innerhalb der Befestigung lebenden Bewohner dürfte demnach entsprechend niedrig gewesen sein und beschränkte sich möglicherweise auf bestimmte (Personen-)Gruppen. Im Hinblick auf diesen Aspekt soll hier nur bemerkt werden, dass in den Grabungsschnitten der Unterburg im Vergleich zu den zehn Fragmenten der Oberburg keine griechische Keramik gefunden wurde, mit Ausnahme einer Amphorenscherbe aus dem späthallstattzeitlichen Grubenhaus in Schnitt 3. Damit könnte die schon früher formulierte Beobachtung untermauert werden, dass es nicht nur in der Bebauung der Ober- und der Unterburg Unterschiede gab, sondern auch hinsichtlich der jeweils dort ansässigen Personengruppen.

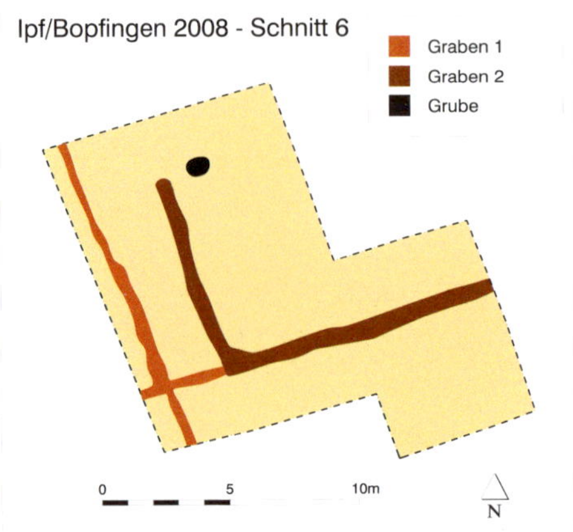

Abb. 62
Ipf bei Bopfingen. Schnitt 6 auf der Unterburg. Plan der Ausgrabungen 2008 mit Gräbchen der quadratischen Einfriedungen (vgl. Abb. 61).

Die äußere Befestigung – Schnitt 5

Es wurde bereits mehrfach darauf hingewiesen, dass die Frage des Alters und der Konstruktion der äußeren Befestigung von entscheidender Bedeutung ist für die Geschichte des Ipf, insbesondere im Hinblick auf die Rekonstruktion der Besiedlungsgeschichte und der Genese seiner Befestigungen im Rahmen des Zentralisierungsprozesses. Es war deshalb von Beginn an ein zentrales Anliegen, die Befestigung an der Stelle zu untersuchen, an der Friedrich Hertlein vor hundert Jahren bereits gegraben hatte und wichtige Beobachtungen machen konnte. Die Ausgrabungen in Schnitt 5 haben nun in der letzten Kampagne durch eine Erweiterung nach Osten auf die Außenseite des Walles bis zum Erreichen der von Hertlein schon

Abb. 63
Ipf bei Bopfingen. Schnitt 5 durch die sog. äußere Befestigung an der Stelle der 1907/08 von F. Hertlein festgestellten Vorderfront einer Pfostenschlitzmauer. Im Profil die mächtige Wallanschüttung, die im Wallinneren aus horizontal geschütteten Sedimenten besteht und an der Innenseite (links) durch eine keilförmige Anschüttung aus größeren Weißjurabruchsteinen stabilisiert wird. Aufnahme 6. 10. 2008.

aufgedeckten steinverkleideten Außenschale der Pfostenschlitzmauer schließlich zum Erfolg geführt. Nun liegen Befunde und Erkenntnisse zur Errichtung der Befestigung und zur Konstruktion der Mauer sowie zu ihrer Erbauungszeit vor.

Die Ausgrabungen ergaben, dass es sich bei dem heutigen Wall eindeutig um eine mächtige Anschüttung handelt (Abb. 63), auf die schließlich die Pfostenschlitzmauer aufgesetzt wurde. Durch den bis zu fünf Meter tiefen Schnitt konnte sowohl die gesamte Wallschüttung als auch das darunterliegende ältere Kulturschichtpaket mit Befunden (z. B. eine Feuerstelle) erfasst werden. Bereits 2007 wurden in der Wallschüttung mehrere parallel zum Wall verlaufende Pfostenreihen bzw. Pfostengruben aufgedeckt, die 2008 in tiefere Schichten weiter verfolgt und in den großen Profilen angeschnitten wurden (Abb. 64). Für die Konstruktion des Walles ergibt sich daraus folgendes Bild: Um senkrecht aufgestellte und von Bruchsteinen eingefasste Holzpfosten, die auch untereinander verbunden waren, wurde Erd- und Steinmaterial in zahlreichen Schichten aufgeschüttet. Bei den Erdschichten handelt es sich um abgegrabene Kulturschichten, die entsprechend viele Funde enthielten. Diese Anschüttung wurde an der Rückseite nicht durch eine Mauer, sondern von einer mächtigen Rampe aus größeren Weißjurabruchsteinen befestigt (Abb. 63).

Abb. 64
Ipf bei Bopfingen. Schnitt 5 durch die sog. äußere Befestigung. Die horizontalen Schüttungen im Inneren des Walls waren durch regelhaft angeordnete, von Steinen eingefasste senkrechte Pfosten gegen Verrutschen stabilisiert.

Abb. 65
Ipf bei Bopfingen. Vorderfront der Pfostenschlitzmauer in Schnitt 5 der sog. äußeren Befestigung, ca. 2 m östlich der heutigen Wallkrone. Vorne Reste der Steinverblendung und Aussparung für einen senkrechten Pfosten. Blick von außen (Osten) auf die Unterburg. Aufnahme Oktober 2008.

An der Außenseite des mächtigen Walls wurde die Front der Pfostenschlitzmauer aufgesetzt. In dem nur einen Meter breiten Erweiterungsschnitt konnte die steinverkleidete Außenfront der Pfostenschlitzmauer aufgedeckt werden, von der drei bis vier Lagen Steine mit einer Aussparung für einen Pfosten erhalten waren (Abb. 65). In den abgegrabenen Kulturschichten fanden sich in der Wallschüttung zahlreiche Funde, die belegen, dass der Wall erst ab dem Übergang von der späten Hallstattzeit zur frühen Latènezeit aufgeschüttet worden sein kann.

Befestigungsbau und Siedlungsdynamik

Die Ausgrabungen und die neuen Erkenntnisse zur Errichtung, Konstruktion und zur Datierung der sog. äußeren Befestigung ergeben weitreichende Konsequenzen für die Rekonstruktion der Burg und ihrer Besiedlung während der älteren Eisenzeit. Der Bau der äußeren Befestigung erfolgte auf dem flach nach Osten abfallenden Hangfuß des Ipf, wo es keine topografisch exponierte Position gibt. Deshalb musste vor dem Bau der Mauer ein mächtiger Wall aufgeschüttet werden, damit die Befestigung die notwendige und erwünschte repräsentative Erscheinung erlangte. Die Funde aus der Wallschüttung belegen, dass die äußere Befestigung des Ipf, die im Norden weit an den Fuß des Berges zieht und zwei Wassergruben einschließt, erst in der Frühlatènezeit, also im 5. Jahrhundert v. Chr., errichtet wurde. Die Kulturschicht und die Befunde unter der Anschüttung des Walles – wie eine Feuerstelle oder das Palisadengräbchen der Nordostecke von Rechteckhof Nr. V (Abb. 61) – verdeutlichen, dass die Befestigung auf älteren, hallstattzeitlichen Siedlungsbefunden errichtet wurde. Daraus folgt, dass sich die hallstattzeitliche Besiedlung ursprünglich weiter nach Osten den Hangfuß hinab ausdehnte. Betrachtet man nun die älteren topografischen Pläne, das dreidimensionale Geländemodell und schließlich die Topografie vor Ort, dann wird deutlich, dass im Osten der auslaufenden Bergzunge ein verflachter Wall verläuft. Dabei kann es sich nur um die Spuren einer älteren, hallstattzeitlichen Befestigung handeln!
Die ursprünglich in der Hallstattzeit besiedelte Fläche war also wesentlich größer und zusätzlich von einer bisher unbekannten Befestigung umgeben. Sie umfasste eine größere Fläche als jene, die die sog. äußere Befestigung (mit der Pfostenschlitzmauer) der frühen Latènezeit umschloss. Daraus ergibt sich, dass der Ausbau der Befestigungen – nach den mediterranen Importfunden vom Ipf und aus den Rechteckhöfen bei Osterholz zu urteilen – in der Blütezeit des Fürstensitzes, in der Frühlatènezeit, schließlich zu einer Reduktion der befestigten Fläche auf der Burg führte. Der Ausbau der Burg in dieser aufwendigen und beeindruckenden Form kann nur mit erheblichem Arbeitseinsatz einer großen Zahl von Arbeitskräften und in wohl relativ kurzer Zeit bewältigt worden sein. Es liegt nahe, dies auch mit einer Vergrößerung des Einzugsgebietes als Folge und als Ausdruck eines Zentralisierungsprozesses in der älteren Eisenzeit in Verbindung zu brin-

gen. Die Befunde auf dem Ipf werden nun vor dem Hintergrund der ursprünglichen Fragestellung, der nach der Genese des frühkeltischen Fürstensitzes aus seinem Umfeld heraus, auch im Vergleich mit den von Siegfried Kurz an der Heuneburg entwickelten Vorstellungen und Modellen, einer wissenschaftlichen Bewertung unterzogen.

Nach Abschluss der Ausgrabungen möchten wir uns sehr herzlich bedanken bei der Deutschen Forschungsgemeinschaft in Bonn, die das Forschungsprojekt großzügig unterstützt hat, der Arbeitsgemeinschaft zur Beschäftigungsförderung im Ostalbkreis (abo) für die gute Zusammenarbeit und Unterstützung, der Stadt Bopfingen mit Bürgermeister Dr. Gunter Bühler und seinen Mitarbeitern sowie der Bezirksstelle für Naturschutz mit Herrn Reinhard Wolf und dem Landesamt für Denkmalpflege beim Regierungspräsidium Stuttgart.

Daniela Euler, Rüdiger Krause

Literaturhinweise

D. Euler/R. Krause, Arch. Ausgr. Baden-Württemberg 2007, 76–81 mit älterer Literatur.

Der Keltenfriedhof „Bei den Kirchhofäckern" in Neckarhausen, Rhein-Neckar-Kreis

Frühere Funde

In der Rubrik „Südwestdeutsche Chronik" des Mannheimer Tagblattes vom 13. Dezember 1933 wurde von der Entdeckung eines größeren Gräberfeldes mit Körpergräbern aus der Frühlatènezeit berichtet. Beim Rigolen des als Gärtnerei genutzten Geländes kamen seit 1927 regelmäßig Menschenknochen mit Grünspan und Ringe aus Bronze zum Vorschein. Man vermutete die Überreste von zwölf Gräbern. Die Funde gelangten in den Besitz von Neckarhäuser Bürgern. Erst 1933 wurde die Freilegung von weiteren Gräbern mit Ringbeigaben beobachtet und Skizzen der Skelette mit Lage der Beigaben angefertigt. Die Skelette lagen je zweimal Nordwest–Südost bzw. West–Ost ausgerichtet, ein Skelett wies eine südost-nordwestliche Orientierung auf. Die Grabtiefe lag zwischen 0,37 m und 0,6 m. Im Jahr 1954 wurde das bis dahin letzte Grab bei einer Sandentnahme entdeckt und die Befundsituation kurz vor der kompletten Zerstörung notdürftig beschrieben. Es handelte sich um ein West–Ost orientiertes Körpergrab in gestreckter Rückenlage in 0,7 m Tiefe. Die rechte Skeletthälfte sowie das Hinterhaupt befanden sich noch in Originallage. Die Grabbeigaben, ein Bronzehalsring, ein Armring am rechten Handgelenk sowie sieben Perlen aus kobaltblauem Glas gelangten in das Schlossmuseum Mannheim und befinden sich heute im Besitz der Reiss-Engelhorn-Museen. Angeblich lagen im Grab drei weitere Ringe aus Bronze, die vom zerstörten linken Arm oder Unterschenkel stammen könnten.
Addiert man alle bekannten Grabfunde zusammen, so haben wir es in Neckarhausen mit einem für die Frühlatènezeit typischen Flachgräberfeld zu tun. Eine obertägig sichtbare Kennzeichnung der Gräber ist nicht nachzuweisen. Die tiefen Grabschächte waren offenbar individuell so ausgelegt, dass der oder die Tote jeweils gerade darin Platz fand. Zum Grabbau lassen sich keine Aussagen machen. Unbekannt bleibt, ob, wie andernorts beobachtet, Eichensärge, Holzkammern oder Kammern mit Decksteinen verwendet wurden oder ob die Toten in Matten oder Tücher eingewickelt waren. Die Funde

beschränken sich auf geringe Reste der persönlichen Tracht, Ringe und Glasperlen. Die bei Frauen vielfach dokumentierten Fibeln waren entweder nicht beigegeben oder bei der Bergung der Gräber entwendet worden. Von Männern, die in der Regel mit Waffen beigesetzt wurden, fehlte jede Spur. Nach den Funden setzte die Belegung des Gräberfeldes in der Stufe Lt A ein und reichte mindestens bis nach Lt B1.

Die Rettungsgrabung 2008

Das Friedhofsareal der 1930er Jahre ist heute weitgehend mit Wohn- und Gewächshäusern überbaut, einige hundert Quadratmeter Ackerfläche werden jedoch weiterhin für den Anbau von Gemüse und Blumen genutzt. Um mögliche Reste dieses Gräberfeldes mit vermutlich oberflächennah angelegten Bestattungen vor ihrer endgültigen Zerstörung zu bergen, entschloss sich die archäologische Abteilung der Reiss-Engelhorn-Museen im Frühjahr 2008 zu einer präventiven Notgrabung, zumal immer wieder Knochenfragmente von der Ackeroberfläche aufgelesen wurden. In dem 20 m langen und 3 m breiten Baggerschnitt wurden innerhalb des 30–50 cm starken humosen Oberbodens in einem Abstand von ca. 5 m die Überreste zweier Körperbestattungen (Befunde 1 und 2) entdeckt.

Abb. 66
Neckarhausen. Grab Befund 1 mit Markierung der Beigaben (Pfeil 1: Oberarmring, Pfeil 2: Eisenring).

Von Befund 1 wurde knapp unter dem abgeschobenen Humus zunächst das Fragment eines Armrings aus Bronze geborgen, der zur Bestattung gehörende Schädel wurde wenig später aufgedeckt. Eine Grabgrube war im anstehenden Auelehm nicht zu erkennen, so dass sich diese im beackerten Oberboden befunden haben musste. Von dem WNW–OSO orientierten Skelett in gestreckter Körperhaltung waren nur der Schädel und Knochen der unteren und oberen Extremitäten erhalten. Die Arme lagen parallel und eng am Körper, der Schädel lag auf der linken Seite in nördliche Richtung gekippt (Abb. 66).
Dem bzw. der Toten wurden drei Beigaben mitgegeben, die zum Trachtzubehör gehörten. Am linken Oberarm befand sich ein Hohlarmring (innerer Dm. 8,2–8,5 cm) aus Bronze mit Muffenverschluss (Abb. 67). Die gewölbte Muffe besteht aus einem breiten Mittelwulst sowie zwei flachen Seitenwülsten. Ein auf beiden Seiten der Muffe befestigter Bronzeniet verband diese fest mit einem Ende des Ringes. Das andere Ringende konnte zum Anlegen des Ringes flexibel aus der Muffe gezogen werden. Eine alte, nicht geflickte Bruchstelle gegenüber den Ringenden könnte darauf hinweisen, dass der Ring bei einem dieser Öffnungsvorgänge zerbrach und im defekten Zustand mitgegeben wurde. Jeweils 3 cm breite Zonen an den Ringenden tragen innerhalb eines von Doppellinien gebildeten Winkels im Dreieck angeordnete Kreisaugen. Auf den Hohlarmring war ein kleiner gegossener, unverzierter Bronzering (Dm. innen 1,9–2,0 cm) aufgeschoben. Die Funktion dieses Ringes ist nicht bekannt. Ob er als Amulett diente oder eine unheilabwehrende Bedeutung durch Erzeugung von Klappergeräuschen besaß, erscheint sehr fraglich. Darüber hinaus ist es denkbar, dass eine Sichtbarkeit der Verzierung am Ring nur dadurch gewährleistet war, dass der Ring am Ärmelstoff befestigt wurde. Gleiches gilt dann auch für den kleineren Ring, der weder das Öffnen des Ringes beeinträchtigen noch die Verzierungen überdecken durfte.
Im Beckenbereich wurde ein aus Eisen ge-

Abb. 67
Neckarhausen. Hohlarmring aus Grab Befund 1.

schmiedeter Ring geborgen. Der Ring könnte Bestandteil eines Gürtels gewesen sein. Eisenringe dieser Art finden sich jedoch auch in Männergräbern am Schwertgehänge.
Zeitlich dürfte unsere Grabausstattung den Übergang von Lt A zu Lt B1 markieren. Hohlblecharmringe mit vergleichbarer Verzierung fanden sich vereinzelt im oberen und mittleren Neckargebiet (u. a. in Mannheim-Straßenheim, Sinsheim), aber auch in Rheinhessen in Latène-B-zeitlichen Gräbern.
Von einer modern oder antik gestörten Bestattung (Befund 2) wurden ein schlecht erhaltener Schädel, der sich nicht mehr in seiner ursprünglichen Lage befand, sowie Fragmente von Langknochen geborgen.

Das Gräberfeld von Neckarhausen, Gärtnerei Doberaß, gehört mit mindestens 20 Bestattungen zu den größeren Gräberfeldern der Frühlatènezeit in Baden-Württemberg. Siedlungsbefunde blieben zu diesem Gräberfeld in der näheren Umgebung bisher aus, doch ist in der Frühlatènezeit von einer intensiven Siedeltätigkeit in der Rhein-Neckar-Region auszugehen.

Unser herzlicher Dank gilt außer unseren bewährten Helferinnen und Helfern vor allem der Familie Spannagel, Neckarhausen, ohne deren Unterstützung die sensationelle (Wieder-)Entdeckung dieses Gräberfeldes nicht möglich gewesen wäre.

Klaus Wirth, Benedikt Stadler

Literaturhinweise

S. Hornung, Die südöstliche Hunsrück-Eifel-Kultur. Studien zur Späthallstatt- und Frühlatènezeit in der deutschen Mittelgebirgsregion (Bonn 2008). – I. Jensen/B. Stadler, Kelten in der Mannheimer Region während der jüngeren Eisenzeit (Latènezeit). In: H. Probst (Hrsg.), Mannheim vor der Stadtgründung (Regensburg 2007) 170–191. – Ch. Liebschwager, Zur Frühlatènekultur in Baden-Württemberg. Arch. Korrbl. 2, 1972, 143–148.

Ein reiches Frauengrab der Frühlatènezeit bei Oberderdingen-Flehingen, Kreis Karlsruhe

Aus dem Kraichgau sind dank intensiver Flurbegehungen durch ehrenamtliche Mitarbeiter zahlreiche Siedelplätze und auch eine Reihe von Bestattungen aus der Frühlatènezeit bekannt. Vor allem in der Gegend um Bretten und Oberderdingen sind seit den 1980er Jahren viele neue Fundstellen entdeckt worden, die eine relativ dichte Besiedlung während des 5. und 4. Jahrhunderts v. Chr. vermuten lassen.
Bereits 1987 wurden von M. Kößler auf einer Anhöhe bei Flehingen Reste zweier Südost–Nordwest orientierter Gräber geborgen, die fast vollständig vom Pflug zerstört waren. Zwei Bronzedrahtarmringe mit Rillenzier datierten die Bestattungen in die Frühlatène-

zeit. Dank der Aufmerksamkeit der ehrenamtlichen Beauftragten M. Kößler und H. Pflüger, die hier ausgepflügte menschliche Skelettreste bemerkt hatten, konnte im Februar 2008 ein weiteres Grab der Frühlatènezeit sofort nach der Entdeckung dokumentiert und geborgen werden.

Vom Pflug bereits teilweise zerstört

Bereits auf Tiefe des Pflughorizontes war eine 2,8 m×0,85 m messende Grabgrube als Verfärbung erkennbar. Darin wurde ein Südost–Nordwest orientiertes Skelett in Rückenlage freigelegt, das bereits im rechten Schulterbereich durch den Pflug zerstört war. Dennoch zeigte sich, dass die meisten Metallteile von Schmuck und Tracht noch in ihrer Originallage vorhanden waren. Die Beigaben identifizierten den Fund klar als reich ausgestattetes Grab einer Frau aus der Frühlatènezeit (Abb. 68).

An beiden Unterschenkeln befanden sich im Knöchelbereich massive Knotenringe aus Bronze. Am linken Unterarm wurde ein nur in Resten erhaltener gewellter Bronzedraht-Armring geborgen, am rechten Unterarm fand sich ein zweiter, stark beschädigter Bronzedrahtarmring mit parallel aufgereihten Glas- und Korallenperlen. Eisenfragmente im rechten Brustbereich dürften von einer fast völlig zerfallenen Fibel stammen. Zweifellos das prächtigste Stück stellt ein Scheibenhalsring aus Bronze dar, der mitsamt dem Unterkiefer im Erdblock geborgen werden konnte. In akribischer Arbeit konnte er dann in der Restaurierungswerkstatt der Archäologischen Denkmalpflege in Karlsruhe fachgerecht freigelegt und restauriert werden (Abb. 69).

Abb. 68 Oberderdingen-Flehingen. Schmuckensemble des frühlatènezeitlichen Frauengrabes. Scheibenhalsring, zwei Knotenringe (Fußringe), Reste zweier Bronzedrahtarmringe.

Ein prächtiger Scheibenhalsring

Im Nackenteil und an den Seiten ist der Ring mit plastischen Blatt- und Spiralornamenten verziert. Der Halsteil besteht aus vier Scheiben, die durch Knöpfe und Wülste voneinander getrennt sind. Auf den Scheiben haben sich teilweise die kunstvollen Auflagen aus Edelkoralle erhalten, die mit winzigen Eisennieten befestigt waren. Der Ring besitzt einen raffinierten Verschluss, der praktisch unsichtbar ist: In den randlichen Knoten der Schmuckzone sind kegelförmige Vertiefungen verborgen, in welche angepasste Stecker des Rückenteils passen. Einer dieser Stecker ist am Ende keulenförmig verdickt, so dass der gesamte Vorderteil nicht herausfallen kann, aber um die Ringachse drehbar ist. Dieser Mechanismus wurde erst unter dem Röntgengerät sichtbar.

In der 1989 publizierten Gesamtbearbeitung der Scheibenhalsringe hat F. Müller den damals bekannten Bestand nach typologischen Kriterien in Werkstattgruppen aufgeteilt. Der Ring von Flehingen gehört demnach zur Gruppe D/E (schwere Scheibenhalsringe mit profiliert gegossenem Dekor), seine Verzie-

rungen lassen sich mit ähnlichen Ringen aus Remchingen-Singen, Bruchsal-Untergrombach und Stettfeld (Gde. Ubstadt-Weiher) vergleichen. Während diese Scheibenhalsringe meist drei oder fünf Zierscheiben aufweisen, fällt das Flehinger Stück mit vier Scheiben aus dem Rahmen, findet in dieser Hinsicht aber eine einzige Parallele in einem weiteren Ring aus Untergrombach (zur Werkstattgruppe F gehörig). Vielleicht deutet sich hier eine nähere Eingrenzung des Werkstattkreises auf das mittlere und nördliche Oberrheingebiet an. Überhaupt wurde aus der geschlossenen Verbreitung der Scheibenhalsringe am Oberrhein die Vermutung abgeleitet, dass sie als spezifischer Schmuck einer ethnischen Gruppe gedient haben könnten. Zeitlich gehören die Scheibenhalsringe der Gruppen D, E und F überwiegend an das Ende der Frühlatènezeit (Lt B2), also etwa in die Zeit um 280 v. Chr.
Viele Gräber, die Scheibenhalsringe enthalten haben, zeichneten sich durch eine insgesamt reiche Schmuckbeigabe aus. Rückschlüsse auf eine hohe soziale Stellung der so bestatteten Frauen sind sicher gerechtfertigt. Gemessen an der Gesamtzahl bislang bekannter Frauengräber aus der Frühlatènezeit bekamen nur relativ wenige Personen einen solchen Ring mit ins Grab. Die Funktion der Scheibenhalsringe ging sicher über den reinen Schmuckcharakter hinaus und dürfte den sozialen Rang innerhalb einer Gruppe kenntlich gemacht haben, vielleicht

Abb. 69
Oberderdingen-Flehingen. Der Scheibenhalsring wurde samt dem Schädel im Erdblock geborgen und in der Restaurierungswerkstatt behutsam freigelegt.

auch die regionale Herkunft. Apotropäischen (Unheil abwehrenden) Charakter dürfte die Verzierung mit Korallen besessen haben, zumindest gibt es hierzu entsprechende Berichte antiker Autoren.

Die Entdeckung und Bergung dieses reichen Grabfundes erweitert unsere Kenntnis der keltischen Besiedlung im Kraichgau um ein bedeutendes Mosaiksteinchen. Dafür gebührt allen Beteiligten, vor allem den ehrenamtlichen Beauftragten M. Kößler, H. und G. Pflüger sowie dem Grundstückseigentümer Herrn B. Haag unser herzlicher Dank.

Günther Wieland

Literaturhinweise

Bad. Fundber. 19, 1951, 174–178. – F. Müller, Die frühlatènezeitlichen Scheibenhalsringe. Röm.-Germ. Forsch. 46 (Mainz 1989). – G. Wieland, Arch. Nachr. Baden 76/77, 2008, 34–35.

Sondagen an den vorgeschichtlichen Befestigungsanlagen auf dem Battert bei Baden-Baden

Vom Rheintal aus zeigt sich eindrucksvoll die beherrschende Lage des „Battert“ mit der Ruine des „Alten Schlosses“ Hohenbaden an der Westflanke. Zwischen Rotenbach- und Oosbachtal gelegen, überragt der langgestreckte Bergrücken mit bis zu 567 m ü. NN die Vorbergzone und ist weithin sichtbar (Abb. 70). An der Nord- und Ostseite des Berges verlaufen auf einer Länge von etwas über einem Kilometer an der Plateaukante die Reste eines Walles; das von Osten nach Westen ansteigende Plateau wird an seiner

Abb. 70
Baden-Baden. Blick von Osten auf den Battert und die Rheinebene. Die beherrschende Lage des Berges ist offensichtlich.

schmalsten Stelle von einem Querwall abgeriegelt, der aber weitestgehend verebnet ist. Die Erforschung dieser Wallanlagen ist noch im Anfangsstadium, obwohl es schon frühe Ansätze gab. Bereits im 19. Jahrhundert wurden Nachrichten über archäologische Funde vom Berg bekannt. Römische Münzfunde verwunderten dabei nicht, diese waren auch gut mit der Nähe der römischen Stadt *Aquae*/Baden-Baden zu erklären. Wesentlich interessanter sind Funde von Steinbeilen, Silices oder gar von „zwei Bronzeäxten mit Schaftlappen", die angeblich 1889 gefunden wurden. Leider sind diese Funde alle verschollen.

Keltische Holz-Erde-Mauern?

Erste Untersuchungen an den Wallanlagen erfolgten 1909 und 1910 durch den Stadtrat Anton Klein und das Großherzogliche Forstamt. Bei Grabungen am Abschnittswall wurde u. a. eine noch 1,20 m hohe Front einer Pfostenschlitzmauer vorgefunden. Der Abschnittswall wies bei einer Breite von 5,6 m auf beiden Seiten eine solche Mauerfront auf. Auch durch den Randwall an der Ost- und Westseite wurden Schnitte gelegt. Bei diesen Grabungen kamen Keramikfunde zum Vorschein, die von Ch. Mehlis in die späte Hallstatt- und frühe Latènezeit datiert wurden.

Auf Veranlassung des Direktors der Städtischen Sammlungen führte der Heidelberger Archäologe Ernst Wahle 1923 weitere Untersuchungen durch, die nur wenig Fundmaterial in Form unverzierter vorgeschichtlicher Keramik erbrachten. Auch die Funde aus diesen archäologischen Untersuchungen sind unglücklicherweise nicht mehr auffindbar.

Ernst Wahle verdanken wir eine erste topografische Aufnahme der Wallanlagen und des Plateaus. In den 1980er Jahren wurde von D. Müller vom damaligen Landesdenkmalamt eine genaue topografische Aufnahme begonnen, die in den letzten Jahren vervollständigt werden konnte. Seit 1990 wurden nur spärliche Lesefunde von vorgeschichtlicher Keramik bekannt, die aber nicht näher datiert werden konnte.

Bei Begehungen zusammen mit D. Müller wurde 2005 festgestellt, dass sich im Bereich des dichten Nadelwaldbestandes an der Nordseite noch einige offene Grabungsschnitte der Untersuchungen von Klein und

Wahle befinden. Zum Teil liegt hier die Pfostenschlitzfront der Befestigung in einer erhaltenen Höhe von 0,8 m frei. Besonders in einem Schnitt wies die Mauerfront eine deutliche Neigung auf und drohte in absehbarer Zeit ganz nach außen zu kippen. Dies führte zu der Entscheidung, hier eine kleine Nachuntersuchung mit dem Ziel der genauen Dokumentation der Mauerfront vorzunehmen. Im Anschluss sollte die behutsame Wiederverfüllung des alten Grabungsschnittes mit dem ursprünglichen Aushubmaterial vorgenommen werden, um einen weiteren Versturz der Trockenmauer zu verhindern.

Deutsch-französische Zusammenarbeit

Im Zuge einer Kooperation der Archäologischen Denkmalpflege des Regierungspräsidiums Karlsruhe mit der Universität Straßburg ergab sich die Möglichkeit, diese Untersuchungen im September 2008 durchzuführen. Unter der Leitung von Loup Bernard waren hier die Studierenden Christophe Amann, Jonathan Engel, Alexandre Husson, Yves Thépot und Sylvia Walter mit der Freilegung und Dokumentation eines 10 m langen Mauerabschnitts beschäftigt.
Nach Freilegung der Mauerfront zeigte sich, dass die Mauer unmittelbar auf einer Humusschicht errichtet worden war, d.h. die Fundamente reichten nicht bis auf den Fels. Die Mauerfront war in weiten Teilen durch Steinraub in Mitleidenschaft gezogen, trotzdem zeigten sich einige Pfostenschlitze, d.h. Aussparungen für vertikale Holzpfosten in der Front. Die Stärke dieser Holzpfosten betrug demnach ca. 25 cm, sie waren in den anstehenden Boden eingetieft (Abb. 71). Der Abstand zwischen den einzelnen Pfosten konnte nur ungenau beobachtet werden, da der heutige Baumbestand die Mauerfront ziemlich beeinträchtigt hat. Man kann die schon von E. Wahle festgestellte Entfernung von ca. 1,3 m trotzdem bestätigen. Leider ergaben die Nachuntersuchungen keine datierenden Funde, die bei der Feindatierung der Wallanlage weiterhelfen könnten. Lediglich einige spätmittelalterliche Scherben wurden im Schutt vor der Mauerfront entdeckt. Sie dürften im Zusammenhang mit einem gezielten Steinraub in dieser Zeit stehen – es bot sich ja geradezu an, die Steine der Mauerfront für Bauarbeiten in Ebersteinburg und Baden-Baden heranzuziehen.

Ein frühkeltisches Machtzentrum im mittelbadischen Rheintal?

So steht nach wie vor die Datierung der Befestigungsanlage in die späte Hallstatt- und frühe Latènezeit durch die verschollenen Altfunde der Grabungen durch Klein und Wahle im Raum. Sie kann bislang nicht näher verifiziert werden. Topografie, Wallführung und die Pfostenschlitzfront können tatsächlich auch für diesen Zeitansatz sprechen. Betrachtet man die nähere Umgebung, könnte die bereits von K. Spindler konstatierte Konzentration reicher Grabfunde der Späthallstatt-/Frühlatènezeit beiderseits des Rheins in der Region südlich von Rastatt durchaus in diesen Kontext passen. Der Groß-

Abb. 71
Baden-Baden, Battert. Detail der Pfostenschlitzmauer. Die Standspur eines eingetieften Frontpfostens ist unterhalb der gesetzten Steinfront durch die schräg gestellten Verkeilsteine sichtbar.

grabhügel „Heiligenbuck" bei Hügelsheim liegt beispielsweise 12 km entfernt in der Rheinebene und ist vom Battert aus sichtbar. Doch kann die Besiedlung des Berges auch noch wesentlich früher beginnen. Aus dem Baden-Badener Stadtteil Oos etwa sind auch Grabfunde der Urnenfelderkultur bekannt. Die Bedeutung des Battert für die vorgeschichtliche Besiedlung Mittelbadens kann somit noch nicht sicher beurteilt werden, stellt aber ein dringendes wissenschaftliches Desiderat dar.

Die Untersuchungen an den Wallanlagen des Battert hätten ohne die Unterstützung vieler Personen und Institutionen nicht durchgeführt werden können. Hier sei besonders Herrn A. Franke (Referat Forstpolitik und Forstliche Förderung Nord beim Regierungspräsidium Freiburg), dem Fachbereich Bürgerdienste, Sicherheit und Umwelt der Stadtverwaltung Baden-Baden und dem Städtischen Forstamt Baden-Baden ganz herzlich gedankt.

Loup Bernard, Günther Wieland

Literaturhinweise

E. Wahle, Bad. Fundber. 4, 1926, 1 ff. – K. Spindler, Die frühen Kelten (Stuttgart 1981) 131 ff. – G. Wieland, Ein keltischer Fürstensitz in Mittelbaden? Heimatbuch 2005 des Landkreises Rastatt (Rastatt 2005) 131 ff.

Weitere Untersuchungen zur frühkeltischen Stahlproduktion im Montanrevier von Neuenbürg, Enzkreis

Im Rahmen des von der Deutschen Forschungsgemeinschaft geförderten Forschungsschwerpunktes im Neuenbürger Erzrevier konnte 2008 ein umfangreiches Arbeitsprogramm absolviert werden, das wieder viele neue Erkenntnisse zur frühkeltischen Eisenerzverhüttung geliefert hat. Im Frühjahr ließen sich durch Geländebegehungen nochmals weitere Abfallhalden der keltischen Eisenschmelzer lokalisieren, die inhaltlich nahtlos an das bisherige späthallstatt- bis frühlatènezeitliche Fundspektrum anschließen. Das übliche Fundinventar umfasst Schlackenklötze mit Holzkohleeinschlüssen, diffuse Fließschlacken und viele zertrümmerte Ofenbauteile. Hinzu kommen zwei Fundstellen mit deutlich abweichendem Fundspektrum. Hier finden sich symmetrisch angeordnete Abstichschlacken, die außerhalb des Rennofens erstarrt sind und wohl ins frühe Mittelalter datieren. Die großflächig ausgerichteten Geländebegehungen im Revier stehen jetzt kurz vor ihrem Abschluss.

67 Verhüttungsplätze als Ausbeute zielgerichteter Prospektion

Insgesamt wurden 67 frühkeltische Verhüttungsplätze lokalisiert, die sich in vier unterschiedliche Lagetypen gliedern lassen (auf Hochflächen, an Quelltrichtern in der Nähe von Erzvorkommen, an meist künstlichen Terrassen in den Tälern, in Gunstlagen in größerer Entfernung zu den Lagerstätten). Die als Halden in der Landschaft erhaltenen Schlackenmengen belaufen sich an jedem Fundplatz auf Größenordnungen zwischen 15 t und bis zu 100 t. Wie die bisherigen Grabungsbefunde zeigen, gehen diese Mengen jeweils auf mehrere Rennofenanlagen zurück, die wahrscheinlich alternierend betrieben wurden. Während die ersten drei Lagetypen durch zielgerichtete Prospektion in den Waldgebieten noch einigermaßen vollständig erfassbar scheinen, fehlen beim vierten Fundorttyp konkrete topografische Anhaltspunkte. Generell schlechter sind die Auffindungschancen bei überbauten Flächen

und Weideland, zudem ist in exponierten Lagen im Bergland mit Totalverlusten durch Erosion zu rechnen.
Im Widerspruch zu dem umfangreichen Netz von Schlackenplätzen entlang der Seitentäler, den scheinbaren Schwerpunkten der Verhüttungsaktivitäten, steht das weitgehende Fehlen von Schlackendepots im Enztal selbst, was aber wohl auf ungünstigere Auffindungs- und Erhaltungsmöglichkeiten zurückzuführen ist.
Als Fazit der Begehungen zeichnet sich aber deutlich eine zeitlich begrenzte und recht intensive Eisenproduktion im Neuenbürger Erzrevier während der frühkeltischen Zeit ab. Es scheint, als ob alle lagerstättennahen Gunstlagen für den Betrieb von Rennöfen ausgeschöpft worden wären und sogar lagerstättenfernere Standorte attraktiv geworden seien. Dies spricht für eine hochspezialisierte Arbeit fernab landwirtschaftlicher Produktionsflächen, welche ausschließlich auf die Eisengewinnung zielte. Es war wohl einem entsprechend qualifizierten Personenkreis vorbehalten, die erforderlichen Arbeiten zu verrichten. Die Anzahl der Akteure lässt sich numerisch zwar noch nicht definitiv benennen, sie dürfte aber beträchtlich gewesen sein. Dies setzt einen hohen Organisationsgrad und eine komplexe Infrastruktur voraus.

Eine neue Fundstelle im Grösseltal

Auf einer Pferdekoppel am Unterlauf des Grösselbachs fand sich am Hangfuß eines Blockschuttfächers im Februar 2008 etwas Schlacke. Die Fundstelle liegt ca. 1 km oberhalb der Mündung in die Enz an einer Talweitung. In der Nähe, besonders an den Hängen oberhalb, kommen lokale Gangvererzungen vor, die bis an die Oberfläche ausstreichen. Aufgrund zu geringer Mächtigkeit blieben sie bis auf Explorationsarbeiten vom modernen Bergbau weitgehend verschont. Alter Bergbau könnte hier, in welcher Form auch immer, noch zu finden sein.

Geophysikalische Messungen durch Dr. Harald von der Osten, Landesamt für Denkmalpflege, erbrachten auf einer Fläche von 60 m × 20 m deutliche Anomalien des Magnetfeldes, die auf eine umfangreiche, hangparallel Nord–Süd verlaufende Schlackenhalde im Untergrund hinwiesen. Südlich davon fanden sich Hinweise auf einen weiteren Schlackenkörper im Untergrund. Nach den geophysikalischen Voruntersuchungen und punktuellen Bohrstocksondierungen stand fest, dass hier gute Chancen bestanden, ein wichtiges Ziel des Forschungsvorhabens zu realisieren: Art und Umfang der Metallproduktion mit großflächigen Ausgrabungen exemplarisch zu untersuchen und die zugrunde liegenden Organisationsschemata explizit zu entschlüsseln. Zudem wird der Bereich in absehbarer Zeit durch die Trasse einer geplanten Abwasserleitung durchschnitten, so dass hier präventiv eine sorgfältige Dokumentation des Befundes vorgenommen werden konnte.

Ein mehrphasiger Verhüttungsplatz

Aufgrund der Größe der Anomalieflächen ließ sich in der Grabungskampagne von Mai bis Oktober 2008 nur ein Ausschnitt aufdecken. Weitere Untersuchungen sind für 2009 vorgesehen. Am oberen Rand des Haldenkörpers wurde eine Fläche von 45 m × 5 m geöffnet. Wie erwartet, fanden sich im Abstand von ca. 30 m zwei wohl unabhängig voneinander arbeitende Betriebseinheiten. Der talwärts vorgelagerte Haldenkörper setzt

Abb. 72
Neuenbürg-Waldrennach, Grösseltal. Frühkeltischer Rennofen mit Basis aus Steinplatten.

Abb. 73
Neuenbürg-Waldrennach, Grösseltal. Gut erhaltener Rennofen im nördlichen Bereich des Verhüttungsplatzes.

sich also aus mindestens zwei Einzelhalden zusammen, die sich in der Mitte verzahnen. Mit der diesjährigen Grabungskampagne wurden wahrscheinlich nur die Anlagen der jüngsten Betriebsperioden erfasst, die sich oberhalb der umfangreichen Schlackenhalden auf einer künstlichen Terrasse mehrere Meter über der Talsohle angesiedelt hatten. Der Umfang des Haldenkörpers und die relative Randlage der bisher lokalisierten Installationen sprechen dafür, dass in tiefer liegenden zentralen Bereichen wohl noch ältere überschüttete Produktionsareale zu erwarten sind, die es noch freizulegen gilt. Hinweise auf eine solche Mehrphasigkeit ergaben sich bereits durch die Untersuchungen an dem südlichen Haldenabschnitt. Zunächst zeigte sich dort schräg oberhalb einer wohl zugehörigen Schlackendeponierung ein kleiner kuppelförmiger Rennofen mit Vorgrube, wie er mittlerweile als typisch für das Neuenbürger Erzrevier einzustufen ist. Nördlich davon schloss sich nach 2,5 m eine 4 m × 1,5 m messende flachbodige Grube an, deren Füllung aus dunklem Lehm und sehr viel Holzkohle eine Funktion als zentrales Holzkohledepot vermuten lässt. Vor diesen Befunden erstreckte sich eine künstlich planierte Terrasse, die teilweise von Schlacken bedeckt war und wohl im Zuge der letzten Betriebsperiode angelegt worden war. Auf der Terrasse kam zudem ein nicht mehr in Originallage befindlicher Amboss-Stein mit Schlackeanhaftungen zum Vorschein, der wohl für das grobe Ausschmieden der im Rennofen erzeugten Luppen diente. Wenig nördlich davon fand sich unter Schlackenbedeckung ein

Abb. 74
Neuenbürg-Waldrennach, Grösseltal. Auf dem ehemaligen Laufhorizont aus keltischer Zeit haben sich Trampelpfade in Form von dunklen Verfärbungen erhalten. Sie belegen die gleichzeitige Nutzung der Rennöfen.

zweiter Rennofen, der auf eine ältere Betriebsphase zurückgeht und bei der Terrassierung schon aufgelassen war. An seiner Sohle wurde ein solider Unterbau aus flachen Steinplatten freigelegt (Abb. 72), ein weiteres Steinpflaster aus sorgfältig gelegten Buntsandsteinplatten erstreckt sich vor dem Ofen talwärts und wurde nur teilweise erfasst. Es wird von der jüngeren Schlackenhalde komplett überdeckt. Hier dürfte also ein älterer Werkbereich ansetzen, der zu dem ebenfalls überschütteten Ofen gehört. Die für 2009 geplante Untersuchung der Nachbarflächen wird dies klären.

Etwas weiter nördlich kam unmittelbar unter der Grasnarbe ein rechteckiges Steinpodest aus mehreren Lagen flacher Buntsandsteinplatten zum Vorschein, hangabwärts davor befand sich eine Feuerstelle. Randlich gelegene Pfostengruben weisen auf eine Deutung des Ensembles als überdachte Schmiedeesse hin, doch müssen hierzu noch Materialproben aus dem Umfeld analysiert werden.

Eine zweite Produktionseinheit (Nordgruppe) kam an der Oberkante des nördlichen Haldenteils, ungefähr 30 m nördlich der Südgruppe zum Vorschein. Hier gelang es, ein Ensemble von vier in den Hang eingetieften Rennöfen freizulegen (Abb. 73). Zwei der Öfen stehen sehr eng beieinander, hier hat wahrscheinlich einer den anderen ersetzt. Die übrigen Öfen standen mehr oder weniger gleichzeitig in Betrieb, wie durch die erhaltenen Spuren einstmaliger Trampelpfade gezeigt werden kann: Diese führten von einem zentralen Materialdepot, an dem wahrscheinlich Erz und Holzkohle deponiert waren, sternförmig auf die Öfen zu (Abb. 74). Unterhalb eines Ofens lag wieder ein größerer Amboss-Stein mit Schlackenanhaftungen. Direkt vor dem Ofen wurde zudem eine tiefer reichende Grube angeschnitten, in der sich neben Verhüttungsabfällen ein riesiger Steinblock fand. Vermutlich war die Grube bereits verfüllt, als der Ofen angelegt wurde. Wie bei der Südgruppe würde sich dadurch eine Mehrphasigkeit andeuten.

Im gesamten Grabungsbereich fanden sich Erze, Pochsteine, Produktions- und Verarbeitungsschlacken sowie stark korrodierte Luppenreste, deren naturwissenschaftliche Untersuchungen noch andauern. Die Funde deuten auf Stahlproduktion und grobe Zurichtungsarbeiten an den Luppen hin.

Im Vergleich zu den bislang untersuchten Verhüttungsplätzen fand sich im Grösseltal wesentlich mehr Keramik, was vielleicht als Hinweis auf eine etwas längerfristigere Betriebsdauer verstanden werden kann. Die Randfragmente lassen sich gut in die Stufen Ha D3 und Lt A datieren, wobei es sich hier um Fundmaterial aus der jüngsten Betriebsphase handelt.

Unser Dank gilt allen Personen und Institutionen, die unsere Arbeit unterstützt haben, ganz besonders dem Grundstückseigentümer Herrn Scheidtweiler, der Stadt Neuenbürg und der ARGE Besucherbergwerk Frischglück. Der Verhüttungsplatz im Grösseltal hat sich als der bisher ergiebigste im Neuenbürger Erzrevier erwiesen. Hier können Details zur Struktur, Organisation und Feindatierung gewonnen werden, die für die Kenntnis der frühesten Stahlproduktion von fundamentaler Bedeutung sind.

Guntram Gassmann, Günther Wieland

Literaturhinweise

G. Gassmann/G. Wieland, Arch. Ausgr. Baden-Württemberg 2007, 88–93; dies., Heißes Eisen beim kalten Herz – Keltische Eisenproduktion bei Neuenbürg im Nordschwarzwald. Denkmalpfl. Baden-Württemberg 37, 3/2008, 140–143.

Die Ethylen-Pipeline Süd (EPS) im Kreis Ludwigsburg und Kreis Karlsruhe

Bauvorgreifende archäologische Untersuchungen wurden auf der insgesamt knapp 190 km langen Trasse der Ethylen-Pipeline Süd (EPS) bislang an unterschiedlichen Fundstellen in den Kreisen Ludwigsburg, Karlsruhe und im Ostalbkreis durchgeführt. Insgesamt werden von der gesamten Trasse knapp 9 km bauvorgreifend, d. h. ohne das strenge zeitliche Korsett einer laufenden Baumaßnahme, ausgegraben. Die restlichen Abschnitte müssen baubegleitend beobachtet, ausgegraben und dokumentiert werden. So fanden ab Spätsommer 2008 auch im Kreis Ludwigsburg erste archäologische Untersuchungen statt. Neben einer kleinen Vorabgrabungsfläche bei Pleidelsheim, unmittelbar östlich der A 81, wurden die Bodeneingriffe, die für die Vorbereitung der Neckarquerung der Pipeline nördlich von Pleidelsheim notwendig waren, baubegleitend überwacht. Während dieser Maßnahme konnte unweit des rechten Neckarufers eine bislang unbekannte Fundstelle entdeckt werden.

Am Neckar bei Pleidelsheim

Zwischen Pleidelsheim und Kleiningersheim quert nach dem Zusammenfluss des Neckars mit seinem Kanalarm die EPS-Leitung den Fluss in Form eines sog. Dükers, d. h. als Unterführung des Pipelinerohrs unter dem Gewässer hindurch. Für diese Unterdükerung waren im Vorfeld beträchtliche Erdbaumaßnahmen nötig. Der gesamte Oberbodenabtrag für die Anlage einer Baustraße und der Montage- bzw. Rollbahn wurde ebenso wie die massiven Eingriffe im Uferbereich und im quer zum Flussbett ausgebaggerten

Abb. 75 Pleidelsheim. Übersicht über die Baustelle des Neckardükers der EPS.

Leitungsgraben baubegleitend überwacht (Abb. 75). Hauptsächlich das rechte Neckarufer zeigte sich in seiner heutigen Form stark überformt; sowohl die untere Terrasse wie auch der nach Süden anschließende, fünf Meter höher gelegene Feldweg sind modern aufgeschüttet. Dies dürfte zum Teil schon vor dem Zweiten Weltkrieg während der Kanalisierung des Neckars und beim Ausbau für die Schifffahrt geschehen sein. Im gleichen Zug war damals offenbar außerdem das Flussbett tiefergelegt worden, denn beim Ausbaggern der Dükerrinne kam nur der anstehende Muschelkalk und nicht, wie erwartet, Flusskies zutage. Dementsprechend wurde mit Ausnahme von modernen Gegenständen im Aushub auch keinerlei Fundmaterial geborgen.

Urnenfelder- und latènezeitliche Gruben in Ufernähe

An dem nach Süden zu ansteigenden Hang am rechten Neckarufer wiesen schon während des Oberbodenabtrags einzelne Fundstücke auf archäologische Befunde hin, die zum Teil oder bereits ganz der Erosion bzw. der Landwirtschaft zum Opfer gefallen waren. Nach Abtrag des Pflughorizonts zeigten sich, eingetieft in ein homogenes Hangkolluvium, über ein großes Areal locker gestreute einzelne Befunde mit teilweise stark brandschutthaltiger Verfüllung.
Mindestens sechs Siedlungsgruben konnten mit Sicherheit erkannt werden, dabei handelte es sich in der Mehrzahl um rundliche Eingrabungen, deren Durchmesser ca. 1 m betrug. Die Eintiefung bzw. Erhaltung der Gruben war unterschiedlich und schwankte zwischen 0,1 m und 0,7 m. In der Verfüllung der Befunde fanden sich nahezu in allen Fällen Siedlungsabfälle in Form von Keramikbruchstücken, Brandresten und Holzkohle sowie Tierknochen.
Die Funde, hauptsächlich Keramik, Steingeräte und wenige Metallfragmente, datieren diese Gruben in die frühe bis mittlere Latènezeit. Nahe beim Neckar, in hochwassergefährdetem Gebiet lag unter den Aufschüttungen des 20. Jahrhunderts eine urnenfelderzeitliche Feuergrube.
Die geringe Befunddichte und die Wassernähe lassen vorläufig an eine Interpretation als temporär genutzter Siedlungsplatz denken. Die Verlegung der Leitung im direkten Anschluss zum Düker steht noch aus. Sicher werden sich im Zuge der Baubegleitung dieses Bauabschnitts noch nähere Aussagen zum Umfang und zur Befunddichte treffen lassen. Es hat sich in diesem Fall abermals gezeigt, dass infolge der Beobachtung der Pipelinetrasse auch an „unverdächtigen" Stellen, wie in diesem Fall der Überflutungszone des Neckars, neue Fundstellen erkannt werden können, die wertvolle Hinweise zur Landschaftsnutzung in vorgeschichtlicher Zeit geben können.

Bauvorgreifende Untersuchungen bei Walzbachtal-Jöhlingen, Kreis Karlsruhe

Ebenfalls auf Gemarkung Pleidelsheim, direkt östlich an der A 81 und im Kraichgau bei Walzbach-Jöhlingen fanden Bauvoruntersuchungen statt. Rundliche Verfärbungen im Luftbild ließen an beiden Stellen Grabhügel vermuten. Es hat sich im Verlauf der Ausgrabungsarbeiten jedoch gezeigt, dass die Luftbilder aus den 1980er Jahren offenbar einen Überlieferungszustand dokumentieren, der im Gelände an vielen Stellen so nicht mehr anzutreffen ist.
Weder in Pleidelsheim noch in Jöhlingen wurden im unmittelbaren Bereich der Trasse für die EPS-Leitung archäologische Befunde erfasst. Infolge der intensiven landwirtschaftlichen Nutzung der Lössgebiete im Kreis Ludwigsburg und im Kraichgau scheinen über weite Strecken archäologische Befunde bereits stark in Mitleidenschaft gezogen oder gar vollständig zerstört zu sein. Im Bereich der Pleidelsheimer „Fundstelle" an der A 81 sind die Beeinträchtigungen durch Spargelanbau besonders gravierend.

Auch die stark durch Erosion beeinflussten Erhaltungsbedingungen offenbarten sich sowohl in Pleidelsheim wie auch in Jöhlingen als sehr schlecht. An beiden Stellen haben, abhängig von den topografischen Bedingungen, besonders auf Geländekuppen bereits massive Abschwemmungen stattgefunden. Direkt unter einer dünnen Humusdecke steht in weiten Bereichen schon der von Pflugspuren durchzogene Löss an. Um die Erosion so gering wie möglich zu halten, wird im Kraichgau seit fast zehn Jahren nicht mehr und im Kreis Ludwigsburg nur wenig gepflügt.

Unser Dank gilt den ausführenden Baufirmen, insbesondere Herrn Dipl.-Ing. N. Hofmann, Fa. Strobel und Herrn Fleßner, Fa. Bohlen und Doyen für gute Zusammenarbeit und konstruktive Unterstützung.

Jörg Bofinger, Doris Schmid

Literaturhinweis

J. Bofinger/T. Scholz, Arch. Ausgr. Baden-Württemberg 2007, 60–64.

Zum vorläufigen Abschluss der Ausgrabungen im vorgeschichtlichen Siedlungsareal „Guuhaslen“ bei Engen-Welschingen, Kreis Konstanz

Im Herbst 2008 konnte die zwei Jahre zuvor begonnene archäologische Untersuchung des Baugebietes „Guuhaslen“ am nordwestlichen Ortsrand von Engen-Welschingen vorläufig abgeschlossen werden (Abb. 76 Nr. 4). Die Arbeiten wurden auch dieses Jahr in bewährter Zusammenarbeit von der Kreisarchäologie des Landratsamtes Konstanz sowie dem Referat 25 Denkmalpflege des Regierungspräsidiums Freiburg durchgeführt. Dabei wurden insbesondere die Flächen zwischen den Erschließungstrassen sowie am südöstlichen Rand des Baugebiets aufgedeckt und die ausgegrabene Gesamtfläche auf 1,5 ha erhöht (Abb. 77). Lediglich am Westrand des Neubaugebietes blieben vier Baugrundstücke unberührt. Eine Sondage außerhalb der Grundstücksgrenzen hat gezeigt, dass in diesen Parzellen die vorgeschichtlichen Befunde unter bis zu 2 m mächtigen Kolluvien liegen, deren Abtrag im Zuge der archäologischen Voruntersuchungen nicht möglich ist. Hier werden künftig noch kleinere baubegleitende Untersuchungen durchzuführen sein.

Endneolithische und bronzezeitliche Strukturen

Im südwestlichen Bereich der Grabungsfläche konnte der bereits 2007 entdeckte, ins Endneolithikum und in die Bronzezeit datierende Graben weiter verfolgt werden (Abb. 77). Der nach Süden leicht abfallende Graben wurde auf etwa 30 m Länge erfasst. Die Grabenbreite betrug zwischen 1,60 m und 2,80 m, die erhaltene Tiefe lag bei ca. 1 m. Der Graben verläuft von Nordwesten nach Südosten, biegt dann nach Osten ab, um sich nach ca. 4 m wieder nach Süden zu krümmen. Das südliche Ende wurde nicht erreicht. Möglicherweise reicht er bis an einen heute zugeschütteten und überbauten Gewässerlauf, den ehemaligen „Wettegraben“, heran. Eine Funktion des Grabens als Befestigungsanlage erscheint durch den abschüssigen, etwa S-förmigen Kurvenverlauf eher unwahrscheinlich. Er deutet vielmehr auf eine natürlich entstandene Rinne hin, die durch lange menschliche Nutzung mehrfach überprägt wurde.

Die Stratigrafie der Grabenverfüllung konnte bei der diesjährigen Kampagne besser geklärt werden. Die unterste Fundschicht enthielt, wie schon 2007, neben Siedlungsabfall und Grobkeramik auch Scherben und größere Gefäßteile von Glockenbechern (Abb. 78). Unter der Grobkeramik fanden sich Fragmente von Schalen mit T-förmig verdicktem Rand sowie von S-förmig profilierten Gefäßen mit fingernagelverzierten Randleisten. Eine detaillierte Auswertung des keramischen Fundmaterials lässt auf weitere Erkenntnisse zur Wirtschaftsware der Glockenbecherkultur hoffen und kann mit Spannung erwartet werden.
In die neolithischen Schichten des Grabens greift eine kompakte Steinlage ein, bestehend aus Geröllbruchstücken und Hitzesteinen (Abb. 79). Aus dieser Schicht stammen Scherben der ausgehenden Früh- bis beginnenden Mittelbronzezeit sowie Fragmente von zwei Gussformen. Der interessanteste Fund aus dieser Schicht ist jedoch ein im südwestdeutschen Raum wohl singuläres Objekt aus Sandstein (Abb. 80). Die Funktion dieses ungewöhnlichen Artefakts ist bislang unbekannt. Die halbrunde, mit flachen Randleisten sowie einem Dreieck und Balkenbündel reliefverzierte Oberseite lässt an eine Art Wiegestempel denken.
Die Funde der überlagernden Grabenverfüllung scheinen in erster Linie aus der ausgehenden Früh- und beginnenden Mittelbronzezeit zu stammen. Neben großen Mengen an Keramik konnten auch Kleinfunde wie Nadeln und ein kleiner Meißel aus Bronze geborgen werden.

Das eisenzeitliche Siedlungsbild

Im Mittelpunkt der Ausgrabungsarbeiten stand 2008 die Fläche südlich eines quer durch das Baugebiet verlaufenden Abwassersammlers (Abb. 77). Auf etwa 2700 m^2 konnten unter den nach Süden hin zuneh-

Abb. 76
Eisenzeitliches Siedlungsareal zwischen Engen-Welschingen (links) und Engen-Anselfingen (ca. 350–100 v. Chr.). 1 Holzmauer/Palisade der jüngeren Latènezeit (Lt C/D1); 2 Siedlungsterrasse mit auf Luftbildern sichtbaren rechteckigen Einhegungen; 3 umwehrtes Siedlungsareal im Talgrund; 4 Außenbereich und Baugebiet „Guuhaslen" mit weiteren Siedlungsstrukturen der Stufen Lt B–Lt D1; 5 neu entdeckte Siedlungsstrukturen der Eisenzeit in Flur „Breite", Kieswerk Kohler.

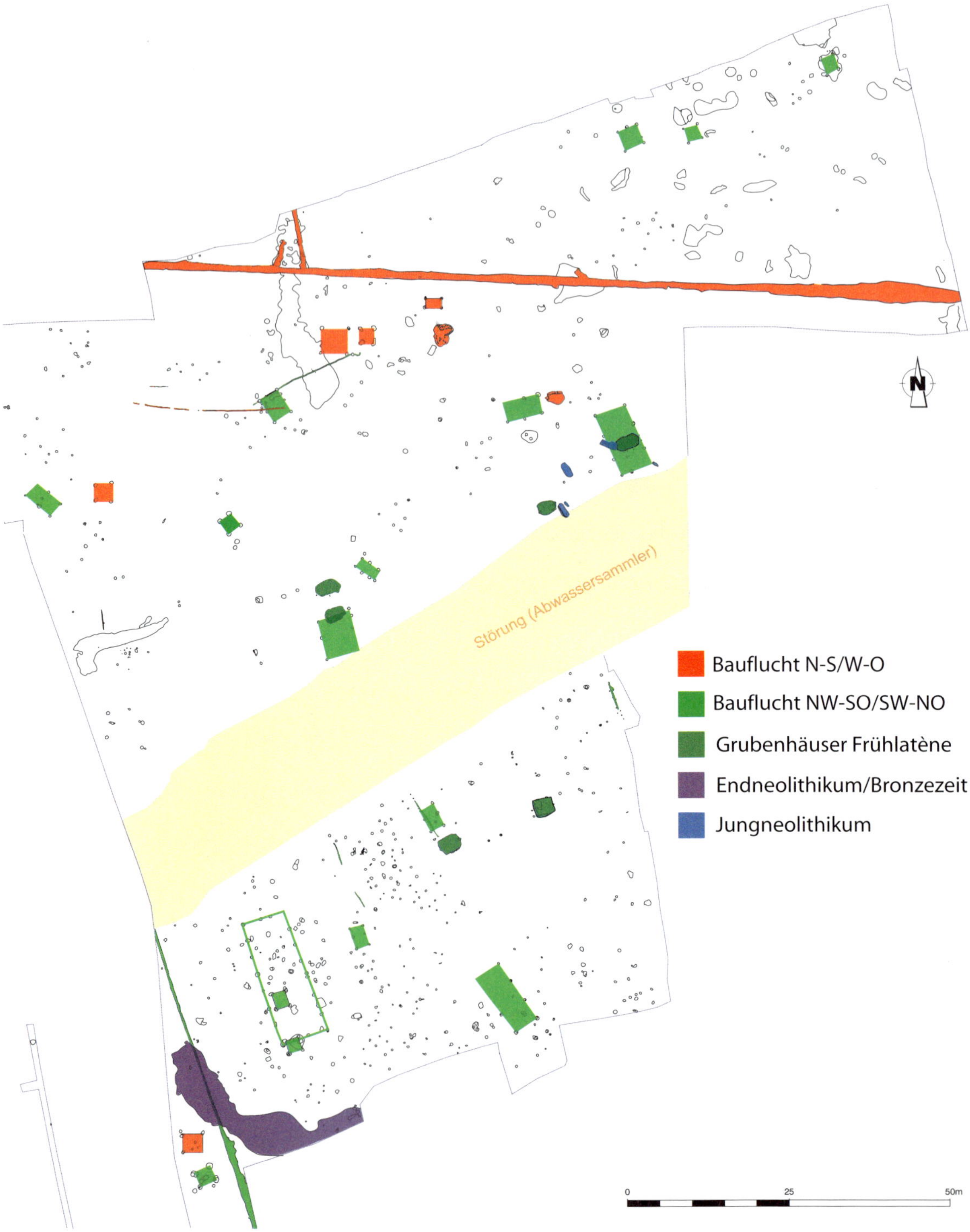
Störung (Abwassersammler)
Bauflucht N-S/W-O
Bauflucht NW-SO/SW-NO
Grubenhäuser Frühlatène
Endneolithikum/Bronzezeit
Jungneolithikum
N
0
25
50m

Abb. 77
Engen-Welschingen, „Guuhaslen". Ausschnitt aus dem vereinfachten Gesamtplan 2006–2008. Farblich hervorgehoben sind verschiedene Baufluchten der frühen und jüngeren Latènezeit, Gräber des Jungneolithikums und der Graben des Endneolithikums/Bronzezeit (vorläufiger Stand). Im Norden ist der Fundamentgraben einer Holzmauer/Palisade der jüngeren Latènezeit (ca. 250–100 v. Chr.) mit zangentorartiger Eingangssituation markiert.

Abb. 78
Engen-Welschingen, „Guuhaslen". Reich verzierter Glockenbecher im Sohlbereich des endneolithischen Grabens während der Freilegung (ca. 2500–2200 v. Chr.).

menden, bis zu 1,60 m mächtigen Kolluvien wieder zahlreiche Befunde, meist Pfostengruben, der eisenzeitlichen Siedlungsphasen erfasst werden. Unabhängig von der Mächtigkeit der jüngeren Deckschichten zeichneten sich dabei sehr unterschiedliche Erhaltungszustände ab. Neben bis zu 60 cm tiefen Gruben mit teils deutlich sichtbaren Standspuren der vergangenen Pfosten waren auch nur noch wenige Zentimeter tiefe Eingrabungen auszumachen. Bereits beim derzeitigen Stand der Auswertung lassen sich aus der Vielzahl von Pfostengruben mehrere Gebäudegrundrisse rekonstruieren. Hierzu gehören zwei kleinere Vier- bzw. Sechspfostenbauten sowie der Grundriss eines etwa 8 m breiten und 22 m langen Gebäudes, das sich teilweise mit den Vierpfostenbauten überschneidet und damit auf mehrere Bauphasen in diesem Teil der Siedlung hinweist. Die Bauflucht dieser Gebäude weist einheitlich nach Nordnordwesten. Nach einer ersten Durchsicht des daraus geborgenen Fundmaterials lassen sich die Bauten in die Frühlatènezeit datieren. Außer den Pfostenhäusern wurden auch zwei Grubenhütten aufgedeckt. Beide waren mit Firstpfosten an den Schmal-

Abb. 79
Engen-Welschingen, „Guuhaslen". Profil durch den Graben im Südwesten der Grabungsfläche (ca. 2500–1500 v. Chr.). Deutlich zeichnet sich über dem Sohlbereich mit endneolithischen Verfüllschichten eine Hitzesteinschicht der späten Früh- bis beginnenden Mittelbronzezeit ab.

Abb. 80
Engen-Welschingen, „Guuhaslen“. Halbrundes Sandsteinobjekt mit erhabenen Verzierungen aus dem Graben im Südwesten der Grabungsfläche (L. 8,7 cm, max. B. 4,3 cm, max. H. 4,7 cm). Es lag in einer Fundschicht mit bronzezeitlicher Keramik und Hitzesteinen (ca. 1600/1500 v. Chr.).

seiten errichtet worden und weisen eine Grundfläche von etwa 3,6 m × 2,4 m auf. Aus einem dieser ergiebigen Befunde stammt eine Frühlatènefibel der Stufe Lt B (Abb. 81). Funde von Spinnwirteln im Sohlbereich beider Grubenhäuser lassen auf Textilhandwerk schließen. In einer Grubenhütte zeichneten sich zudem ein schmales Gräbchen und flache Pfostenstandspuren auf dem Grubenboden ab, die von einem Gewichtswebstuhl stammen dürften.

Im Südosten der Grabungsfläche konnten unter einer Steinpackung zwei vollständige Tierskelette geborgen werden. Nach der Bestimmung von Dr. Elisabeth Stephan, Landesamt für Denkmalpflege, handelt es sich um ein Ziegenkitz und ein Ferkel. Die Grube mit den Kadavern lässt sich bislang keinem Baugrundriss zuweisen, so dass eine Deutung als Bauopfer eher auszuschließen ist.

Abb. 81
Engen-Welschingen, „Guuhaslen“. Frühlatènezeitliche Bronzefibel mit korallenverziertem Fuß aus einem Grubenhaus (4. Jh. v. Chr.).

Westlich der Grabungsfläche wurde zudem ein etwa 50 m langer Profilschnitt angelegt. Dabei konnte aus der eisenzeitlichen Kulturschicht eine Nauheimer Fibel geborgen werden. Sie bestätigt, zusammen mit der bereits erwähnten Frühlatènefibel, die bisherige Einschätzung der Besiedlungsdauer des großen eisenzeitlichen Siedlungsareals von der entwickelten Frühlatènezeit bis in die ältere Spätlatènezeit (Lt B–Lt D1).

Erwähnt sei in diesem Zusammenhang noch ein Neufund von der nördlich angrenzenden Kiesterrasse. Am Nordrand der Kiesgrube Kohler wurde 2008 im Gewann „Breite“ (Gemarkung Anselfingen) der Oberboden und eine mächtige Lehmschicht abgetragen (Abb. 76 Nr. 5). Darunter kam neben eisenzeitlichen Gruben eine weitere Siedlungseinhegung in Form eines abknickenden Grabens zutage, der in einer Rettungsgrabung dokumentiert wurde. Die auf Luftbildern nicht sichtbaren Befunde lassen vermuten, dass sich das mindestens 30 ha große eisenzeitliche Siedlungsgelände deutlich weiter nach Norden ausdehnte, als bisher angenommen wurde.

Ausblick

Die im Jahr 2008 in der Kiesgrube angeschnittenen Befunde sowie vom Kieswerk Kohler in Auftrag gegebene geomagnetische Untersuchungen lassen weitere Siedlungsstrukturen der Eisenzeit in künftigen Abbauflächen Richtung Anselfingen erwarten. Für das Jahr 2009 sind daher neue archäologische Ausgrabungen in den noch im selben Jahr abzubauenden Flächen des Kieswerks Kohler, Gewann „Breite“ geplant (Abb. 76 Nr. 5). Ihnen kommt insofern große Bedeutung zu, als nun erstmals größere Flächengrabungen auf der für ihre qualitätvollen Funde bekannten Kiesterrasse durchgeführt werden können.

Für die Unterstützung der Ausgrabungs- und Prospektionsarbeiten, logistische Hilfe und kostenlose Unterkunft sei sehr herzlich der Familie Karl Häusle, Frau Irene Völlinger und ihrem Sohn Georg Völlinger, der Stadt Engen mit Bürgermeister Johannes Moser, den Stadtwerken Engen, Herrn Revierleiter Thomas Hertrich, der Straßenmeisterei Welschingen sowie Herrn Thomas Kohler gedankt. Ein besonderes Dankeschön gebührt Herrn Armin Höfler und Herrn Dr. Michael Stöck für ihre ehrenamtliche Mitarbeit und ihren beträchtlichen Arbeitseinsatz sowie den Studierenden der Universitäten Freiburg und Tübingen für ihr großes Engagement.

Jürgen Ehrle, Jürgen Hald, Björn Zängle

Literaturhinweise

J. Ehrle/J. Hald/B. Zängle, Arch. Ausgr. Baden-Württemberg 2007, 93–97 mit weiterer Lit.;
M. Rösch, ebd. 98–101 mit weiterer Lit.;
J. Hald/F. Klein, Ländliche Siedlungen zwischen Bodensee und Donau, in: N. Hasler/J. Heiligmann/U. Leuzinger/T. G. Natter (Hrsg.), Bevor die Römer kamen – Späte Kelten am Bodensee. Katalog zur Wanderausstellung 2008–2010 (Sulgen 2008) 22–35.

Das Osttor der spätkeltischen Befestigung Burgstall bei Creglingen-Finsterlohr, Main-Tauber-Kreis

Hoch über dem Taubertal zwischen Rothenburg ob der Tauber und Creglingen liegt das befestigte, 112 ha große Plateau Burgstall bei Finsterlohr. Mehrfach waren die beeindruckenden, mächtigen Wälle und tiefen Gräben Ziel archäologischer Ausgrabungen und erbrachten Hinweise auf eine lange Nutzung der Anlage. Geophysikalische Messungen ließen einen Zugang im Nordosten des Hochplateaus vermuten. Mit zwei gezielten Grabungskampagnen wurde 2007 und 2008 versucht, Einblicke in einen durch die Landwirtschaft extrem gefährdeten Befund zu erhalten. Ziel war es, mittels der zu erwartenden – vielleicht auch datierbaren – Befunde die wissenschaftlichen Aussagemöglichkeiten zu der gesamten Befestigung zu erweitern.

Zwei Wälle in einem Schnitt

Mit der Sondage 6 konnten zwei parallel verlaufende, eine Torgasse bildende Wälle sowie ein Torbau angeschnitten werden (Abb. 82). Im Südteil des Schnittes verläuft der obere Wall 387. Sorgfältig gesetzte Kalk- und Sandsteinblöcke der Pfostenschlitzmauer 186 bildeten die Mauerfront nach Norden zur Torgasse hin (Abb. 83,1). Der rückwärtige Wallfuß konnte im Schnitt nicht erfasst werden. Unter der Wallaufschüttung verlief der ehemalige Bodenhorizont, durchsetzt mit kleinen Silexabschlägen und vereinzelten Keramikfragmenten. Rechtwinklig zur Mauerfront verlaufende Steinsetzungen (Bef. 195) lassen an eine hölzerne Konstruktion zur Verankerung der Vorderfront denken. Ursprünglich existierte eine ältere, nicht mehr erhaltene Wallfront vor der Pfostenschlitzmauer 186; Letztere fand sich eingetieft in ältere Wallschichten.

Der Wallkopf der nördlichen Befestigung 388 war zunächst nur im geophysikalischen Messbild erkennbar und liegt teils angepflügt direkt unter dem Ackerhorizont (Abb. 83,2). Spärlicher Rest des Wallkörpers ist eine über der alten Oberfläche ausgebreitete Steinschüttung (Bef. 177), die im Norden und Osten an die Mauersegmente 183 und 333 grenzt. Zur Südseite hin ist die Mauerfront nicht mehr erhalten. Ihr Verlauf ist jedoch an einer die Schicht 177 begrenzenden Stein-

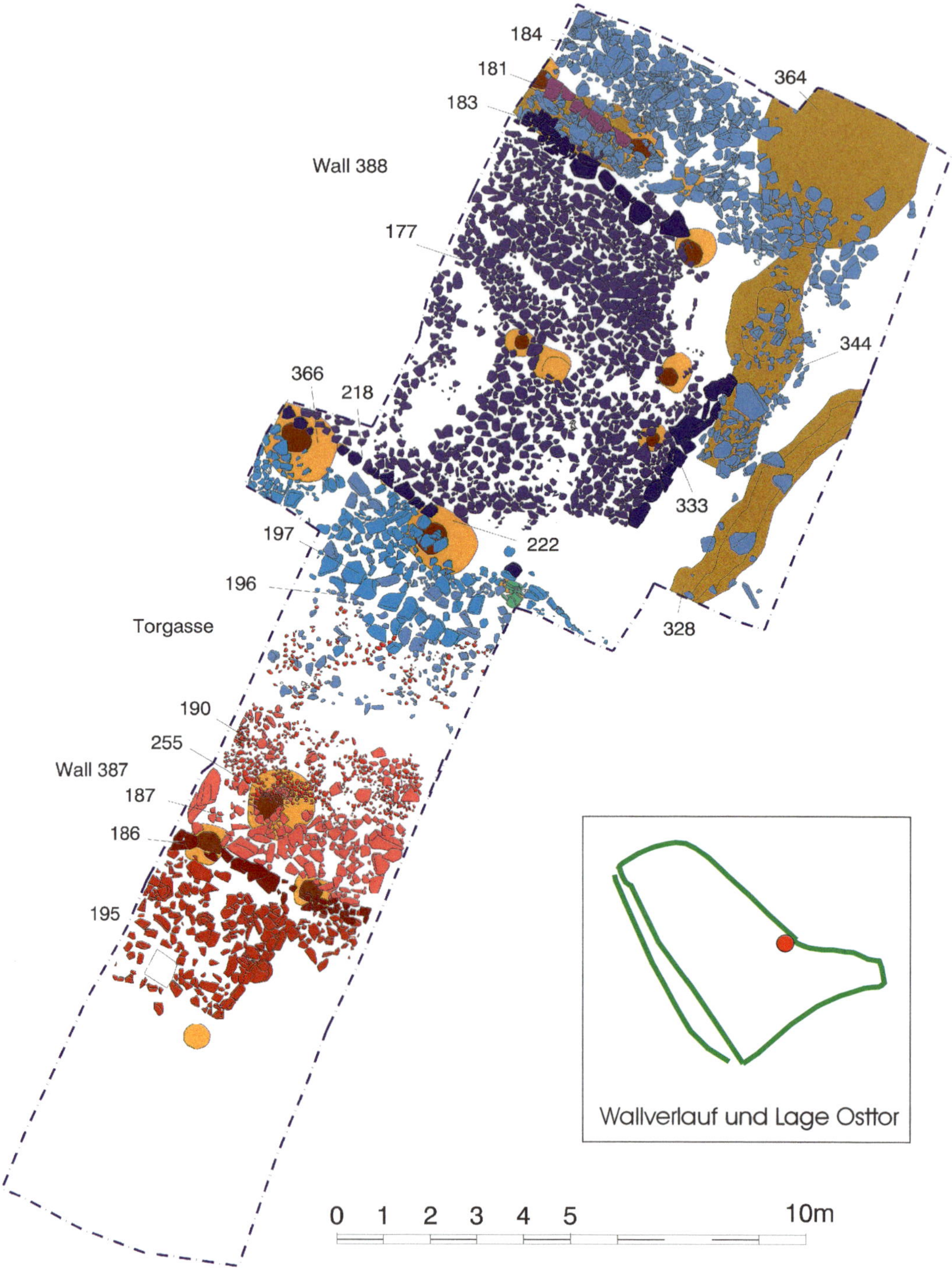

184
181
183
364
Wall 388
177
344
366
218
333
222
197
196
Torgasse
328
190
255
Wall 387
187
186
195
Wallverlauf und Lage Osttor
0 1 2 3 4 5 10m

Abb. 82
Creglingen-Finsterlohr, Burgstall. Mauern und Steinversturz in Schnitt 6. Oberer Wall 387 (rot), unterer Wall 388 (blau), Pfosten (ocker), Erosionsrinnen (hellbraun).

setzung (Bef. 218) erkennbar. Unter der Steinsetzung zeichneten sich kleinere, linear verlaufende Pfostengruben einer zaunähnlichen Konstruktion ab. Pfostengruben waren in der Flucht der Mauerfronten mit Sicherheit nicht vorhanden. Die Stabilisierung des Walles 388 muss durch eine nicht mehr nachweisbare Holzkonstruktion erfolgt sein.

Wasser und Erosion: die Feinde einer jeden Befestigung

Im Vorfeld des unteren Walles 388 war das Gelände teils bis auf den anstehenden Muschelkalk abgeböscht worden. Die nördliche Wallfront hielt dem Erddruck nicht mehr stand, stürzte ein und musste ersetzt werden. In die Versturzschichten der Mauer 183 wurde die Pfostenschlitzmauer 181 gesetzt (Abb. 82; 84). Die Süd- und vor allem die Ostseite des Wallkopfes konnten zu diesem Zeitpunkt weiter genutzt werden. An der Ostseite des Walles bildete sich parallel zur Mauer 333 eine Erosionsrinne (Bef. 344), in die schließlich die Stirnmauer des Wallkopfes stürzte (Abb. 83,2). Südlich des Walles 388 hatte sich innerhalb der Torgasse ein leichter Hohlweg gebildet, in dem der Mauerversturz der nicht mehr erhaltenen südlichen Mauerfront lag (Bef. 196, 197).
Von dem ursprünglich vermutlich mindestens 3 m hohen und über 8 m breiten Wallkopf zeichnete sich nicht die geringste Spur im Gelände ab. Vermutlich wurde der eingestürzte und verfallene Wallkopf abgetragen und westlich ein neuer, heute noch erkennbarer Wallkopf errichtet. In den Erosionsrinnen entlang des unteren Walles fanden sich

Abb. 83
Creglingen-Finsterlohr, Burgstall. 1 ausgehobene Pfostengrube 255 des Torgebäudes 360 vor der Mauer 186 des oberen Walles; 2 Steinschüttung 177 und die in eine Erosionsrinne abgekippte Mauer 333.

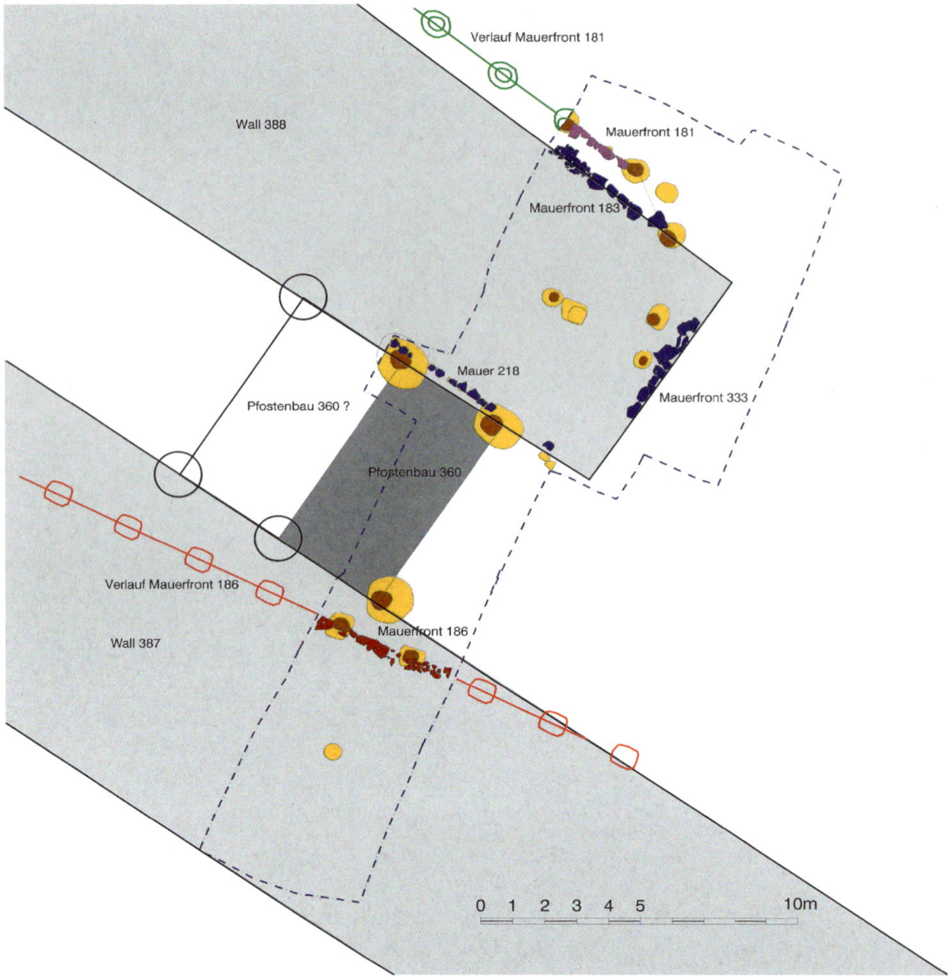

Abb. 84 Creglingen-Finsterlohr, Burgstall. Verlauf der Wallfronten des oberen und unteren Walles und Lage des Pfostenbaus 360. Ergänzter Wallverlauf mit Torgebäude (grau).

unter dem Versturz der Mauern 183 und 333 die Randscherben eines jüngerlatènezeitlichen Topfes sowie eines Graphittongefäßes. Unter der Steinschicht 177 des Walles 388 traten Pfostengruben vermutlich einer früheren Bauphase zutage (Abb. 84). Der kleine Grabungsausschnitt erbrachte keine Hinweise auf Verlauf und Aufbau dieser älteren Wallkonstruktion.

Torbau und Torgasse

Zwischen beiden Wällen verlief die Torgasse, hohlwegartig ausgeformt und mit dem Versturz der Mauerfronten zweier Wälle verfüllt (Abb. 82; 84). Gewaltige, im Durchmesser 1,5 m große Pfostengruben (Bef. 222, 255, 366) innerhalb der Torgasse lassen auf ein 7 m × 3,5 m großes Gebäude, vermutlich ein Torhaus schließen (Bef. 360). Vom Pfostenrand aus gemessen beträgt die Tordurchfahrt etwa 6 m. Ein Mittelpfosten, an dem beide Torflügel anschlagen konnten, war nicht vorhanden. An seiner Nordseite war der Torbau in der nicht mehr erhaltenen Wallfront des unteren Walles 388 eingebunden. Hingegen weist die Südseite des Torgebäudes einen deutlichen Abstand und eine abweichende Ausrichtung zur Mauer 186 des

oberen Walles auf (Abb. 82,1; 3). Die Mauer 186 war in ältere Wallschichten eingetieft worden, möglicherweise war die ältere Bauphase zeitgleich mit dem Torbau 360.
Innerhalb der Torgasse fällt das Oberflächenniveau zwischen oberem und unterem Wall stark ab. Die geringe erhaltene Tiefe des nördlichen Pfostens 222 deutet einen starken Bodenverlust entlang der Nordseite der Torgasse an. Ursprünglich war das Terrain in der Torgasse, dem übereinstimmenden Unterkantenniveau der Pfostengruben nach, weitestgehend eben. Mit der Zeit bildete sich ein leichter Hohlweg. Möglicherweise diente eine in der Torgasse stellenweise zu beobachtende Schüttung kleiner Kalksteingeröle (Bef. 190) der Befestigung des Hanges und der Senke. Auch die Ausrichtung und Lage von Kalksteinplatten mit auffallend gerundeten Kanten erwecken den Eindruck, als dienten sie ursprünglich der Befestigung eines Weges. Im geophysikalischen Messbild ist die weit nach Nordwesten verlaufende Torgasse deutlich erkennbar (Abb. 85).

Eine zweite Toranlage?

Als Ergebnis der Sondierung lässt sich festhalten: Der mindestens zweiphasige obere Wall 387 stand zunächst mit dem Torbau in einem Verbund (Abb. 84). Der untere Wall 388 war vermutlich dreiphasig. Zur ersten Phase zählen Pfosten, die, unter der Wallschicht liegend, keinem konstruktiven Zusammenhang zuzurechnen sind. Während der zweiten Phase wurde zeitgleich mit dem Bau des Tores der Mauerkopf errichtet. Dessen Nordseite musste nach einer gewissen Zeit erneuert werden, die Pfostenschlitzmauer 181 wurde vorgeblendet. Erosionsrinnen bildeten sich, die Torgasse wurde zum Hohlweg und Teile des Walles stürzten ein. Nun wurde der Wallkopf abgetragen und zurückversetzt, gleichzeitig wurde die Wallfront 186 des oberen Walles 387 errichtet (Abb. 84).
Heute noch sind westlich des Schnittes 6 der Verlauf des oberen Walles und der Kopf des unteren Walles deutlich zu erkennen. Wäh-

Abb. 85
Creglingen-Finsterlohr, Burgstall. Im geomagnetischen Messbild ist der Verlauf des oberen und unteren Walles an hellen Linien erkennbar (rot). Eine Wallverbreiterung deutet den zurückversetzten Wallkopf an, deutlich erkennbar die Torgasse.

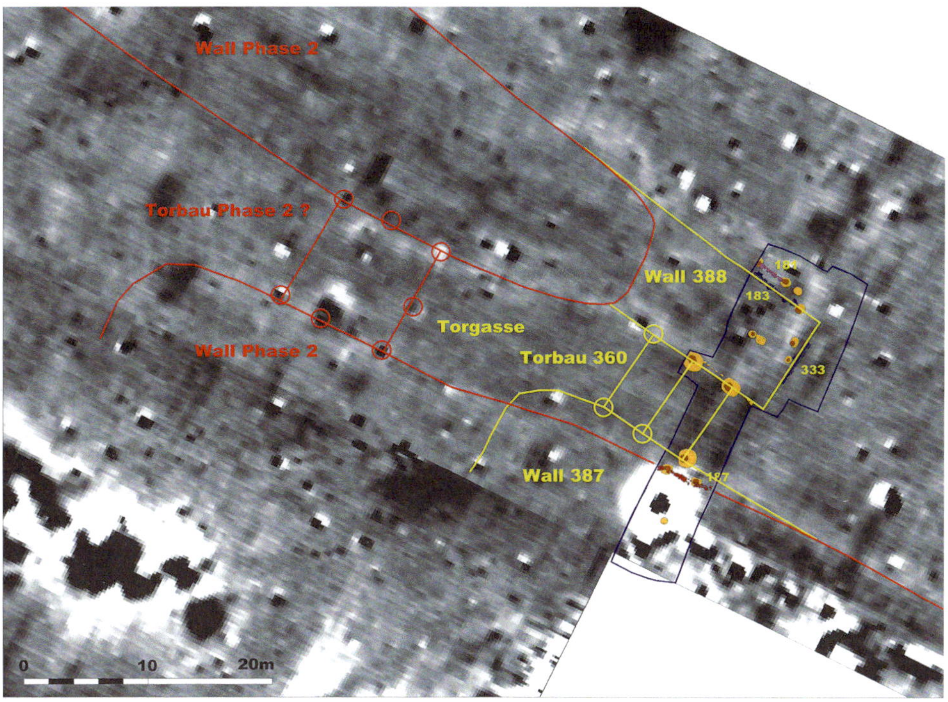

rend einer topografischen Aufnahme der Befestigungsanlage wurde unter der Leitung von D. Müller in den 1990er Jahren die Geländesituation detailliert vermessen und die Torssituation erkannt. Die topografische Geländeaufnahme stimmt mit dem geophysikalischen Messbild überein. Der untere Wall zeigt im geophysikalischen Messbild mit einer auffallenden Verbreiterung vielleicht den neuen Wallkopf. Zwischen beiden Wällen zeichnen sich im Messbild Anomalien ab, die auf ein quadratisches Gebäude von 9 m Seitenlänge hinweisen könnten (Abb. 85).

Ergebnisse

Die Ausgrabungsergebnisse am Osttor konnten durch geomagnetische und topografische Beobachtungen erheblich erweitert werden. Mehrere Wallbauphasen und zwei zeitlich aufeinander folgende Torbauten belegen die lange Nutzung der Befestigungsanlage. Keramikfragmente ermöglichen eine Datierung früher Bauphasen in die Spätlatènezeit. Weiterhin sind weder Befunde noch Fundansammlungen innerhalb der Befestigungsanlage nachweisbar. Bisher muss die gesamte Anlage als Refugium eines Stammesverbandes gedeutet werden, das größeren Sippenverbänden samt Vieh und Vorräten in kriegerischen Zeiten als Rückzugsmöglichkeit diente.

Die Ausgrabungen der Jahre 2007 und 2008 wären ohne die Unterstützung der Stadt Creglingen nicht denkbar gewesen. An dieser Stelle sei Herrn Bürgermeister H. Holzwarth und Herrn Ortsvorsteher F. Danner sowie Herrn Geisendörfer für seine tätige Mithilfe herzlich gedankt.

Martin Thoma

Literaturhinweise

D. Müller, Arch. Ausgr. Baden-Württemberg 1996, 302–306; M. Thoma, ebd. 2007, 101–105; ders., Kriegerische Zeiten im Taubertal – die keltischen Befestigungen bei Finsterlohr. Arch. Deutschland 5/2008, 70–71.

Neues von der Siedlungsstelle „Reißwag" bei Lauda-Königshofen, Main-Tauber-Kreis

Das mittlere Taubertal zählt nach umfangreichen Feldforschungen der letzten Jahrzehnte zu einer der besser erforschten Siedlungskammern der Vor- und Frühgeschichte Baden-Württembergs. Ein großer Teil der Erkenntnisse ist dem Engagement ehrenamtlicher Mitarbeiter des Landesamtes für Denkmalpflege zu verdanken, die durch ausdauernde Begehungen der Ackerflächen dafür sorgten, dass eine Vielzahl archäologischer Fundplätze überhaupt erst bekannt wurde.

In den letzten Jahren weckten besonders die Siedlungen der frühen Germanen das Interesse der Landesarchäologie. Ausgrabungen im benachbarten Mainfranken und in Hessen hatten verdeutlicht, dass sich germanische Gruppen sehr früh, bereits im 1. Jahrhundert v. Chr., von Mitteldeutschland nach Westen ausgebreitet hatten. In Baden-Württemberg lassen sich entsprechende Fundstellen nahezu ausschließlich im Taubertal nachweisen. Fast wie Perlen an einer Kette reihen sich die vornehmlich durch Lesefunde bekannten Siedlungsplätze entlang der hochwasserfreien Bereiche nahe des Flusses am Fuß der Talhänge auf. Im Taubertal wie im benachbarten Mainfranken gibt es Hinweise darauf, dass die sogenannte Großromstedter Gruppe, die sich in den Jahrzehnten vor Christi Geburt vom Elb-Saale-Gebiet aus nach Süden ausgebreitet hat und den Elbgermanen zugerechnet wird, hier noch auf eine einheimische keltische bzw. spätlatènezeitliche Bevölkerung traf. Aus dem Taubertal sind ebenfalls Fundstellen der sogenannten Rhein-Weser-Germanen des 2. und 3. Jahrhunderts n. Chr. bekannt, die sich hier offenbar gezielt im unmittelbaren Vorfeld des Limes – wahrscheinlich mit Billigung der Römer – niedergelassen hatten. Da die fortdauernde Beackerung diese in Baden-Württemberg einmalige Quellensituation zur Besiedlungsgeschichte der frühen Germanen Jahr für Jahr unwiederbringlich ein weiteres Stück zerstört, entschloss sich das Landesamt für Denkmalpflege, zumindest einen Teil dieser Fundstellen durch systematische Grabungen zu untersuchen. Die Wahl fiel auf das zwischen Lauda und Königshofen gelegene Areal Königshofen „Reißwag", von dem Lesefunde beider germanischer Gruppen sowie weiterer vorgeschichtlicher Epochen bekannt waren. In den Jahren 2004 bis 2006 fanden an dieser Fundstelle bereits archäologische Forschungen statt.

Im Sommer 2008 wurde einerseits die alljährliche Lehrgrabung der Gesellschaft für Archäologie in Württemberg und Hohenzollern e.V. und andererseits die Prüfungsgrabung des Grabungstechniker-Fortzubildenden Heiko Steinwand in dem Gewann durchgeführt.

Im Rahmen der Lehrgrabung konnten im Norden der Flur „Reißwag" dank des engagierten Einsatzes der 26 Grabungsteilnehmer 425 m² untersucht werden (Abb. 86). Die vom 22. Juli bis 28. August 2008 andauernde Kampagne schloss unmittelbar an die bereits früher aufgedeckten Flächen an. Es sollte 2008 vor allem festgestellt werden, wie weit sich einzelne Siedlungsphasen nach Norden ausdehnen und ob im Umfeld einer bereits in den 1980er Jahren aufgedeckten, fundreichen „Grube" des 2. und 3. Jahrhunderts n. Chr. noch weitere zugehörige Befunde lokalisiert werden können. Geophysikalische Prospektionen der vergangenen Jahre ließen bereits darauf schließen, dass in der zu untersuchenden Fläche zahlreiche Befunde vorhanden waren. Wie der maschinelle, mit Hilfe eines Baggers vorgenommene Abtrag des Pflughorizontes zeigte, war der archäologische Fundhorizont bereits 25–30 cm unter der heutigen Oberfläche erreicht. Im ersten Planum zeichneten sich im anstehenden hellen Lösslehm zahlreiche dunkel verfärbte Gruben und wenige Pfostenlöcher, insgesamt rund 50 Befunde, ab. In einigen Fällen reichten die Verfärbungen nur noch wenige Zentimeter tief in den Boden hinein. Durch den langjährigen intensiven Ackerbau und die damit einhergehende Erosion war nicht nur das jeweilige vorgeschichtliche Gehniveau abgetragen, sondern oftmals auch der obere Teil der Siedlungsgruben „gekappt" worden.

Abb. 86 Königshofen „Reißwag". Die Teilnehmer der Lehrgrabung 2008 beim Ausgraben und Dokumentieren der Befunde.

Von der Bandkeramik zu den frühen Germanen

Die systematische Ausgrabung der Gruben erbrachte den Nachweis von vier der bislang fünf von diesem Fundplatz bekannten Kulturgruppen. Drei nahe beieinander liegende Gruben im südlichen Grabungsareal lassen sich in die mittlere bis jüngere Bandkeramik datieren. Aus den Verfüllungen stammen zahlreiche Tierknochen und Hüttenlehmbrocken, aber auch Keramikscherben sowie die

Abb. 87
Königshofen „Reißwag". Bandkeramisches Gefäß mit Spiralapplikationen (erh. B. 26 cm).

abgebrochene vordere Hälfte eines Steinbeils, eines sogenannten Schuhleistenkeils. Besonders hervorzuheben sind Bruchstücke eines großen Kumpfes, dessen Oberfläche mit spiralförmig angeordneten, plastischen Leistenauflagen verziert wurde (Abb. 87). Das Gefäß ist in mehrerer Hinsicht bemerkenswert. So liegen Zierleisten aus den südlich des Taubertals gelegenen Verbreitungsgebieten der Bandkeramik nur sehr selten vor. Häufiger sind Zierleisten in den nördlich anschließenden Nachbargebieten, in der Untermainregion und in Unterfranken, darüber hinaus kommen sie vom Neckarmündungsgebiet über Hessen, Südniedersachsen und Mitteldeutschland bis nach Böhmen vor und datieren in der Regel in die mittleren bis jüngeren Phasen der Bandkeramik. Generell weist das Vorkommen von Zierleisten also auf eine nordost- bis nordwestliche Bezugsrichtung der Bandkeramik des Taubertals hin. Ferner ist die Art der Motivgestaltung ungewöhnlich. Die jeweils als spiegelsymmetrische Einzelmotive zu beiden Seiten einer Knubbe angebrachten Spiralleisten erinnern an die vorwiegend während der älteren Bandkeramik gebräuchlichen Doppelspiralen oder die ebenfalls spiegelsymmetrischen Sattelspiralen. Während aber die überwiegend eingetieften Spiralmuster der ältesten und älteren Bandkeramik in der Regel in der Gefäßmitte platziert und deutlich größer als singuläres Ornament gestaltet wurden, sind die Spiralmotive von Lauda-Königshofen sowohl auf der oberen Gefäßhälfte wie sehr wahrscheinlich auch der – leider nur bruchstückhaft erhaltenen – unteren Gefäßhälfte ausgeführt. Eine solche mehrfache und schmalere Ausführung der Ornamentbänder weist prinzipiell auf eine Datierung in die mittlere bis jüngere Bandkeramik hin. Weitere, in derselben Grube geborgene Scherben deuten auf eine Datierung in die mittlere Bandkeramik. Exakte Parallelen zu den Spiralverzierungen, die ein in der mittleren Bandkeramik eigentlich nicht mehr gebräuchliches Spiralmotiv auf etwas ungewöhnliche Weise wiedergeben, sind nicht bekannt. Die eigenwillige Verzierung des Gefäßes lässt daher vermuten, dass die bislang durch reguläre Grabungen kaum untersuchte bandkeramische Besiedlung des Taubertals noch manche Überraschungen bereithalten könnte.

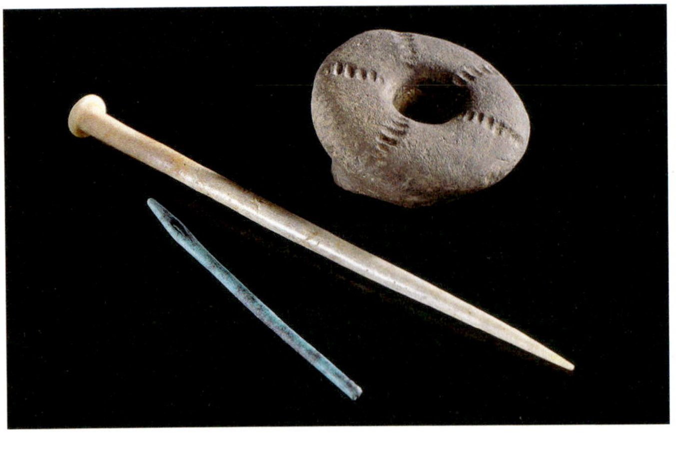

Abb. 88
Königshofen „Reißwag". Beinerne Haarnadel (L. 9,2 cm), Nähnadelbruchstück aus Bronze und Spinnwirtel aus dem Grubenhaus der Großromstedter Gruppe.

Zu den eindrucksvollsten Befunden der Ausgrabung zählen ferner zwei umgekehrt trichterförmige Vorratsgruben, wie sie für die vorrömische Eisenzeit typisch sind. Die größere der beiden besaß eine Tiefe von 1,70 m unter Planum 1 und einen Durchmesser von 2,40 m an ihrer breitesten Stelle. Ansonsten scheinen die Siedlungsreste der Hallstatt- und Frühlatènezeit, die in den früheren Grabungsflächen sehr dicht gestreut waren, in diesem nördlichen Grabungsausschnitt auszudünnen.

Das 2. und 1. Jahrhundert v. Chr. sind durch ein Grubenhaus und eine kleine, möglicherweise mittellatènezeitliche Grube belegt. In dieser Grube fand sich neben wenigen anderen Funden aus Keramik oder Bein das Fragment eines kobaltblauen Glasarmrings aus der Mittellatènezeit. Der vorliegende Typ ist von Oberschlesien bis an den Rhein und über das Schweizer Mittelland bis nach Südfrankreich verbreitet, wobei sich eine deutliche Fundkonzentration in Böhmen befindet.

Die sehr fundreiche Verfüllung des 4,34 m × 4,21 m messenden und ab Planum 1 noch 0,54 m tiefen Grubenhauses erbrachte neben vier Spinnwirteln aus Keramik, einer beinernen Haarnadel sowie einer bronzenen Nähnadel (Abb. 88) vor allem zahlreiche Gefäßkeramikscherben. Unter diesen sind Feinkeramik mit Graphitüberzügen, feinem Rollrädchendekor sowie Bruchstücke von Situlen, schlanken, nach oben extrem ausladenden Trinkgefäßen, erwähnenswert. Vor allem Rollrädchenverzierung und Situlen weisen das Grubenhaus der Großromstedter Gruppe zu.

Nachbarschaftliche Beziehungen zum Römischen Reich

Die jüngsten Befunde der Ausgrabungskampagne 2008 stellen zwei Grubenhäuser der sogenannten Rhein-Weser-Germanen aus der 2. Hälfte des 2. bzw. dem frühen 3. Jahrhundert n. Chr. dar. Die Funde mehrerer Spinnwirtel aus der Verfüllung zeigen an, dass hier auch Garn gesponnen wurde. Eine 23 cm lange Nadel aus Bronze mit verziertem Kopf (Abb. 89) dürfte zum Verschluss eines Umhangs gedient haben. Ein Siebgefäß aus Keramik mit flachem Griff (Abb. 89) war zwar zerbrochen und unvollständig in die Verfüllung gelangt, ließ sich aber glücklicherweise anhand der vorhandenen Scherben in seiner Form rekonstruieren.

Funde von römischen Importen belegen erneut, dass die Bevölkerung im Taubertal Handel mit den Bewohnern jenseits des 20–30 km entfernten Limes betrieb. So konnte neben feinem römischem Tischgeschirr aus Glas und Terra sigillata (Abb. 90) auch einfache Gebrauchskeramik nachgewiesen werden. Die seltenen Glasfunde umfassen kleinteilige Randscherben von drei Trinkgefäßen, zwei Bechern und einer Schale, die sich überwiegend in den Zeitraum 2. und 3. Jahrhundert n. Chr. datieren lassen; unter den Terra-sigillata-Scherben befindet sich die Wandscherbe einer reliefverzierten Schüssel vom Typ Drag. 37 des Töpfers Marcellus II aus Rheinzabern. Sie stammt frühestens aus dem ersten Drittel des 3. Jahrhunderts. Funde eiserner Schuhnägel (Abb. 90) weisen

Abb. 89
Königshofen „Reißwag". Zusammenstellung rhein-wesergermanischer Funde des 2./3. Jhs. n. Chr. mit Fragmenten eines Siebgefäßes, Spinnwirteln, der Scherbe einer mit plastischen Warzen verzierten Schüssel un einer Bronzenadel (L. 23 cm).

Abb. 90
Königshofen „Reißwag". Kleine Importstücke mit großer Aussagekraft: Gefäße aus Glas und Terra sigillata sowie Schuhnägel belegen Import von Luxus- und Alltagsgut.

ferner darauf hin, dass römisches Schuhwerk auch in Germanien geschätzt wurde. Das bekannte Fundmaterial aus dem 2. und 3. Jahrhundert n. Chr. der Siedlung „Reißwag" spricht dafür, dass die damaligen germanischen Bewohner romfreundlich eingestellt waren.

Abschließend lässt sich festhalten, dass der Gesamtplan der verschiedenen Siedlungsphasen und das Wissen über diesen Platz um verschiedene Mosaiksteine erweitert wurden. Der bereits in den 1980er Jahren teilweise ausgegrabene römerzeitliche Befund ließ sich als Grubenhaus identifizieren, hinzu kamen nun noch zwei weitere Grubenhäuser. Auffällig ist deren einheitliche Ausrichtung mit einer Giebelseite zum Fluss hin, die auch mit den bereits früher freigelegten übereinstimmt. Die Ausrichtung orientiert sich am Gefälle. Der nördliche Rand des Siedlungsareals wurde auch im Verlauf dieser Grabungskampagne nicht erreicht.

Abb. 91
Königshofen „Reißwag". Frühkeltische Funde aus dem südlichen Grabungsareal: Gagatperle der Späthallstattzeit und eiserne Pfeilspitze aus dem frühlatènezeitlichen Grubenhaus.

Frühkeltische Siedlungsreste auch am Ortsrand von Königshofen

Der zweite Grabungsschnitt wurde im Rahmen der Prüfungsgrabung im Süden der Flur angelegt. Hier gab ein Bereich mit Lesefunden von verbrannten Tierknochen und verbrannten römischen Terra-sigillata-Scherben Rätsel auf. In einem Sondageschnitt konnte bereits 2004 eine kleine Grube aufgedeckt werden, die entsprechende Sigillatabruchstücke mit verbrannten Knochenresten enthielt. Hauptziel der Grabung 2008 war es festzustellen, ob sich im Umkreis der Fundstelle nicht etwa noch zeitgleiche Siedlungsfunde verbergen, die eine Erklärung für den seltsamen Befund liefern könnten.

Kaiserzeitliche Siedlungsspuren blieben in der knapp 1100 m^2 großen Grabungsfläche jedoch aus. Das verbrannte Fundmaterial kann somit nicht einfach mit einem Hausbrand in Verbindung gebracht werden. Ob es sich, wie vor Beginn unserer Untersuchungen im „Reißwag" bereits vermutet worden war, um Überreste einer Art von Brandopfer handelt, bleibt vorerst dahingestellt.

Dafür haben sich die Nachweise einer Siedlung der Hallstatt- und Frühlatènezeit verdichtet. Eine Grube mit einer Gagatperle ist noch der Späthallstattzeit zuzuordnen. Drei weitere Gruben geben sich durch die bereits erwähnte Kegelstumpfform als Vorratsgruben zu erkennen. Darüber hinaus konnte auch ein Grubenhaus mit je einem Firstpfosten in der Mitte der Giebelseiten dokumentiert werden. Es lässt sich anhand der Keramik bereits in die frühe Latènezeit datieren. Wie schon bei anderen Grubenhäusern dieser Zeitstellung in der nördlich gelegenen Siedlung, wurden auch hier und in einer benachbarten Grube Bruchstücke von Webgewichten und Spinnwirteln gefunden, was nahelegt, dass das Grubenhaus als Werkraum für die Herstellung von Textilien genutzt wurde. In der Verfüllung fand sich zudem auch eine eiserne Pfeilspitze (L.3,5 cm; Abb. 91). Da sich in den geomagnetischen Prospektionen erst nach Süden in Richtung auf den Ortsrand von Königshofen wieder eine größere Befunddichte bemerkbar macht, könnte an dieser Stelle der Rand einer frühkeltischen Siedlung erfasst worden sein.

Durch das Entgegenkommen der Grundstücksbesitzer und der Pächter Josef Walter und Theo Michelbach sowie die Unterstützung durch die Stadt Lauda-Königshofen, die Arbeitsgemeinschaft für Arbeit und Soziales Main-Tauber-Kreis und die Flussmeisterei Tauberbischofsheim ist die Durchführung der archäologischen Untersuchungen in diesem Umfang überhaupt erst möglich geworden. Der Erfolg der Grabung ist aber ganz besonders der äußerst engagierten und sorgfältigen Mitarbeit aller Lehrgrabungsteilnehmer und des ehrenamtlichen Mitarbeiters Kurt Voit zu verdanken.

Marion Heumüller, Marcus G. Meyer, Ralf Keller

Literaturhinweise

R. Keller/D. L. Krausse, Arch. Ausgr. Baden-Württemberg 2006, 94–97; K. Frank, Zwei germanische Siedlungen des 3. Jahrhunderts n. Chr. im Vorfeld des obergermanischen Limes im nordöstlichen Baden-Württemberg. In: S. Biegert/S. v. Schnurbein/B. Steidl/D. Walter (Hrsg.), Beiträge zur germanischen Keramik zwischen Donau und Teutoburger Wald. Kolloquium zur germanischen Keramik des 1.–5. Jahrhunderts, 17.–18. April 1998, Frankfurt a. M. Kolloq. Vor- u. Frühgesch. 4 (Bonn 2000) 171–181 bes. 173–178; H. Wagner, Glasschmuck der Mittel- und Spätlatènezeit am Oberrhein und den angrenzenden Gebieten. Ausgr. u. Forsch. 1 (Remshalden 2006); B. Steidl, Der Blick über den „Zaun“: Die Germanen im Vorfeld des Limes. Freunde – Feinde – Ignoranten? In: A. Thiel (Hrsg.), Forschungen zur Funktion des Limes. 3. Fachkolloq. Deutsche Limeskomm. 17./18. Februar 2005 Weißenburg i. Bay. Beitr. Welterbe Limes 2 (Stuttgart 2007) 35–47.

Weitere Entdeckungen beim Kleinkastell auf dem Galgenberg bei Lauchheim, Ostalbkreis

Intention

Mitte des Jahres 2008 konnte mit der Beschaffung der letzten Sonde das 4-Sonden-Instrument FEREX des Instituts Dr. Foerster, Reutlingen, nach acht Jahren von Teilbeschaffungen verkomplettiert werden. Für die ersten Testmessungen mit diesem Instrument war in Absprache mit dem Bürgermeister von Lauchheim, Herrn Werner Kowarsch, der Galgenberg ausgesucht worden. 1992 konnten wir hier mit dem Fluxgate-Gradiometer FM36 von Geoscan Research, U.K. ein römisches Kleinkastell nachweisen. Ein Vergleich der Messergebnisse beider Instrumente bot sich hier an. Ebenso bestand ein starkes Interesse zu erkunden, inwieweit sich der Erhaltungszustand dieses Holz-Erde-Kastells infolge intensiver landwirtschaftlicher Nutzung verändert hat. Erst vor wenigen Jahren wurde das Gelände aus der ackerbaulichen Bearbeitung herausgenommen und ist heute Wiese.

Abb. 92
Das neue 4-Sonden-Fluxgate-Gradiometer auf dem Lauchheimer Galgenberg im Einsatz.

Das Messinstrument FEREX 4.032 ...

... ermöglicht eine geomagnetische Kartierung großer Flächen ohne anspruchsvolle Topografie mit bis zu vier Doppelsonden. Jedes dieser Sondenpaare hat einen vertikalen Gradienten von 0,65 m – der entsprechende Sondenabstand beim FM36 bzw. bei dessen Nachfolgegerät FM256 beträgt 0,50 m, womit diese Geräte etwas unempfindlicher sind als das FEREX-Instrument. Die Sonden können auf einem Rahmen bis zu einem minimalen Abstand von 0,25 m befestigt werden (Abb. 92). Aufgrund des im Vergleich zum FM36 bzw. FM256 mehrfach höheren Messfortschrittes entschlossen wir uns vor Ort, nicht nur das Kleinkastell, sondern auch dessen Umgebung zu kartieren. Das Messraster wurde von Siegbert Täuber, Aalen, eingemessen und georeferenziert. Den Messpunktabstand legten wir zu 0,05 m, den Profilabstand zu 0,25 m fest.

Abb. 93
Lauchheim, Galgenberg. Magnetogramm des Holz-Erde-Kastells. Stand: 1992.

Diskussion und Vergleich der Messergebnisse

Die mit dem FM36 erzielten Messergebnisse sind in der Abbildung 93 enthalten. Diese 1992 durchgeführten Messungen fanden während des Baus der Umgehungsstraße B 29 statt. Die Messränder erstreckten sich damals über die heute vorhandene Straßenbegrenzung hinweg und weisen daher – im Gegensatz zu den Messungen von 2008 (Abb. 94) – keine starken Störungen entlang der Straße im Magnetogramm auf. Die schwarz dargestellte großflächige Anomalie vor dem Westeingang des Kastells, die in den Messungen von 2008 fehlt, wurde 1992 von einem Bauwagen verursacht.

Die Strukturen nahe dem westlichen und südwestlichen Graben konnten mit dem FEREX-Instrument besser aufgelöst werden. Hingegen scheinen in den neuen Messungen die dem Osttor vorgelagerten Baustrukturen zu fehlen. Dieser Bereich musste aufgrund dichten Buschbewuchses 2008 von den Messungen ausgespart bleiben.

In einem Abstand von etwa 72 m konnten östlich des Kastells weitere archäologische Strukturen erfasst werden, die bis dato unbekannt waren. Von gleicher Ausrichtung wie das Holz-Erde-Kastell ist eine rechteckige Grabenstruktur mit abgerundeten Ecken und – falls an diesen Stellen nicht vollständig erodiert – maximal drei Eingangsbereichen. Dieser Graben schließt eine Fläche von etwa 47 m auf 67 m ein. Im Innenbereich, nahe einer rechteckigen, weiß (Ano-

Abb. 94
Lauchheim, Galgenberg. Ergebnis der 2008 durchgeführten geomagnetischen Kartierungen. Beschreibung der Strukturen im Text.

malie-Maximum) dargestellten Anomalie mit schwarzem Rand (Anomalie-Minimum) an deren Nordseite, die charakteristisch für römische Keller ist, sind schwach ausgeprägte, helle Lineamente zu erkennen, die dem Grundriss eines Gebäudes der Größe 13 m auf 7 m mit Raumunterteilung zugeordnet werden können. Dieses Gebäude hat die gleiche Ausrichtung wie der römische Keller und die gleiche Streichrichtung wie eine rechteckige, 5 m auf 4 m große Struktur (Nebengebäude?) nahe der nordöstlichen Ecke dieses Gevierts.

Östlich von dieser Grabenstruktur konnte ein weiterer Graben erfasst werden, der sich in etwa Nord–Süd erstreckt, nach Norden aus dem Messgebiet herausläuft und im südlichen Bereich der Messfläche von mehreren starken Anomalien überprägt wird, die modernen Grenzpunkten zuzuordnen sind.

1992 konnte östlich des Kleinkastells ein römisches Gebäude dokumentiert werden, dessen Mauern in Richtung der Beackerung ausgerissen waren. Dieses Gebäude scheint in der Zwischenzeit nahezu vollständig zerstört worden zu sein. Nur noch wenige Mauern sind in dem neuen Magnetogramm zu erkennen, die zudem in der Zwischenzeit noch weiter zerstört wurden, als dies bereits 1992 der Fall war.

Harald von der Osten-Woldenburg

Literaturhinweis

D. Planck/H. von der Osten-Woldenburg, Arch. Ausgr. Baden-Württemberg 1992, 120 ff.

Neue Beobachtungen zur Umwehrung des Rottweiler Steinkastells

Im Zuge der im Jahr 2005 begonnenen Neuerschließung des Gebietes zwischen Linden- und Hoferstraße mussten im Berichtsjahr die Trasse einer Straße und die Baugrube eines Einfamilienhauses untersucht werden. Dabei kam die Umwehrung des Kastells II samt anschließender Innenbebauung zutage (Abb. 95; 96).

Abb. 95 Rottweil. Ausgebrochene Mauer von Kastell II, davor der verfüllte Kastellgraben. Hinten rechts Ansatz eines Zwischenturms.

Kastellmauer

Die im Fundament ca. 2,40 m breite Wehrmauer des Kastells II war fast vollständig ausgebrochen. Bedingt durch einen starken nachantiken Geländeverlust reichte der Fundamentgraben nur noch ca. 0,30 m tief. Etwa in der Mitte der untersuchten Mauerstrecke hatten sich dennoch die Reste eines schräg durch das Fundament verlaufenden Abwasserkanals erhalten. An der Böschung des Kastellgrabens zeigten sich Erosionsrinnen (Abb. 95; 97).

Unerklärt ist eine ähnliche Erscheinung an der gegenüberliegenden Grabenkante. Dass hier auch Wasser eingeleitet wurde, erscheint unwahrscheinlich, zumal das Gelände genau in die andere Richtung abfällt. Deshalb kam der Gedanke auf, dass wir es mit der Verankerung eines hölzernen „Aquaeduktes" über den Kastellgraben zu tun haben könnten, der das Abwasser in das Vorfeld des Kastells leiten sollte, um weitere Schäden an den Wehrbauten durch Regenfälle zu vermeiden.

Am südlichen Ende der Grabungsfläche wurde der Ansatz eines Zwischenturms erfasst. Er dürfte ehemals 4 m × 4 m groß gewesen sein. Seine Entdeckung korrigiert ältere Vorstellungen von der Verteilung der Türme an den Kastellschmalseiten. Nunmehr ist klar, dass es zwischen den Toren und den Ecktürmen jeweils zwei Zwischentürme mit einem Abstand von je 30 m gab.

Interessante Grabenverfüllung

Der noch 4 m breite und knapp 2 m tiefe Kastellgraben begann unmittelbar vor der Wehrmauer. Seine Spitze musste aus dem anstehenden Mergel herausgearbeitet werden (Abb. 97). Die Verfüllung bestand zuunterst aus Einschwemmschichten, die nur wenige römische Funde enthielten. Bemerkenswert sind vier Hunde(-skelette), die man hier offenbar „entsorgt" hatte. Darüber folgte Erde mit Abbruchschutt der Kastellmauer. Am Übergang der beiden Schichten lagen sieben Zinnensteine in Reihe. Diese hatte man zu Beginn der Abbrucharbeiten in den noch offenen Graben geworfen (Abb. 97; 98). Die Kastellgrabenverfüllung darüber enthielt dann nur noch kleine Steine bzw. Steinsplitter. Deren Masse entsprach, wie eine Rekonstruktion ergab, höchstens noch einer Mauerlage. Die Umwehrung wurde also praktisch zu 100 % einer Wiederverwendung zugeführt.

Die Schichtenfolge wie die Funde sprechen dafür, dass der Abbruch der Kastellmauer bereits in römischer Zeit begonnen hat. Wahrscheinlich besteht ein Zusammenhang mit dem Steinausbau der zivilen Stadt *Arae Flaviae* auf der anderen Neckarseite. Aber auch für das Mittelalter gibt es Hinweise auf eine Wiederverwendung antiker Bausteine.

In diesem Zusammenhang ist die Verteilung

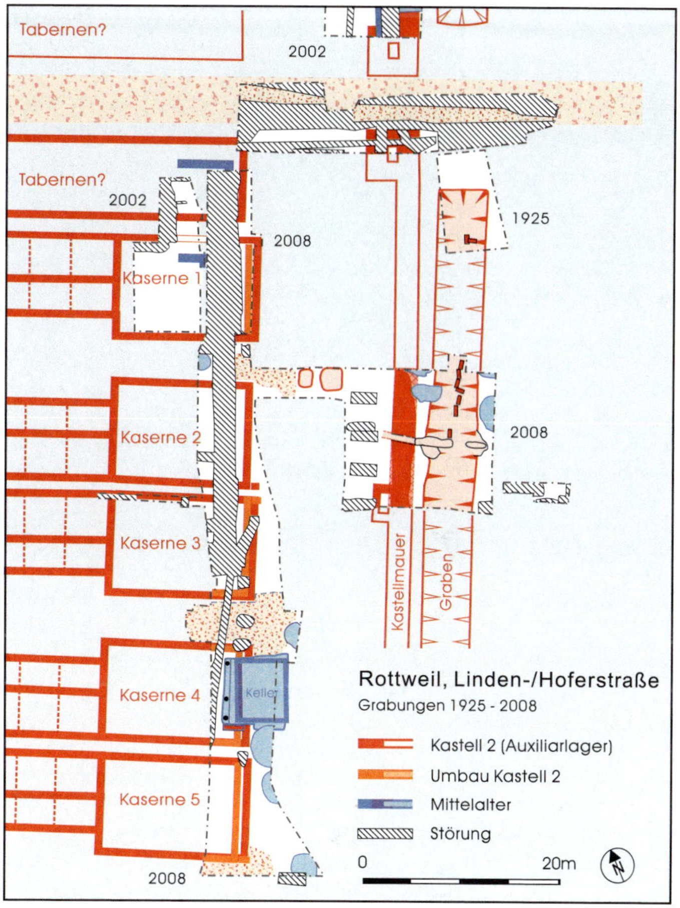

Abb. 96
Rottweil. Übersichtsplan zu den Ausgrabungen im Bereich der Umwehrung von Kastell II.

der Steine in der Grabenverfüllung interessant. Die Zinnensteine erscheinen nur im nördlichen Abschnitt, die Erde darüber wies kaum Steinschutt auf. Dieser konzentrierte sich im Süden, wo dafür kein einziger Zinnenstein lag. Möglicherweise kann man darin die „Handschriften" zweier unterschiedlicher Abbruchmannschaften erkennen.

Vor beinahe 100 Jahren, als man das erste und bisher einzige Mal den Kastellgraben auf eine längere Strecke vollständig ausnehmen konnte, waren schon einmal Zinnensteine in größerer Zahl gefunden worden. Einzelne kamen später hinzu, so z. B. 1925 unweit der Grabung von 2008 (Abb. 96). Die Altfunde bestanden aus Stubensandstein. Demgegenüber sind unsere Exemplare aus Kalktuff.

Abb. 97
Rottweil. Fast vollständig ausgenommener Kastellgraben mit darin liegenden Zinnensteinen.

Außerdem sind sie etwas höher und schmäler. Bezeichnenderweise trifft das auch auf die Steine aus der Grabung 1925 zu, wovon einer zudem ebenfalls aus Tuff bestand. Offensichtlich waren mehrere Bautrupps am Werk, die unterschiedliche Rohstoffquellen ausgebeutet haben – eine bei römischen Militärbauten nicht unübliche Vorgehensweise. Man könnte hier aber auch an einen Umbau denken (siehe unten).

Abb. 98
Rottweil. Zinnensteine aus Kalktuff in Fundlage.

Rekonstruktion

Die Lage der Tuffsteine macht den Eindruck, als ob man sie nacheinander von der Mauerkrone in den Graben geworfen hätte. Dies fordert zu einem Rekonstruktionsversuch auf (Abb. 99). Die dichte Abfolge der Zinnensteine zeigt, dass sie nicht nur die Zinnen, sondern auch die dazwischen liegenden Lücken bedeckt haben. Das ist auch anderswo nachgewiesen. Nicht bekannt ist jedoch, wie breit die Zinnen mittelkaiserzeitlicher Kastelle waren. Die variable Größe der Rottweiler Steine (alte wie neue) zeigt zum einen, dass mehrere Stücke zusammen zur Abdeckung einer Zinne bzw. Lücke gedient haben müssen. Wichtig ist ferner der in der Mitte liegende Tuffstein von 2008, der eine besondere Ausarbeitung einer Stirnseite aufweist (Abb. 97; 98). Es handelt sich demnach um das Endstück einer Zinne. Andere Stirnseiten sind leider indifferent. Verknüpft man dies mit der Abfolge der Steine und deren

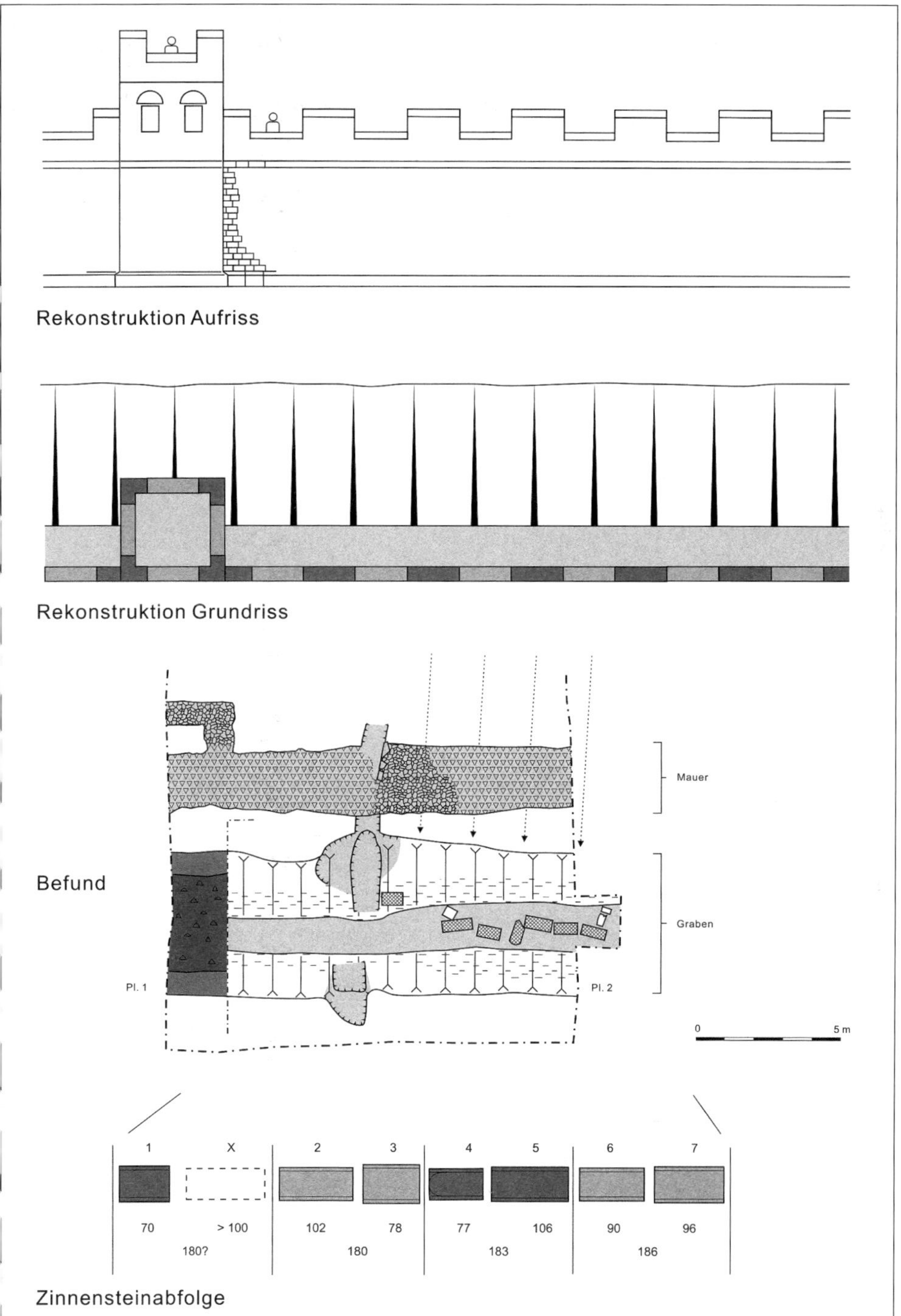

Abb. 99
Rottweil. Rekonstruktionsversuch der Umwehrung von Kastell II.

Größe, so ergeben sich ca. 1,80 m breite Zinnen und ebenso große Lücken dazwischen. Andere Lösungen setzen variable Abstände bzw. vertauschte Steine voraus, was möglich bleibt!

Die gängigen Rekonstruktionen antiker Kastelle gehen von deutlich schmäleren Zinnen aus. Der weite Abstand der Zinnenöffnungen entspricht dagegen eher bisherigen Vorstellungen. Das hängt mit der üblichen Bewaffnung der Kastellbesatzungen zusammen, die sich im Belagerungsfall vor allem mit Wurfspeeren oder Steinwürfen verteidigten, wie die Reliefs der Traianssäule zeigen.

Die Höhe der Zinnen ist als mannshoch anzunehmen, die Lücken dürften dagegen niedrige Brüstungsmauern gehabt haben. Die Mauerdicke ergibt sich aus der Breite der Decksteine von ca. 0,40 m. Damit verbleiben ca. 1,40 m für die Breite des Wehrgangs, wenn man davon ausgeht, dass sich die Wehrmauer im Aufgehenden auf ca. 1,80 m verschmälert.

Kurze Quermauern, die die Brüstung stabilisieren (sog. Traversen oder Schulterwehren), scheint es in Rottweil – anders als z. B. bei vielen Stadtmauern – nicht gegeben zu haben. Zwar finden sich unter den Rottweiler Altfunden auch Winkelzinnen, doch ist deren Zahl zu gering, um regelmäßige Schulterwehren rekonstruieren zu können. Diese Stücke müssen daher von Turmecken stammen.

Hinter der Wehrmauer war sicher ehemals ein Erddamm angeschüttet. Einen Hinweis auf seine Breite geben zwei wohl nacheinander benutzte Latrinen oder Zisternen, die bei den Grabungen im Zwischenraum zwischen Umwehrung und *via sagularis* angetroffen worden sind. Lagen sie am Wallfuß, ergibt sich eine Breite von ca. 5 m.

Analog zum Kastell Heidenheim, wo die in den Graben gestürzte Mauer ausgemessen werden konnte, betrug die Höhe des Rottweiler Wehrgangs wahrscheinlich über 4 m. Die Verblendung der hiesigen Kastellmauer dürfte aus ca. 0,20 m hohen und um die 0,40 m langen Stubensandsteinen bestanden haben, von denen sich einige wenige Exemplare im Graben gefunden haben. Die Traufe am Übergang zwischen Mauer und Wehrgang war in Rottweil entweder nicht besonders betont oder bestand aus überstehenden Verblendungssteinen. Ein dafür geeignetes Exemplar fand sich ebenfalls im Graben. Besonders gearbeitete Gesimse sind auszuschließen.

Abb. 100 Rottweil. Kopfbau von Kaserne 5 mit zweiphasigen Mauerfundamenten.

Zwei Bauphasen

Hinter der Umwehrung folgt mit einigem Abstand die Innenbebauung. Es handelt es sich um die Enden der Kopfbauten, die zu den in den Vorjahren freigelegten Mannschaftsunterkünften gehören (Abb. 96). Zu unserer Überraschung entdeckten wir zwei Steinbauphasen, sprach doch bisher alles für ein einperiodiges Kastell! Beim Umbau hatte man die Stirnseiten der Kopfbauten um etwa eine Mauerbreite nach innen verlegt und die Längsseiten auf den alten Fundamentresten entlanggeführt (Abb. 100). Lediglich bei der Kaserne 2 und dem langrechteckigen Bau an der *via praetoria* fehlt die Fundamentverdoppelung (Abb. 96). Auffallenderweise entsprechen deren Stirnseiten der Bauflucht der zweiten Phase. Einige Unregelmäßigkeiten im besonders gut erhaltenen Fundamentmauerwerk von Kaserne 2 könnten darauf hinweisen, dass zumindest in diesem Fall der Umbau direkt auf dem alten Fundament erfolgt sein könnte.

Im Umfeld der Kopfbauten wurden pflasterartige Anschüttungen angetroffen, die zumeist mit darunterliegenden Gruben zusammenhängen. Aus den Pflasterschichten stammen zahlreiche Kleinfunde, darunter mehrere gut erhaltene Prägungen aus den ersten Regierungsjahren Kaiser Traians (98/99 bzw. 101/102 n. Chr.). Sie müssen spätestens bei den Umbaumaßnahmen an ihren Platz gekommen sein. Der Terminus post quem von 101 n. Chr. liegt kaum später als der bisher für den Bau der Kasernen vorliegende (97 n. Chr.). Die Konsequenzen, die sich aus den neuen Grabungen für die Kastellgeschichte ergeben, sollen erst dann erörtert werden, wenn weitere Teil der Kopfbauten untersucht werden konnten.

Legionslager

Bis auf die erwähnten Gruben blieben Baubefunde des unter Kastell II liegenden Legionslagers fast vollständig aus. Der schon früher hinter den Offiziersbauten an der *via principalis* nachgewiesene Hof reichte demnach weiter nach Osten als bisher angenommen. Entlang der *via praetoria* im Norden war er durch einen länglichen Bauteil abgeschlossen. Seine Breite konnte durch die Grabungen mit 12 m bestimmt werden.

Hochmittelalterlicher Keller

Stellvertretend für die hochmittelalterliche Siedlungsphase sei auf einen Keller mit einer für das Siedlungsareal besonderen Baugeschichte aufmerksam gemacht (Abb. 96). Ursprünglich existierte ein Pfostenbau mit einem Erdkeller. Dieser wurde durch einen in etwa gleich großen Steinkeller ersetzt. Nach einem Brand, der zu einer Rötung der Mauerschale geführt hat, erneuerte man den Keller. Dabei blendete man eine neue Mauerschale vor die alte Längsseite. Die übrigen Wände blieben unverändert erhalten. Keramikfunde im Umfeld gehen nicht über das 12./13. Jahrhundert hinaus.

Abschließend bleibt der Dank an die Stadt Rottweil für ihre vielfältige Unterstützung und an die beteiligten Baufirmen und Grundstücksbesitzer für die stete Kooperationsbereitschaft.

Klaus Kortüm

Literaturhinweise

K. Kortüm, Arch. Ausgr. Baden-Württemberg 2007, 113–119. – M. Scholz, ebd. 2003, 93–96.

Notgrabungen im römischen Kastell von Heilbronn-Böckingen

Das Lager in Böckingen gehört zur Kastellreihe des Neckarlimes. Es wurde um 100 n. Chr. westlich des Neckars auf einer Terrassenkante nur etwa 8 m über der Talaue angelegt. Als erste Besatzung einer Holz-Erde-Konstruktion gilt die *Cohors V Delmatarum*. Der Ausbau in Stein wird mit der *Cohors I Helvetiorum* in Verbindung gebracht, deren Anwesenheit durch Inschriften bezeugt ist. Um die Mitte des 2. Jahrhunderts wird die Truppe an den vorderen Limes nach Öhringen verlegt. Der Kastellvicus bestand weiter, wahrscheinlich bis zum Ende der römischen Besetzung im 3. Jahrhundert.

Forschungsgeschichte

Das Kastell wurde 1886 durch K. Miller in den Feldern nördlich des Ortes lokalisiert. 1897 fanden im Auftrag der Reichslimeskommission stichprobenartige Grabungen statt, auf deren Grundlage ein Plan des 149,5 m auf 133 m messenden Lagers erstellt wurde (Abb. 101). Im Innenraum wurden Teile der *principia* und eines wahrscheinlich nachkastellzeitlichen Steinbaus erfasst.
Mit dem Ausgreifen der modernen Bebauung fiel das Lager seit den 1950er Jahren in ein Gewerbegebiet, was mehrere kleinräumige Grabungen auslöste. 1959 wurde das Nordtor von H. Schönberger, 1969 das Westtor von R. Koch und 1975 das Osttor von D. Planck untersucht, das Südtor war bereits durch die Reichslimeskommission freigelegt worden. Bei den Untersuchungen des 20. Jahrhunderts kamen unter den Steintoren die Toranlagen der Holzbauphase zutage. Planck gelang zudem der Nachweis eines hölzernen Eckturms in der Nordostecke.
Der Kastellmauer war ein doppelter Grabenring vorgelagert, der allerdings nur in wenigen Schnitten aufgeschlossen wurde. Für den inneren Graben ist vor dem Nord- und dem Westtor eine Unterbrechung belegt. Eine unpublizierte Grabung Kochs aus dem Jahr 1965 erbrachte Ausschnitte zweier Mannschaftsbaracken in der Nordostecke. Spuren weiterer Holzbauten wurden in den Randbereichen der oben genannten Grabungsareale aufgedeckt.
An das fast vollständig überbaute Kastell erinnert nur noch eine kleine Grünfläche mit dem rekonstruierten Grundriss des Nordtores. Im gesamten Umfeld des Lagers sind bei Baumaßnahmen zahllose römische Funde geborgen worden, die die Existenz einer ausgedehnten zivilen Niederlassung bezeugen. Ausgrabungen haben in dem schätzungsweise 30 ha großen Vicusareal bisher nicht stattgefunden.

Befunde im Nordvicus

Im Frühjahr 2006 wurde die Archäologische Denkmalpflege informiert, dass in der Karl-Marbach-Straße direkt anschließend an die Nordwestecke des Kastells mehrere größtenteils nicht unterkellerte Gebäude abgebrochen und eine bis zu 3,5 m tiefe Baugrube für einen Neubau ausgehoben worden war. Parallel zu den Bauarbeiten wurden die Befunde auf der Sohle und in den Wänden der 4400 m^2 großen Baugrube während der zweiten Junihälfte dokumentiert.
Auf dem Niveau der Baugrubensohle waren nur noch sehr tief eingegrabene Befunde wie Latrinen und Holzbrunnen erhalten (Abb. 101, Grabungsfläche links oben). Sie konzentrieren sich in der östlichen Hälfte. Die Ostwand der Baugrube war nur in den oberen Bereichen modern gestört. Darunter zeichneten sich Gruben ab, die oberhalb des Baugrubenniveaus endeten (Abb. 102). Aus einer Latrine, die – von der heutigen Oberfläche gerechnet – 3,80 m tief reichte, stammt ein vollständig erhaltener eiserner Dreifuß (Abb. 103).

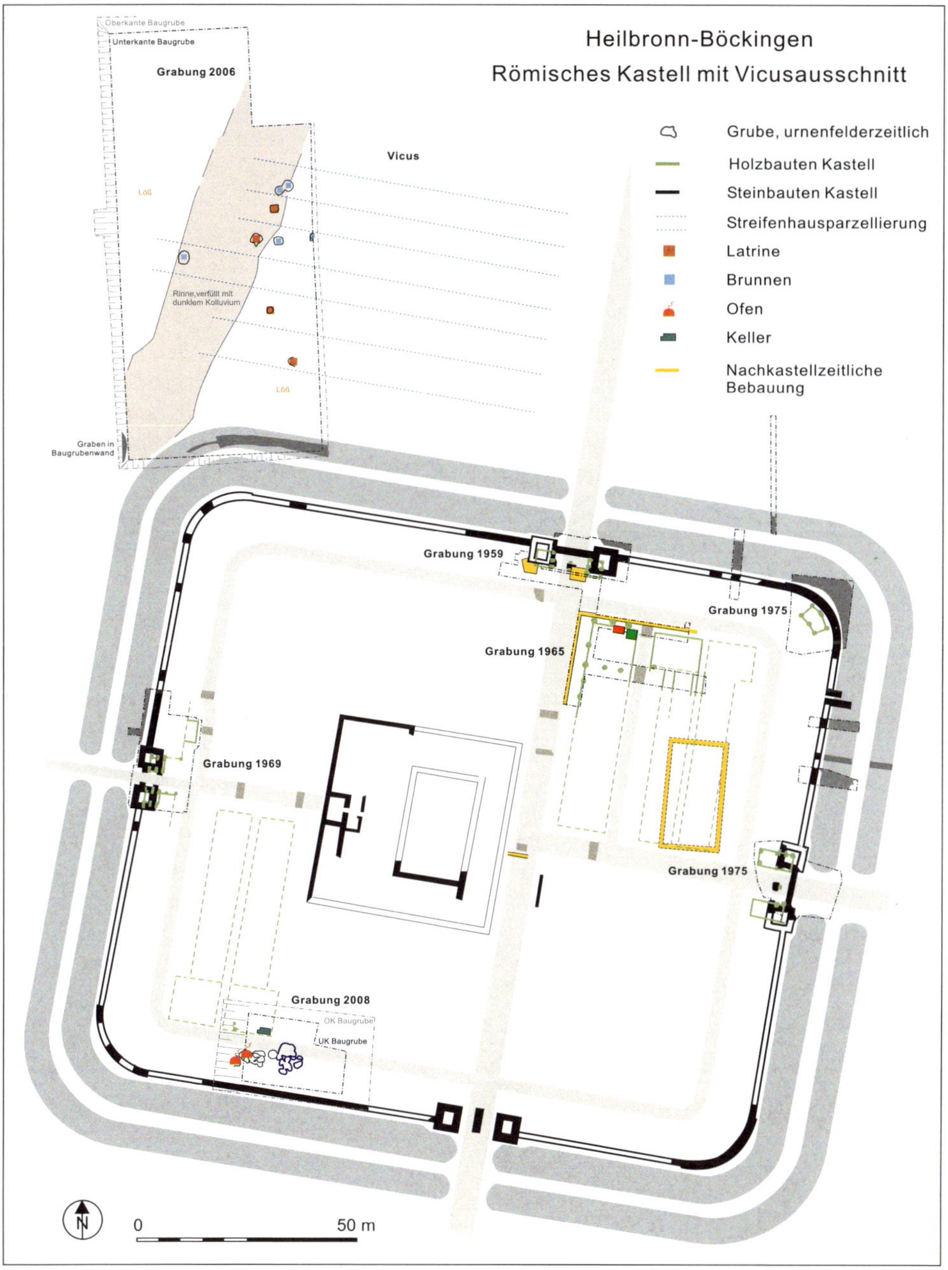

Abb. 101 Heilbronn-Böckingen. Gesamtplan des Kastells mit Eintrag aller Grabungsflächen. Grundlage ist die Aufnahme durch die Reichslimeskommission.

Die Brunnenschächte konnten nicht bis auf den Boden ausgegraben werden.
Der Westteil der Fläche war von einem meterdicken dunkelbraunen Kolluvium geprägt, das im Südwesten noch auf dem Niveau der Baugrubensohle vorhanden war und ein Erkennen von Befunden unter „Baustellenbedingungen“ kaum möglich machte. Offenbar liegt hier eine in südwest-nordöstlicher Richtung verlaufende Senke vor, die spätestens

Abb. 102
Heilbronn-Böckingen, Karl-Marbach-Straße. Ostwand der Baugrube mit weitgehend ungestörten Vicusbefunden. Der mächtige Versturztrichter eines Brunnens (Bildmitte) überlagert ältere Gruben.

Abb. 103
Heilbronn-Böckingen, Karl-Marbach-Straße. Eiserner Dreifuß aus einer Latrine.

im Neolithikum zugeflossen ist. Aus den kolluvialen Ablagerungen stammen einige mittelneolithische Scherben. In der nördlichen Baugrubenwand war eine Vorratsgrube, die ihrer Form nach aus der Urnenfelder- oder der frühen Eisenzeit stammt, in das Kolluvium eingetieft. Eine ausgedehnte urnenfelderzeitliche Siedlung ist im Kastellbereich schon mehrfach nachgewiesen.

Mit der Untersuchung 2006 können jetzt erstmals Grabungsbefunde aus dem *vicus* vorgelegt werden. Die Verteilung der Brunnen und Latrinen spricht dafür, dass die hinteren Bereiche langschmaler Streifenhausparzellen erfasst wurden. In Abbildung 101 wurde versucht, die Befunde in das Konzept einer auf die Verlängerung der *via principalis* bezogenen Grundstücksparzellierung einzupassen.

Das Fundmaterial datiert in die Nutzungszeit des Kastells, d. h. es reicht nicht über die Mitte des 2. Jahrhunderts hinaus.

Der äußere Kastellgraben

Im Südteil der Baugrube wurde ein bogenförmig verlaufender Graben beobachtet, der noch 2,3 m breit war. Im Profil war er als Spitzgraben ausgebildet. Seine homogene Verfüllung enthielt keine Funde. In der Südostecke war die Grabenspitze unter einer Störung nochmals angeschnitten. Für den Graben lässt sich eine Gesamttiefe von gut 2 m und eine Breite von ca. 3 m ermitteln. Die Projektion in den Kastellplan zeigt, dass es sich um den äußeren Kastellgraben handelt. Auf der gegenüberliegenden Seite war in der Baugrubenwand ein weiterer Graben angeschnitten, dessen Verlauf nicht zu bestimmen ist. Er war 5,8 m breit und wies eine muldenförmige Sohle mit flach ausbiegenden Seitenwänden auf. Vom Straßenniveau aus gemessen war er 3 m tief. Die homogene mittelbraune Verfüllung hob sich gegen das umgebende Kolluvium nur schwach ab. Da aus der Profilwand keine Funde geborgen werden konnten, ist der Graben nicht datierbar und seine Zugehörigkeit zum Kastell als möglicher dritter Grabenring bleibt offen.

Aufschlüsse zur Innenbebauung des Kastells

2008 wurde wiederum auf inoffiziellem Weg bekannt, dass in der Kastellstraße ein Wohnhaus abgebrochen worden war und das Grundstück neu bebaut werden sollte. Der unterkellerte Bereich des Altbestandes nahm nur einen kleineren Teil der Baufläche ein. Allerdings war auch diesmal die 400 m^2 große

Baugrube bereits zwei Meter tief ausgehoben. In der ersten Aprilwoche wurde die Fläche untersucht (Abb. 101, links unten).
Der Boden der Baugrube lag im anstehenden Löss, in den Wänden war darüber ein ca. 0,5 m mächtiges dunkelbraunes Kolluvium mit vereinzelten vorgeschichtlichen Scherben erkennbar.
Das Baugrundstück war von großem Interesse, da nach den Plänen der Reichslimeskommission die südliche Kastellmauer auf der südlichen Grundstücksgrenze verlaufen sollte. Die Wand der Baugrube war angeböscht, so dass der Profilaufschluss an der Südseite bis zu 1,5 m vor der Grenze lag. Im Profil der Südwand wies nichts auf ein Mauerfundament bzw. eine Ausbruchsgrube hin. Allerdings waren an mehreren Stellen neuzeitliche Störungen erkennbar, die knapp 1 m tief reichten. Denkbar ist, dass hier die Sondageschnitte der Reichslimeskommission angetroffen wurden.
In der Mitte der Fläche befand sich ein großer Grubenkomplex der Urnenfelderzeit. Die römischen Befunde bilden zwei Ost–West ausgerichtete Streifen mit einem knapp 4 m breiten befundfreien Zwischenraum (Abb. 104)
Zur südlichen Reihe gehören die Überreste von zwei kleinen Öfen mit Arbeitsgruben sowie eine flache Grube. In zwei Fällen überlagern sie die Reste älterer, mit Brandschutt verfüllter Befunde.
Jenseits des freien Streifens lag ein kleiner Erdkeller, der noch 0,75 m unter das Planum reichte. In der Verlängerung seiner Achse zeichnete sich in der westlichen Baugrubenwand ein Pfosten ab.
Der insgesamt wenig umfangreiche Fundbestand datiert in die Kastellzeit. Ein Schuppenbecher aus dem Keller ist in die Frühphase der Lager des Neckarlimes zu stellen. Die kleine Fläche hat wichtige neue Ergebnisse zur Innenbebauung des Kastells erbracht. So könnten die Öfen zu gewerblichen Einrichtungen hinter der Mauer, vermutlich am Wallfuß, gehören. Der befundfreie Streifen stellt die etwa 3,5 m breite Lagerringstraße dar. Mit dem Keller und dem Pfosten wurde der Kopfbau der ersten Baracke erfasst, die analog zu den Befunden Kochs in Nord-Süd-Richtung stand.

Abb. 104
Heilbronn-Böckingen, Kastellstraße. Übersichtsaufnahme der Fläche mit den Öfen im Hintergrund.
Die Front des Industriebaus mit dem Turm lässt beinahe an ein römisches Kastell denken.

Die beiden Grabungsflächen zeigen eindrucksvoll, dass ein wegen moderner Überbauung schon fast aufgegebenes archäologisches Denkmal noch wertvolles Potenzial bergen kann, das im Zuge von baubegleitenden Notbergungen nicht ausgeschöpft werden kann. Gerade ein älteres Wohn- und Gewerbegebiet wie das in Böckingen enthält noch größere ungestörte Flächen, auf denen nicht unterkellerte Hallen, Hofflächen oder Gärten liegen. Dies sollte im Zuge von Umgestaltungen frühzeitig in die Planung einbezogen werden.
Ganz herzlichen Dank schulden wir Frau Gudrun Bausch, die sich 2006 mit dem gewohnten Elan bei der Grabung eingesetzt hat.

Andrea Neth, Martin Hees

Literaturhinweis

Heilbronn und das mittlere Neckarland zwischen Marbach und Gundelsheim. Führer arch. Denkmäler Deutschland 22 (Stuttgart 1991) 140 ff.; C.-M. Hüssen, Die römische Besiedlung im Umland von Heilbronn. Forsch. u. Ber. Vor- u. Frühgesch. Baden-Württemberg 78 (Stuttgart 2000) 38 ff., 155 ff.

Eine Feuerwehraktion im *vicus* von Bad Cannstatt, Stadt Stuttgart

Im Sanierungsgebiet auf dem Hallschlag in Stuttgart-Bad Cannstatt laufen gegenwärtig Baumaßnahmen zur Errichtung eines Wohngebäudes mit Tiefgarage an der Kreuzung Essener und Düsseldorfer Straße. Im Rahmen der Erdarbeiten stieß ein Baggerführer der ausführenden Baufirma Ende Oktober über zwei Meter unter dem heutigen Straßenniveau auf römische Amphoren und Pferdeknochen. Daraufhin benachrichtigte die Bauleitung umgehend die zuständigen Denkmalschutzbehörden. Diesem raschen und entgegenkommenden Handeln ist es zu verdanken, dass ein Großteil der angetroffenen Bodenfunde vor ihrer unwiederbringlichen Zerstörung dokumentiert und geborgen werden konnten. Im Takt mit den laufenden Baumaßnahmen konnte anschließend mit einer Fläche von knapp 1600 m^2 nahezu das gesamte Baufenster untersucht werden.

Der *vicus* von Bad Cannstatt

Die ausgedehnte Zivilsiedlung von Bad Cannstatt zu beiden Seiten des Neckars gehört zu den größeren, aber gleichzeitig auch am wenigsten bekannten Ansiedlungen der Römerzeit in Baden-Württemberg. Nach der Gründung eines über 3,5 ha großen Reiterkastells zur Überwachung des Neckarlimes entwickelte sich das römische Cannstatt wohl in den Jahren nach 100 n. Chr. zu einem der wichtigsten Straßenknoten im südlichen Obergermanien. Die Vorverlegung der 500 Reiter starken *Ala Scubulorum* an den Vorderen Limes um 160 n. Chr. scheint die Entwicklung des Platzes nicht beeinträchtigt zu haben. Nach dem Abzug der Garnison blieb Cannstatt dank der Fernstraße von Mainz nach Augsburg und seiner Neckarbrücke ein zentraler Etappenort. Auch die reichen Mineralwasserquellen dürften während der knapp zweihundert Jahre nachweisbaren antiken Besiedlung bereits genutzt worden sein. Soweit bekannt, gliederte sich das antike Siedlungsareal grob in den Bereich der Flussquerung, eine Bebauung an den weiter östlich gelegenen Mineralquellen und eine weitere auf dem Plateau „Auf der Steig" westlich des Neckars. Insbesondere die in der Talweite auf dem östlichen Flussufer gelegenen Bereiche der antiken Siedlung wurden bereits im Mittelalter durch die Altstadt von Cannstatt überbaut. Erste, sehr sporadische Berichte über die römische Vergangenheit der Stadt stammen aus dem 16. Jahrhundert. Mit Beginn der Neuzeit wurden die auf dem westlichen Ufer gelegenen Areale überbaut. Detaillierte Meldungen über römische Fundstellen auf dem Plateau oberhalb des Steilabsturzes zum Neckar liegen erst vom Ende des 19. bzw. vor allem dem frühem 20. Jahrhundert vor und wurden durch P. Goessler zusammengestellt. Die wissenschaftliche Beschäftigung mit dem römischen Bad Cannstatt endete 1959 in der Vorlage des Brandgräberfeldes „Auf der Steig" durch R. Nierhaus. Doch auch in den folgenden Jahrzehnten wurden in den römischen Siedlungsarealen immer wieder Rettungsgrabungen erforderlich. Dabei zeigte sich wiederholt, dass dank neuzeitlicher, bis zu mehreren Metern starker Planierungen und Auffüllungen gerade „Auf der Steig" archäologisch interessante Schichten auch noch unterhalb der Kellerniveaus moderner Wohnbauten erhalten blieben. Auch aus diesem Grunde gehört der archäologische Denkmalbestand in Bad Cannstatt sicherlich zu den wertvollsten in der Region.

Insgesamt sind bis heute viele Fragen zur Frühgeschichte von Cannstatt offen. So sind neben seiner Ausdehnung und Entwicklung insbesondere das Schicksal des Ortes am Ende der Limeszeit und seine frühmittelalterliche (Wieder-?)Besiedlung nahezu unbekannt. Umso wichtiger ist daher die Untersuchung der wenigen verbliebenen Restflächen. Gleichzeitig soll in den nächsten Jahren mit einer systematischen Zusammenstellung aller dokumentierten Baubefunde des römischen Cannstatt versucht werden, der denkmalpflegerischen wie auch wissenschaftlichen Bedeutung dieses Platzes besser gerecht zu werden.

Die Untersuchung von 2008

Die im Herbst 2008 gemeldete Fundstelle befindet sich gut einhundert Meter nördlich der *porta decumana* des Steinkastells. Sie ist Teil des vor den Toren des einstigen Reiterkastells gelegenen *vicus* aus dem 2. und 3. Jahrhundert n. Chr. Aus den westlich angrenzenden Arealen besitzen wir Beobachtungen Goesslers, während die unmittelbar im Osten angrenzende Fläche 1996 durch W. Joachim untersucht wurde. Daher lässt sich der aktuell freigelegte, mit etwa 500 m² eher kleine Ausschnitt gut in das römische Siedlungsgefüge einordnen:
Entlang der nach Walheim führenden Kastellausfallstraße standen mehrheitlich in Stein ausgebaute Streifenhäuser. Ihre Fundamentreste wurden ebenso wie die ca. 9 m breite Schotterung des Straßenkörpers in den 1920er Jahren dokumentiert. Zu rekonstruieren wäre hier eine geschlossene Hauszeile zu beiden Seiten der antiken Straße. Das nun untersuchte Areal beginnt rund 30 m von diesem Straßenzug entfernt. Wir befinden uns damit in den rückwärtigen Grundstücksbereichen, wo die feste Hausbebauung endete und in Schuppen, Werkstätten bzw. Hausgärten überging. Dementsprechend erbrachten die neuen Ausgrabungen den Nachweis zahlreicher Gruben, Zisternen und kleinerer Baustrukturen, darunter auch Öfen, wie sie für derartige Quartiere ziviler Kastellsiedlungen typisch sind (Abb. 105). Der Tatsache, dass die römischen Bewohner der Häuser Abfälle auf ihren eigenen Grundstücken entsorgten, verdanken wir umfangreiches Fundmaterial, zu dem neben Keramik vor allem Tierknochen in Form von Küchenabfällen zählen. Die Befunde waren eingebettet in eine dunkel-humose Kulturschicht, deren ursprüngliches Niveau durch den Baufortschritt nur noch teilweise erhalten war. Eine gut vergleichbare Befundlage bestand auch im Areal der 1996 durchgeführten Untersuchungen weiter im Süden bzw. Osten. Anders als bei den damaligen Untersuchungen beschrieben, finden sich entsprechende Befunde nun aber noch bis zu 90 m weit abgerückt von der nachgewiesenen Kastellausfallstraße. Ob dies auf ungewöhnlich große, in diesem Fall sehr lang gestreckte Parzellen zurückzuführen ist, oder ob sich dahinter Verlagerungen im römischen Siedlungsgefüge verbergen, muss vorläufig offenbleiben.

Abb. 105
Stuttgart-Bad Cannstatt, Essener Straße. Die von mächtigen neuzeitlichen Auffüllungen überlagerten Befunde der römischen Kastellsiedlung auf dem Grund der Baugrube.

Die Untersuchungen an der Kreuzung Essener und Düsseldorfer Straße konnten im Februar 2009 abgeschlossen werden, so dass eine Weiterführung des Bauvorhabens ohne Einschränkungen möglich ist. Die Archäologische Denkmalpflege beim Regierungspräsidium Stuttgart bedankt sich sehr herzlich für die Hilfsbereitschaft und freundliche Unterstützung seitens des Bauträgers, der Stuttgarter Wohnungs- und Städtebaugesellschaft SWSG, der Architekten- und Stadtplanungs-Arbeitsgemeinschaft ORPlan, Stuttgart, und der ausführenden Baufirmen.

Andreas Thiel

Literaturhinweise

P. Goessler, Cannstatt zur Römerzeit (Stuttgart 1921); W. Joachim/I. Stork, Arch. Ausgr. Baden-Württemberg 1996, 185 ff.

Gebäude mit Sondernutzung westlich der Römerstraße? Ausgrabungen im *vicus* des Numeruskastells in Mudau-Schloßau, Neckar-Odenwald-Kreis

Bebauungsplan des Kastellvicus

Bei den Ausgrabungen des letzten Jahres im Schloßauer „Burggewann" galt unsere Aufmerksamkeit vor allem dem westlichen Bereich des Kastelldorfes. Inzwischen zeichnet sich auch dort ein charakteristisches Bebauungsschema ab, das sich grundlegend von den gegenüberliegenden Baulichkeiten (Streifenhäusern) zu unterscheiden scheint (Abb. 106). Allerdings war die Befunderhaltung im südöstlichen Vicusareal nicht immer optimal und einige Befunde infolge der modernen Erschließungsarbeiten nicht mehr vorhanden, so dass Vergleiche nur bedingt möglich sind.

Bereits im Jahr 2004 fiel ein etwa 6 m westlich und parallel zur römischen Straße verlaufender, markanter, mindestens 0,8 m breiter Graben auf. Dieser war in den anstehenden Buntsandstein eingetieft und wurde als Straßengraben interpretiert, der nicht nur die gepflasterte Straße selbst, sondern auch den noch stellenweise vorhandenen Randstreifen mit Bruchsteinbelag (Bankett) flankiert. Im Verlauf der weiteren Grabungen stellte sich jedoch heraus, dass dieser Graben rechtwinklig in Richtung Westen abbiegt, wo er bislang bereits auf gut 25 m erfasst werden konnte. Der römische Verkehrsweg hingegen ließ an fraglicher Stelle wohl einen schmalen Abzweiger erkennen, wie sie bereits gleich mehrfach bei dem in voller Breite ergrabenen Straßenstück im Süden nachgewiesen sind, wo sie mit den benachbarten Baulichkeiten in Verbindung gebracht werden. Allerdings fehlte jeglicher Hinweis auf eine regelrechte Kreuzung, und die Deutung als Straßengraben wurde somit gegenstandslos.

Überraschenderweise zeigte sich besagter Graben 2008 wieder, südlich der modernen Straße, wo er noch über 13 m in Nord-Süd-Richtung zu verfolgen war, um dann wiederum rechtwinklig nach Westen abzubiegen. Insgesamt umschließt er somit ein Geviert von knapp 50 m auf mindestens 25 m; den weiteren Verlauf Richtung Westen und damit zusammenhängende Befunde beabsichtigen wir 2009 im Bereich der Parzelle 3456 zu dokumentieren (Abb. 106).

Westlich der römischen Straße keine Wohnbebauung

Wahrscheinlich fassen wir über diesen Graben die Außenwände eines großen Gebäudes, einer antiken Parzelle, die rein theoretisch im Bereich der großen Fehlstelle noch einmal unterteilt gewesen sein könnte. Im Hinblick auf den charakteristischen Grundriss ist dies jedoch eher unwahrscheinlich.

Die Spuren graziler, scheinbar regellos eingebrachter Pfosten in der Grabenverfüllung der südlichen Gebäudehälfte befremden zunächst, haben nach derzeitiger Kenntnis allerdings nichts mit der ursprünglichen Gestaltung und Nutzung zu tun.

Die Innenunterteilung des hallenartigen Baus lässt sich noch anhand fragmentarisch er-

Abb. 106
Mudau-Schloßau. Gesamtplan der Ausgrabungen im Schloßauer „Burggewann" (Stand Dezember 2008).

Abb. 107 Mudau-Schloßau. Feuerstelle einer Garküche (?) im Großbau westlich der römischen Straße.

haltener, vergleichsweise schmaler und gering eingetiefter Wandgräbchen und einiger Pfostenstellungen erahnen. Es könnte sich demnach um ziemlich große Räume gehandelt haben, die abwechselnd mit schmalrechteckigen Zimmern oder Korridoren angeordnet waren. Für Letztere ist durchgängig eine Breite von ca. 4 m auffällig; die in einem Fall noch erkennbare Länge liegt bei 11 m. Parallel zur östlichen und südlichen Außenwand gibt es deutliche Hinweise auf 6 m tiefe, flankierende Raumfluchten.

Die Größe des Gebäudes und seine eher weitläufige Aufteilung sprechen gegen eine Wohnnutzung in der Zivilsiedlung eines Numeruskastells. Dieser Grundriss hat zumindest mit den Plänen der langrechteckigen, Wand an Wand konstruierten und vielfach unterteilten Reihenhäuser (Streifenhäuser), wie sie östlich der römischen Straße in Schloßau angetroffen wurden, kaum etwas gemeinsam. Vielmehr wird man an eine Peristyl-Architektur erinnert mit zentralem hofartigem oder auch überdachtem innerem Bereich, möglicherweise über eine Portikus erschlossen und mit seitlich angegliederten weiteren Räumlichkeiten.

An den Schloßauer Kernbau wurden südlich drei weitere, allesamt wiederum ca. 4 m tiefe Gebäudezeilen in gleicher Flucht angefügt, die allerdings unterschiedlich konstruiert sind und mehrfach umgebaut worden sein müssen. Von einer weiteren Bebauung in Parzelle 198/15 ist mit Sicherheit auszugehen.

Die bislang freigelegten Strukturen nördlich des großen Gebäudes (Parzelle 3458/3459) nehmen wohl auch die gleiche Flucht auf, scheinen jedoch zu einem anderen Kontext zu gehören (siehe unten).

Sollten diese Zuweisungen Gültigkeit behalten, könnte die beschriebene Baulichkeit große Teile des südwestlichen *vicus* mit einer Nord-Süd-Erstreckung von 60 m oder mehr eingenommen haben.

Zu den beiden 2005/2006 aufgedeckten unmittelbar an den breiten Graben grenzenden, gleichfalls in den Fels gehauenen Rechteckgruben (seinerzeit als Zisternen gedeutet) gesellte sich direkt am Flächenrand eine weitere. Die Platzierung dieser charakteristischen Befunde scheint einer planerischen Grundidee zu folgen. Sie sitzen nicht nur auf einer Flucht, sondern auch unmittelbar an der Außenwand.

Eine Deutung als Zisterne erscheint uns nach den neuesten Grabungsergebnissen nicht mehr sinnvoll. Es handelt sich eher um kleine Keller oder auch vergleichsweise kühle Vorratskammern. Ihre Böden und die holzverschalten Wände waren zu Isolierungszwecken mit festem, tonartigem Lehm verstrichen. Pfostenstellungen an den Ecken verweisen auf eine individuelle Überdachung. Ein weiterer, knapp 4 m von der Außenwand entfernter Schacht im nördlichen Gebäude-

Abb. 108 Mudau-Schloßau. Blick über die römischen Bebauungsspuren nördlich des Großbaus. Links die Steinsetzungen einer jüngeren Nutzungsphase; rechts untere Steinlage des Straßenbanketts.

flügel ist sehr ähnlich konstruiert und wird in den gleichen inhaltlichen Zusammenhang gehören, wobei hier eine Deutung als Wasserbecken nicht ganz ausgeschlossen werden soll.
Eine exakt rechteckige Grube (1,2 m × 1,0 m) knapp am Flächenrand des südlichen Grabungsausschnittes war mit stark verziegeltem, lehmigem Boden verfüllt. Darunter zeigte sich eine dicke, stark mit Holzkohle durchsetzte Schicht. Vier kleine, aber sehr markante Eintiefungen im gewachsenen Boden kennzeichnen die Ecken und könnten mit einem eisernen Rost in Verbindung stehen (Abb. 107). Daher wird eine Deutung als Feuerstelle im Zusammenhang mit einer Garküche für diesen Befund vorgeschlagen. Erinnert sei hierbei auch an den Backofen (?) weiter südlich, der 2007 freigelegt wurde, allerdings nicht unbedingt zum ursprünglichen Bauzustand gehört.
Insgesamt sprechen Grundriss und Ausstattung für eine Ansprache des insulaartigen Gebäudekomplexes als Marktgebäude und Handelskontor.
Nördlich dieses Großbaus konnten wiederum Teile des Straßenbanketts erfasst werden. Unter dem sehr kleinteiligen, offensichtlich aufplanierten Bruchsteinmaterial (Abb. 106) lagen zumindest stellenweise noch systematischer eingebrachte größere Sandsteine (Abb. 108). Zwei nicht ganz geradlinig gesetzte, Nord–Süd orientierte Reihen aus kleinen Pfosten und passend ausgerichtete Wandgräbchenreste am nordwestlichen Flächenrand gehören vermutlich zu einer älteren Bebauung.
Westlich schließt sich ein 16 m breites Gebäude mit vorgelagerter, 4 m tiefer Portikus (?) an (Abb. 106 Nr. 4). Die lichte Weite des Innenraums war etwa mittig durch eine Ost–West verlaufende Wand unterteilt. Auf den Gräbchen zweier Wände finden sich Steinreihen, die vermutlich mit einer jüngeren Nutzung in Zusammenhang stehen (Abb. 108). Die Ausgrabungen 2009 werden auch den Grundriss dieses Gebäudes komplettieren und seine Bauphasen klären.

Nochmals die Frage nach dem Verlauf des Odenwaldlimes

Die Grabungen der letzten Jahre in Schloßau haben gezeigt, dass der Limesverlauf im Vorfeld von Kastell und *vicus* zu korrigieren ist. Ein Schnitt im leicht abfallenden Gelände östlich des Kastellbades bis zur modernen Römerstraße sollte 2008 zur Klärung dieser Frage beitragen (Abb. 109) und weitere Hinweise auf die Ausdehnung der Kastellsiedlung liefern. Im westlichen Ausläufer der Sondage fand sich verstürztes Steinmaterial, das sicherlich vom Bad stammt. Unter diesen Steinen gab es keine weiteren Befunde. Richtung Osten folgte eine ca. 10 m breite sterile Zone und eine etwa 6 m breite, gut verdichtete, feste, mehrlagige Schotterung. Weiter östlich war das Gelände stellenweise durch einen alten Erschließungsgraben gestört, dennoch scheint es auch hier keine römischen Befunde gegeben zu haben. Eine schmale Schnitterweiterung unmittelbar an der Römerstraße zeigte die letzten Reste einer Mauer oder Fundamentierung, deren Niveau und Ausführung auf römische Zeitstellung verweisen.
Demnach gab es östlich des Bades ein ca. 15 m

Abb. 109
Mudau-Schloßau. Sondageschnitt östlich des Kastellbades. Im Hintergrund Versturz des Kastellbades, in der Mitte obere Lage des Limesbegleitweges, im Vordergrund Störung durch neuzeitliche Erschließung.

breites unbebautes Areal. Für die benachbarte Schotterung bietet sich eine Deutung als Limesbegleitweg an, die Mauerreste könnten an dieser Stelle durchaus auf die Limesmauer verweisen. Aus statischen und zeitlichen Gründen konnte dieser hochinteressante Befund leider nicht weiter verfolgt werden.
Der betreffende Acker war mehr oder weniger übersät von römischen Scherben, so dass wir vor der Sondage davon ausgingen, hier noch auf die Spuren einer dichten römischen Bebauung zu stoßen. Da dies nun überhaupt nicht zutraf, muss zumindest der Großteil des Fundmaterials vom höher gelegenen *vicus* aberodiert worden sein.
Zur endgültigen Klärung der Limesfrage, der Ausdehnung des *vicus* und nicht zuletzt der exakten Lokalisierung des Kastells stehen für Schloßau 2009 umfangreiche geophysikalische Untersuchungen auf der Agenda.

Britta Rabold

Literaturhinweise

B. Rabold, Arch. Ausgr. Baden-Württemberg 2007, 105–112.

Auf der Spur des Tempels von Neuenstadt am Kocher, Kreis Heilbronn

Die im letzen Jahr begonnenen Untersuchungen im Bereich des zentralen Heiligtums der großen römischen Ansiedlung von Neuenstadt am Kocher konnten im Berichtsjahr planmäßig fortgesetzt werden. Neben dem Abschluss der Untersuchungen am Nebengebäude stand die Aufdeckung des eigentlichen Tempels auf dem Plan.

Keltische Vorgeschichte

Die Freilegung der untersten Schichten im Nebengebäude hat auch die Zahl der vorgeschichtlichen Funde beträchtlich erhöht. Zum größten Teil handelt es sich um jüngerlatènezeitliches Material. Besonders zu erwähnen sind als Neufunde eine Drahtfibel vom Mittellatèneschema sowie Bruchstücke von Briquetagetiegeln. Die Kleinteiligkeit und Verteilung des Materials sprechen dafür, dass die Funde bei römischen Planierarbeiten an ihren Fundort gekommen sind. Vorgeschichtliche Befunde konnten bisher nicht beobachtet werden. Aus topografischen Gründen ist die keltische Siedlung weiter oben am Hang zu vermuten.

Komplizierte Baugeschichte

Das spätere römische Nebengebäude, in dem man wohl eine Art Versammlungshalle zu sehen hat, besaß eine komplexe Baugeschichte. Vorbehaltlich der endgültigen Auswertung lassen sich fünf Phasen unterscheiden (Abb. 110):
Zunächst bestand ein Fachwerkbau. Dieser konnte in der nordöstlichen Ecke der Grabungsfläche lediglich randlich erfasst werden. Eine Fortsetzung nach Westen hat es offenbar nicht gegeben. Hier fanden sich zwar verschiedene Eintiefungen und auch einzelne Pfostenlöcher, aus denen sich jedoch keine Anhaltspunkte für weitere Gebäude(-teile) ergaben. Teilweise könnten diese Befunde mit den primären Rodungs- und Planierarbeiten zusammenhängen.
Nach der Niederlegung des Holzhauses wurde das Steingebäude errichtet. Es handelt sich um einen großen Saalbau, der hangseitig durch vorgeblendete Stützen stabilisiert wurde. Im Zuge einer ersten umfangreichen Erweiterung hat man eine mächtige Hangstützmauer gebaut und dahinter Erde angeschüttet, um vor dem Saal eine repräsentative

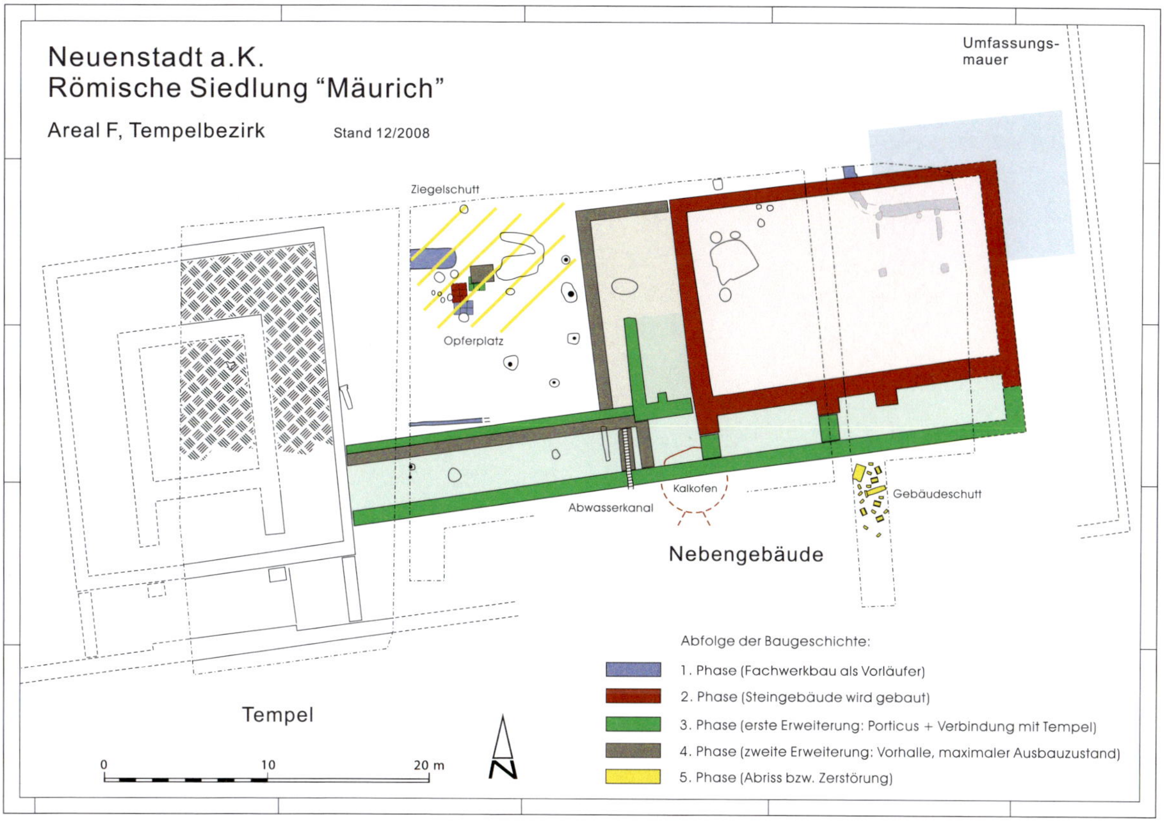

Portikusfront errichten zu können, die mit Halbsäulen versehen war und sich deutlich über den Talgrund erhob. Die Verlängerung der Portikus diente als Zugang zum Tempel. Wohl gleichzeitig schuf man einen separaten, gedeckten Zugang neben der Halle. Dieser Zugang wurde in der nächsten Phase zu einer Vorhalle ausgebaut. Die hangseitige Mauer des Ganges wurde verstärkt. Spätestens damals hat man auch die kurzen Querfundamente eingefügt.

Für den Bau des Steingebäudes hatte man in den Hang einen Kalkofen gegraben, in dem man das notwendige Bindemittel direkt vor Ort herstellen konnte. Er wird von der späteren Hangstützmauer durchschnitten. Der größte Teil des Ofens liegt noch unausgegraben im Boden.

Ein Brandopferplatz?

Zwischen Nebengebäude und Tempel breitete sich auf über 150 m² eine intentionell eingebrachte Ziegelschicht aus. Darunter hatte sich bereits im Jahr 2007 ein rechteckiges Steinfundament gezeigt. Die weiteren Untersuchungen ergaben, dass dieses wiederum eine Feuerstelle überdeckt hat, die zu einem Komplex von mindestens drei Feuerstellen gehört, die auf engstem Raum teils neben-, teils übereinander lagen (Abb. 111). Deren Konstruktion aus Ziegelplatten gleicht den Herdstellen in römischen Wohngebäuden. Die Lage der Neuenstädter Exemplare spricht jedoch dafür, dass wir es mit einem Brandopferplatz zu tun haben, der mit dem Kultgeschehen im Tempelareal zu verknüpfen ist. Das dürfte auch für das Steinfundament zutreffen, das man als Unterbau eines Opfer-

Abb. 110
Neuenstadt. Vorläufiger Phasenplan der Grabungen im Tempelareal.

Abb. 111
Neuenstadt. Feuerstellen des Brandopferplatzes während der Freilegung.

Abb. 112
Neuenstadt. Tempelumgang mit Estrichboden und verputzter Innenwand.

altars deuten kann. Nach der Stratigrafie wurden die Feuerstellen nacheinander benutzt, die im Plan Abbildung 110 vorgenommene Gleichsetzung mit den oben definierten Bauphasen ist jedoch nicht gesichert.
Die eingangs erwähnte Ziegelschicht ist die letzte fassbare römische Aktivität in diesem Areal. Es dürfte sich um Restmaterial einer Dachdeckung handeln, wie sie beim Abbruch eines Hauses anfällt. Doch wozu diente die Schicht? Geeignet wäre sie als Unterlage eines festen Fußbodens, für den es aber keinerlei Hinweise gibt. Wenn es sich bei den abgedeckten Befunden wirklich um einen Brandopferplatz gehandelt hat, könnte man hierin eine absichtliche „Versiegelung" sehen, die eine Profanierung des aufgelassenen Kultareals verhindern sollte. Ähnliches wird auch für andere Heiligtümer diskutiert.

Überraschende Befunderhaltung

Bereits die ersten Untersuchungen am eigentlichen Tempel zeigen eine außergewöhnlich gute Erhaltung an. Die Arbeiten sind noch nicht abgeschlossen, so dass hier nur ein erster Einblick gegeben werden kann.
Die Freilegung der Mauerzüge hat bestätigt, dass es sich typologisch um einen gallo-römischen Umgangstempel handelt. Die Umgangsmauer ist im hinteren Teil noch bis zu 0,80 m hoch erhalten. Sie weist einen flächigen Verputz auf (Abb. 112). Der Fußboden besteht aus einem festen Estrich mit feinem

Abb. 113
Neuenstadt. Der Tempel während der Freilegungsarbeiten. Im Vordergrund die Fundamentierung des Vorbaus.

Glattstrich und wurde mindestens einmal repariert. Die Ausbesserungen konzentrieren sich bezeichnenderweise in der Mitte des Gangs. Auch der Cellaboden ist größtenteils erhalten, leider fehlt aber das Aufgehende der Cellamauer. Bruchstücke von Säulen und Fensterlaibungen lagen im Schutt auf dem Boden.

Das vordere, hangseitige Drittel des Tempels ist wesentlich schlechter erhalten. Dennoch trafen wir auch hier noch auf massive Baureste, weil dieser Teil ähnlich wie beim Nebengebäude terrassenförmig in den Hang hinausgeschoben war und aufwendig stabilisiert werden musste (Abb. 113). Den südlichen Abschluss stellt eine durchlaufende Mauer dar, bei der es sich vermutlich um die Umfassung des Tempelareals handelt.

Der ganze südliche Teil des Tempelkomplexes war unter mächtigen neuzeitlichen Aufschüttungen verborgen, die im Zuge der Errichtung einer Ackerterrasse erfolgt sind. Damit erhielt das Ruinengelände erneut eine künstliche Überformung, die der der römischen Zeit ähnelt.

Das Zentralheiligtum

Im Baubestand deuten sich unterschiedliche Bauphasen an, die aber zum gegenwärtigen Zeitpunkt noch nicht aufgeschlüsselt werden können. Deutlich wird aber schon jetzt, dass der Tempel eine ausgeprägte Betonung der Frontseite besessen hat. Darin spiegelt sich der Einfluss der klassischen römischen Sakralarchitektur. Es ist gut möglich, dass dies mit der Funktion des Neuenstädter Tempels als mutmaßlichem Zentralheiligtum der Stadt zusammenhängt.

Für die Geschichte der Anlage wie auch der antiken Stadt bedeutsam ist ein Münzfund, der in der Cella zutage kam. Es handelt sich um einen Antoninian des Kaisers Valerian, geprägt 255/256 n. Chr. (siehe Beitrag U. Klein/M. Ohm, S. 296 f., Abb. 253 c). Diese Münze gehört zu den spätesten Stücken, die wir aus römischen Siedlungen des südlichen Limesgebietes kennen. Demnach muss der Tempel von Neuenstadt bis unmittelbar vor dem sog. Limesfall um 260 n. Chr. in Benutzung gewesen sein. Auch dies unterstreicht seine ehemalige Bedeutung.

Abb. 114
Neuenstadt. Altmetalldepot aus der Siedlung.

„Kaiserschrott"

Während der Grabungen erhielten wir Kenntnis von davon, dass höher am Hang in der Nähe der sog. Villa A bereits vor einigen Jahren immer wieder Bronzegegenstände aufgesammelt worden sind. Es handelt sich offenbar um ein zerstreutes antikes Altmetalldepot mit Resten einer oder mehrerer lebensgroßer Bronzestatuen (Abb. 114). Einige Fragmente deuten auf eine Panzerstatue, wohl eines römischen Kaisers.

Es steht zu hoffen, dass auch in Zukunft Mittel zur Verfügung stehen, damit dieser interessante Baubefund weiter untersucht werden kann. Über die Tempelanlagen des Limesgebietes, insbesondere über die zentralen Kultanlagen in den Stadtzentren, sind wir bisher nur unzureichend unterrichtet. Daher geht die Bedeutung der Grabungen weit über das örtliche Bodendenkmal hinaus. Abschließend gilt unser Dank allen, die zum Gelingen der Grabung beigetragen haben, insbesondere den ehrenamtlichen Helfern, ohne die die Untersuchung so nicht hätte stattfinden können.

Klaus Kortüm, Andrea Neth

Literaturhinweise

K. Kortüm/A. Neth, Arch. Ausgr. Baden-Württemberg 2007, 120–124.

Drei Jahre Ausgrabungen im römischen Töpferei- und Ziegelei-Großbetrieb des LPL bei Stettfeld, Gde. Ubstadt-Weiher, Kreis Karlsruhe

Der Großbetrieb und seine Infrastruktur

Im Stettfelder Gewann „Kraichländer" sind inzwischen sechs Ziegelbrennöfen und acht Töpferöfen unterschiedlichster Größenordnung und Konstruktion bekannt geworden. Hinzukommen sechs Brunnen, diverse Grubenhäuser oder Erdkeller, Abfall- und Materialentnahmegruben, eine Fabrikationshalle sowie drei Lagerhallen im Umfeld des großen Ziegelbrennofens (siehe unten).
2008 konnten wir zum ersten Mal „Im Sand" gewaltige Pfostengruben entdecken, die auf ein stattliches Gebäude verweisen. Diese Befunde lagen weitaus tiefer als beispielsweise die Öfen auf der Düne und signalisieren einen markanten Geländeabfall innerhalb des römischen Betriebes.

Die Töpferöfen

Alle Keramikbrennöfen konnten abschließend dokumentiert werden. Die beiden Öfen am östlichen Flächenrand (Abb. 115) folgen in Aufbau und Konstruktion dem üblichen Schema. Ihre Feuerungskammern und die Heizkanäle wie auch die freistehenden Brenn-

Abb. 115
Stettfeld. Ofengruppe am Ostrand der Grabungsfläche. Im Vordergrund die beiden Töpferöfen; im Hintergrund ein kleiner Ziegelbrennofen, der teilweise durch den angrenzenden Radweg überlagert wird.

kammern mit Lochtenne und Kuppel waren aus Lehm mit vereinzelten Ziegelbruchstücken und zahlreichen Keramikscherben als Magerung aufgeführt. Der gute Erhaltungszustand vermittelt einen lebhaften Eindruck von Aussehen und Formgebung dieser antiken Industriedenkmäler. Im fast vollständig erhaltenen Heizkanal eines Ofens fanden sich mehrere nur leicht beschädigte Gefäße. Erwartungsgemäß sorgte die weitere Freilegung der bereits in den beiden letzten Jahrbüchern vorgestellten Dreiergruppe in der Flächenmitte für Überraschungen. In allen drei Fällen saß der Brennrost nicht nur auf der Zungenmauer, sondern wurde zusätzlich durch gewölbeartige Grate gestützt. Bei dem kleinsten Ofen bestanden diese fast bis zur Unkenntlichkeit verbrannten tragenden Elemente aus Lehmbatzen. Bei den größeren Öfen hingegen kamen Ziegelplatten zum Einsatz. Generell waren die Ofenbauer hier mit allergrößter Sorgfalt ans Werk gegangen.
Exemplarisch soll hier die Konstruktion des größten und jüngsten Ofens skizziert werden (Abb. 116; 117). Der gesamte Boden der Feuerungskammer war mit Lehmziegelplatten ausgelegt, die Wärme speicherten und gegen die Feuchte von außen isolierten. Darauf saß die Zungenmauer aus sorgfältig gesetzten rechteckigen Ziegelplatten, die zum Heizkanal hin abgerundet waren, um einen optimalen Wärmeaustausch zu gewährleisten. Die beiden oberen Lagen bestanden aus schmäleren Ziegeln, so dass ein Absatz als Auflage für die seitlichen Gewölbebögen entstand. Charakteristische Abdrücke in der bis zu 0,3 m dicken gegenüberliegenden Ofenwand zeigen, dass die insgesamt zwölf Stützen bereits dort verankert wurden, als der Lehm noch feucht und gut zu bearbeiten war. Die Zwischenräume wurden mit auf Lücke

Abb. 116
Stettfeld. Großer Töpferofen der Dreiergruppe in der Flächenmitte. Die Lochtenne ist bereits vollständig abgetragen und die Gewölbekonstruktion zur Hälfte, so dass der Bodenplattenbelag, die Abdrücke der Ziegelstreben und die Reste des verglühten Lehmverstrichs sichtbar sind.

Abb. 117
Stettfeld. Aufbau des großen Töpferofens. Oben: Boden mit Plattenbelag und Mittelstütze; Mitte: Ziegelstreben und Zungenmauer nach vollständigem Abtragen des Brennrosts und Ansätze des Heizkanals; unten: Ofen mit intakter Lochtenne und geschlossenem Heizkanal.

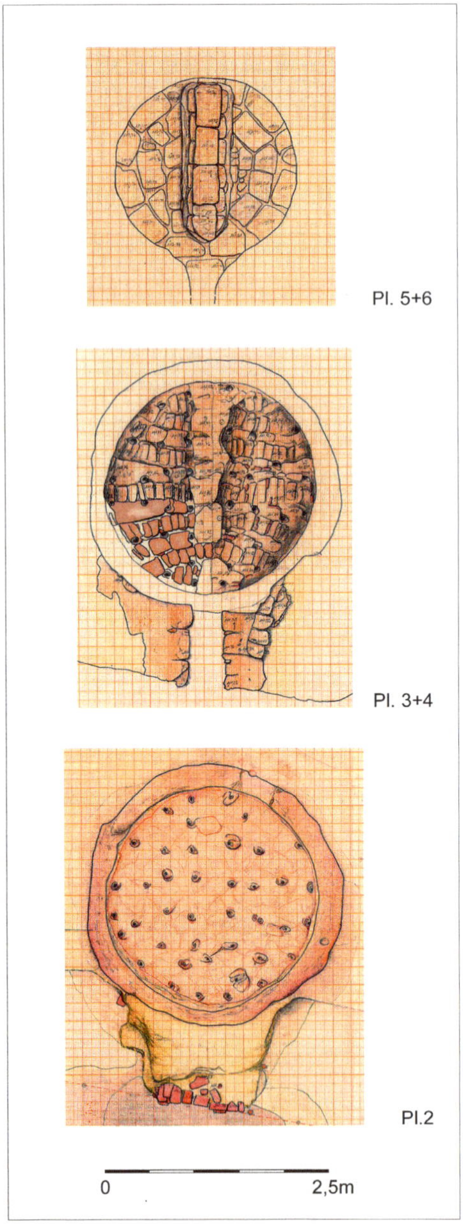

gesetzten, senkrecht eingestellten Ziegelplatten ausgekleidet, deren Kanten sorgfältig mit Lehm verstrichen waren und nur die Öffnungen freiließen, die ein Aufsteigen der Hitze in die Brennkammer gewährleisteten. Auf dieser massiven Substruktion ruhte der mehr als 0,1 m starke, sorgfältig verstrichene und ebene Brennrost (Lochtenne), auf dem das Brenngut aufgestapelt wurde.

Zum Schutz von Zungenmauer und Ofenwand sowie des aus Lehmziegelplatten bestehenden Bodenbelages in der Feuerungskammer gegen die immense Hitzeeinwirkung diente ein flächiger Lehmverstrich, der vermutlich des Öfteren erneuert werden musste. Besonders an der Mittelstütze blieben noch deutliche Spuren zierlicher Finger des Kindes erhalten, das mit den letzten Ausbesserungsarbeiten betraut worden war. Die dunkelgraue Farbe des Lehms zeigt, dass auch diese Schichten bereits mehr oder weniger verglüht waren.

Ziegelbrennofen mit Lagerhallen

Die weitere Freilegung des Ziegelbrennofens im westlichen Teil der Grabungsfläche war das Highlight der Stettfelder Grabungssaison 2008 (Abb. 118). Seine aufwendige und ungewöhnliche Konstruktion mit alternierend angeordneten massiven Stützen aus Ziegelplatten und Zügen, die von jeweils drei senkrecht eingestellten Ziegeln flankiert werden, sind jetzt noch besser erkennbar; ebenso die leuchtend rot verbrannte Ofenwand und die Überwölbung des Heizkanals. Letztere besteht wie die Wand aus Lehm. An beiden Seiten haben sich noch Reste einer Ziegelplattenverkleidung erhalten, die den Kanal wie ein echtes Gewölbe ummantelt. Der gegenüberliegende rechteckige Befund aus Ziegelplatten mag mit einer Kaminkonstruktion zusammenhängen.

Der Ofen selbst misst 3,5 m × 3 m. Einzigartig ist die massive, mauerartige, sorgfältig gesetzte Steineinfassung mit Fundamentabsatz, wodurch eine Größenordnung von 6 m² erreicht wird. Dazu passen die Dimensionen der Bedienungsgrube mit 4 m × 3 m. Die Steineinfassung wird vor allem statische Gründe haben, da die vergleichsweise instabile Ofenwand aus Lehm wohl kaum dem Druck einer Füllung aus feuchten Ziegeln standhalten konnte. Andererseits bot sie die Möglichkeit, alle Wärme im Ofen optimal zu speichern. Trotzdem verwundert die außergewöhnliche Massivität des durchweg 1,5 m starken Mauerwerks. Eine in etwa vergleichbare Konstruktion ist bislang nur aus Kaiseraugst in der Schweiz bekannt geworden, ein Brennofen der in spätrömischer Zeit dort stationierten *Legio I Martia,* wobei weder die Zeitstellung noch der militärische Kontext für Stettfeld in Frage kommen.

Ebenso außergewöhnlich sind die massiven Punktfundamente mit einer Seitenlänge von 1,5 m an den Ecken des Ofens, die gewaltige Stützen getragen haben müssen. Auf einem Fundament lag noch eine 0,9 m^2 große Basisplatte aus Sandstein in situ. Diese Substruktionen ergeben jedoch einen Sinn mit Blick auf die Sandsteinsockelreihen, die nördlich, südlich und östlich des Ofens mehr oder weniger vollständig erfasst werden

Abb. 118
Stettfeld. Senkrechtaufnahme des Ziegelbrennofens mit Ummauerung und den massiven Punktfundamenten für die flankierenden Hallen.

Abb. 119
Stettfeld. Holzverschalung einer Brunnenstube.

konnten. Demnach war der Brennofen an diesen drei Seiten von 5–6 m tiefen Lagerhallen umsäumt, und die Last der Pultdächer wurde hauptsächlich von den vier Fundamenten getragen. Der Ofen selbst war demnach nicht überdacht, wohl aber der Feuerungsbereich, was absolut sinnvoll ist. Daneben bestand genügend trockene Lagerungskapazität für das Brennholz und die Ziegel in Bearbeitung.
Der Befund verdeutlicht, dass der Ofen noch mindestens 1–1,5 m in die Tiefe reicht; zusätzlich gilt es Aufbau und Konstruktion zu dokumentieren, was eine der vorrangigsten Zielsetzungen unserer Ausgrabungskampagne 2009 sein wird.

Abb. 120
Stettfeld. Hundebestattung.

Brunnen, Pfostenbau und Hundegrab

Im südöstlichen Ausläufer der Grabungsfläche mit deutlich tieferem antikem Laufniveau zeigte sich kurz vor Wintereinbruch eine große Grube. Sie entpuppte sich sukzessive als Brunnen mit außergewöhnlich gut erhaltener Holzverschalung (Abb. 119), die Konstruktion und Vorgehensweise beim Brunnenbau widerspiegelt. Zudem sollte mit diesem Material eine exaktere Eingrenzung des Fälldatums möglich sein, so dass wir einer feineren Datierung des Großbetriebs zumindest etwas näher kämen. Leider fehlte hier, wie auch bei allen anderen Stettfelder Brunnen, der berühmte „schöne“ Fund.
Unweit des Brunnens zeichneten sich beim Einsatz großer Maschinen zur Wiederherstellung des Geländes unerwartet tief liegende gewaltige Pfostengruben ab, die wir so weit wie möglich verfolgten und dazu auch bereits vermeintlich abschließend untersuchtes Gelände wieder aufbaggerten. Offensichtlich verunklären mächtige, durch Wasser und Wind angetragene antike Sandablagerungen die Befundlage erheblich.
Im Ergebnis zeigten sich zwei exakt parallel eingetiefte Pfostenreihen auf einem Areal von etwa 10 m auf 7 m. Die Gruben messen durchschnittlich 1,0 m × 0,7 m, während die Pfosten eine Seitenlänge von 0,4–0,5 m haben. Eine 0,4 m^2 große Sandsteinplatte über einer Pfostengrube mag das Überbleibsel einer jüngeren Bauphase sein. Unmittelbar westlich des Gebäudes ließ sich ein alter Bachlauf nachweisen.
Es ist recht wahrscheinlich, dass noch weitere, bislang unentdeckte Befunde in diesem Areal tief im Sand ruhen. Anhand des Gesamtplanes wären gezielte Nachforschungen denkbar, insofern sie den finanziellen und auch zeitlichen Rahmen nicht sprengen.
Knapp 20 m südöstlich, unmittelbar am Rand des Untersuchungsgebiets (direkt südlich folgt eine Erschließungsstraße) war eine recht unscheinbare rundliche Verfärbung zu erkennen. Knapp 1 m tiefer zeigte sich die kleine, sorgfältig eingebrachte Kammer (0,8 m

auf 0,45 m) aus drei Holzbrettern und einem vollständigen römischen Leistenziegel mit der Bestattung eines Hundes (Abb. 120). Dr. Elisabeth Stephan, Landesamt für Denkmalpflege, möchten wir für die schnelle erste Einschätzung danken. Demnach handelt es sich um einen kleinen, kräftig gebauten Rüden mit einer Widerristhöhe von ca. 0,37 m. Der Hund war mindestens 1,5 bis 2 Jahre alt geworden, könnte aber auch ein höheres Alter erreicht haben. Zerlegungsspuren oder pathologische Veränderungen ließen sich zumindest auf den ersten Blick nicht erkennen. Dies passt gut zu der fast rührend anmutenden, sorgsamen Niederlegung des verstorbenen kleinen Wegbegleiters. Dennoch ist auch die Möglichkeit eines Bauopfers nicht völlig auszuschließen. Allerdings gibt es dafür bislang keinen inhaltlichen Kontext.

Britta Rabold

Literaturhinweise

B. Rabold, Arch. Ausgr. Baden-Württemberg 2007, 125–129; dies., Ziegelei und Töpferei in Stettfeld (Kreis Karlsruhe). Flyer des Landesamtes für Denkmalpflege (Dezember 2008).

Lucius Iulius Fontus. Keramikproduzent und Eigentümer der *villa urbana* von Heitersheim, Kreis Breisgau-Hochschwarzwald

Vorhaben und Ausführung

Die archäologischen Ausgrabungen in der „Villa urbana von Heitersheim“ wurden in diesem Sommer/Herbst schwerpunktmäßig als Lehrgrabung für Studienanfänger des an der Freiburger Universität neu eingerichteten Bachelor-Studiengangs „Archäologische Wissenschaften“ durchgeführt und dauerten vom 21. August bis 10. Oktober 2008. Im Zentrum des Interesses standen zwei Areale (Abb. 121): Auf der östlich an das Museum anschließenden Fläche soll ein zusätzlicher Lagerraum für den Museumsbetrieb errichtet werden. Hier waren Hinweise auf eine hölzerne Pfostenarchitektur zu überprüfen, was jedoch an dieser Stelle keine Befunde erbrachte. Anders an der Westseite des Museumsbaus, wo ein großes Areal, schon im Vorjahr begonnen, seiner weiteren Untersuchung harrte.

Halle als Zentralbau des Villenhauptgebäudes

Den Westteil des Hauptgebäudes nimmt eine quadratische Fläche ein, die wir ursprünglich als Binnenhof interpretiert hatten (Abb. 121). Tatsächlich handelt es sich jedoch um eine große Halle von 120 m² Grundfläche. Hier machte sich der Geländeverlust infolge der späteren Bodenerosion von über einem halben Meter seit römischer Zeit besonders negativ bemerkbar, denn die obersten, sicher einst dekorativ mit Gesteinsplatten ausgelegten Fußböden dieses zentralen Bereiches sind heute vollständig verloren. Die zuoberst angetroffenen, zu datierenden Schichten stammen aus der Zeit um 100 n. Chr. und waren allesamt Laufniveaus aus Stampflehm, die hier in mehreren Schichten und kompakten Aufträgen übereinanderlagen (Abb. 122). Die interessanten Befunde aus den tieferen Schichten dieses Areals haben insbesondere für die Frühzeit wichtige Erkenntnisse geliefert.

Ruß- und aschegeschwärztes *„atrium“*

Wiesen schon die Stampflehmböden als solche eindringlich darauf hin, dass hier aus klimatischen Gründen ein Dach über dem großen Zentralbereich zu postulieren ist, bot

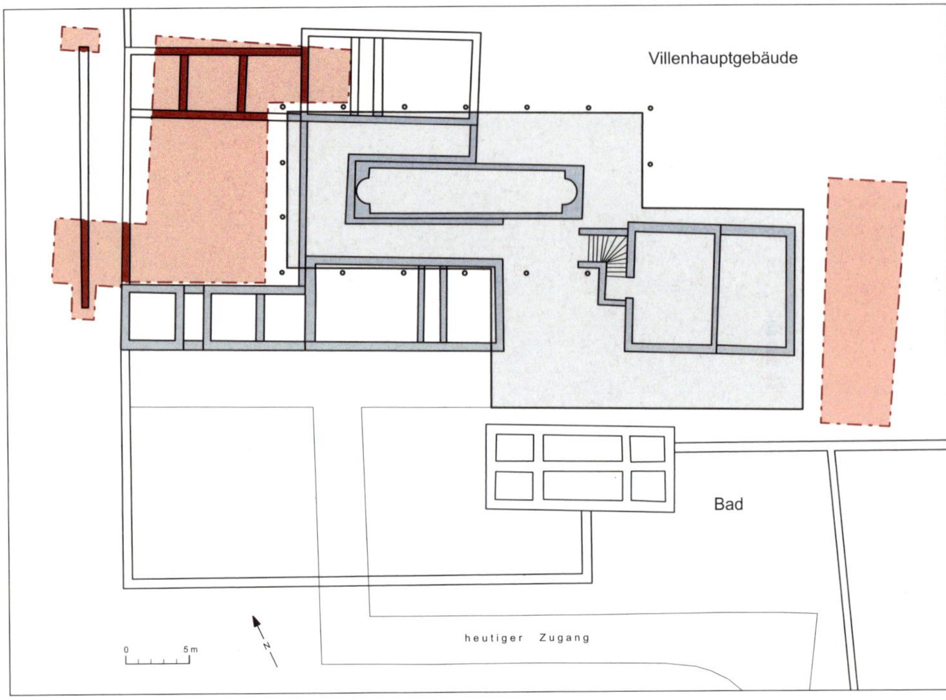

Abb. 121 Heitersheim. Plan der älteren Steinbauperiode, rot: die 2008 untersuchten Flächen; grau: die Umrisse des Römermuseums.

der Befund im Zentrum des Areals einen weiteren Beweis. Hier waren auf einer Fläche von zwei bis drei Metern im Quadrat mehrfach ebenerdige Herdstellen übereinander errichtet worden (Abb. 123). Die Brennfläche der untersten bislang erkennbaren bestand aus mit Lehm verstrichenen Geröllsteinen des nahe gelegenen, aus dem Schwarzwald entwässernden Sulzbaches. Erst in den nächsten, darüber gebauten, fand auch feuerfestes Ziegelmaterial Verwendung. Ruß und Asche aus diesen Feuer- und Herdstellen hatte man jeweils und offenbar recht rasch danach über die erneuerten, aus hellgelbem Löss bestehenden Bodenflächen so verzogen und verteilt, dass diese alsbald wieder tiefschwarz erschienen. Hier war unmittelbar nachzuvollziehen, warum dieser zentrale Eingangsbereich in der römischen Antike als *„atrium“* (von lat. *ater* – schwarz) bezeichnet wurde, was bei manchen, pompös ausgestatteten Stadthäusern wie in der Vesuvregion nicht mehr so direkt einleuchtet.

An dieser Feuerstelle, die zugleich Licht und Wärme spendete, wurde in Heitersheim auch gekocht, wie ein gesetzter, zum Feuer hin geröteter Kalkstein mit rund ausgehauenem Drehzapfenloch bewies. Er diente einst dem galgenförmigen Dreharm für das Kesselhakengestänge als Stand, von dem aus man diesen gegen das Feuer schwenken konnte. Als besonders erwähnenswerter Fund ist aus diesen Stampflehmschichten ein gelaufener, aber nicht sehr abgegriffener Denar des Tiberius (RIC I^2, 30) zu vermelden, dessen Prägezeit aber leider nicht näher als von 14 bis einschließlich 27 n. Chr. anzugeben ist.

Die *porticus* und ihre Bauperioden

In den Pioniertagen der archäologischen Untersuchungen verlief die aus großen Bäumen und blickdichten Hecken gebildete Grenze des Heitersheimer Schlossparks zu den weiter östlich, im ehemals landwirtschaftlich genutzten Areal durchgeführten Gra-

Abb. 122
Heitersheim. Die um die Herdstellen im Atrium verzogenen Ruß- und Ascheschichten waren stellenweise bis zu 0,40 m stark und in einem Umkreis von rund 4 m vorhanden. Blick nach Süden auf die beschriebenen Ablagerungen, dahinter erkennbar die Ofenreste.

bungssondagen nahezu identisch mit einer Mauer, die in römischer Zeit die beiden funktional unterschiedlichen Villenareale voneinander trennte: die *pars rustica* (Wohn- und Wirtschaftsbereich der ganzjährig dort lebenden Landarbeiterfamilien) und die *pars urbana* (saisonal genutzter, herrschaftlicher Repräsentationsbereich). Der neuzeitliche Bewuchs hatte zur Folge, dass zwar der Nordabschluss der dem Atrium vorgelagerten Portikusmauer der älteren Steinbauperiode festzustellen war, nicht aber ihr Südende.

Nachdem – zwecks optischer Anbindung des Römermuseums an das Malteserschloss mit seinem Parkgelände – die römischen Blickachsen wiederhergestellt worden waren, d. h. die Hecken stark gelichtet wurden, konnte der bislang ausstehende, gezielte Erdeingriff zur Überprüfung dieses Baudetails ausgeführt werden. Hierbei zeigte sich, dass der erwartete Südabschluss nicht bündig auf Höhe der Südmauer des südlichen Raumtraktes saß, sondern genau um elf römische Fuß (= exakt 3,30 m) weiter im Norden en-

Abb. 123
Heitersheim. Blick vom Dach des Römermuseums auf drei übereinanderliegende Herdstellen im Atrium, zu Zeiten der Holzbauperioden. In der linken Bildmitte: ein quadratischer, vom Herdfeuer geröteter Kalkstein mit Drehzapfenloch für den Schwenkarm der Kesselaufhängung. Die obere Bildbegrenzung zeigt die Wiedereinfüllung einer Grabungssondage von 1991.

Abb. 124 Heitersheim. Bislang vollständigste Stempelkartusche des L(ucius) I(ulius) F(ontus).

dete. Dieser Messpunkt markiert zugleich eine Bauflucht, die der Südtrakt in einer der vorangegangenen Bauperioden einnahm. Das heißt, es muss – wie schon zuvor erschlossen – ein älterer Raumtrakt, bestehend aus Fachwerkbauten auf Steinsockeln, hinter der älteren gemauerten *porticus* platziert gewesen sein. Diese blieb allerdings bestehen, als auch das Villenhauptgebäude – im südlichen Bereich in seiner Bauachse leicht verschoben – ebenfalls vollständig in Steinbauweise errichtet wurde. Diese Beobachtung der scheinbar kleinen Maßabweichung zeigt in anschaulicher Weise, dass die Genese des Villenhauptgebäudes auch in zum Teil kleinräumigeren Gewerken vonstatten ging. – Die nachfolgende Vergrößerung des Villenhauptgebäudes um einen ganzen Gebäudetrakt, der im Norden dem großflächigen Baubestand vorgelagert wurde, erhielt allerdings zusammen mit dieser Neukonzeption eine längere, breitere und tiefer fundamentierte Portikusmauer.

Lucius Iulius Fontus

Ein herausragender Fund der Kampagne von 2008 soll noch erwähnt werden: das Randbruchstück einer gelbtonigen Schüssel, der sogenannten „Fontusware". Diese Gebrauchskeramik umfasste alle notwendigen Grundtypen (Krüge, Schalen, Platten, etc.) und wurde in der Frühphase auf dem Villenareal in Autarkie hergestellt, offenbar so lange, bis die wenige Kilometer nördlich gelegene Töpferei in Bad Krozingen mit ihrer Produktion einsetzte.

Die Heitersheimer „Fontusware" war sowohl gestempelt als auch handsigniert. Von einem Stempel kannten wir bislang drei Fragmente des linken Stempelrandes, die als L. I(?)[---] zu lesen waren. Die beiden Handsignaturen lauteten FONTI und FONT[---]. Der Neufund von 2008 zeigt nun auf der Oberseite eine nahezu vollständige Stempelkartusche: L I F oder S (?). Der dritte Buchstabe ist etwas verdrückt. In Analogie zu der Buchstabenfolge der Handsignaturen möchten wir die Lesung „F" vorziehen (Abb. 124). Exakt achtzehn Jahre nach dem Beginn der wissenschaftlichen Untersuchungen in Heitersheim können wir für den ersten Villeneigentümer den Namen nun bestätigen, den wir bisher nur vermutet hatten. Seine *tria nomina* lauteten: L(ucius) I(ulius) F(ontus).

Hans Ulrich Nuber, Gabriele Seitz

Literaturhinweise

H. U. Nuber/G. Seitz, Arch. Ausgr. Baden-Württemberg 2007, 139–142. – F. Kuhn, Römische Trümmerstätten als Landmarken. Beispiele aus dem badischen Hochrheingebiet. In: Provincialia. Festschrift für Rudolf Laur-Belart (Basel 1968) 365–381, bes. 378 f. mit Plan 11. – D. Tränkle, Das Produktionsspektrum der römischen Töpferei von Bad Krozingen (Magisterarb. Universität Freiburg 2007).

Römer und Neolithiker in Stuttgart-Zazenhausen

Am Nordrand der Landeshauptstadt Stuttgart entsteht im Stadtteil Zazenhausen ein 16 ha großes Neubaugebiet in den „Hohlgrabenäckern". Das Areal liegt an einem der typischen terrassenförmig abfallenden Südhänge des Feuerbachs. Mit ihren tiefgründigen Lössböden sind diese Bereiche besonders siedlungsgünstig, worauf zahlreiche Siedlungsbefunde der verschiedensten Zeitstellungen hinweisen. Aus diesem Grund wurde die archäologische Situation im Baugebiet vorab durch Baggerschnitte erkundet.

Ein neues Teilstück der Römerstraße Bad Cannstatt–Walheim

Wie erwartet kamen in allen Schnitten Siedlungsreste mit einem umfangreichen Fundinventar zutage, das überwiegend dem Mittelneolithikum zugeordnet werden kann. Erste Untersuchungen fanden bereits zum Jahresende 2004 statt. Hierbei zeichneten sich insgesamt fünf verschiedene Siedlungsstellen ab. In den oberen, nördlichen Lagen waren die Befunde bis auf flache Reste erodiert. Der untere, südliche Bereich mit gut erhaltenen Gruben, Pfostenlöchern und Grubenhütten lag unter einer dicken Schwemmschicht.

Eine Überraschung war die Entdeckung einer Nord–Süd verlaufenden römischen Straßentrasse in einem der Suchschnitte im Südwesten des Baugebiets. Hier bot sich vor Beginn der Erschließungsarbeiten im Frühjahr 2007 die Möglichkeit, den weiteren Verlauf und den Erhaltungszustand der Straße festzustellen. Es zeigte sich jedoch, dass der nach Norden, hangaufwärts führende Straßenkörper durch Erosion zunehmend verschwemmt und schließlich ganz abgetragen worden war. Von der südlichen Grabungsgrenze aus war auf 35 m Länge der 0,2–0,3 m starke geschotterte Unterbau gut erhalten (Abb. 125). Dann folgte eine 15 m lange Zone, in der die Steinlage ausdünnte und breit gefächert auslief.

Die Schotterung bestand überwiegend aus kopfgroßen, gelben Mergelbruchsteinen mit einzelnen, z. T. feuergeröteten Kalksteinen. Mergel steht in der Nähe der Straße an mehreren Stellen unmittelbar unter dem Oberboden an und konnte so ohne große Mühe für den Straßenbau genutzt werden. Der an der Westseite noch auf längere Strecken vorhandene Rand des 6 m breiten Straßenkörpers bestand aus größeren Kalksteinen. An der Ostseite war die Randzone durch Erosion stellenweise gestört und die Randsteine waren hangabwärts verlagert. Vom obersten Straßenbelag war nichts mehr vorhanden. Begleitende Straßengräben konnten nicht festgestellt werden.

Als im September 2007 begonnen wurde, die Straßen und Wege zu trassieren, ergab sich eine neue Möglichkeit, nach der Fortsetzung des Straßenverlaufs in Richtung Norden zu suchen. An einer Stelle, etwa 70 m nordwestlich der im Frühjahr untersuchten Befunde, kam eine massive Steinkonzentration zutage, die der bekannten Straßensubstanz ent-

Abb. 125 Stuttgart-Zazenhausen, „Hohlgrabenäcker". Der noch erhaltene Straßenkörper der Römerstraße von Bad Cannstatt nach Walheim im Grabungsbefund.

sprach. Obwohl eine nähere Untersuchung nicht möglich war und deshalb ein Straßenkörper nicht fixiert werden konnte, darf davon ausgegangen werden, dass es sich um verlagerte Reste der römischen Trasse handelt.
Die Straße ist ein Teilstück der Verkehrsverbindung zwischen den beiden Kastellen Bad Cannstatt und Walheim des sog. Neckarlimes. Sie führte nach herrschender Meinung vom rückwärtigen Lagertor *(porta decumana)* der Cannstatter Militäranlage aus in Richtung Norden an dem bekannten Gräberfeld „Auf der Steig" im Hallschlag vorbei und weiter über die Burgholzhöhe hinab ins Feuerbacher Tal. Irgendwo im heutigen Stadtteil Zazenhausen überquerte sie den Bachlauf. Auf diesem etwa 3 km langen Streckenabschnitt ist die Straße bisher nicht erfasst worden. Das in Frage kommende Gelände ist zumeist überbaut oder durch Abtragungen bzw. Auffüllungen verändert worden. Die Entdeckung der römischen Straße in Stuttgart-Zazenhausen nur 200 m nördlich des Feuerbachs ist somit der erste gesicherte Nachweis auf dieser Strecke und grenzt den Raum der zu postulierenden Bachüberquerung auf einen wenige hundert Meter breiten Abschnitt ein. Die Straße verdeutlicht außerdem den weiteren Streckenverlauf und den Anschluss an die ebenfalls gesicherte Trasse bei der Theodor-Heuss-Realschule in Kornwestheim, die 1985 ausgegraben und in einem Teilstück erhalten werden konnte.
Die Bebauung der „Hohlgrabenäcker" hat im Frühjahr 2008 begonnen. Durch die Überwachung der Erdarbeiten konnte hierbei u. a. die Ausdehnung der neolithischen Siedlungen weiter gesichert und dokumentiert werden. Leider verloren sich jedoch die Spuren der Römerstraße hangaufwärts in Richtung Norden. Insgesamt haben die Untersuchungen wieder einmal gezeigt, wie dicht die lössbedeckten Südhanglagen entlang der Bach- und Flussläufe im mittleren Neckarland über die Jahrtausende hinweg besiedelt waren, aber auch, dass zumindest partiell mit großen Substanzverlusten durch Erosion zu rechnen ist.

Schussenrieder Gruben unter dem römischen Gutshof

Eine weitere archäologische Maßnahme in Stuttgart-Zazenhausen betraf die bekannte römische *villa rustica* in den Fluren „Jungweingart" und „Steinigen". Bereits im Jahr 1701 und mehrmals im 19. Jahrhundert hatten hier Ausgrabungen stattgefunden, wobei Teile des Hauptgebäudes, ein Bad und mehrere Nebengebäude erfasst worden waren. In jüngster Zeit griffen bauliche Erweiterungen eines Aussiedlerhofes wiederholt in die Substanz der römischen Anlage ein, ohne dass die Archäologische Denkmalpflege Gelegenheit hatte, vorab die Bauflächen zu untersuchen. Im Juli 2007 war es durch die Mitteilung eines Spaziergängers noch möglich, an den Grubenrändern einer bereits ausgehobenen Baugrube für drei Fahrsilos auf einer Fläche von 25 m × 25 m im Südosten des römischen Anwesens zahlreiche Befunde zu dokumentieren. Als bekannt wurde, dass im Frühjahr 2008 unmittelbar angrenzend ein Areal von gleicher Größe bebaut werden sollte, wurde mit dem Bauherrn vereinbart, das Gelände zuvor archäologisch zu untersuchen. Den spärlichen Dokumentationen der früheren Grabungen war zu entnehmen, dass hier noch keine Grabungen stattgefunden hatten.
Die Ausgrabung dauerte vom 13. bis 26. 3. 2008 und erbrachte im Zentrum der Grabungsfläche eine kräftige Mauerrollierung, die von der östlichen Grabungsgrenze von Nordosten nach Südwesten und quer zur Hanglage auf 14 m Länge verfolgt werden konnte. Dann bog sie rechtwinklig nach Südosten ab und verlor sich nach 6 m in einem Schwemmhorizont des Hanggefälles. Einbauten, Quermauern oder Fußböden wurden nicht angetroffen. Der römische Steinbau überlagerte eine neolithische Siedlung der Schussenrieder Kultur, von der ein dichtes Netz an Siedlungsresten angetroffen wurde. Hinweise auf Haus- oder Hüttenbauten gab es nicht. Aus den teilweise sehr tief reichenden Grubenbefunden konnte jedoch ein umfangreicher Komplex typischer Schussenrieder Keramik

und Geräte geborgen werden. In einer mit viel gebrannten Lehmstücken und Keramik verfüllten Grube kamen dabei überraschend auch Teile menschlicher Skelette zutage.

Der anthropologische Befund

Die Skelettreste aus der als Befund 6 angesprochenen neolithischen Grube von Stuttgart-Zazenhausen umfassen etwa einhundert menschliche Knochen(-fragmente) sowie eine Handvoll Tierknochen und diverse kleine und kleinste Knochensplitter. Unter den Menschenknochen sind nahezu alle Elemente des Skeletts repräsentiert. Lediglich Kniescheiben, Zungen-, Brust- und Kreuzbein sind nicht vertreten. Das vorliegende Material stammt offensichtlich von verschiedenen Individuen und verteilt sich mit ca. 13 % auf Abschnitte des Schädels, der Rest je etwa zu gleichen Teilen auf das Rumpf- und Extremitätenskelett. Eine nähere Aufschlüsselung der Extremitätenknochen ergibt ein deutliches Überwiegen der Bein- gegenüber den Armknochen und eine hohe Repräsentanz von Stücken des Autopodiums (Hand- und Fußwurzel, Mittelhand und -fuß, Finger- und Zehenknochen) im Vergleich mit den eigentlich weit besser erhaltungsfähigen, robusteren Oberarm- und Oberschenkelknochen, Elle, Speiche, Schien- und Wadenbein. Alleine das Vorhandensein einer größeren Zahl zarterer Skelettelemente wie Hand- und Fußknochen, Rippen und Schulterblätter zeigt, dass bei diesem Fundkomplex keine lagerungsbedingte Selektion, sondern ein Eingriff von Menschenhand stattgefunden hat. Obwohl die Skelettreste in situ nicht mehr im anatomischen Verband angetroffen wurden, lassen sich über Gelenkanpassungen, Färbung und Oberflächenstruktur sowie Anhaltspunkte zu Alter und Robustizität Zuordnungen zu einzelnen Personen, in Teilbereichen zu zweifelsfrei zusammengehörigen Teilskeletten vornehmen. Demnach stammen von einem jugendlichen Individuum Fragmente des Hirn- und Gesichtsschädels sowie

Abb. 126
Stuttgart-Zazenhausen, „Jungweingart/Steinigen“. Linkes Schienbein eines Erwachsenen mit Brandspuren und Abtragungen im Bereich der *Margo anterior*.

Schlüsselbein, Schulterblatt, mehrere Rippen, Oberarmknochen, Elle und diverse Handknochen der linken Körperseite; von einem Erwachsenen mittlerer Robustizität der größtenteils überlieferte linke Unterschenkel inklusive Fuß und von einem weiteren Erwachsenen Teile des linken und eventuell noch des rechten Fußes.

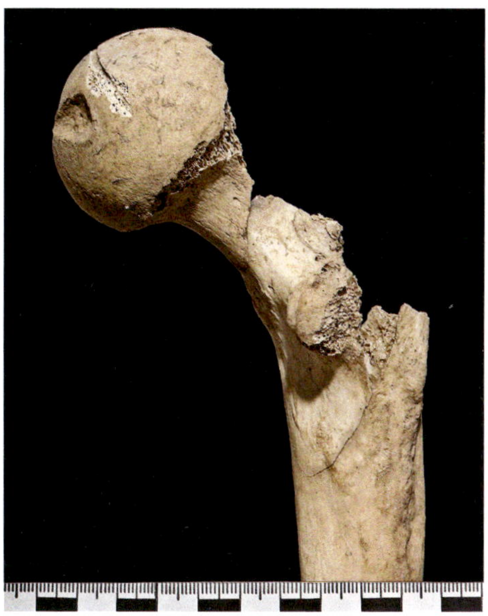

Abb. 127
Stuttgart-Zazenhausen, „Jungweingart/Steinigen“. Rechter Femur eines erwachsenen Mannes mit im Frischzustand des Knochens entstandenen Biegungsfrakturen.

Abb. 128 Stuttgart-Zazenhausen, „Jungweingart/Steinigen“. Linkes Schulterblatt eines erwachsenen Mannes mit fünf Schnittkerben an der Basis der Spina scapulae.

Alles in allem lässt sich das vorliegende Konvolut einer Mindestindividuenzahl von fünf Personen zuordnen: drei Erwachsenen (davon mindestens zwei Männer, einer mit einer Körperhöhe von rund 1,65 m), einem ca. 16-jährigen Jugendlichen (möglicherweise weiblich mit einer geschätzten Körperhöhe von um 1,50 m) und einem Kind der Altersstufe infans I (wohl 3–6 Jahre), das ausschließlich durch ein Bruchstück des Wadenbeins belegt ist. Bei dem Jugendlichen können Hinweise auf periodische Wachstumsstörungen in der Kindheit, Zahnstein und Parodontose festgestellt werden sowie an zwei Knochen Bruchkanten, die im Frischzustand des Knochens entstanden sind, d. h. als deren Ursachen stumpfe Gewalteinwirkungen angenommen werden können. Dazu kommen sichere und fragliche Brandspuren an vier Skelettelementen sowie Anzeichen von Tierverbiss. Eindeutig hitzebedingte und auf Benagung zurückzuführende Veränderungen (Abb. 126) weisen u. a. auch das oben genannte zweite Teilskelett und am nativen Knochen entstandene Biegungsfrakturen z. B. noch ein Fragment des Oberschenkels von einem der beiden Männer auf (Abb. 127). An einem der Schulterblätter findet sich eine Schar von fünf gleichgerichteten Schnittkerben im Bereich der Spina scapulae, die möglicherweise auf Entfleischen hindeuten (Abb. 128).

Der Gesamtbefund ließe sich am ehesten mit der Beseitigung von Teilskeletten und möglicherweise zufällig umherliegenden Streuknochen erklären, die zumindest teilweise von Hunden o. Ä. angefressen, evtl. von diesen verschleppt wurden, mit Feuer in Berührung gekommen sind (Katastrophenfeuer?) und Spuren menschlicher Aktivitäten im weitesten Sinne (mehrstufiges Bestattungsritual?) aufweisen.

Walter Joachim, Joachim Wahl

Literaturhinweise

J. Heiligmann, Teilstück einer unbedeutenden römischen Nebenstraße? Der römische Straßenkörper bei der Theodor-Heuss-Realschule in Kornwestheim in neuem Licht. Kornwestheimer Geschichtsbl. 14, 2004, 7 ff. mit weiterführender Lit.

Archäologische Ausgrabungen im Gewerbegebiet „Eisental“ in Waiblingen, Rems-Murr-Kreis

Unter dem Namen „Eisental III“ plant die Stadt Waiblingen die Erweiterung der beiden bestehenden Gewerbegebiete „Schänzle“ und „Eisental“ um eine Fläche von insgesamt 10 ha in Richtung Osten. Das betroffene Areal grenzt an das Grabungsschutzgebiet in Flur „Bildstöckle“, in dem die bekannte römische Töpferei von Waiblingen liegt. Nachdem in diesem Bereich vorgeschichtliche, vor allem aber auch weitere römische Befunde zu erwarten waren, sollte vor Beginn der Erschließungsarbeiten zunächst die archäologische Situation durch Baggerschnitte eruiert werden.

Leider waren die Straßentrassen im Neubaugebiet bereits abgeschoben und gewalzt,

als die Archäologische Denkmalpflege im Oktober 2007 benachrichtigt wurde. So blieb zunächst keine andere Möglichkeit, als entlang der Bebauungsgrenzen im Süden und Osten auf unbefestigten Feldwegen einen 400 m langen Suchschnitt anzulegen. Neben Siedlungsresten der Urnenfelderkultur kamen dabei auch römische Befunde und am westlichen Trassenrand der Eisentalstraße die Schotterung eines etwa 7 m breiten Straßenkörpers zutage. Die Untersuchung dieser ersten Befundsituation dauerte vom 5. bis 28. 11. 2007. Mit der Stadt Waiblingen wurde daraufhin vereinbart, im Frühjahr 2008 eine größere Fläche zu untersuchen, um Aufschluss über Zeitstellung, Zustand und Verlauf des festgestellten Straßenzuges zu erhalten.
2008 wurde im Süden des Baugebiets eine Fläche von 2 ha aufgedeckt und vom 6. 5. bis 21. 7. vollständig untersucht. Die dabei angetroffenen Befunde wiesen ein breites zeitliches Spektrum vom Neolithikum bis zum Frühmittelalter auf (Abb. 129). Dabei zeigte sich aber auch, dass eine kräftige Bodenerosion die Siedlungsreste im Süden und Südosten stark dezimiert bzw. ganz abgeschwemmt hat.

Die vorgeschichtlichen Befunde

Neolithische Grubenreste zeigten sich verstreut im Nordwesten der Grabungsflächen und in einer dichten Konzentration ineinander laufender Gruben im Südwesten. Die wenigen Funde erlauben es nicht, die Befunde innerhalb dieser Epoche einer bestimmten Kulturstufe zuzuweisen.
Von der Bodenerosion besonders betroffen waren Grubenreste der späten Urnenfelderkultur im Südosten des Baugebiets, die nur noch vereinzelt und meist als flache Grubenstümpfe auf einer Fläche von 150 m × 100 m angetroffen wurden. Immerhin konnte hier ein größeres Fundensemble der Stufe Ha B3 geborgen werden.
Etwa 120 m nördlich dieser Siedlungsstelle, bereits im Bereich der Bebauungsgrenze, kamen fünf große Feuerstellen in zwei Reihen

Abb. 129 Waiblingen, Eisental. Übersichtsplan der Grabungsbefunde.

zutage. Vergleichbare Befunde wurden in der Vergangenheit im gesamten Mittleren Neckarland schon wiederholt beobachtet, ohne dass es gelang, ihre Funktion eindeutig zu klären. Im Einzelnen handelte es sich in Waiblingen um 2,5 m × 1,3 m große, rechteckig in den anstehenden Lösslehm eingetiefte Feuergruben, die alle parallel zueinander im Abstand von etwa 3,5 m in Ost-West-Richtung angelegt waren. In ihnen müssen hohe Temperaturen erzeugt worden sein, denn die flachen Steinpflaster aus Flusskieseln und vereinzeltem Kalksteinbruch waren stark verbrannt und die Grubenränder und -böden z. T. dick verziegelt. Auf und zwischen den Steinen lagen stellenweise gebrannte Lehmbrocken, Rotlehmreste und verbranntes Holz in ursprünglicher Verbrennungslage. Die geborgenen Keramikscherben sind zeitgleich mit den Funden der Siedlung. Urnengräber wurden nicht angetroffen.

Die römischen Befunde

Schon während der Erschließungsarbeiten fiel in einem Kanalgraben der Eisentalstraße im Westen des Neubaugebiets eine über 25 m lange und bis zur 3 m tiefen Grabensohle reichende Verfüllung mit vereinzelten, unsystematisch eingelagerten römischen Funden auf, deren flächige Ausdehnung nicht festzustellen war. Nach Einschätzung von M. Warth, Remseck, der die geologische Situation im Grabungsgebiet begutachtet hat, dürfte es sich um ein Areal des Tonabbaus für die römische Töpferei im „Bildstöckle“ gehandelt haben. Schwer einzuordnen ist eine zwischen 4 m und 6 m breite Grubenkonzentration, die sich von der Bebauungsgrenze im Osten auf über 100 m Länge in Richtung Westen erstreckte. Aus den oberen Bereichen der ansonsten fast fundleeren Befunde stammt eine große Zahl Amphorenscherben und Faltenbecherreste.

Die Ausgrabungen erbrachten ein differenziertes System von Straßenkörpern in Ost-West-Richtung. Im Norden war durchgängig in allen Grabungsflächen auf einer Länge von 180 m und bis zu einer Tiefe von 3 m eine schmale, nur 2,50 m breite Straßenschotterung (Straße A) zu verfolgen, die im Profil deutliche Wagenspuren zeigte (Abb. 130; 131). Sie war ursprünglich wohl in einem Hohlweg angelegt oder in den anstehenden Boden eingetieft worden, um ein möglichst ebenes Straßenniveau zu erhalten. Die Straße verbreiterte sich im östlichen Grabungsbereich auf mindestens 30–40 m Länge um mehr als das Doppelte und war auf dieser Strecke von seitlich angelegten Kanälen begleitet. Möglicherweise handelt es sich hier um eine Ausweichstelle.

Parallel dazu verlief, in einem Abstand von nur wenigen Metern, unmittelbar unter der Humusdecke ein zweiter Straßenkörper von ca. 4,50 m Breite (Straße B), der aber infolge von Bodenerosion und landwirtschaftlicher Nutzung beschädigt und stellenweise unterbrochen war. Im Westen des Grabungsgebiets zweigte davon eine weitere, ca. 7 m breite, dünne Straßenschotterung in südöstlicher Richtung ab (Straße C), die sich dann aber im Hanggefälle nach etwa 50 m verlor. Hierbei könnte es sich um die Reste der gro-

Abb. 130 Waiblingen, Eisental. Die römische Straße A im Planum.

ßen Militärstraße von Cannstatt aus nach Osten zum Vorderen Limes gehandelt haben, während die beiden anderen Straßen im Zusammenhang mit dem römischen Töpferzentrum zu sehen sind.
Alle drei Straßenzüge wurden von zahlreichen, z. T. flächig ausladenden und sehr tief reichenden Sandrinnen begleitet. Der eingelagerte Sand aus der Remsaue könnte aus den Straßenrollierungen ausgeschwemmt worden sein. Die vielen Metallfunde aus den Straßenkörpern, u. a. zahlreiche römische Schuhnägel, reichen bis in jüngere Zeit, ein Hinweis dafür, dass die Straßen auch nach der römischen Epoche weiter benutzt worden sind.

Ein alamannisches Grab

Überraschend wurde am Ostrand des Baugebiets bereits beim maschinellen Bodenabhub unmittelbar unter der Humusdecke eine einzelne frühmittelalterliche Körperbestattung angetroffen (Abb. 129, D). Sargspuren oder Reste der Grabgrube konnten nicht festgestellt werden. Neben dem im Nordwesten liegenden Kopf des Toten fand sich ein kleiner Silex, aus dem Aushub stammen eine dornförmige und zwei blattförmige einfache Pfeilspitzen.

Der anthropologische Befund

Die überlieferten Skelettreste sind stark fragmentiert und weisen – der Fundsituation entsprechend – eine Vielzahl von Beschädigungen auf. Fehlstellen finden sich insbesondere im Bereich der linken Körperseite, am Schädel, am Becken sowie an den Armknochen. Nur bruchstückhaft überliefert sind die beiden Schulterblätter, das Brustbein, die linke Elle und beide Wadenbeine. Nicht erhalten sind die meisten Handknochen der linken Seite, beide Kniescheiben und der größte Teil der Fußknochen.
Die Diagnose des Sterbealters kann sich auf den Zahnbefund, die Nahtverknöcherung, das Symphysenfugenrelief, den Zustand der Rippenenden sowie den Verwachsungszustand der Epi- und Apophysen, Wirbelscheiben und der Sphenobasilarfuge stützen. Demnach ist ein Alter von ca. 30 Jahren anzunehmen. Die Zahnkronenabrasion und lediglich schwache degenerative Veränderungen im Bereich der Wirbelsäule und Gelenke korrespondieren mit dieser Einstufung.
Hinsichtlich der Geschlechtsdiagnose sind alle wesentlichen Form- und Größenmerkmale am Schädel und am Becken beurteilbar. Trotz einiger tendenziell schwächer bzw. graziler ausgeprägter Regionen überwiegen in der Gesamtschau eindeutig die Hinweise auf männliches Geschlecht. Die Knochen sind relativ robust, die Muskelansatzstellen im Bereich der Beine eher schwächer, an den Armen dagegen etwas stärker reliefiert.
Anhand der Maße seiner Extremitätenknochen kann für den Mann eine Körperhöhe von ca. 1,67 m geschätzt werden. Er war damit um rund fünf Zentimeter kleiner als der Durchschnitt seiner Zeit.
Im Bereich des Kauapparates lassen sich stark fortgeschrittene Parodontose/Parodontitis, Fehlstellungen der Frontzähne im Unterkiefer und ausgesprochen massive Konkrementablagerungen (Zahnstein), aber kein Kariesbefund ansprechen. Querriefen im Zahnschmelz deuten auf Wachstumsstörun-

Abb. 131
Waiblingen, Eisental. Schnitt durch den Straßenkörper der römischen Straße A.

gen hin, die auf Mangelsituationen und/oder Infektionskrankheiten im Alter von ca. zwei und ca. sechs Jahren zurückzuführen sind. Als anatomische Variationen können die durchweg zweiwurzeligen oberen Prämolaren festgestellt werden.

Besonders erwähnenswert ist der pentagonoid bis ovoid geformte und in der Stirnpartie pädomorph erscheinende Hirnschädel mit ungewöhnlich steiler Unterstirn, relativ deutlich hervortretenden Stirnbeinhöckern und einem Längen-Breiten-Index von 85. Der Mann ist damit – im Gegensatz zu den vorwiegend lang- und schmalschädeligen Vertretern des Frühmittelalters aus unserer Region – als auffallend rund- bzw. breitschädelig einzustufen, zusammen mit der unterdurchschnittlichen Körperhöhe bei gleichzeitig robustem Knochenbau vielleicht ein Hinweis auf fremde Herkunft. Diese Frage wäre jedoch ausschließlich mit Hilfe einer DNA-Analyse zu klären.

Als letztes Detail seien noch einige zirkulär verlaufende Bruchkanten im Bereich der Schädelkalotte erwähnt, die auf spätpostmortale, stumpfe Gewalteinwirkung von schräg rechts oben bzw. seitliche Kompression hinweisen. Hierbei dürfte es sich am ehesten um erddruckbedingte Erscheinungen handeln, die bereits wenige Jahr(zehnt)e nach der Grablege auf den Schädel einwirkten. Möglicherweise war der Verstorbene nicht in einem schützenden Sarg beigesetzt worden.

Abschließend sei der Stadt Waiblingen, und hier vor allem dem städtischen Bauhof, herzlich für ihre Unterstützung der Ausgrabungen gedankt.

Walter Joachim, Joachim Wahl

Literaturhinweise

F. Hertlein/P. Goessler, Die Straßen und Wehranlagen des römischen Württemberg. Die Römer in Württemberg 2 (Stuttgart 1930) 106; 108 ff. – R. Krause, Von der Steinzeit bis zum frühen Mittelalter. Archäologische Bodenfunde im Stadtgebiet Waiblingen (Waiblingen 1981) 48 ff. – U. Koch, Arch. Ausgr. Baden-Württemberg 2003, 54.

Das Badehaus eines römischen Gutshofs in Fellbach, Rems-Murr-Kreis

Seit 1927 ist in Flur „Eurach" in Fellbach durch Lesefunde ein römischer Gutshof bekannt, dessen Existenz in jüngerer Zeit durch Luftaufnahmen mehrfach bestätigt wurde. Deutlich sind darauf das große Hauptgebäude, ein kleines Badehaus und verschiedene andere Befunde zu sehen. Aufgrund dessen ist die Fundstelle 1983 in das Denkmalbuch eingetragen und als Grabungsschutzgebiet ausgewiesen worden. Eingriffe in den geschützten Bereich, bei denen einige schlecht erhaltene römische Mauerreste angetroffen wurden, ergaben sich beim Bau einer neuen Stadtbahntrasse 1984 und bei der Erweiterung eines Gartencenters 1998.

Planungen der Stadt Fellbach, auf diesem Gelände ein großes Freizeitbad zu bauen, stießen auf erhebliche Bedenken seitens der Archäologischen Denkmalpflege. Um zu einem für beide Seiten vertretbaren Kompromiss zu kommen, sollte durch zwei verschiedene geophysikalische Untersuchungen geklärt werden, welche Bereiche des Gutshofs durch eine Bebauung bedroht sind (Abb. 132). Neben der gesicherten Lokalisierung dreier Steingebäude und verschiedener weiterer Befunde innerhalb des Gutshofs erbrachten sie das Ergebnis, dass nur das Badegebäude und einige weniger bedeutende Befunde innerhalb des künftigen Badeareals liegen.

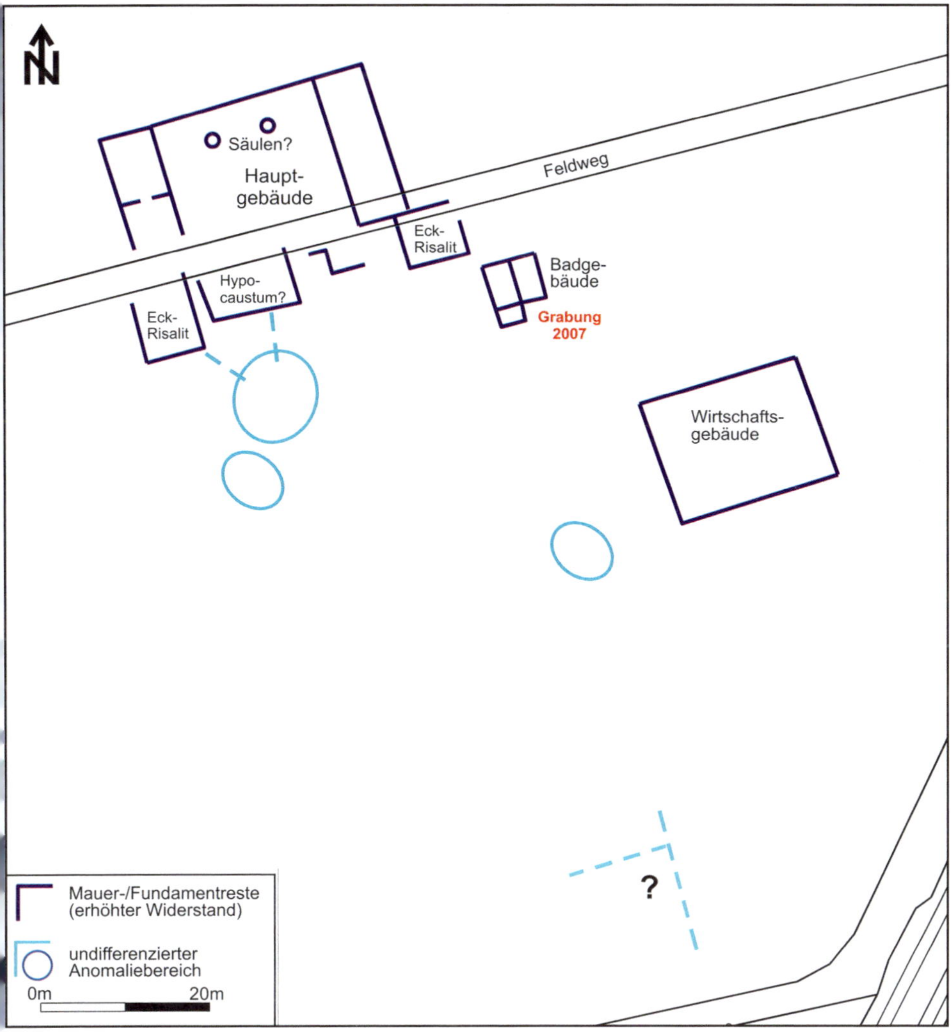

Abb. 132
Fellbach, „Eurach". Übersichtsplan mit den Befunden der geophysikalischen Untersuchung.

Man kam überein, das römische Bad archäologisch zu untersuchen und den Erhaltungszustand festzustellen, um es später eventuell in die moderne Badelandschaft miteinzubeziehen.

Die Grabungsergebnisse

Die Ausgrabung umfasste eine Fläche von 150 m². Das Nordwest–Südost orientierte und nur 2 m vom südöstlichen Eckrisaliten des Hauptgebäudes entfernt liegende Bad hat eine Größe von 7,5 m auf 7,0 m und wurde vollständig freigelegt (Abb. 133). Die Anlage entspricht dem sog. „Ringtypus". Die östliche Hälfte besteht aus einem beheizbaren Raum mit einem kleinen rechteckigen Annex, in dem wohl eine Wanne eingebaut war. Die Befeuerung erfolgte von Norden her. Zwei schmale Mauerzüge und vier Pfostengruben sind die letzten Reste eines Wetterschutzes für das zentrale *praefurnium*. Der westliche Teil des Bades besteht aus zwei gleich großen, quadratischen Räumen mit einem im Süden angebauten Vorbau, wahr-

Abb. 133
Fellbach, „Eurach". Freigelegte Mauerbefunde des römischen Badegebäudes.

scheinlich dem Eingangsbereich. Der nordwestliche Raum besitzt noch den ursprünglichen Unterboden, einen Estrich aus Kalk, Ziegelsplitt und Flusskies. Alle übrigen Fußböden waren nur noch in geringen Resten oder gar nicht mehr vorhanden. Auch vom aufgehenden Mauerwerk ließ sich nichts mehr nachweisen. Lediglich im Norden und Osten wurden noch die Mauerrollierungen aus Schilfsandsteinbruchstücken angetroffen. Im Südwesten und Süden waren die Fundamentgräben ausgeräumt und mit römischem Bauschutt verfüllt. Diese Situation legt den Schluss nahe, dass die römischen Baureste im Laufe der Zeit so weit wie möglich systematisch beseitigt wurden, um eine unbeeinträchtigte Bearbeitung der Ackerflächen zu erreichen. Für diese Annahme spricht auch die auffallende Fundarmut. Außer zahlreichen Ziegel-, Tubuli- und Wandputzresten, viele rot bemalt, fanden sich nur wenig Keramik und einige Eisenfunde.

Die Frage der Wasserzuführung zum Bad konnte nicht geklärt werden. Möglicherweise kommt dafür eine „Drainage" in Betracht, die 1955 bei Bauarbeiten angeschnitten wurde. Die Fundstelle liegt 1 km südlich des Gutshofs am Fuß des Kappelbergs, einem Bereich, in dem mehrere Quellen zutage treten. Ein Abwasserkanal konnte im Südosten des Bads, ausgehend von der Mittelachse des Gebäudes, nur noch als dunkle Verfärbung erfasst und bis zur Grabungsgrenze verfolgt werden.

Im Westen und Südwesten zeigten sich innerhalb und außerhalb des Badegebäudes grubenartige Verfärbungen einer vorgeschichtlichen Siedlung, aus denen etwas Keramik und ein bronzener Fingerring geborgen wurden.

Die Grabung fand in der Fellbacher Bevölkerung großes Interesse. Die Stadt Fellbach, insbesondere auch ganz persönlich Herr Oberbürgermeister Palm, hat die Grabung in vielfältiger Weise unterstützt. Ob die schlecht erhaltenen Reste des kleinen Badegebäudes in das große Bauvorhaben integriert werden sollen, bedarf einer sorgfältigen Abwägung des Für und Wider und ist gegenwärtig noch nicht entschieden.

Walter Joachim

Ein Speichergebäude und spätlatènezeitliche Funde in der römischen *villa* im Ortskern von Grenzach, Gde. Grenzach-Wyhlen, Kreis Lörrach

Die bereits seit 1893 bekannte, am Südhang des Dinkelbergs errichtete römische *villa* zeichnet sich durch die Verwendung von außergewöhnlichen Architektur- und Bauausstattungselementen im Bereich des Hauptgebäudes aus. Von der Villenanlage, die wohl enge Verbindungen zum benachbarten *caput* der *Colonia Augusta Raurica* bei Augst/Kaiseraugst (CH) besaß, sind außer dem im alten Ortszentrum von Grenzach gelegenen Hauptgebäude bislang Teilbereiche von zwei Umfassungsmauern sowie von zwei Nebengebäuden bekannt, die ca. 130 m hangabwärts südöstlich des Hauptgebäudes lagen und 1985/86 beim Bau einer Erschließungsstraße (Kronacher Straße) entdeckt wurden. Im Zuge einer Nachverdichtung der Kronacher Straße sollte auf einem als Garten genutzten Grundstück ein Einfamilienhaus im Bereich des Nordwestquadranten eines der beiden Nebengebäude erbaut werden. Das Regierungspräsidium Freiburg, Ref. 25 Denkmalpflege hat im Vorfeld der Bauarbeiten von Mitte Februar bis Ende März 2008 eine Grabung angesetzt, die sich auf das Areal beschränkte, das durch den späteren Baueingriff zerstört wurde. Die Grabung wurde unter Mithilfe der Arbeitsgruppe Archäologie des Vereins für Heimatgeschichte Grenzach-Wyhlen e. V., die auch an früheren Untersuchungen der *villa* mitwirkte, durchgeführt.

Ein häufiger römischer Gebäudetyp

Das Gebäude lässt sich durch die Zusammenschau der neuen Grabungsergebnisse mit den älteren Untersuchungen nun als in seinen Außenmaßen 20,6 m × 14,8 m – dies entspricht genau 70 p. (römischen Fuß) × 50 p. – großes rechteckiges Gebäude rekonstruieren, das im Zwickel der Südostecke der äußeren Umfassungsmauer der Villenanlage lag (Abb. 134). Seine Außenmauern bestanden aus einem 75 cm (2,5 p.) starken Zweischalenmauerwerk, dessen Außenschalen aus grob zugehauenen Handquadern aus

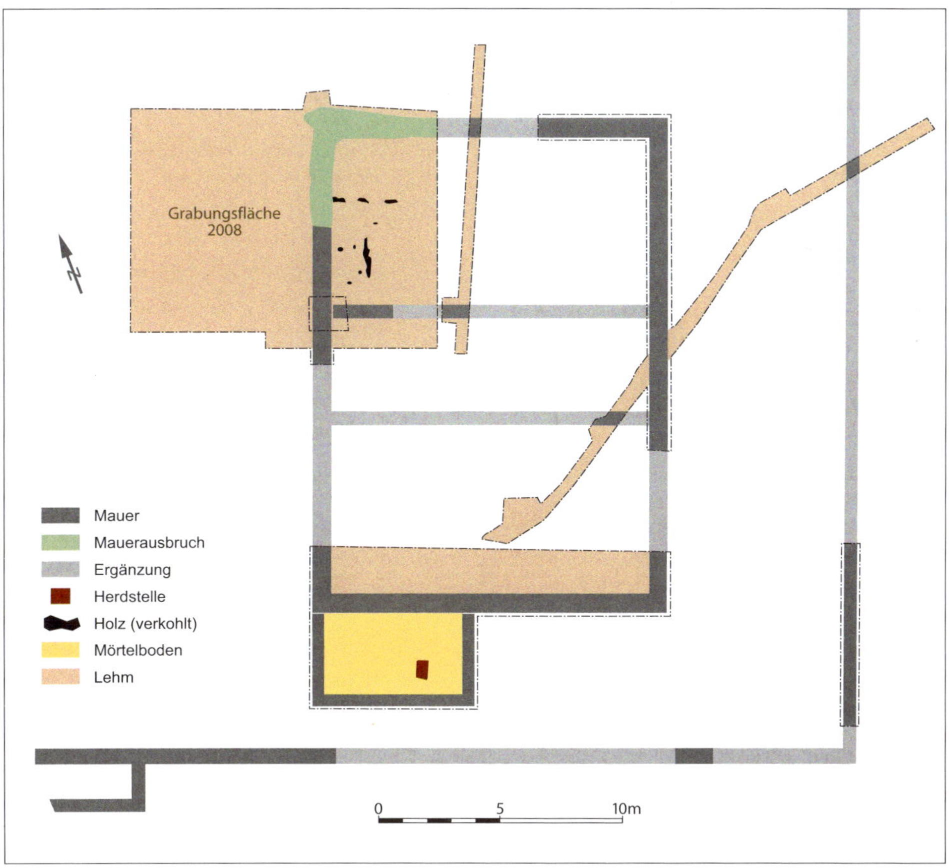

Abb. 134 Grenzach. Grabungsplan des Speichergebäudes.

Dinkelbergkalkstein hergestellt waren; die Hinterfüllung setzte sich aus unregelmäßigen Kalkbruchsteinen und Kalkmörtel zusammen. Auffällig war, dass die ohnehin starken Außenmauern auf einem bis zu 90 cm (3 p.) breiten Fundament aufsaßen, das 1,2 m tief in eine durch ein Kolluvium entstandene Lehmschicht reichte.

Die westliche Außenmauer war im Verband in das Gebäudeinnere verkippt (Abb. 135); der Versturz konnte auf 4 m verfolgt werden, bevor er in die östliche Grabungsgrenze zog. Somit ist es möglich, aus dem noch knapp 1 m hoch aufrechtstehenden Mauerwerk und der umgestürzten Mauer die Höhe des Gebäudes auf mindestens 5 m nachzuweisen. Architektonische Gliederungselemente konnten an dem umgestürzten Mauerfragment ebenso wenig beobachtet werden wie Hinweise auf ein zweites Stockwerk.

Eine unterhalb der umgestürzten Mauer auf dem Gebäudeboden aufliegende Ziegelschicht zeigt an, dass der Bau eine Ziegeldeckung besaß.

Das Gebäude war durch zwei knapp 60 cm (2 p.) breite, schwach fundamentierte Zweischalenmauern, die stumpf an die Außenmauern anstießen, in zwei gleich große Außenräume gegliedert, die eine Innenfläche von 13,3 m × 7,1 m (45 p. × 24 p.) einnahmen. Getrennt wurden die beiden Räume durch einen 3,8 m (13 p.) breiten Mitteltrakt. Hinweise auf die Nutzung der Raumtrakte liegen kaum vor: In dem 2008 ausgegrabenen Sektor des nördlichen Außenraums konnten noch die Reste eines Bretterbodens festgestellt werden, der auf einer Lehmschicht auflag, die außerhalb des Gebäudes das antike Laufniveau darstellte.

Nach Ausweis einer sternförmigen Scharnierfibel aus Kupferlegierung mit Emailverzierung, die unterhalb des Bauhorizontes des Gebäudes lag, wurde dieses frühestens in der zweiten Hälfte des 2. Jahrhunderts errichtet, wenige Fragmente von kalkgemagerten frei geformten Kochtöpfen aus dem Laufhorizont vor dem Gebäude zeigen an, dass es im 3. Jahrhundert in Benutzung war.

Das Grenzacher Gebäude lässt sich einem Gebäudetyp – Rechteckbau mit Mittelgang – zuordnen, der von zahlreichen *villae* bekannt ist, aber auch noch bei spätrömischen Militäranlagen wie z. B. in Alzey vorkommt. Der Gebäudetyp wird als befahrbarer Speicher-

Abb. 135
Grenzach. Umgestürzte Westmauer des Speichers.

bau interpretiert, bei dem die beiden Innenmauern als Begrenzung eines erhöhten Fahrwegs dienten.

Vetustate conlapsum

In jüngerer Zeit wurden in Baden-Württemberg und der Nordschweiz in römischen Siedlungen vermehrt im Verband umgestürzte Mauern beobachtet, die als Hinweis auf ein Erdbeben gewertet wurden, das im 3. Jahrhundert zu größeren Zerstörungen in diesem Raum geführt haben soll. Das Grenzacher Gebäude wurde dagegen, nachdem die beiden Innenmauern bereits abgerissen worden waren, planmäßig verlassen, wie der „besenreine" Zustand im Inneren des Gebäudes zeigt. Einige Zeit nach dessen Aufgabe stürzte nun das Dach in den Innenraum des Gebäudes. Auffällig ist, dass aus dem Dachziegelschutt kein einziger vollständig zu rekonstruierender Ziegel geborgen werden konnte, auch lagen insgesamt kaum größere Ziegelbruchstücke vor. Es scheint, dass die größeren Ziegelfragmente, die noch in nachrömischer Zeit ein begehrtes Baumaterial darstellten, aus dem Dachversturz des ruinösen Gebäudes aufgesammelt wurden.
Da sich zwischen Dachversturz und verkippter Außenmauer eine Erdschicht abgelagert hat, in der einige Tierknochenfragmente lagen, ist sicher, dass der Einsturz des Dachs und das Umstürzen der Mauer nicht zeitgleich stattfanden. Was schließlich zum Umstürzen der Außenmauer im Verband führte, ist unbekannt, ein Erbebenereignis in römischer Zeit scheidet als Ursache jedoch aus. Auch im benachbarten Augst, dessen Befunde Ausgangspunkt der Erdbebentheorie waren, wird ein Erdbebenereignis im 3. Jahrhundert zunehmend kritisch beurteilt.

Spätlatènezeitliche Funde

Obwohl bereits durch die Sondagen der Jahre 1985/86 bekannt war, dass sich unter den römischen Schichten vorrömische Siedlungsspuren abzeichneten, war es dennoch eine Überraschung, dass unterhalb des Laufniveaus des Speichers eine spätlatènezeitliche Potinmünze (Abb. 136) geborgen werden konnte. Die Münze gehört zu der Gruppe der als „Sequanerpotin" bezeichneten Münzen, die seit dem späten 2. Jahrhundert v. Chr. verbreitet waren. Die Ausführung des Porträts sowie die Legende „DOCI" auf dem Avers zeigen, dass das Stück bereits einem jüngeren Typ der Sequanerpotinmünzen zuzuweisen ist, dessen Herstellungszeitraum im zweiten Drittel des 1. Jahrhunderts v. Chr. lag. Zwar stammen aus der Schicht, aus der die Münze geborgen wurde, wenige weitere spätlatènezeitliche Funde, wie z. B. Wandbruchstücke einer campanischen Weinamphore, Baubefunde, die erlauben würden, Aussagen über die Struktur der spätlatènezeitlichen Besiedlung in Grenzach zu treffen, liegen aber leider nicht vor.

Abb. 136
Grenzach. Spätlatènezeitliche Sequanerpotinmünze.

Abschließend sei den Mitgliedern der „Arbeitsgruppe Archäologie" des Vereins für Heimatgeschichte Grenzach-Wyhlen e. V. gedankt, die als ehrenamtliche Mitarbeiter während der gesamten Grabungskampagne einen wichtigen und ständigen Teil des Grabungsteams bildeten. Ohne ihre Mitarbeit und tatkräftigen Einsatz wäre die archäologische Untersuchung in dieser Form nicht möglich gewesen.
Dank gebührt auch der Gemeinde Grenzach-Wyhlen für die organisatorische Unterstützung.

Lars Blöck

Literaturhinweise

U. Herbermann, Grenzach-Wyhlen, Grenzach (LÖ). Römischer Gutshof. In: D. Planck (Hrsg.), Die Römer in Baden-Württemberg (Stuttgart 2005) 91–93; E. Richter, Die große Villa von Grenzach und ihre Nebengebäude in der Kronacher Straße. In: Ders., Römische Siedlungsplätze im rechtsrheinischen Vorfeld von Augst. Sonderh. Ver. Heimatgesch. Grenzach-Wyhlen e. V. 2001 (Schopfheim 2001) 17–25; G. Fingerlin, Arch. Ausgr. Baden-Württemberg 1996, 158–160.

Eine römische *villa* auf der Trasse der Bundesstraße 464 in Sindelfingen, Kreis Böblingen

Vielerorts ist die Qualität der über das Internet mittlerweile allgemein zugänglichen Luftaufnahmen so gut, dass auf ihnen auch archäologische Denkmale erkennbar und exakt zu lokalisieren sind. Diese Tatsache birgt für die Archäologische Denkmalpflege neue Herausforderungen, aber auch Chancen. Für eine römische Fundstelle westlich von Sindelfingen führte ihre Nachweismöglichkeit über die durch einen weltweit tätigen Internetdienst zur Verfügung gestellten Luftaufnahmen zu einer späten, aber noch rechtzeitigen Berücksichtigung im Rahmen eines Neubauvorhabens.

Die Villa „Todwar"

Zur Entlastung mehrerer Ortsdurchfahrten westlich der Automobilstädte Böblingen und Sindelfingen wird gegenwärtig die Bundesstraße B 464 nach Norden verlängert. Ihre gut 7 km lange Neubautrasse zwischen Renningen und Sindelfingen-Darmsheim verläuft dabei größtenteils durch bislang rein landwirtschaftlich genutzte Flächen, auf denen verschiedene archäologische Denkmale bekannt sind oder vermutet werden. Bei einer der betroffenen Fundstellen handelte es sich um den bereits Eduard Paulus d. J. Ende des 19. Jahrhunderts bekannten römischen Gutshof auf der Gewann „Todwar" südwestlich von Sindelfingen-Maichingen. Das Denkmal war auch in der Folgezeit aufgrund von ausgepflügten Lesefunden nie ganz in Vergessenheit geraten. Seine exakte Lokalisierung und vor allem denkmalpflegerische Bewertung gelang allerdings erst mit Hilfe neuerer Luftbilder. Dabei zeigte sich, dass die projektierte Straßentrasse einen Teil der Hofanlage durchschneidet. Das betroffene Areal wird daher bis zum Frühjahr 2009 im Rahmen einer Rettungsgrabung untersucht.

Zur Gutsanlage

Bei der römischen Siedelstelle handelt es sich um eine der gerade für das mittlere Neckarland typischen *villae rusticae.* Ihr wirtschaftlicher Hintergrund dürfte eng mit der römischen Militärpräsenz am Neckar- bzw. Vorderen Limes verbunden gewesen sein. Nur anderthalb Leugen entfernt lag der Straßenvicus von Sindelfingen, der durch die zuletzt 2006 erfolgten Untersuchungen zumindest als Unterzentrum für die ländliche Besiedlung der Region anzusprechen ist.
Die Untersuchungen umfassten den südwestlichen Teil der Hofstelle. Freigelegt wurden drei Steinbauten und verschiedene römerzeitliche Holz- und Steinbefunde. Ältere oder jüngere Befunde fehlen. Das Hauptgebäude, anhand der Luftbildbefunde als Eckrisalit-Villa mit einer rund 24 m breiten Hauptfront ansprechbar, liegt außerhalb der künftigen Straßentrasse und wurde nicht ausgegra-

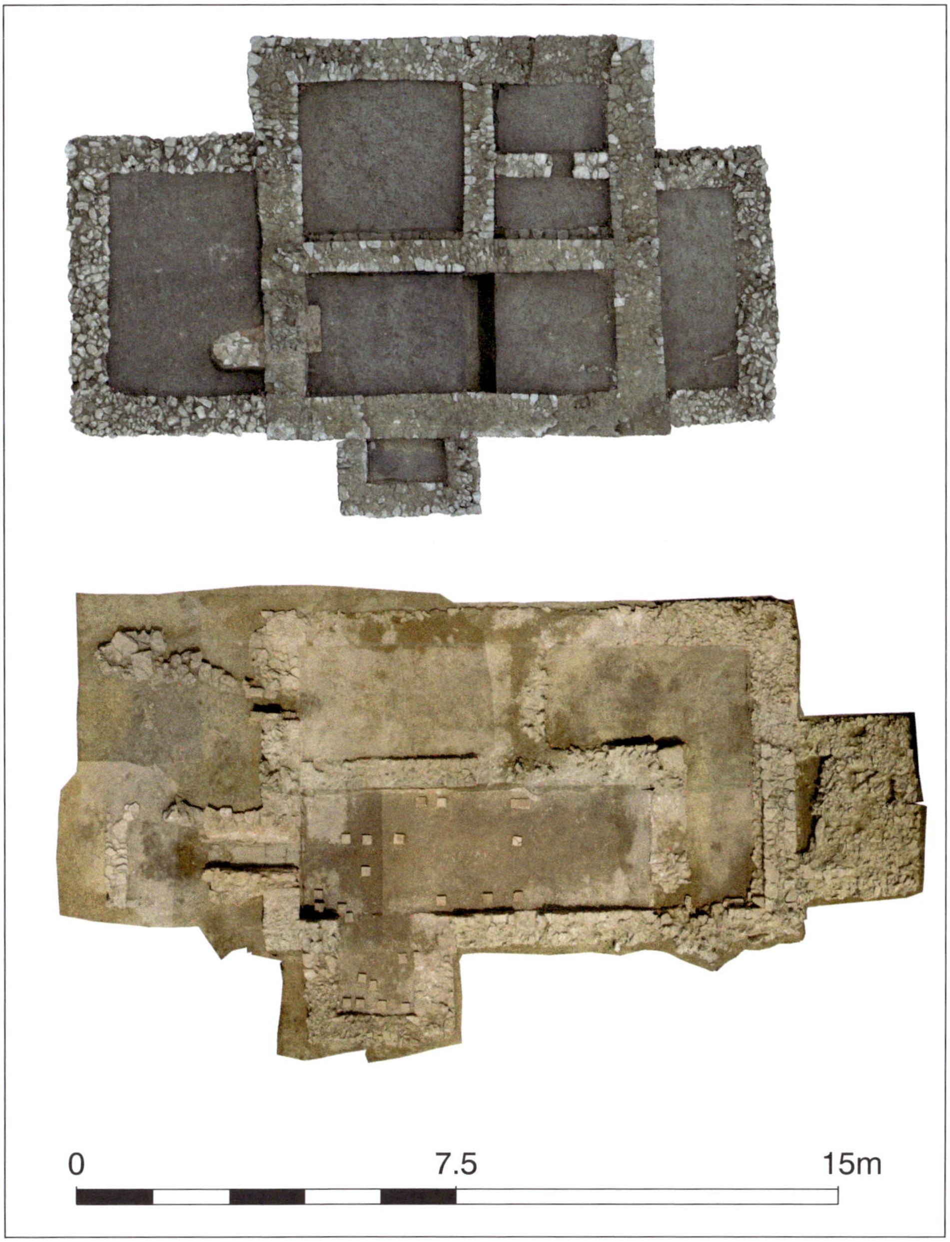

Abb. 137 Sindelfingen, Gutshof „Todwar". Im direkten Vergleich zeigen die beiden Bäder trotz ihrer verschiedenen Grundformen große Übereinstimmungen.

ben. Es bleibt nach Fertigstellung der Baumaßnahmen innerhalb einer Grünfläche als archäologisches Reservat im Boden erhalten. Insgesamt dürfte lediglich ein Drittel der Gesamtfläche des Gutshofes aufgedeckt worden sein. Dabei zeigte sich, dass im Detail auch dieser Gutshof Besonderheiten bietet, die unsere Kenntnisse der ländlichen römischen Besiedlung im zweiten und der ersten Hälfte des 3. Jahrhunderts vergrößern.

Als älteste Bauphase lässt sich anhand rechtwinklig zueinander verlaufender Grabenzüge eine Holzbebauung feststellen. Aus dem Fundament der in einer späteren Bauphase in Stein ausgeführten Hofeinfriedung stammt ein gut erhaltener, subaerater Denar des Trajan (116/117 n. Chr.). Dass der Gutsbetrieb wirtschaftlich schon früh prosperierte, verrät der Blick auf die freigelegten Steinbauten: Außer dem sicherlich repräsentativ ausgebauten Hauptgebäude besaß die *villa rustica* zwei Badegebäude. Sie lagen 28 m bzw. 47 m vor der nach Südwesten weisenden Front des Wohnhauses.

Zwei Badegebäude

Bei den beiden als Ringtypus ausgeführten Anlagen handelt es sich um Bäder, wie sie für ländliche Anlagen dieser Größenordnung typisch sind. Das näher am Haupthaus gelegene Bad (Abb. 137, oben) zeigt einen annähernd quadratischen Kernbau mit 8 m Seitenlänge, an den im Norden, Süden und Westen schwächer fundamentierte, rechteckige Räume angebaut waren. Bei dem im Nordwesten gelegenen Anbau dürfte es sich um einen Heizraum gehandelt haben, da sich hier die Reste eines *praefurniums* erhielten, das den größten Raum des Kernbaus – wohl das *caldarium* mit 15 m^2 Innenfläche – beheizte. Hypokausten, Estriche oder Wasserleitungen ließen sich nicht mehr feststellen. Die Innenfläche des weiter vom Haupthaus entfernt gelegenen Badegebäudes war insgesamt etwa gleich groß, seine Form jedoch mit Seitenlängen von 10,5 m auf 6,5 m rechteckig (Abb. 137, unten). Auch hier waren dem Kernbau auf drei Seiten im Südwesten, Nordosten und Nordwesten weitere Räume vorgesetzt. Ein großes *praefurnium* im Südwesten beheizte einen 17 m^2 großen langgestreckten Raum im Inneren – wohl das nur unwesentlich größere *caldarium* dieses Badehauses. Die erhaltenen Reste der Hypokaustanlage zeigen, dass der im Südwesten vorspringende Risalit ebenfalls beheizt war. Die Lage von *frigidarium* und *tepidarium* sowie der Eingang in das Badegebäude lassen

Abb. 138 Sindelfingen, Gutshof „Todwar". Der Kalkbrennofen während der Freilegung. Gut zu erkennen sind die beiden nebeneinanderliegenden Schürlöcher und die erhaltenen Reste des Branntkalks.

sich nur anhand vergleichbarer Anlagen erschließen.
Da unmittelbar neben dem zuletzt beschriebenen Bad als jüngste Bauphase ein quadratisches Wirtschaftsgebäude mit knapp 11 m Seitenlänge errichtet wurde, scheint dieses Bad schon vor Ende der Gutsanlage aufgegeben worden zu sein. Nähere datierende Hinweise fanden sich nicht.

Ein durchdachter Kalkofen

Ein Befund am westlichen Rand der Hofstelle erlaubt vermutlich eine Aussage zum wirtschaftlichen Hintergrund des Gutsbetriebes: Über 40 m vom Haupthaus entfernt fand sich ein sicher römerzeitlicher Kalkofen (Abb. 138). Der Brennraum war D-förmig in den anstehenden Lösslehm eingetieft und mit Bruchstein ausgekleidet, das dahinterliegende Erdreich stark verziegelt. Die knapp 4 m breite Ofenfront im Südwesten besaß zwei nebeneinanderliegende Schürlöcher (Schnauzen). Die Füllung im Inneren bestand aus einer bis zu 30 cm starken Schicht ungelöschten Kalks (Branntkalk) über den Resten des nicht durchgeglühten Brenngutes aus unterschiedlich großen Kalksteinbrocken. Größe des Innenraumes sowie Ausführung und Weite der Befeuerungsöffnungen lassen sich gut mit den Befunden der bekannten Kalkbrennöfen der niederrheinischen Legionen aus Iversheim im Kreis Euskirchen vergleichen. Verbunden mit der Tatsache, dass nahe des Gutshofes bis heute der lokal anstehende Muschelkalk in industriellem Maßstab zur Gewinnung von Baustoff (Zement) genutzt wird, legt der Befund nahe, dass die Bewohner des römischen Gutshofes auch bereits mit Herstellung und Verkauf von Branntkalk Geld verdienten und ihre Erwerbstätigkeit nicht ausschließlich auf landwirtschaftliche Produkte beschränkten.

Abschließend sei zunächst den Mitarbeitern des Baureferates West im Regierungspräsidium Stuttgart für die reibungslose Zusammenarbeit, aber auch den Landwirten entlang der Neubautrasse für ihr Entgegenkommen herzlich gedankt. Mein besonderer Dank gilt den freiwilligen Helfern während der Grabungsmonate, allen voran Herrn Hagen Digel, Frau Anja Seidel und Herrn Roland Buggle.

Andreas Thiel

Literaturhinweis

D. Ade-Rademacher, Arch. Ausgr. Baden-Württemberg 2006, 128 ff.

Frühe Alamannen und ein neues Gebäude (L) in der römischen Gutsanlage von Hechingen-Stein, Zollernalbkreis

Nach den Arbeiten der letzten Jahre am Nordwestturm und an der westlichen Umfassungsmauer wurden 2008 die Ausgrabungen nördlich außerhalb der Hofmauer fortgesetzt und der südlich und westlich an den Turm anschließende Bereich untersucht. Wie schon in einem nur einen Meter breiten Streifen nördlich außerhalb der Hofmauer beobachtet, zeigte sich auch hier eine massive Anhäufung von Fundmaterial, vorwiegend Scherben, wenig Metall und Knochenreste. Das Spektrum der Keramik lässt sich nicht nur auf die schon im letzten Bericht erwähnte Nutzung des Turmes als Küche zurückführen. Angesichts der großen Menge an Speisegeschirrresten, auch Terra sigillata, entsteht der Eindruck, dass hier – ebenso wie nördlich der Hofmauer – Abfall aus dem gesamten Gutsgelände entsorgt wurde.

Alamannen in Hechingen-Stein

Zu dem erwähnten Fundmaterial gehören drei Wandscherben, die nicht in provinzialrömischen Kontext einzuordnen sind. Ihr Ton ist mit Quarzsand gemagert und die Keramik von Hand aufgebaut; zwei Bruchstücke zieren parallel angeordnete Kammstrichlinien (Abb. 139). Es handelt sich um Keramik elbgermanischer Provenienz, wie sie zum Beispiel aus Basel-Kleinhüningen bekannt geworden ist. Durch ihre Datierung noch in das 3. Jahrhundert n. Chr. zählen die Scherben zu den ältesten Belegen der frühen Völkerwanderungszeit in unserem Raum. Sie weisen zwar auf eine frühe Präsenz der Alamannen in der Gutsanlage von Hechingen-Stein hin, aber beim derzeitigen Stand reicht das Fundmaterial noch nicht aus, um von einer dauerhaften Besiedlung zu sprechen. Eine solche wird wohl erst mit den in den ersten Grabungskampagnen beim Haupt- und Badegebäude entdeckten und sich überlagernden Grundrissen von Holzhäusern der späten Landnahme fassbar. Funde des 6. bis 8. Jahrhunderts sind seit der Wiederaufnahme der Grabungsarbeiten 1992 in der Gutsanlage einige bekannt geworden. Alle frühmittelalterlichen Funde sollen in der kommenden Saison des Freilichtmuseums in einer gesonderten Ausstellung gezeigt werden.

Abb. 139 Hechingen-Stein. Frühalamannische Scherben mit Kammstrichverzierung.

Die umgestürzte Hofmauer

Bei der Fortführung der Untersuchungen der nördlichen Hofmauer wurde deutlich, dass diese in ihrem weiteren Verlauf Richtung Osten durch den enormen Hangdruck noch im Mörtelverband umgestürzt war: Neben den in Reihen liegenden Versturzsteinen ist sogar das Mauerfundament nach Süden gedrückt worden. Ein Teilstück dieses Befundes wird konserviert werden, um den Besuchern des Freilichtmuseums auch die Widrigkeiten der weithin bevorzugten Hanglage von Gutsanlagen zu demonstrieren.

Das neu entdeckte Gebäude L

Nördlich des Turmes wurde schon 2007 in einem Profil die Fundamentecke eines bislang unbekannten Gebäudes sichtbar (Abb. 140). Seine Untersuchung stellte die vordringliche diesjährige Arbeit dar. Das Gebäude liegt einen Meter vom Turm entfernt, ist gleich ausgerichtet und besitzt mit einer Nord-Süd-Ausdehnung von 9,5 m und einer Breite von 5,4 m einen deutlich größeren Grundriss. Eine Ost–West gerichtete Binnenmauer teilt dieses Haus in zwei gleich große Räume von jeweils knapp über 13 m^2 Grundfläche. Das Fundament ist, wie in Hechingen-Stein häufig bei frühen Bauten beobachtet, aus Rätsandsteinen errichtet. Aufgehendes Mauerwerk ist ebenso wie das ehemalige Laufniveau nicht erhalten. Aufgrund der stratigrafischen Einbindung ist gesichert, dass es vor oder während der Erbauung des Eckturmes

abgerissen worden war. Wahrscheinlich nutzte man die Steine der abgebrochenen Mauern für den Bau des Turmes und der Hofmauer. Auffällig ist, dass das Fundament südlich der Quermauer 0,40 m tiefer liegt als nördlich davon. Wahrscheinlich wurde das Fundament dem Gelände angepasst. Da nur das Fundament erhalten war, könnte der Grund hierfür auch auf eine Zweiphasigkeit des Gebäudes zurückzuführen sein, ohne dass dies am Befund abzulesen wäre.
Die ehemalige Funktion des Baus ist derzeit noch unklar. Es wird im Laufe der Ausgrabungen, die sich die letzten Jahre auf die Hofmauer und die direkt angrenzenden bzw. integrierten Gebäude konzentrierten, immer deutlicher, dass das gesamte Gutsgelände während seiner rund 160-jährigen Besiedlung große Veränderungen erfahren hat. Im Zuge des Baus der Hofmauer, die – soweit sie bisher bekannt ist – erst in das 3. Jahrhundert zu datieren ist, wurden nachweislich mindestens zwei bestehende Gebäude abgebrochen. Dies scheint, was den unmittelbaren Bereich der Anlage betrifft, für eine Verkleinerung des Gutshofes zu sprechen. In diesem Zusammenhang sind die Grabungen durch das Referat 25 Denkmalpflege des Regierungspräsidiums Tübingen an einer vermuteten Erweiterung der Hofummauerung im Talgrund südwestlich davon von besonderer Bedeutung.

Stefan Schmidt-Lawrenz

Abb. 140 Hechingen-Stein. Überblick über das neu entdeckte Gebäude L.

Literaturhinweise

St. Schmidt-Lawrenz, Alamannen im römischen Gutshof von Hechingen-Stein. In: D. Ade/ B. Rüth/ A. Zehkorn (Hrsg.), Alamannen zwischen Schwarzwald, Neckar und Donau (Stuttgart 2008) 68; ders., Die römische Gutsanlage von Hechingen-Stein. Führer arch. Denkmäler Baden-Württemberg 21 (Stuttgart 1999) 62 ff; St. Schmidt-Lawrenz/D. Steinmaier, Arch. Ausgr. Baden-Württemberg 2006, 147 ff.

Grabräubern auf der Spur. Die abschließende Ausgrabungskampagne im geplanten Neubaugebiet Pattonville, Gde. Remseck, Kreis Ludwigsburg

Nachdem im Zuge der archäologischen Rettungsgrabungen im Bereich des Neubaugebietes „Pattonville Gardens“ bei Remseck bereits in den Jahren 2006 und 2007 zahlreiche vorgeschichtliche und römische Siedlungsbefunde sowie große Teile eines neu entdeckten merowingerzeitlichen Friedhofs ausgegraben und dokumentiert werden konnten, wurden im Jahr 2008 die archäologischen Rettungsgrabungen im Sommer abgeschlossen. Zwischen März und Juli konnten die restlichen, noch nicht überbauten Areale

Abb. 141
Remseck-Pattonville. Gesamtplan des merowingerzeitlichen Friedhofs nach Abschluss der Ausgrabungen im Juli 2008.

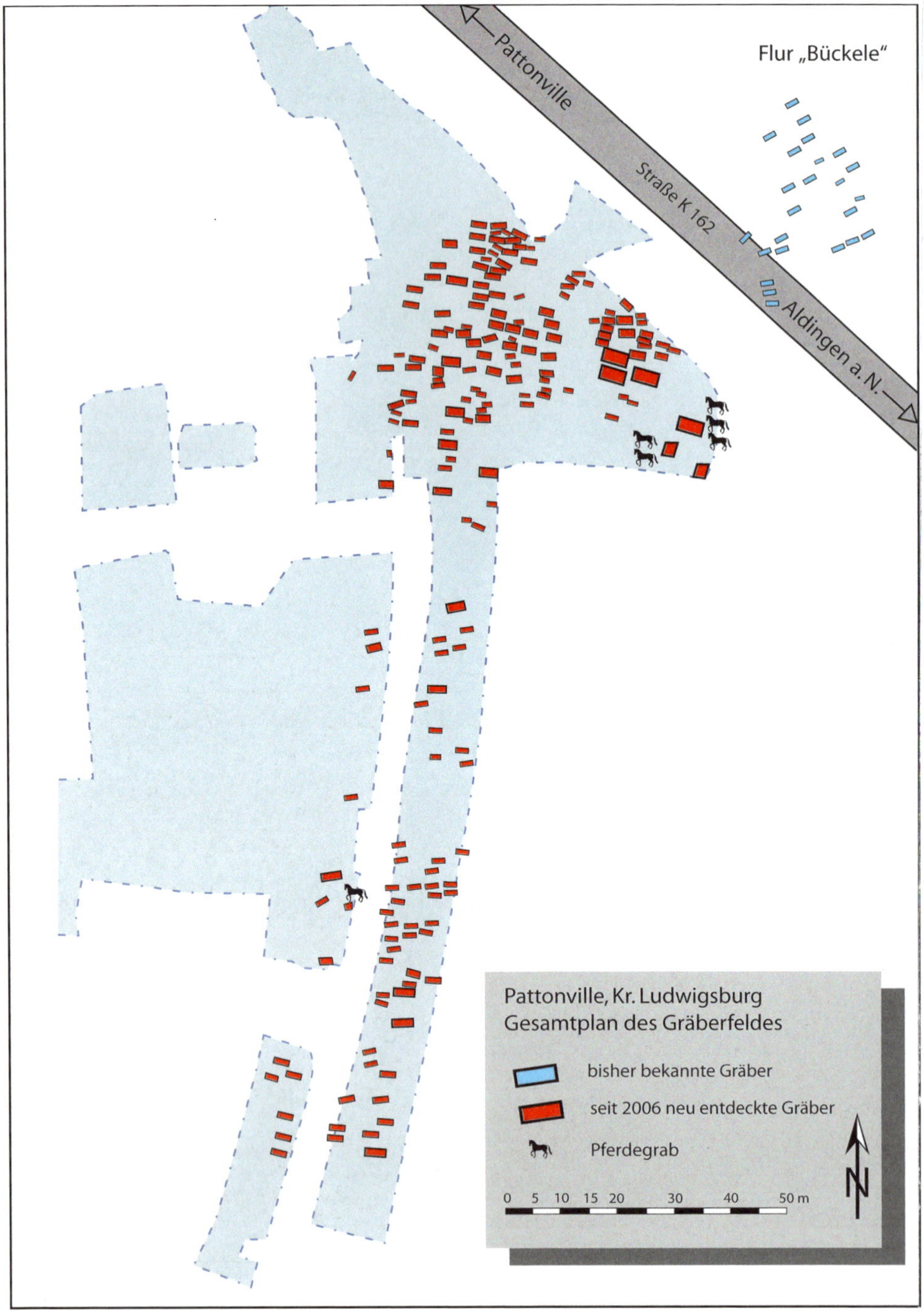

des 15 ha großen Erschließungsgebietes untersucht werden, wobei sich die Feldarbeiten vor allem im nordöstlichen Abschnitt der Bauflächen konzentrierten, wo noch zahlreiche Gräber des frühmittelalterlichen Friedhofs im Boden lagen.

Der „neue" Friedhof

Bereits nach der ersten Grabungskampagne im Jahr 2006 hatte sich gezeigt, dass das Friedhofsareal um die kleine Gräbergruppe der Nekropole von Remseck-Aldingen in der Flur „Bückele“ wesentlich größer dimensioniert war als ursprünglich angenommen. Nun beläuft sich nach Abschluss der Ausgrabungsarbeiten die Zahl der freigelegten Bestattungen auf weit über 220.

Leider wird nicht mehr zu entscheiden sein, ob die kleine Nekropole in der Flur „Bückele“ lückenlos in das neu entdeckte Gräberfeld von Pattonville überging oder ob ein belegungsfreier Streifen die beiden Friedhöfe voneinander trennte: Zum einen ist schon zu Beginn der 1970er Jahre beim Bau der Kreisstraße zwischen Pattonville und Remseck nicht das gesamte Terrain flächig aufgedeckt worden, zum anderen wurde die südliche Straßenböschung der Kreisstraße im Zuge der aktuellen Erschließungsmaßnahmen unbeobachtet abgegraben, so dass an dieser wichtigen Stelle eine „befundfreie“ Lücke klafft.

Ein Blick auf den Gesamtplan (Abb. 141) zeigt, dass die Ausdehnung des „neuen“ Friedhofs weit in südliche Richtung reicht. Während der westliche Rand der Nekropole erfasst zu sein scheint, liegt die östliche Grenze im Ackerland außerhalb der zur Bebauung vorgesehenen Fläche, so dass über die einstige Größe der Nekropole derzeit noch keine endgültigen Angaben zu machen sind. Im untersuchten Areal lassen sich mehr oder weniger auffällige Gruppierungen von Gräbern nachweisen, die durch befundfreie Zonen voneinander getrennt sind. Hinsichtlich der Orientierung der Grabgruben lässt sich beobachten, dass die Gräber der „neuen“ Nekropole mehr oder weniger einheitlich in West- (Kopf) Ost-Richtung ausgerichtet waren, während bei den Grablegen der Aldinger Gräbergruppe eine deutliche Orientierung in Südwest-Nordost-Richtung vorherrschte.

Eindrucksvolle Spuren der frühmittelalterlichen Grabräuber

Auch die während der diesjährigen Grabungskampagne freigelegten Grablegen waren mehrheitlich schon in antiker Zeit Opfer von gezielten und planmäßigen Plünderungen geworden, so dass insgesamt die Beraubungsquote bei weit über 90 % der Gräber angesetzt werden muss.

Aufgrund der guten Befunderhaltung im Lösslehm ließen sich bei vielen Grablegen nicht nur die von den Plünderern im Grab zurückgelassenen Relikte feststellen, sondern vielmehr lässt sich anhand der Spuren der Grabräuber stellenweise ihr rücksichtsloses Vorgehen präzise rekonstruieren.

Während in den meisten Fällen Raubschächte im Bereich der Grabgruben eine zielgerichtete Taktik anzeigten, können beispielsweise im Fall von Befund 577 sogar mehrere Plünderungsversuche nachgewiesen wer-

Abb. 142
Remseck-Pattonville, Befund 577. Oben: Die Sondierungsspuren der Grabräuber im Bereich des Grabes sind mit Pfeilen markiert und als Hohlräume zu erkennen. Unten: Auch im Schnitt waren die Spuren der Stocherstangen als nur locker verfüllte Hohlräume gut herauszupräparieren.

den. Während der ersten Beraubung stießen die Plünderer im Zentrum der Grabgrube mittels eines Schachts bis auf die Grabsohle vor. Schon dieser erste Eingriff zog eine vollständige Störung und Umlagerung der sterblichen Überreste eines nach Ausweis der Knochen wohl jugendlichen Individuums nach sich.

Offenbar in einem späteren „Durchgang" wurden Teile des Friedhofs abermals von Plünderern heimgesucht, die zunächst einmal die Gräber auf noch vorhandene Hohlräume, d. h. ungestörte Särge oder Grabkammern prüften. Dies geschah mit Stocherstangen, wohl aus Eisen. Spuren dieser „Methode" ließen sich bei mehreren Gräbern beobachten, besonders im Bereich der Grabgrube von Befund 577 waren sie als nur locker verfüllte Hohlräume eindrucksvoll erhalten. Runde Eindrücke von Stocherstangen zeigen deutlich, dass zur Sondierung der Grab- bzw. Sargerhaltung der gesamte Bereich der Grabgrube flächig in Abständen abgestochert wurde (Abb. 142, oben). Dabei rammten die Grabräuber ihre Stocherstangen senkrecht und schräg in den Boden, wie es dank eines Profilschnitts durch das Grab nachgewiesen werden konnte (Abb. 142, unten).

Ähnliche Spuren fanden sich im Gräberfeld von Eußenheim (Unterfranken). Dort wurde bei insgesamt dreizehn Gräbern die vergleichbare Beobachtung gemacht, dass Einstichlöcher von den – wohl eisernen – Sondierstangen als Hohlräume erhalten waren.

Abb. 143 Remseck-Pattonville. Byzantinisches Bronzegeschirr aus einem der großen Kammergräber im Nordosten des freigelegten Friedhofsareals.

Kammergräber und Pferdebestattungen

Obwohl, wie bereits erwähnt, die Plünderungen der Grabräuber umfassend und beträchtlich waren und nahezu alle Gräber betrafen, lässt sich dank einiger übersehener oder zurückgelassener Fundstücke bzw. aufgrund außergewöhnlicher Befunde auch eine Reihe einstmals überdurchschnittlich ausgestatteter Grablegen nachweisen. Vor allem am nordöstlichen Rand der Grabungsfläche zeigen die Reste großer Kammergräber die Bestattungsplätze von sozial höhergestellten Mitgliedern der Siedlungsgemeinschaft an. Drei dicht beieinanderliegende, ähnlich dimensionierte Grabkammern mit Größen von ca. 4,2 m × 3,2 m waren alle stark beraubt, obwohl sie deutlich tiefer eingegraben waren als die übrigen Grabgruben. Von den Bestatteten waren nur noch stark verworfene, spärliche Skelettreste erhalten. Die Balken der hölzernen Grabkammern waren noch deutlich als lange, ca. 15–20 cm breite Verfärbungen bzw. in Holzresten selbst zu erkennen. Auch von den Kammerböden konnten Partien noch in Form versinterter Holzspuren dokumentiert werden. Die spärlichen Beigabenreste, die von den Grabräubern zurückgelassen wurden, lassen dennoch die hohe Qualität der einstmaligen Ausstattungen der Grabkammern erahnen. In allen drei Kammern zeugen Reste von Zier- und Schmuckelementen aus Edelmetall von der prächtigen Ausstaffierung der Toten. Auch Speise- und Trinkgeschirr fand sich in den Kammern in unterschiedlicher Ausprägung: vollständige Sturzbecher aus Glas, Daubeneimer, Bronzebecken und ein großer Teller aus Zinn mit Speisebeigaben. Hervorzuheben sind Kanne und Becken eines byzantinischen Bronzegeschirrs (Abb. 143), die – in eine Umhüllung aus organischen Materialien eingeschlagen – an der nördlichen Kammerwand noch in situ angetroffen wurden. Diese

äußerst seltenen und qualitätvollen Stücke unterstreichen die einstmalige Bedeutung der hier bestatteten Toten.

Zusätzlich wurden in unmittelbarer Nachbarschaft der Kammergräber mehrere Pferdebestattungen freigelegt, die sicherlich den Toten der großen Grabkammern zuzuordnen sind. In zwei Gruben waren insgesamt fünf Pferde bestattet. Die beiden Pferde aus Befund 208 lagen in Nord-Süd-Richtung ausgerichtet in einer länglichen Grube, wobei die beiden Tiere symmetrisch einander gegenüber niedergelegt wurden. Wenig nördlich davon, ebenfalls in einer rechteckigen, ca. 3,9 m × 2,7 m großen Grube lagen drei weitere Pferde (Abb. 144). Beigaben bzw. Reste der Schirrung wurden bei keinem der Pferde beobachtet.

Insgesamt zeigte sich im Verlauf der Ausgrabungen des merowingerzeitlichen Friedhofs von Pattonville, dass mit den neuen Gräbern auch die Besiedlungsgeschichte der Gegend im frühen Mittelalter neu zu beurteilen ist. Tatsächlich war der Platz also nicht nur im 5. Jahrhundert von einer kleineren Gemeinschaft als Friedhof genutzt worden, sondern es bestatteten offenbar bis ins 7. Jahrhundert die Angehörigen einer Dorfgemeinschaft ihre Toten auf dieser Nekropole. Obwohl die Beraubungsquote sehr hoch und die Hinterlassenschaften der Grabräuber spärlich waren, kann dennoch aufgrund einiger außergewöhnlicher Stücke auf eine wohlhabende Bevölkerungsgruppe geschlossen werden, deren Siedlungsplatz jedoch nach wie vor unbekannt ist.

Unser Dank gilt Herrn Dipl.-Ing. M. Göring, Fa. Richard Mayer (RMS) für vielfältige Unterstützung und vor allem Herrn Prof. W. Schwinge, Stuttgart, für die verständnisvolle und stets konstruktive Zusammenarbeit.

Jörg Bofinger, Przemyslaw Sikora

Literaturhinweise

J. Bofinger/P. Sikora, Arch. Ausgr. Baden-Württemberg 2007, 142 ff.; dies., Reihenweise ausgeraubt: Beobachtungen zum Grabraub im frühen Mittelalter. In: F. Brunecker (Hrsg.), Raubgräber – Schatzgräber. Ausstellungskat. Biberach (Stuttgart 2008) 48 ff.; U. Koch, Stätten der Totenruhe – Grabformen und Bestattungssitten der Franken. In: Die Franken – Wegbereiter Europas. Ausstellungskat. Mannheim (Mainz 1996) 723 ff.

Abb. 144
Remseck-Pattonville. Pferdebestattungen in unmittelbarer Nachbarschaft der ausgeraubten großen Kammergräber im Nordosten der Ausgrabungsfläche.

Die Beobachtung von organischen Resten in den frühmittelalterlichen Gräbern von Pattonville, Gde. Remseck, Kreis Ludwigsburg

Organische Reste auf Grabfunden sind in den letzten Jahrzehnten als Quelle relevanter Informationen zu Bestattungsriten früherer Zeiten immer weiter ins Bewusstsein von Archäologen und Restauratoren gerückt. Ausgehend von den jüngsten Funden aus dem Gräberfeld von Pattonville sollen im Folgenden zum einen die gelungene Ergänzung von Archäologie und Restaurierung, zum anderen deren aktuell bestehende Grenzen beleuchtet werden. Obwohl die Mittel der Analyse und Konservierung von organischen Resten beim derzeitigen Stand der Dinge eingeschränkt sind, ist es dennoch als Fortschritt zu bewerten, diese Grenzen ausloten zu können. Nur durch die Berücksichtigung der organischen Reste und deren Bergung ist die Chance gegeben, konservatorische Konzepte für diese wichtigen Fundmaterialien überhaupt entwickeln zu können.

Viele Gräber des Gräberfeldes Pattonville lassen anhand einzelner Fundgegenstände noch erahnen, wie reich die Toten ursprünglich bestattet waren. Automatisch liegt hier der Rückschluss nahe, dass auch kostbare Textilien mit ins Grab gegeben wurden. Das Spektrum an organischen Materialien, das in frühmittelalterlichen Gräbern zu erwarten ist, geht jedoch über Textilien hinaus. Vielmehr ist daneben auch mit Bast, Rinde und anderen pflanzlichen Materialien zu rechnen. Üblicherweise sind die Bedingungen im Boden für deren Erhalt sehr ungünstig, und es ist im Grunde die Ausnahme, wenn mehr als nur die üblichen Fragmente in der unmittelbaren Nähe von Metallfunden auftreten. Die Reste, die bis heute erhalten sind, zeigen also in der Regel einen mehr oder weniger stark ausgeprägten Abbau, was eine eindeutige Identifikation der organischen Materialien sehr schwierig macht. Aus denselben Gründen ist auch eine Konservierung organischer Reste aufgrund fehlender adäquater Konzepte größtenteils nicht möglich. Derzeit muss also eine umfangreiche Dokumentation als Grundlage für die Auswertung durch die Archäologie, speziell die Textilarchäologie, dienen.

Abb. 145 Remseck-Pattonville. Bestattung einer Frau (Bef. 568). Das gesamte Grab ist von einer flächigen schwarzen Verfärbung überzogen.

Befund 568

An dem Grab einer Frau – einem der wenigen unberaubten Gräber – konnten bereits während der Ausgrabung im Gelände auffallend dunkle, flächig über die gesamte Bestattung verteilte Verfärbungen festgestellt werden (Abb. 145). Eine genauere Betrachtung vor Ort zeigte, dass hier mehrere Schichten organischen Materials vorlagen, weshalb es sich nicht allein um die Reste der hölzernen Grabkammer handeln konnte. Um den Gesamtbefund unter Laborbedingungen näher begutachten zu können, wurde das gesamte Grab en bloc geborgen (Abb. 146). Unterhalb des Kinns der Toten lagen im Wirbelsäulenbereich an der linken Körperseite zwei Miniaturbügelfibeln sowie im Lendenbereich ein Paar Fünfknopfbügelfibeln, die einen komplexen Befund auch für die Textilarchäologie sowie Rückschlüsse auf die Trageweise der Fibeln versprachen. Die vollständig mit organischem Material bedeckten, regelrecht davon umschlossenen Stücke ließen mehr erwarten als die oftmals nur auf den Rückseiten von Fibeln beobachteten Reste wie Textil und Leder. Auch zeigte sich eine deutliche, etwa 3 cm breite, bandförmige schwarze Verfärbung am linken Oberschenkel, die einen massiven Ring aus Bronze, wohl ursprünglich zum Gürtelgehänge gehörend, sowohl von oben wie auch von unten umschloss.

Die Identifizierung der organischen Reste

In Zusammenarbeit mit der Textilarchäologin des Landesamtes für Denkmalpflege, Dr. Johanna Banck-Burgess, wurde das organische Material in der direkten Umgebung der Objekte sowie auch im gesamten Befund mikroskopisch untersucht und dokumentiert. Die Reste auf der Oberfläche der einen Fünfknopfbügelfibel zeigen einen dreischichtigen Aufbau (Abb. 147). Die mittlere Schicht ist am massivsten und besitzt einen holzähnlichen Charakter, besteht jedoch laut J. Banck-Burgess nicht aus Holz, sondern vielmehr aus Bast oder Rinde. Dieses Material findet sich nicht nur auf der Fibel, sondern auf der

Abb. 146
Remseck-Pattonville, Befund 568. Die Ganzkörperbestattung wird im Block geborgen.

Abb. 147
Remseck-Pattonville, Befund 568. Paarig getragene Fünfknopfbügelfibeln aus Silber, feuervergoldet. Links: Fibel (2006-91-574) nach der Restaurierung, rechts: Fibel (2006-91-575) noch nicht freigelegt und mit Resten des organischen Schichtpaketes auf der Oberfläche.

gesamten Oberfläche des Grabbefundes. Möglicherweise handelt es sich hierbei um eine zusätzliche flächige Abdeckung, die über die Tote gelegt wurde. Die organische Schicht unmittelbar auf der korrodierten Fibeloberfläche besteht aus pflanzlichen Resten mit einzelnen Pflanzenhalmen. Auf der bastähnlichen Schicht sind Fragmente zu erkennen, die sich anhand gebündelter Fasern in Z-Drehung als Reste textilen Gewebes ansprechen lassen. Aufgrund des schlechten Erhaltungszustandes ist dessen Bindungsart nicht bestimmbar.

Auf der Rückseite der Fibel, in unmittelbarer Nähe zur Nadelrast, ließ sich durch die charakteristische Struktur von Leder ein Lederriemchen identifzieren.

Die Auswertung der organischen Materialien an dem angeführten Beispiel zeigt, dass eine Ansprache dieser oftmals stark abgebauten Reste nur möglich ist, wenn charakteristische Merkmale eines Materials zu erkennen sind. Im Falle des oben genannten Gewebes ist beispielsweise nur ein Fragment eines Fadens für dessen Identifizierung als Textil verantwortlich. Schwierig wird es bei organischen Resten, deren Abbaugrad so weit fortgeschritten ist, dass die Oberfläche keine spezifischen Kennzeichen mehr aufweist. Hier greifen die üblichen visuellen Methoden wie Mikroskopie nicht mehr, so dass darüber hinaus naturwissenschaftliche Untersuchungen angewendet werden müssen, die aufgrund des schlechten Erhaltungszustandes des zu untersuchenden Materials ebenfalls an ihre Grenzen stoßen.

Abb. 148
Remseck-Pattonville. Henkel der Bronzekanne mit Umwicklung aus bastähnlichem Material in Fundlage.

Zum Erhalt organischen Materials auf den Objekten

Gerade die organischen Reste ermöglichen die Dokumentation wichtiger Fundzusammenhänge, die über die Aussagekraft des einzelnen Objektes hinausgehen. Deshalb besteht gemeinhin der Wunsch, diese Reste in Verbindung mit dem Objekt erhalten zu können. Doch gerade hier stößt die Konservierung an ihre Grenzen, da die üblichen Konservierungsmethoden bei den stark abgebauten, aber feuchten organischen Materialien nicht erfolgreich angewendet werden können. So verhielt es sich auch bei dem Befund 532, der bis auf einen Eiseneimer, ein Keramikgefäß sowie das herausragende byzantinische Bronzegeschirr (Becken und Kanne) vollständig antik beraubt war. Hier wurde schon bei der Ausgrabung an den beiden Gefäßen aus Bronze eine deutliche Ummantelung mit einem organischen Material beobachtet. Am Henkel der Kanne beispielsweise konnte eine Umwicklung nachgewiesen und dokumentiert werden (Abb. 148). Dabei handelte es sich um ein stark abgebautes, durch Wasser gequollenes, bastähnliches Material. Seine Konservierung in Verbindung mit der Kanne konnte nicht realisiert werden, so dass sich die Abnahme des gesamten organischen Materials anbot. Das bastähnliche Material von der gesamten Kanne sowie die holzähnliche Substanz von der Oberfläche des Beckens wurden bis zur Konservierung in eine Klimakammer verbracht.

Ausblick

Neben zwei Kindergräbern wurden in Pattonville zwei weitere Ganzkörperbestattungen en bloc geborgen. Die Auswertung der organischen Reste in den Blöcken verdeutlichte, wie wichtig eine systematische Erfassung der gesamten organischen Bestandteile in den Gräbern ist. Es zeigte sich, dass Teilblöcke aus den Gräbern zwar wichtige Informationen beinhalten, jedoch lediglich Ausschnitte des Gesamtbildes vermitteln können. Gerade Pattonville als Beispiel für eine große Fülle von sehr gut bis sehr schlecht erhaltenen organischen Befunden macht deutlich, dass Gesamtblöcke bei entsprechendem Erhaltungszustand demgegenüber wesentlich mehr Aufschlüsse liefern können. Gleichzeitig zeigt das Gräberfeld Pattonville die Grenzen der Analyse- und Konservierungsmöglichkeiten von schlecht erhaltenen organischen Befunden. Auf diesem Gebiet muss folglich die Konservierungsforschung vorangetrieben werden.

Nicole Ebinger-Rist

Literaturhinweise

K. Travis, Organic Materials from the Neolithic Lake-Dwelling Sites of Zurich 1850–2005. In: Archäologische Textilfunde. NESAT IX, North European Symposium for Archaeological Textiles, Braunwald, Mai 2005 (Ennenda 2007) 17–24. – C. Ward/D. Giles/D. Sully/D. J. Lee, The Conservation of a Group of Waterlogged Neolithic Bark Bowls. Studies in Conservation 41, 1996, 241–249.

Noch mehr merowingerzeitliche Grabhügel aus Biengen „Obere Hippenäcker", Gde. Bad Krozingen, Kreis Breisgau-Hochschwarzwald

Seit 2001 ist bekannt, dass sich am Ortsrand von Biengen drei merowingerzeitliche Grabhügelgruppen befinden. Zwei kleinere liegen im Gewann „Untere Hippenäcker", wobei die westliche Grabhügelgruppe ein reiches Frauengrab mit einer großen Goldscheibenfibel zutage brachte. Ein dritter, größerer Bestattungsplatz liegt an der „Krozinger Straße", eine aufwendige Hügelgruppe, die beim Bau einer Mehrzweckhalle zum Vorschein kam. Es handelte sich dabei um einzelne Bestattungen mit Kreisgräben und teils außergewöhnlicher Ausstattung. Teile dieser Grabkammern sowie die wieder aufgeschütteten Grabhügel wurden in ein sehr ansprechendes Freilichtmuseum integriert. Auf der anderen Seite der Kreisstraße nach Offnadingen liegt der nördliche Teil dieser Grabhügelnekropole. Er entspricht mit seinen ca. 1100 m² den Abmessungen des geplanten Regenrückhaltebeckens, das Anlass zur Grabung gab. Hier haben die Grabungen des Jahres 2008 den Hinweis auf vier ehemalige Grabhügel unterschiedlicher Größe mit einem Durchmesser von 8–10 m erbracht. Anders als im Südteil der Nekropole konnten hier keine Kreisgräben festgestellt werden. Die Hügel geben sich jedoch im Plan durch den freigelassenen Raum um die Zentralbestattungen zu erkennen (Abb. 149). Diese waren in der Regel beraubt, da die Hügel schon von Weitem sichtbar waren.

Am Fuß dieser Hügel und in den schmalen Freiflächen dazwischen fanden sich weitere Gräber, die offensichtlich nicht gekennzeichnet waren, da sie unberaubt blieben. Obwohl ein Wechsel der Orientierung der Gräber nicht erkennbar ist – anders im Südteil des Friedhofs –, nehmen sie wohl Bezug auf die jeweilige Zentralbestattung unter den einzelnen Hügeln, was als Hinweis auf eine familiäre Beziehung zu der darin bestatteten Person gewertet wird.

Mit der Freilegung von 35 Gräbern der diesjährigen Grabung ist die Grenze des Gräberfeldes im Norden und Osten erreicht. Im Wes-

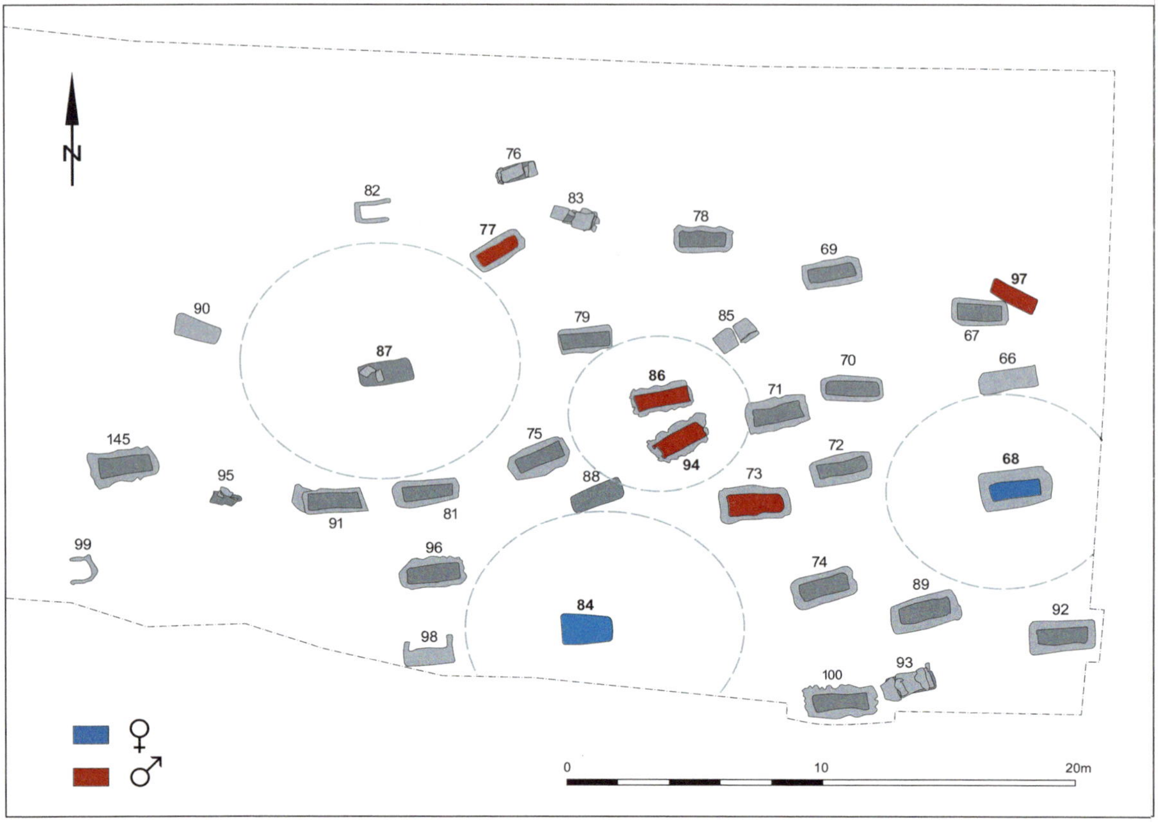

Abb. 149 Biengen „Obere Hippenäcker". Plan des Nordteils der Nekropole. Gestrichelt: rekonstruierte Grabhügel; gerastert: Gräber. Blau Männergräber, rot Frauengräber, die im Text erwähnt werden.

ten, dem Ortsrand zu, zieht der gewachsene Lössboden nach oben, und die Gräber sind zum großen Teil der Erosion zum Opfer gefallen.

Grabformen, Bestattungen und Funde

Vier ehemalige Grabhügel zeichnen sich ab. Die männlichen Zentralbestattungen der größeren Grabhügel waren beraubt (Grab 68, 84) bzw. wurden durch die Erosion zerstört (87). Dazwischen – wohl unter einem kleineren Hügel – lagen zwei Frauengräber (Grab 86, 94). Nur geringe Reste der einstigen Ausstattung sind erhalten geblieben. Anhand dieser kann teilweise noch das einstige Grabinventar rekonstruiert werden.
Grab 68 fällt durch seine besondere Bauweise und Ausstattung auf: Es maß außen 2,50 m × 1,50 m und war als zweischalige Steinkiste in Trockenmauertechnik konstruiert, für die man Handquader römischer Ruinen verwendet hat (Abb. 150). Die Grabwände waren mit Mörtel verputzt, was sehr selten ist, der Boden mit kleinen Kalksteinen gepflastert. Mit dieser aufwendigen Bauweise ahmte man wohl die Sitte der romanischen Bestattungsweise in Sarkophagen nach. Von der ursprünglichen Grababdeckung hat sich nichts erhalten. Möglicherweise gehört eine im Osten der Steinkiste gelegene Steinplatte (0,50 m × 0,40 m) dazu. Der Sporn im Grab weist den Bestatteten als Reiter aus. Die zu erwartenden Angriffs- und Schutzwaffen wie Spatha und Schild fehlen bei der ersten Durchsicht des noch nicht restaurierten Materials. Es fanden sich noch eine abwech-

selnd mit großen bronzenen Knöpfen und kleinen Ziernieten verzierte Saxscheide sowie eine silbertauschierte Gürtelschnalle und Riemenzungen als Reste des ehemaligen Saxgürtels.
Beim zweiten beraubten Zentralgrab 84 handelt es sich um ein schlichtes Erdgrab. Die Knaufplatte eines Sax, ein dreiteiliger tauschierter Gürtel sowie eine Bronzeschnalle mit Kerbschnittverzierung und eine Riemenzunge weisen noch auf die ursprüngliche reiche Ausstattung hin.
Zwischen den beiden größeren Grabhügeln lagen unter einem kleineren Hügel zwei reich ausgestattete Gräber, von denen das nördliche beraubt war. Auch in dem unberaubten Steinkistengrab 94 lag die Wirbelsäule der Toten nicht mehr im Verband. Dies erklärt vielleicht, warum die Scheibenfibel mit silbernem Deckblech, das mit Einlagen aus grünem und weinrotem Glas sowie Filigranauflagen in kreuzförmiger Anordnung verziert war, mit der Schauseite nach unten lag (Abb. 151). Zum Schmuck gehörten ferner eine Kette aus Glasperlen und Bernstein, große Ohrringe aus Bronze mit doppelkonischen Enden mit Punzverzierung sowie ein bronzener Ring.
Weitere drei außergewöhnliche Frauenbestattungen in Steinkisten fallen auf. In Grab 77, das möglicherweise im Bezug zum westlichsten Grabhügel steht, wurde ein junges Mädchen mit seinem Schmuck bestattet, bestehend aus einer Halskette, einem bronzenen Kolbenarmring, dem Bruchstück eines silbernen Ohrrings, einer bronzenen Viereckfibel mit Eckrundeln mit Emailleeinlagen, ferner einem Bronzegehänge mit Toilettebesteck und einer Amulettkapsel (Bulla). In Grab 72 fand sich neben Halsschmuck und einer einfachen Gürtelschnalle rechts der Toten in Kniehöhe eine Ringfibel aus Eisen. Grab 97, ein einfaches Erdgrab, zeichnet sich neben seinem Perlenreichtum – darunter auch Bernstein – und Silberohrringen durch eine tauschierte Gürtelschließe mit Beschläg im Beckenbereich, also in Fundlage, sowie eine bronzene Riemenzunge im Fußbereich aus, die wohl zur Schuhgarnitur gehört. Tauschierte Gürtelschnallen sind relativ ungewöhnlich in Frauengräbern. Die Tiefe dieser Gräber unterscheidet sich kaum von den sie um-

Abb. 150
Biengen „Obere Hippenäcker". Blick in das gestörte Reitergrab 68.

Abb. 151 Biengen „Obere Hippenäcker". Silberne Scheibenfibel aus Grab 94 mit Kreuzsymbolik.

gebenden Gräbern, lässt also bisher keine weiteren Schlüsse zu.

Die nördliche Grabhügelgruppe der Nekropole an der Krozinger Straße mit ihren reichen Gräbern bestätigt die Einschätzung von G. Fingerlin, der Biengen als einen Ort mit Mittelpunktfunktion im südlichen Breisgau sieht. Die archäologischen Quellen legen die Vermutung nahe, dass es in Biengen im Frühmittelalter neben dem frühmittelalterlichen Dorf „Bihingen" und dem Herrenhof einer reichen Adelsfamilie auf dem Kirchhügel – heute Standort von Schloss und Pfarrkirche –, zu dem die reiche Grabhügelgruppe an der Krozinger Straße gehörte, noch zwei weitere Höfe gab, die ihre Toten in den kleineren Hügelgruppen in den „Unteren Hippenäckern" bestatteten.

Unser Dank gilt den freiwilligen Helfern, die uns auf der Grabung unterstützt haben: Frank Abert, Julia Breitenbacher, Johannes Köhler, Günther Heuchemer, Ursula Nauwerck, Sigmar Diehl und Willibald Frey. Ferner möchten wir uns bei Herrn Ortsvorsteher Edgar Fader sowie der Gemeinde Bad Krozingen, vertreten durch Herrn Dietmar Gündisch und Herrn Bürgermeister Dr. Ekkehardt Meroth für die gute Zusammenarbeit und Unterstützung bedanken sowie bei Prof. Dr. G. Fingerlin, der großen Anteil an unserer Arbeit nimmt und sie mit hilfreichen Hinweisen und Diskussionen begleitet.

Andrea Bräuning

Literaturhinweise

G. Fingerlin, Merowingerzeitliche Grabhügel in Biengen, Gde. Bad Krozingen, Kreis Breisgau-Hochschwarzwald. Arch. Ausgr. Baden-Württemberg 1999, 164–167; ders., Ein seltener Befund: Stand eines „Kistenbettes" in einer merowingerzeitlichen Grabkammer von Biengen, Gde. Bad Krozingen, Kreis Breisgau-Hochschwarzwald. Ebd. 2000, 150–153; ders., Weitere Grabhügel der Merowingerzeit in Biengen, Gde. Bad Krozingen, Kreis Breisgau-Hochschwarzwald. Ebd. 2001, 152–154.

Archäologische Nachgrabungen anlässlich der Bergung des Steinsargs in Stühlingen, Kreis Waldshut

Im Sommer 2007 wurden – wie im letzten Band dieses Jahrbuchs berichtet – beim Bau der Erdgashochdruckleitung in der zehn Meter breiten Trasse vierzehn merowingerzeitliche Gräber freigelegt, darunter ein Steinsarg mit angebauter Steinkiste aus massiven Kalksteinplatten. Diesen östlich des Rheins einzigartigen Fund galt es im Sommer 2008 zu bergen und in das Zentrale Fundarchiv nach Rastatt zu verbringen so

wie abzuklären, ob zu dieser Doppelgrablege eine bisher nicht gefasste Holzkirche gehört. Dazu wurde die Fläche der Grabung nach Süden in Richtung Wutach erweitert.
Bei den Ausgrabungen, die sich an die Bergung des Steinsargs anschlossen, konnten keine Pfostenspuren ermittelt werden, die Hinweis auf einen Holzbau gegeben hätten. Dafür kamen knapp unter der Oberfläche weitere herausragende Gräber zum Vorschein, die teils ausgeraubt bzw. bereits durch den Pflug gestört waren.

Steinkreise und Steinkisten

Im Süden des Gräberfelds lagen zwei von Steinplatteneinfassungen umgebene Gräber (Abb. 152). In dem größeren Steinkreis befand sich eine Steinkiste aus senkrecht gestellten Steinplatten (Grab 18). Die aufwendige Anlage und die Ausstattung der darin bestatteten Frau mit Perlenkette, einer Gürtelschnalle aus Eisen, einer Bronzeschnalle für die Taschenaufhängung sowie zwei kleinen Bronzeschnallen einer Schuhgarnitur sprechen für den gehobenen Stand der Verstorbenen. Das unmittelbar nördlich benachbarte Grab 30 war ebenfalls aufwendig konstruiert. Innerhalb des Steinkreises befand sich eine mit großen Steinen eingefasste weitere Frauenbestattung. Zu der ursprünglichen Ausstattung gehören eine Perlenkette, eine Schuhgarnitur und ein Gürtel mit einer Eisenschnalle.
Um diese beiden Steinkreise gruppieren sich sieben beraubte Steinkisten, von denen das Männergrab 35 mit einer dreiteiligen tauschierten Gürtelgarnitur, einer Lanze und einem Sax, dessen Scheide mit Nieten und Knöpfen verziert war, besonders auffällt. Sicher handelt es sich bei diesen Bestattungen um Mitglieder der gleichen Familie.
Steinplatteneinfassungen mit Steinkisten sind

Abb. 152
Stühlingen. Die außergewöhnliche Grabgruppe im Süden mit Steinplatteneinfassung (Grab 18 und 30). Blick nach Westen.

im Regierungsbezirk Freiburg äußerst selten. Die nächste Parallele für eine Grabhügelgruppe mit Steinplatten findet sich im Eggwald bei Überauchen, Gde. Brigachtal, im Schwarzwald-Baar-Kreis.

Doppelbestattungen

Zwischen diesen herausragenden Grablegen – dem Steinsarg mit angebauter Steinkiste im Norden und den Steinplatteneinfassungen im Süden der Nekropole – fanden sich interessanterweise drei weitere Doppelgrablegen (Abb. 153). Zweimal wurden die Toten in aneinandergebauten Steinkisten, die aus dem anstehenden Kalkstein gehauen wurden, beigesetzt. Im ersten Fall waren im nördlichen Grab eine Frau mit Perlenkette, Bommelohrring und kerbschnittverzierter Wadenbindengarnitur beigesetzt, im südlichen ein Mann, charakterisiert durch Feuerstahl

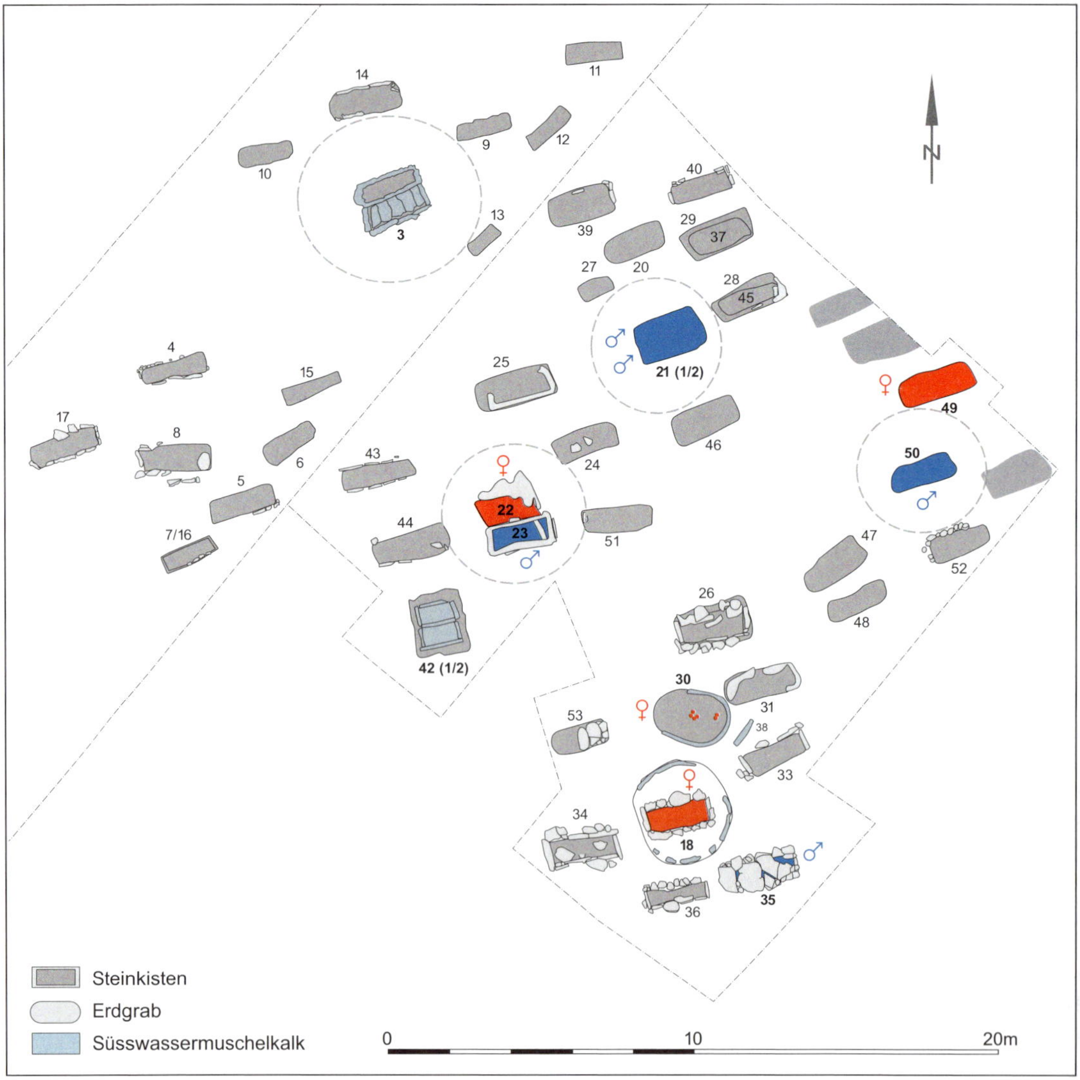

Abb. 153 Stühlingen. Gräberfeldplan mit den herausragenden Bestattungen. Gestrichelt: mögliche Grabhügel.

und Gürtelgarnitur (Grab 22/23). In den kleinen ausgeraubten Steinkisten mit den Innenmaßen 1,20 m × 0,60 m lagen zwei Kinder (Abb. 154). Angesichts der Beigaben waren es wohl ein Knabe und ein Mädchen (Grab 42 1/2). Bei den unmittelbar aneinandergebauten Steinkisten – wie man sie auch aus dem südbadischen Grenzach-Wyhlen, Kr. Lörrach, kennt – denkt man sofort an einen familiären Bezug. Da sich jedoch von den Skeletten nur wenig erhalten hat, wird sich dies bei beiden Doppelbestattungen anthropologisch kaum mehr nachweisen lassen.

In der dritten Doppelbestattung, einem Erdgrab, wurden zwei bewaffnete Männer (Grab 21 1/2) mit einander zugewandten Gesichtern bestattet. Wir befinden uns im Norden im älteren Teil des Friedhofs, der aufgrund eines 80 cm starken Kolluviums noch recht gute Erhaltungsbedingungen aufweist. Neben den Erdgräbern spricht auch das Trachtzubehör in Form je eines Gürtels mit Schilddornschnalle für eine Datierung dieser Kriegergräber in das 6. Jahrhundert. Beide trugen Saxe, das nördliche Grab enthielt zudem eine Schuhgarnitur. Eine genaue Durchsicht des Materials und der Röntgenaufnahmen der Metallgürtel sowie die Bearbeitung des Skelettmaterials werden klären, ob beide Krieger gleichzeitig bestattet wurden. Zeitlich passen sie zu den von Friedrich Garscha publizierten Gräbern „Schallerei", die 1951 bei Bauarbeiten zehn Meter weiter nördlich ausgegraben wurden, und dem Hinweis, dass schon früher im südlichen Nachbargrundstück Gräber entdeckt wurden.

Bestattungen von zwei bis drei Toten auf gleichem Niveau im selben Grab kommen vermehrt ab 600 n. Chr. vor – wie zum Beispiel in Niederstotzingen, Kreis Heidenheim. Manchmal lässt sich ein direkter Bezug der Bestatteten zueinander feststellen, wie eine Niederlegung Hand in Hand, mit untergehakten Armen oder wie in unserem Fall mit Blickkontakt.

Die isolierte Lage der Doppelbestattungen (21 1/2, 42 1/2, 22/23) sowie die Freiflächen zwischen den Gräbern sprechen für Grabhügel, auch wenn die umliegenden Gräber nicht radial um das jeweilige Zentralgrab angeordnet sind. Dies gilt auch für die sich weiter südlich anschließenden Steinplattenkreise, die als Einfassungen kleinerer Hügel zu betrachten sind.

Abb. 154 Stühlingen. Grab 42 1/2, Doppelsteinkiste mit den Bestattungen zweier Kinder.

Eine weitere Gräbergruppe, überwiegend aus Erdgräbern bestehend, fällt im Nordosten der Fläche auf. Grab 50 zeichnet sich durch den Sporn als Reitergrab aus und war mit Spatha, Sax sowie zwei tauschierten Gürtelgarnituren reich ausgestattet.

Zusammenfassend kann konstatiert werden, dass wir es hier mit einem außergewöhnlichen Befund zu tun haben, der das frühmittelalterliche Stühlingen unweit von Schleitheim in einem anderen Licht erscheinen lässt. Der Zustand der Gräber, die bereits im Pflughorizont liegen, zeigt, dass von Seiten der Archäologischen Denkmalpflege 2009 alles getan werden muss, um diesen einmaligen Befund zu untersuchen, bevor Erosion und landwirtschaftliche Bearbeitung ihn endgültig zerstören werden.

Die Grabungen 2008 wären ohne die Unterstützung ehrenamtlicher Mitarbeiter und Helfer nicht möglich gewesen. Wir danken besonders Herrn Siegmar Diehl, Herrn Franz Falkenstein, Herrn und Frau Frey, Herrn

Günther Heuchemer, Herrn Hessel, Herrn René Merz, Frau Ursula Nauwerck, Herrn Stefan Stamm, Herrn Silvio Stamm für die Unterstützung und ihr Engagement. Unser Dank gilt ferner all den anderen, die bei der aufwendigen Bergung und der anschließenden Grabung mitgewirkt haben. Herr Gerd Steinweg sowie Herr Richard Gross ermöglichten die Notgrabung auf ihrem Acker. Bedanken möchten wir uns auch bei Frau Bürgermeisterin Isolde Schäfer, Herrn Hartmut Kaiser vom Archäologischen Zentralarchiv in Rastatt sowie Herrn Prof. Gerhard Fingerlin für sein nicht nachlassendes Interesse an unserer Arbeit und seine Anregungen.

Andrea Bräuning

Literaturhinweise

F. Garscha, Die Alamannen in Südbaden. Germ. Denkmäler Völkerwanderungszeit 11 (Berlin 1970) 273 f. – A. Bräuning, Ein Steinsarg aus Stühlingen, Kreis Waldshut. Arch. Ausgr. Baden-Württemberg 2008, 148–151. – R. Dehn, Merowingerzeitliche Hügel bei Überauchen, Gde. Brigachtal, Schwarzwald-Baar-Kreis. Ebd. 1982, 173–176.

Ein unbekanntes Gräberfeld der jüngeren Merowingerzeit aus Langenenslingen, Kreis Biberach

Zum Fundort

Die Ortschaft Langenenslingen liegt am Nordrand Oberschwabens am Übergang von der Schwäbischen Alb in das südwestdeutsche Alpenvorland. Das heutige Dorf erstreckt sich unterhalb des markanten Südabfalls der Alb auf einer Länge von ca. 1300 m entlang des Biberbaches, der als starke Karstquelle beim Oberen Mühlenweiher nahe der Fundstelle entspringt. Die Ausdehnung des Straßendorfes, die bereits in dessen Namen zum Ausdruck kommt, wird vermutlich auf zwei zusammengewachsene frühgeschichtliche Siedlungskerne zurückzuführen sein. Tatsächlich liegen von archäologischer Seite einige Indizien vor, welche diese These unterstützen.
Während der Ort als *Ensilingen* um 935 erstmals urkundlich erwähnt wird, weist die Ortsnamenendung auf einen älteren Ursprung der Siedlung hin. Erste Hinweise hierzu erbrachten fünf Bestattungen, die bereits 1849 in einer Kiesgrube im Osten des Dorfes freigelegt wurden und deren Ausstattungen auf eine kleine separate Adelsnekropole der ersten Hälfte des 6. Jahrhunderts schließen lassen. Die Ausstattung eines der bestatteten Krieger mit Spatha, Franziska, Schild und vor allem dem Ango zeigt die Bedeutung der dort ansässigen Familie. So wird der Ango, ein Speer mit einer ca. 1 m langen Eisentülle und einem mit Widerhaken versehenen Blatt, als eine Art Rangabzeichen von Mitgliedern der führenden Schichten des fränkischen Reiches verstanden. Drei weitere, einfacher ausgestattete Gräber wurden 1926 im westlichen Ortsteil aufgedeckt, womit sich ein Einblick in die frühe Siedlungstopografie des Ortes bietet.

Das dritte Gräberfeld

Als im Nordosten des Neubaugebiets „Baumgarten“ eine weitere Parzelle bebaut werden sollte, wurden beim Abtrag des Mutterbodens einfache vorgeschichtliche Siedlungsspuren freigelegt, die eine verstärkte Aufmerksamkeit der Archäologischen Denkmalpflege erforderten. Überraschend schloss sich diesen Strukturen auf dem Nachbargrundstück ein dicht belegtes frühmittelalterliches Reihengräberfeld mit über 80 Bestat-

tungen an, die unter erheblichem Zeitdruck geborgen werden mussten. Trotz der widrigen Umstände konnte auf diese Weise ein bedeutender neuer Aspekt aus der Frühgeschichte Langenenslingens dokumentiert werden.
Über die ursprüngliche Ausdehnung des Friedhofs können nur eingeschränkte Aussagen gemacht werden. Zumindest wurde im Westen die Belegungsgrenze des Gräberfeldes erfasst, während im Norden eine Geländekante das Gräberfeld begrenzt. Im Südosten ist durch eine moderne Bebauung kein Aufschluss über die ehemalige Ausdehnung des Bestattungsplatzes mehr zu erwarten, und im Süden wird die untersuchte Fläche durch einen modernen Straßenkörper begrenzt. Jenseits der Straße ist nicht mehr mit weiteren Gräbern zu rechnen, wie ein Suchschnitt belegen konnte.
Die Grablegen waren überwiegend beigabenlos, und nur in wenigen Fällen fanden sich meist einfache Objekte wie Eisenschnallen, aber auch eine feine bronzene Riemenzunge mit Perlrandnieten (Abb. 155). Beigabenarmut und verschiedentlich nachgewiesene Nachbestattungen sind übliche Erscheinungen von Gräbern der jüngeren Merowingerzeit.

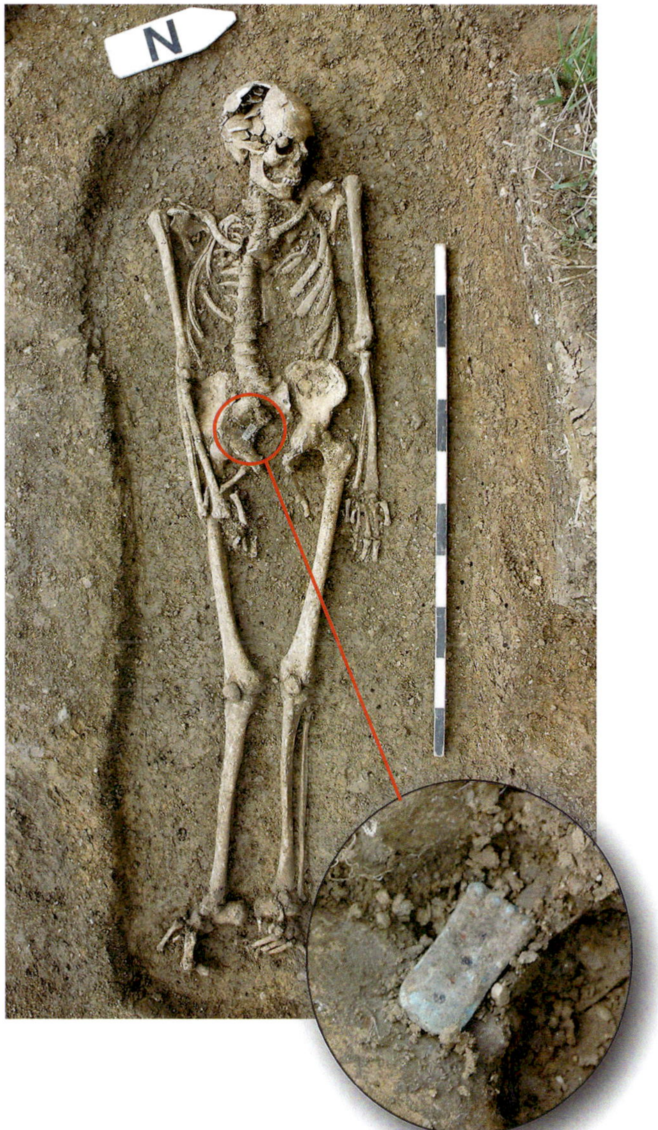

Abb. 155
Langenenslingen. Bestattung mit Riemenzunge im Hüftbereich.

Grabhügel und Zentralgrab

Eine Ausnahme bilden allerdings die Bestattungen der sozialen Oberschicht einer Gemeinschaft. Hier sind Beigabenausstattungen noch häufiger vertreten. In diesem Zusammenhang ist ein ca. 10 m im Durchmesser messender Kreisgraben zu nennen, in dessen Zentrum sich eine ca. 3,3 m × 2,2 m große Grabgrube befand. Offensichtlich handelt es sich um eine Grablege, die ehemals durch einen Hügel deutlich in der Landschaft gekennzeichnet war, in den in der Folge weitere Bestattungen eingebracht worden sind. Die geringe Grabtiefe dieser Nachbestattungen ist darauf zurückzuführen, dass die ehemalige Hügelaufschüttung heute nicht mehr erhalten war. Auch schneiden angrenzende Gräber meist den Kreisgraben und wurden damit erst nach dessen Verfüllung angelegt, so dass der Grabhügel bei seiner Errichtung noch separiert gestanden haben wird.
Da sich innerhalb des Zentralgrabes die Spuren eines größeren Raubschachtes abzeichneten, war davon auszugehen, dass nur geringe Überreste der ehemaligen Grabausstat-

tung aufzufinden sein würden. Tatsächlich stellt die antike Beraubung vor allem besser ausgestatteter Gräber keine Seltenheit dar. In den frühmittelalterlichen Schriftquellen wie den *Leges Alamannorum* wird diesbezüglich nicht umsonst der Grabraub explizit unter Strafe gestellt.

Bei der Freilegung des Grabes konnte festgestellt werden, dass sich in der Grabgrube ein Absatz befunden hat und zumindest eine Bestattung unterhalb dieses Absatzes in einer 2,3 m × 1,05 m großen Grube beigesetzt war. Vermutlich wurde der Erdsockel für die Holzabdeckung der kleinen Grabkammer verwendet, wie es in Dittigheim, Main-Tauber-Kreis, belegt ist.

Trotz der Beraubung fanden sich im Raubschacht und der Grabkammer einige bemerkenswerte Objekte, die zumindest Rückschlüsse auf die herausragende Qualität der ursprünglichen Ausstattung erlauben. Schon der aufwendige Grabbau ist üblicherweise auf Bestattungen von Personen mit hoher sozialer Stellung beschränkt, und tatsächlich bestätigten die verbliebenen Gegenstände diesen Eindruck. Darüber hinaus machen sie deutlich, dass es sich um die Grablege eines Mannes und die einer Frau gehandelt haben wird.

Eine anthropologische Auswertung der verstreut dokumentierten Knochen steht noch aus, aber offensichtlich fand die Beraubung erst statt, als die Körper bereits weitgehend vergangen waren, denn keiner der Knochen scheint sich noch im Sehnenverband befunden zu haben.

Abb. 156 Langenenslingen. Von der Beraubung verschonte Beigaben aus dem Zentralgrab.

Die Reste der Beigabenausstattung

Bei den erhaltenen Ausstattungsstücken der Frauenbestattung handelt es sich um sechs Glasperlen, davon zwei Millefioriperlen, Fragmente von mindestens drei Goldblechperlen sowie einen in Silberbändern gefassten Amethystanhänger (Abb. 156). Dieses ungewöhnliche Objekt könnte, vergleichbar den ebenso gefassten Bergkristallanhängern, ehemals Amulettcharakter besessen haben und als Gehänge am Körper getragen worden sein (freundl. Mitt. B. Päffgen). Die besondere Ausführung wird durch die Befestigung an einer noch im Ansatz erhaltenen Kette aus geflochtenem Silberdraht betont. Sowohl die Goldperlen als auch der Anhänger sind Beigaben, die nur in ausgesprochen „reich" ausgestatteten Frauengräbern zu finden sind. Einige der weiteren qualitätvollen Objekte sind hingegen eindeutig der Bestattung eines bewaffneten Mannes zuzuordnen (Abb. 156). Hierzu zählen die halbkugelförmigen Silberniete einer Saxscheide wie auch der feuervergoldete Silberbesatz einer Schwertperle. Von besonderer Qualität sind zwei feuervergoldete Silberbeschläge, die mit fein ausgeführtem Kerbschnitt im sogenannten Tierstil (Stil II) sowie Almandineinlagen verziert sind. Vermutlich waren die Beschläge ursprünglich an einem Spathagurt befestigt. Zwei Silberschnallen, von denen eine ebenfalls feuervergoldet ist, und ein bronzener Riemendurchzug sind ferner als Gegenstände aus dem Grab anzuführen.

Die Objekte lassen deutlich erkennen, dass es sich bei den beiden Verstorbenen um Mitglieder der ansässigen sozialen Oberschicht gehandelt haben wird, die dort im 7. Jahrhundert beigesetzt worden sind. Die Hinterbliebenen haben das Grab weithin sichtbar durch einen Grabhügel gekennzeichnet. Damit wird ca. ein Jahrhundert nach den Beisetzungen im Osten des heutigen Ortes Langenenslingen ein lokaler „Adel" erneut fassbar. Zu dieser Zeit wählte man jedoch ein anderes Areal im Westen des heutigen Dorfes als Friedhof, auf dem die gesellschaftliche Position dieser Familie deutlich erkennbar war.

Abschließend gilt es an dieser Stelle den vielen freiwilligen Helfern aus der Gemeinde und ganz besonders den Bauherren, der Familie Christ, zu danken, die es durch ihre Unterstützung ermöglichten, dass diese wichtigen Quellen der Frühgeschichte Langenenslingens dokumentiert werden konnten.

David Bibby, Jörg Bofinger, Dirk Krausse, Jonathan Scheschkewitz

Literaturhinweise

S. Walter, Das frühmittelalterliche Gräberfeld von Mengen, Kr. Breisgau-Hochschwarzwald. Materialh. Arch. Baden-Württemberg 82 (Stuttgart 2009). – I. Stork, Arch. Ausgr. Baden-Württemberg 1983, 199–202. – R. Christlein, Die Alamannen. Archäologie eines lebendigen Volkes (Stuttgart/Aalen 1979).

Taucharchäologische Untersuchungen im Quelltopf des Biberbachs in Langenenslingen, Kreis Biberach

Eine nie versiegende Quelle

Am nordwestlichen Ortsende von Langenenslingen, westlich der Oberen Mühle entspringt der Biberbach als starke Karstquelle mit einer ganzjährigen Schüttung zwischen 80 l und 560 l pro Sekunde. Die Quelle liegt ca. 1,5 km südlich des Albtraufs der Andelfinger Berge und geologisch innerhalb eines kleinen Oberjuravorkommens in der Zementmergel-Formation; sie ist von Moränen der Riß-Eiszeit umgeben. Hier treten an der Grenze zwischen Oberjuraschichten und Oberer Süßwassermolasse artesisch gespannte Wasser zutage, die auf der Albhochfläche versickern und in den Süßwasserkalken zirkulieren.

Heute stellt sich die Quelle als Quelltopf dar, der einen ovalen Teich mit einer Größe von ca. 32 m × 23 m bildet. Die maximale Tiefe des glasklaren Gewässers beträgt ca. 3,5 m und liegt im Bereich der Hauptaustrittsstellen des Quellwassers. Hier befindet sich eine ca. 8 m × 4 m große Stelle, deren sandiger Grund auch im Sommer keinen Bewuchs mit Wasserpflanzen aufweist. Sie ist kranzartig umgeben von einem ca. 2,5 m starken Paket aus sandig-mergeligem Material. In dem beschriebenen tiefen Bereich ist der Wasseraustritt so stark, dass der Sand an vielen Stellen hochgedrückt wird und es so am Grund zur Bildung von fontänenartigen Verwirbelungen kommt.

Das Gelände ist anthropogen stark überprägt; die Form des heutigen Weihers ist durch die Aufstauung des Biberbachs im Bereich der Oberen Mühle bedingt. Vor der Aufstauung des Baches dürfte der Wasserspiegel deutlich niedriger gelegen haben, wobei der eigentliche Quelltopf auf den ca. 30 m² großen, tiefsten Bereich des heutigen Teiches begrenzt gewesen sein könnte. Weniger wahrscheinlich, aber ohne eingehende geomorphologische Untersuchung nicht ausgeschlossen ist, dass die Quelle ursprünglich keinen Quelltopf bildete, sondern in Form eines Baches am Fuße eines felsigen Hangs entsprang; eine Situation, wie sie sich etwa bei der unweit gelegenen Quelle der Langwatte darstellt oder wie sie von der Echazquelle bei Lichtenstein bekannt ist.

Der Grund des Biberquelltopfs ist heute im Bereich der stärksten Quellen von einer sehr dünnen feinsandigen Schicht und einer darunterliegenden Kiespackung bedeckt. Offene Felsklüfte, wie man sie von anderen Karstquellen, etwa vom Blautopf kennt, sind am Biberquelltopf nicht sichtbar.

Angesichts der topografischen Situation im siedlungsgünstigen (aber oberhalb wasserarmen) Langenenslinger bzw. Warmtal und der Nachbarschaft zu zahlreichen durch Oberflächenfunde bekannten ur- und frühgeschichtlichen Siedlungsstellen liegt die Vermutung nahe, dass diese nie versiegende Quelle zu allen Zeit von Menschen aufgesucht und genutzt wurde.

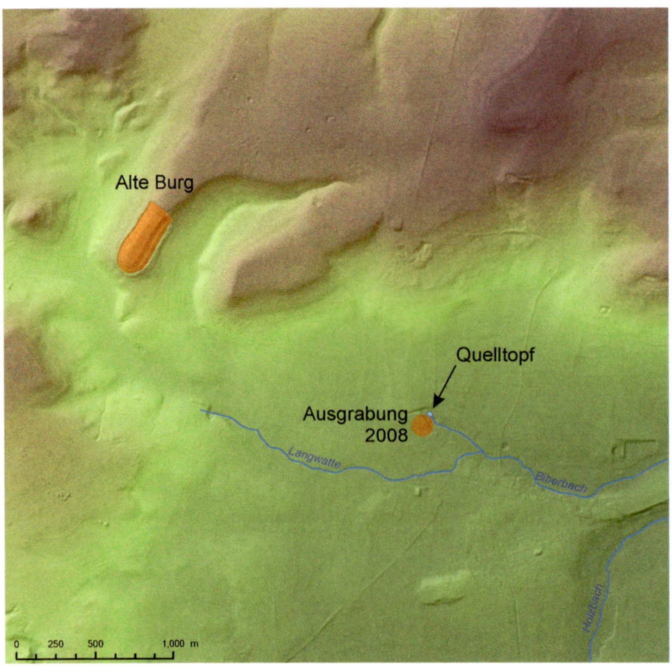

Abb. 157 Lage des Biberbach-Quelltopfs bei Langenenslingen, der befestigten frühkeltischen Siedlung auf der Alte Burg und des neu entdeckten frühmittelalterlichen Gräberfeldes mit benachbarter Siedlung.

Archäologisches Umfeld und Vorgehensweise

Ins Blickfeld der archäologischen Forschung rückte der Quelltopf aber erst durch die im Rahmen des Schwerpunktprogramms „Frühe Zentralisierungs- und Urbanisierungsprozesse“ der Deutschen Forschungsgemeinschaft im weiteren Umfeld der Heuneburg seit einigen Jahren laufenden Untersuchungen. Die Stelle befindet sich in Sichtweite, nur ca. 1,5 km südöstlich der Alte Burg und muss während der Hallstattzeit am Verbindungsweg zwischen Alte Burg und Heune-

burg gelegen haben (Abb. 157). Da hallstatt- und latènezeitliche Naturheiligtümer an Quelltöpfen oder auch Quellhöhlen etwa aus Ostfrankreich und der Schweiz bekannt sind, sollte im Rahmen einer kurzen taucharchäologischen Untersuchung sondiert werden, ob auch in der Biberquelle Hinweise auf eine profane oder kultische Nutzung vorliegen.
Zu diesem Zweck wurde vom 24. bis 26. Juni 2008 von den Forschungstauchern W. Hohl (Landesamt für Denkmalpflege, Arbeitstelle Hemmenhofen), A. Müller und Dr. M. Mainberger eine Einmessung mit anschließender Sondage im Bereich des stärksten Wasseraustritts nahe der tiefsten Stelle des Gewässers vorgenommen (Abb. 158). Innerhalb eines nur 1,1 m × 0,8 m großen, unten offenen rechteckigen Metallkastens wurde das sehr lockere Sediment langsam abgesaugt, in Fangsäcken gefiltert und anschließend außerhalb des Gewässers systematisch nach Artefakten durchsucht. Innerhalb des Kastens konnte das Sediment bis zu einer Tiefe von 60 cm abgesaugt werden. Die Kiesschicht setzt sich aber bis in eine Tiefe von mindestens 1 m unter dem ursprünglichen Gewässergrund fort. Es handelt sich um sehr lockeren Fein- bis Grobkies, überwiegend in Form stark abgerollter Kalksteine.

Abb. 158
Langenenslingen. Der Quelltopf des Biberbachs während der taucharchäologischen Untersuchungen im Sommer 2008.

Erstaunliche Erträge

Aus der mit knapp 0,9 m² extrem kleinen untersuchten Fläche kamen erstaunlich zahlreiche Artefakte zutage, neben neuzeitlicher Keramik auch mittelalterliche und vereinzelt römische Scherben, darunter auch ein größeres Fragment einer Reibschüssel. Erst in den tieferen Lagen fanden sich einige grobkeramische Scherben prähistorischer Prägung. Einige Wandscherben könnten hinsichtlich Körnung, Oberflächenbehandlung und Magerung durchaus hallstattzeitlicher Entstehung sein, lassen sich letztlich aber chronologisch nicht zuverlässig einordnen. Interessant sind auch wenige winzige Bronzefragmente und größere kohleartige Fragmente, bei denen es sich um Gagat oder Lignit handeln könnte. Bemerkenswert sind weiterhin Funde von Eisenschlackenbrocken aus dem Sediment, die nach freundlicher Auskunft von Dr. Guntram Gassmann wahrscheinlich ins Früh- bis Hochmittelalter zu datieren sind.
Hinweise auf Votivgaben, insbesondere Metallobjekte, die an ostfranzösischen bzw. schweizerischen Quellopferplätzen der Hallstatt- und Latènezeit inzwischen verschiedentlich belegt werden konnten, kamen nicht zum Vorschein. Hierbei ist jedoch zu berücksichtigen, dass bisher nur ein winziger Ausschnitt des Areals oberflächlich untersucht werden konnte. Der antike Grund der Quelle wurde dabei wahrscheinlich noch nicht erreicht, und auch die zahlreichen Nebenquellen, die sich in den Randbereichen des Teiches

befinden, wurden noch nicht prospektiert. Auch wenn sich die Hoffnungen, dass es sich bei dem Quelltopf des Biberbachs um ein hallstattzeitliches Naturheiligtum handeln könnte, bisher nicht erfüllt haben, hat sich unser Einsatz vor Ort dennoch bereits jetzt gelohnt: Bei einer beiläufigen Begehung eines unmittelbar südlich anschließenden Neubaugebiets konnten ein frühmittelalterliches Gräberfeld (siehe Beitrag D. Bibby u. a., S. 180 ff.), eine möglicherweise zugehörige frühmittelalterliche Siedlung und römische Siedlungsspuren entdeckt werden. Die Scherben- und Schlackenfunde aus dem Quelltopf werden mit diesen Siedlungsstellen in Zusammenhang stehen. Hallstattzeitliche Siedlungen dürften weiter nordöstlich, unterhalb einer weiteren Quelle am Fuß der Andelfinger Berge liegen.

Die taucharchäologischen Untersuchungen in Langenenslingen sollen im nächsten Jahr fortgesetzt werden.

Den Eigentümern des Quelltopfes, Herrn Miller und seiner Familie, danken wir für die freundliche Erlaubnis, die Untersuchungen auf ihrem Grund durchführen zu dürfen, für das entgegengebrachte Vertrauen und die vielfältige Unterstützung.

Dirk Krausse

Ein Gewerbegebiet voller Überraschungen – Frühmittelalterlicher Friedhof in Bärenthal, Kreis Tuttlingen

Anlass der Untersuchung

Im Dezember 2007 waren bei der Erschließung eines Grundstücks im Gewerbegebiet „Im Eschle" in Bärenthal von dem ehrenamtlichen Beauftragten A. Lehmkuhl menschliche Skelette in einem Kanalisationsgraben beobachtet worden, die zu einem bisher unbekannten Friedhof auf der Gemarkung gehören.

Grubenreste, ein brunnenartiger Befund mit Bruchsteinverschalung aus Kalksteinen, Eisenschlacken (Abstichschlacken von einem Verhüttungsprozess nach der ersten Einschätzung von Dr. G. Gassmann, Landesamt für Denkmalpflege) und einzelne hoch- und spätmittelalterliche Keramikscherben sowie solche der Donzdorfer Ware waren bereits 2003 am Rand dieses Gewerbegebietes südwestlich des heutigen Friedhofes dokumentiert worden. Ein Zusammenhang zwischen diesen Siedlungsresten und dem neu entdeckten Friedhof wurde zunächst vermutet.

Archäologisches Fundbild

Bisher ist auf der Gemarkung ein frühmittelalterliches Gräberfeld bekannt. 1967 waren beim Bau der L 440 zwischen Bärenthal und Nusplingen einzelne Funde aus verschiedenen Männergräbern geborgen worden. Die exakte Lokalisierung dieses Friedhofs auf Gemarkung Bärenthal ist jedoch nicht mehr möglich. Vor diesem Hintergrund sollten im Spätsommer 2008 durch eine Sondage die Ausdehnung und Datierung des Friedhofs im Gewann „Im Eschle" geklärt werden.

Belegungsdichte

Innerhalb einer Fläche von ca. 120 m^2 zeichnete sich bereits ab 0,15 m unter der Oberfläche der erste Belegungshorizont ab (Abb. 159). Insgesamt konnten in 33 Gräbern ca. 39 vorwiegend West–Ost ausgerichtete beigabenlose Individuen mit gut erhaltenen Skelettresten dokumentiert werden. Sie lagen auf engstem Raum sehr dicht ne-

beneinander und in mehreren Lagen übereinander. Bis in eine Tiefe von 1,50 m ließen sich drei Belegungshorizonte erkennen.
Die Toten waren in einfachen Erdgräbern ohne Grabeinbauten beigesetzt. Sargreste wurden nicht festgestellt. Aus den Grabverfüllungen und auf dem gesamten Areal wurden vorgeschichtliche Keramikscherben und Bohnerze geborgen, die vermutlich hangabwärts verlagert waren.
In den oberen Lagen waren die Grabgruben nicht zu erkennen (Abb. 159, gestrichelte Linie). Sie zeichneten sich erst in den tieferen Lagen ab (Abb. 159, durchgezogene Linie; Grab 27, 31–38, 40, 42). Im Gesamtüberblick ist eine Belegung in Reihen trotz Störungen, Überschneidungen, Überlagerungen und Nachbestattungen durchaus erkennbar; gleichzeitig deuten sich auch lockere Gruppierungen mit belegungsfreien Flächen an.
Neben den Einzelbestattungen fällt ein Komplex mit gestörten Mehrfachbelegungen (Abb. 159, Grab 13) aus dem Rahmen. Mindestens vier Individuen wurden auf engstem Raum beigesetzt, wobei die Skelette von früher Bestatteten zur Seite geschoben wurden (Abb. 160). Möglicherweise handelt es sich um zwei Grabgruben!
Bei der Doppelbelegung in Grab 11 wurde unmittelbar auf bzw. an der linken Seite einer älteren Bestattung ein zweites Individuum beigesetzt. Waren beide verwandt und sollte durch diese räumliche Nähe eine enge Verbundenheit im Tod hergestellt werden?

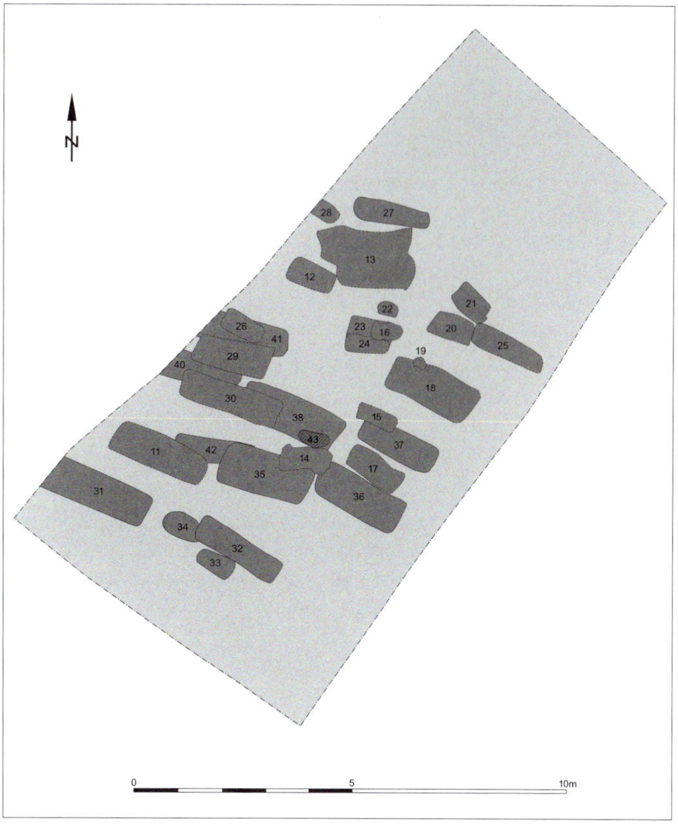

Abb. 159
Bärenthal, Gewann „Im Eschle". Gräberfeldplan. Gräber mit mindestens drei Belegungshorizonten. Gestrichelte Linie: Grabgrube nicht zu erkennen; durchgezogene Linie: Grabgrube zu erkennen.

Ausrichtung und Lage der Toten

Die Toten waren vorwiegend in West-Ost-Richtung, mit Abweichung von dieser Norm Nordwest–Südost, in gestreckter Rückenlage, mit parallel zum Körper liegenden Armen beigesetzt worden. Bei einigen Skeletten lagen die Arme unnatürlich eng am Körper. Diese Haltung weist auf eine Beisetzung in eng verschnürten Leichentüchern hin. Abweichend von dieser Regel ruhten die Hände des Individuums in Grab 25 im Becken, die Unterarme waren überkreuzt (Abb. 161).
Das Individuum aus Grab 21 war mit eng angezogenen Beinen auf der linken Seite als Hocker beigesetzt worden. Am Schädel wurden Tierknochen (mehrere Rippen) geborgen, die als Reste einer Fleischbeigabe gedeutet werden können (Abb. 162). Diese Hockerbestattung lag am Rand der Gräbergruppe, jedoch nicht isoliert. Warum war dieses Individuum abweichend von der Norm beigesetzt worden? War es womöglich eines unnatürlichen Todes gestorben? Hatte es eine andere Stellung innerhalb oder ein anderes Verhältnis zur Gemeinschaft?
Innerhalb dieses Gräberfeldausschnittes fallen die Säuglings- und Kinderbestattungen auf. Von 39 Individuen sind 15 als solche erkennbar (Grab 12, 14–17,19–24, 26, 33, 34, 43). Diese Kinder wurden mit der gleichen

Abb. 160 Bärenthal, Gewann „Im Eschle". Grab 13 mit Mehrfachbelegungen.

Sorgfalt und mit dem gleichen Aufwand bestattet wie die Erwachsenen, so dass ihre Bestattungsart keine Hinweise zu ihrer Stellung innerhalb der Gemeinschaft geben kann. Ein räumlicher Bezug zu den Gräbern der Erwachsenen ist aber durchaus erkennbar.

Der anthropologische Befund

Bei dem vorliegenden Grabensemble, das in der Mitte der Grabungsfläche angetroffen wurde (Abb. 159, Nr. 16, 22–24), handelt es sich um vier Befunde mit Skelettresten kindlicher Individuen, die eng beieinander und sich teilweise überschneidend in gestreckter Rückenlage beigesetzt worden waren. Nachdem die Ausgräber bereits vor Ort einen vergleichsweise hohen Anteil Nichterwachsener unter den Bestatteten festgestellt hatten, war es naheliegend, diese Gräbergruppe im Rahmen einer Vorstudie einer näheren Begutachtung zu unterziehen.

Bei Grab 16 über Grab 23 handelt es sich vor allem um das – bis auf die Hände und Füße sowie Teile des Rumpfskeletts – nahezu vollständig überlieferte Postkranium eines ca. 50–51 cm großen Neugeborenen. Vom Schädel sind lediglich Teile des Stirn- und Keilbeins, der Schädelbasis und des Unterkiefers vorhanden. Nach den Formmerkmalen des Felsenbeins zu urteilen, könnten diese Reste von einem Knaben stammen. Schwache, feinporöse Knochenauflagerungen an verschiedenen Skelettelementen weisen auf einen chronischen Vitamin-C-Mangel hin.

Die Knochenreste aus Grab 22 sind ebenfalls einem Neugeborenen, vielleicht auch einem wenige Wochen alten Säugling mit einer Körperlänge von ca. 53–54 cm zuzuschreiben. Erneut ist der Schädel nur mit wenigen Fragmenten, vor allem der linken Seite, repräsentiert. Von den großen Langknochen fehlt das rechte Schienbein. Die Anhaltspunkte, die Hinweise auf das Geschlecht liefern könnten, sind uneindeutig ausgeprägt. Hinsichtlich der pathologischen Veränderungen zeigt sich dieselbe Symptomatik wie bei Grab 16, allerdings in einem weit fortgeschrittenen Stadium. Dazu kommen überzählige Knochen eines nur wenig robusteren Individuums derselben Altersgruppe.

Grab 23 barg das mehr oder weniger komplett erhaltene Knochengerüst eines 4- bis 5-jährigen Kindes. Nicht überliefert sind die rechte Schulterpartie, die linke Elle sowie größere Abschnitte beider Hände und Füße. Zahngröße sowie andere Merkmale an Schädel und Becken sprechen eher für weibliches Geschlecht. Das Mädchen (?) war mit einer Körperhöhe von etwa 85 cm auffallend klein für sein Alter, was wahrscheinlich mit seiıem Gesundheitszustand erklärt werden kann. Es finden sich Anzeichen von Anämie (Eisenmangel) und Stomatitis (Mundschleimhautentzündung) sowie Schmelzhypoplasien, die auf häufig wiederkehrende Entwicklungsstörungen (evtl. Fieberschübe) zurückgehen, und Veränderungen im Schädelinneren, die als Folgen eines epiduralen Hämatoms und/oder entzündlicher Prozesse im Bereich der großen Blutleiter in der Okzipitalregion gedeutet werden können.

Die Skeletteile aus Grab 24 stammen von einem knapp ein Jahr alten Individuum, möglicherweise einem Knaben, der altersgemäß eine Größe von ca. 70–71 cm erreicht haben dürfte. Unter seinen knöchernen Überresten fehlen vor allem die Hände und Füße, größere Partien des rechten Armes und des Beckens. Der linke Oberarmknochen erscheint besonders kräftig. Erneut lassen sich Spuren massiver Beeinträchtigungen ansprechen: Anzeichen von Sinusitis maxillaris (Nasennebenhöhlenentzündung), Stomatitis, und im Bereich der Tabula interna großflächige Knochenauflagerungen, die auf eine Meningitis (Hirnhautentzündung) oder entzündliche hämorrhagische Prozesse (Blutungen) hindeuten.

Alles in allem sind in den vier Gräbern damit fünf Individuen nachgewiesen, drei Neuge-

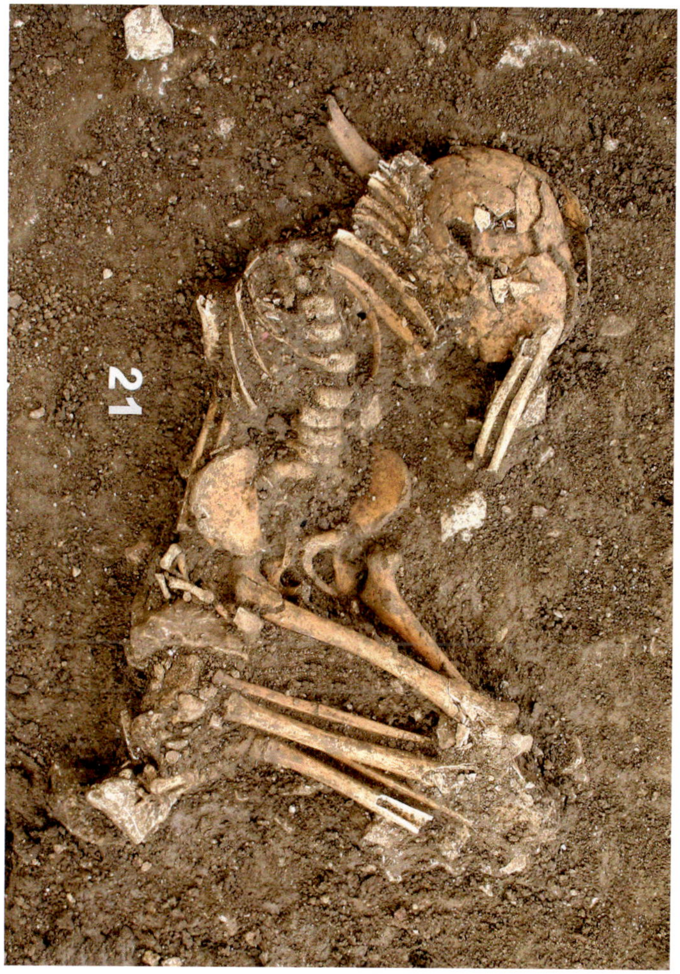

Abb. 162
Bärenthal, Gewann „Im Eschle". Grab 21. Bestattung in Hockerstellung.

Abb. 161
Bärenthal, Gewann „Im Eschle". Grab 25. Bestattung mit über dem Unterleib gekreuzten Unterarmen.

borene/Säuglinge sowie zwei Vertreter der Altersstufe infans I. Verschiedene anatomische Varianten an den Schädeln der Kinder aus den Gräbern 23 und 24 liefern zwar Anhaltspunkte für eine mögliche Verwandtschaft zwischen beiden, doch könnte hier nur eine DNA-Analyse Klarheit schaffen. Auch wenn in einigen Punkten eine endgültige Differenzialdiagnose der pathologischen Veränderungen noch aussteht, kann bei dieser Stichprobe von teilweise massiven Krankheitsbelastungen ausgegangen werden. So lässt die weitere Bearbeitung der gesamten Skelettserie, vor allem auch unter Berücksichtigung der guten Knochenerhaltung, noch besonders interessante Aufschlüsse hinsichtlich der speziellen Lebensumstände dieser früh- bis hoch- oder spätmittelalterlichen Population erwarten.

Überlegungen zur Gemeinschaft

Da Grabbeigaben fehlen, ist eine soziale Differenzierung innerhalb der vorgefundenen Bestattungen nicht möglich. Der archäologischen Auswertung sind daher Grenzen gesetzt. Geht man davon aus, dass Gräberfelder eine Siedlungseinheit widerspiegeln, so stellt sich die Frage, was diese Gemeinschaft auszeichnet. Was verbindet diese Individuen im Tod? Was hat sie zu Lebzeiten vereint? Auf diese Fragen kann nur eine detaillierte anthropologische Auswertung Antworten geben.

Waren es Krankheiten und Mangelerscheinungen, bedingt durch die harten Lebensbedingungen und unzureichende Ernährung, die zum frühen Tod, vor allem der Kinder, führten? Starben Erwachsene und Kinder an denselben (ansteckenden?) Krankheiten, so dass innerhalb kurzer Zeit mehrere Menschen starben und bestattet werden mussten? Die anthropologischen Analysen der untersuchten Kinder- bzw. Säuglingsskelette weisen auf Krankheiten und Mangelerscheinungen hin, die die hohe Kindersterblichkeit erklären.

Nur durch weiterführende naturwissenschaftliche Untersuchungen lassen sich Einblicke in die Lebensbedingungen und das Lebensumfeld dieser Gemeinschaft gewinnen. DNA-Analysen könnten zudem verwandtschaftliche Beziehungen aufzeigen.

Datierung der Gräber

Die Beigabenlosigkeit deutete zunächst auf eine späte Datierung dieser Gräbergruppe innerhalb des frühen Mittelalters hin, in der Beigaben nicht mehr üblich waren. Die West-Ost-Ausrichtung der Bestattungen würde diese Vermutung unterstützen. Die Belegung in mehreren Grabhorizonten und das Fehlen von Beigaben schließen jedoch eine Datierung in das Hochmittelalter nicht aus.

Der zeitliche Abstand zwischen den einzelnen Bestattungen ist nicht bekannt. Die dichte horizontale und vertikale Verteilung auf einer kleinen Fläche erweckt zunächst den Anschein, dass einige Tote innerhalb dieser Gemeinschaft zeitgleich oder innerhalb eines kurzen Zeitraums beigesetzt worden sind. Die ersten ^{14}C-Analysen belegen nun eine Datierung in karolingische Zeit. Weitere ^{14}C-Analysen werden mehr Klarheit zum Beginn und Ende der Belegung bringen.

Bedeutung für die Gemarkung Bärenthal

Mit dem neu entdeckten Gräberfeld und den Siedlungsresten „Im Eschle" liegen nun zusammen mit der hoch- und spätmittelalterlichen Burgstelle Ensisheim sowie der hochmittelalterlichen Turmburg Lengenfels weitere archäologische Belege für die mittelalterliche Besiedlung der Gemarkung Bärenthal vor. Der Ort wird 1092 erstmals urkundlich erwähnt. Der heutige Friedhof liegt bei der Friedhofskapelle. Diese bildete ursprünglich den Chor der ehemaligen Dorfkirche, die nach dem Brand 1758 an der jetzigen Stelle innerhalb des Ortes, auf der anderen Seite des Bäratales, erbaut wurde.

Ist mit dem Friedhof im Gewann „Eschle" der ältere Friedhof der Gemarkung erfasst worden, der aufgegeben wurde, um bei der Kirche zu bestatten? Wann beginnt die früheste Belegung auf dem heutigen Friedhof? Könnte die Aufgabe des Friedhofes im Gewerbegebiet „Im Eschle" im Zusammenhang mit einem eventuellen Vorgängerbau der ehemaligen Dorfkirche gesehen werden?
Die neuen archäologische Quellen im Gewerbegebiet „Im Eschle" (Friedhof und Siedlungsreste) bilden nun eine fundierte Basis, sich mit den Siedlungsabläufen- und Verlagerungen innerhalb der Gemarkung Bärenthal vom Mittelalter bis in die Neuzeit detaillierter zu beschäftigen.

Dank der Initiative des Bürgermeisters Roland Ströbele wurde ein Arbeitskreis „Pro Lebensqualität – Bärenthaler Archäologie und Geschichte" gegründet. Interessierte Bürger sagten spontan nicht nur ihre Mitarbeit zu, sie nahmen auch an der Ausgrabung teil. Diesen engagierten freiwilligen Mitarbeitern sei ganz herzlich gedankt, ebenso Bürgermeister Ströbele und der Gemeinde Bärenthal für die finanzielle und praktische Unterstützung sowie den Firmen Omnibus Beck und Willi Sauter, die die Grundstücke für die Ausgrabung und für den Fuhrpark zur Verfügung gestellt haben.
Beim Tag des offenen Denkmals, dem Höhepunkt der Ausgrabung, bot sich die Gelegenheit, nicht nur diesen Ausschnitt des Friedhofes der interessierten Bevölkerung vorzustellen, sondern auch Eindrücke von den komplexen Aufgaben der Archäologischen Denkmalpflege zu vermitteln.

Jutta Klug-Treppe, Joachim Wahl

Literaturhinweise

P. Carli-Thiele, Spuren von Mangelerkrankungen an steinzeitlichen Kinderskeletten. Fortschritte Paläopathologie u. Osteoarchäologie 1 (Göttingen 1996); K. Kreutz, Ätiologie und Epidemiologie von Erkrankungen des Kindesalters bei der bajuwarischen Population von Straubing (Niederbayern). Beitr. Paläopathologie 1 (Göttingen 1997). – Fundber. Baden-Württemberg 28/2, 2005, 282; H. Lündemann, Mehrfachbelegte Gräber im frühen Mittelalter. Ebd. 19/1, 1994, 421 ff.; H.-W. Heine, Studien zu Wehranlagen zwischen junger Donau und westlichem Bodensee. Forsch. u. Ber. Arch. Mittelalter Baden-Württemberg 5 (Stuttgart 1978) 51 Nr. 8 und 9.

Siedlungsreste der Urnenfelder- und frühen Merowingerzeit in Heddesheim, Rhein-Neckar-Kreis

Zahlreiche aus Heddesheim und seiner unmittelbaren Umgebung stammende Funde und Befunde belegen die intensive, seit dem Neolithikum während Besiedlung dieses im Bereich des fruchtbaren Neckarschwemmkegels gelegenen Gebiets. Als eine sich dem westlichen Ortsrand anschließende, ca. 3,5 ha große und landwirtschaftlich genutzte Fläche als Neubaugebiet ausgewiesen wurde, war davon auszugehen, dass die Baumaßnahmen weitere archäologische Befunde erfassen würden. Die Archäologische Abteilung der Reiss-Engelhorn-Museen Mannheim führte deshalb Anfang des Jahres 2008 verschiedene Voruntersuchungen durch (geophysikalische Prospektion, Suchschnitte), denen im Frühjahr eine knapp über zwei Monate dauernde Ausgrabung folgte. Sie erbrachte rund 120 archäologische Befunde, die zur Hauptsache unmittelbar westlich einer alten, noch heute im Gelände sichtbaren Neckarrinne lagen und der Urnenfelder- und frühen Merowingerzeit angehören.

Befunde der Urnenfelderzeit

Die vorrangig im Westen der Grabungsfläche gelegenen Befunde der Urnenfelderzeit setzen sich aus einigen Siedlungsgruben und Pfostenstellungen zusammen. Letztere lassen sich zwar nicht zu Hausgrundrissen zusammenführen, doch deuten einige von ihnen eine kleinere rechteckige Struktur an, vielleicht die Überreste eines Hochspeichers. Von den Siedlungsgruben ist eine im Umriss ovale und 2,55 m × 2,40 m große, mit Flussgeröllen abgedeckte Grube hervorzuheben. Ihre fast 0,8 m tiefe Verfüllung enthielt neben Keramik, Knochen und Brandlehm überaus große, besonders in der unteren Hälfte konzentrierte Mengen an Holzkohle. Bei diesem Befund könnte es sich um eine ursprünglich als Darre, also eine zum Trocknen und Konservieren von Lebensmitteln genutzte Anlage handeln.

Eine nähere zeitliche Ansprache der Befunde ist etwas problematisch, da sie kaum datierendes Material enthielten. Einige Merkmale der Keramik könnten Verbindungen zu Grabfunden der älteren Urnenfelderzeit (Ha A) herstellen. Damit ist jedoch über Beginn und Ende der Besiedlung nichts gesagt.

Abb. 163 Heddesheim. Vogelfibel vom Typ Vorges, aus Grube Befund 74.

Befunde der frühen Merowingerzeit

Die meisten Befunde sind der frühen Merowingerzeit zuzuweisen. Es wurden vier Grubenhäuser, zwei Brunnen ohne Verschalungen, verschiedene Siedlungsgruben und Pfostenstellungen aufgefunden. Drei der vier durchweg Ost–West ausgerichteten Grubenhäuser gehören dem Sechspfostentyp an, wobei eines als bautechnische Besonderheit jeweils in die Längswände eingerückte Eckpfosten aufweist, ein Merkmal, das auf eine frühe Zeitstellung hindeutet. Dass wenigstens ein Teil der Grubenhäuser der Textilverarbeitung diente, bezeugen stellenweise überaus zahlreich aufgefundene Webgewichte. Über die Pfostenstellungen gelang der Nachweis von zwei Rechteckbauten. Mit vier Pfosten und Seitenlängen zwischen 3 m und 3,70 m besitzt der erste beinahe quadratischen Umriss und kann als Hochspeicher interpretiert werden. Vom zweiten und gleich den Grubenhäusern Ost–West orientierten Bau waren nur noch Teile der Ost- und der Nordseite erhalten, die Länge und Breite betragen mindestens 11,40 m bzw. 5,80 m. Welche Funktion dieser Rechteckbau hatte, konnte nicht eindeutig geklärt werden (Wohnhaus?). Somit dürfte das ganze Areal vornehmlich zu wirtschaftlichen Zwecken genutzt worden sein.

Aus einer Abfallgrube, einem Grubenhaus und der Verfüllung eines Pfostenlochs des größeren Rechteckbaus stammen eine kerbschnittverzierte Vogelfibel vom Typ Vorges (Abb. 163) sowie die Fragmente von zwei Dreilagenkämmen. Diese Kleinfunde erlauben eine sichere Verknüpfung mit Grabfunden aus der ersten Hälfte des 6. Jahrhunderts. Die damit aufgefundene Keramik unterstützt diese Datierung. Neben scheibengedrehter Ware wie solche der Mayener Art fand sich auch handgemachte, wobei einzel-

Abb. 164
Heddesheim. Handgefertigte Keramik aus Grubenhaus Befund 2.

ne ihrer Merkmale nordseegermanische Einflüsse verraten (Abb. 164). In den Gräberfeldern des Mannheimer Raumes erscheint handgemachte Ware bevorzugt in Grabausstattungen aus der ersten Hälfte des 6. Jahrhunderts. Hiermit stimmt überein, dass spätere Keramikformen wie scheibengedrehte Knickwandtöpfe mit ihren typischen Dekorelementen völlig zu fehlen scheinen. Die formenkundliche Analyse der Keramik Mayener Art und womöglich noch weiterer scheibengedrehter Waren steht noch aus. Es ist aber zu erwarten, dass ihre Ergebnisse der hier vorgenommenen Datierung nicht widersprechen werden.

Zu den archäologischen Untersuchungen treten naturwissenschaftliche Begleitprojekte hinzu. ^{14}C-Datierungen von Proben aus verschiedenen Schichten des Neckaraltarmes datieren den Beginn von Torfbildungen in das späte 10. Jahrtausend v. Chr. Auch ein bodenkundliches Gutachten liegt bereits vor. Die archäobotanische Untersuchung der Pflanzenreste ist noch nicht abgeschlossen. Schließlich soll die archäozoologische Analyse des umfangreichen Tierknochenmaterials in die Gesamtauswertung einfließen.

Für die großartige Unterstützung danken wir Herrn Bürgermeister Michael Kessler, der MVV Energiedienstleistungen GmbH REGIOPLAN sowie allen Neubürgerinnen und Neubürgern im Neubaugebiet westlich der Uhlandstraße. Auch unsere Ehrenamtlichen haben wieder vorbildliche Arbeit geleistet.

Peter König

Literaturhinweise

U. Koch, Die merowingischen Friedhöfe, in: H. Probst (Hrsg.), Mannheim vor der Stadtgründung I, 2 (Regensburg 2007) 35 ff. bes. 90 ff.; dies., Die Grabfunde – Bausteine der Chronologie – Indikatoren der sozialen Stellung. Ebd. 118 ff. bes. 179 ff.; F. Damminger/U. Gross, Arch. Ausgr. Baden-Württemberg 2006, 181–186; P. König, Urnenfelder- und frühmerowingerzeitliche Siedlungszeugnisse in Heddesheim, Rhein-Neckar-Kreis. Mannheimer Geschichtsbl. 16, 2008, 154–155.

Römisches Badegebäude gesucht – vom Fortgang der Ausgrabungen in der frühalamannischen Siedlung zwischen Heidenheim und Schnaitheim, Gewann „Fürsamen"

Auch 2008 wurden die 1998 begonnenen und mit Unterbrechungen durchgeführten Ausgrabungen im Gewann „Fürsamen" zwischen Heidenheim und dem nördlich gelegenen Ortsteil Schnaitheim fortgesetzt. Die großflächigen Siedlungsgrabungen – bislang wurden einschließlich der Arbeiten von 2008 etwa 3,6 ha freigelegt – erfolgten wie in den Jahren zuvor in enger Kooperation zwischen dem Regierungspräsidium Stuttgart, Referat 25 Denkmalpflege und der Stadt Heidenheim.

Vorgeschichtliche und römische Befunde

Zwar lag auch bei dieser Kampagne der Schwerpunkt der Untersuchungen auf der frühalamannischen Siedlung, doch brachten die Ausgrabungen diverse vorgeschichtliche und römerzeitliche Siedlungsspuren und Funde zutage. Zu den bemerkenswertesten vorgeschichtlichen Funden zählt ein nahezu vollständig erhaltener bronzener Kratzer mit fünf herausgefeilten Zähnen (Abb. 165). Vergleichbare Exemplare sind aus Manching und Riedlingen bekannt und datieren in die Stufe Lt D1 der Latènezeit.

Abb. 165
Heidenheim. Bronzener Kratzer mit Anhängerring und fein gerippptem Stielgriff. Vorder- und Rückseite sind mit je einem großen Kreisauge verziert. L. 5 cm.

Diesmal galt es die „Grabungslücke" zwischen den 2004 und 2007 untersuchten Arealen zu schließen (Abb. 166). Dadurch war es möglich, diverse, bereits in den Jahren zuvor angeschnittene Befunde zu ergänzen. Stellvertretend seien mehrere Nord–Süd ziehende Gräbchen (Abb. 166 Nr. 1) angeführt. Sie sind zwischenzeitlich über eine Länge von 50 m zu verfolgen. Die bis zu 0,3 m breiten Gräbchen, die an den Seiten durch Pfostenlöcher flankiert wurden und meist nur noch wenige Zentimeter in den Boden reichen, werden als Bestandteile von römischen Pferdekoppeln gedeutet.
Die Untersuchungen von 2004 hatten u. a. einen römischen Steinbrunnen, vor allem aber einen Steinkeller und mehrere Hypokausten eines römischen Gebäudes erbracht, das Bestandteil eines Gutshofes ist. Mit einer Größe von 18 m × 17 m zählt das von der Mitte des 2. bis zur Mitte des 3. Jahrhunderts bestehende Hauptgebäude zu den kleinsten seiner Art in der Region. Da die nördlich des Areals von 2004 gelegenen Flächen bereits ergraben worden waren, hoffte man 2008 auf weitere Steingebäude des Gutshofes, wie das zu erwartende Badegebäude, zu stoßen. Untersucht wurden 2008 auf etwa 1000 m^2 rund 500 Befunde. Trotz der Nähe zu den römischen Steinbauten wurden keine weiteren Mauerzüge festgesellt. Zwar wurden an zwei Stellen Konzentrationen von Steinen beobachtet, doch erwiesen sich diese als Vefüllung und nicht als Mauerzüge. Die Steinpackung (Abb. 166 Nr. 2) unweit des römischen Brunnens überlagerte ein Nord–Süd ziehendes römerzeitliches Gräbchen sowie eine größere Grube. Bei dieser handelt es sich wohl um ein vorgeschichtliches Grubenhaus. Die Untersuchung dieses Befundes ist der Kampagne 2009 vorbehalten. Wie das Fundmaterial veranschaulicht, wurde die Steinpackung, unter der sich auch römische Ziegelreste befanden, in alamannischer Zeit aufgebracht.
Zumeist wurden jedoch Pfostenstellungen, Gruben, mehrere Gräbchen sowie eine große Anzahl von Öfen bzw. Feuerstellen doku-

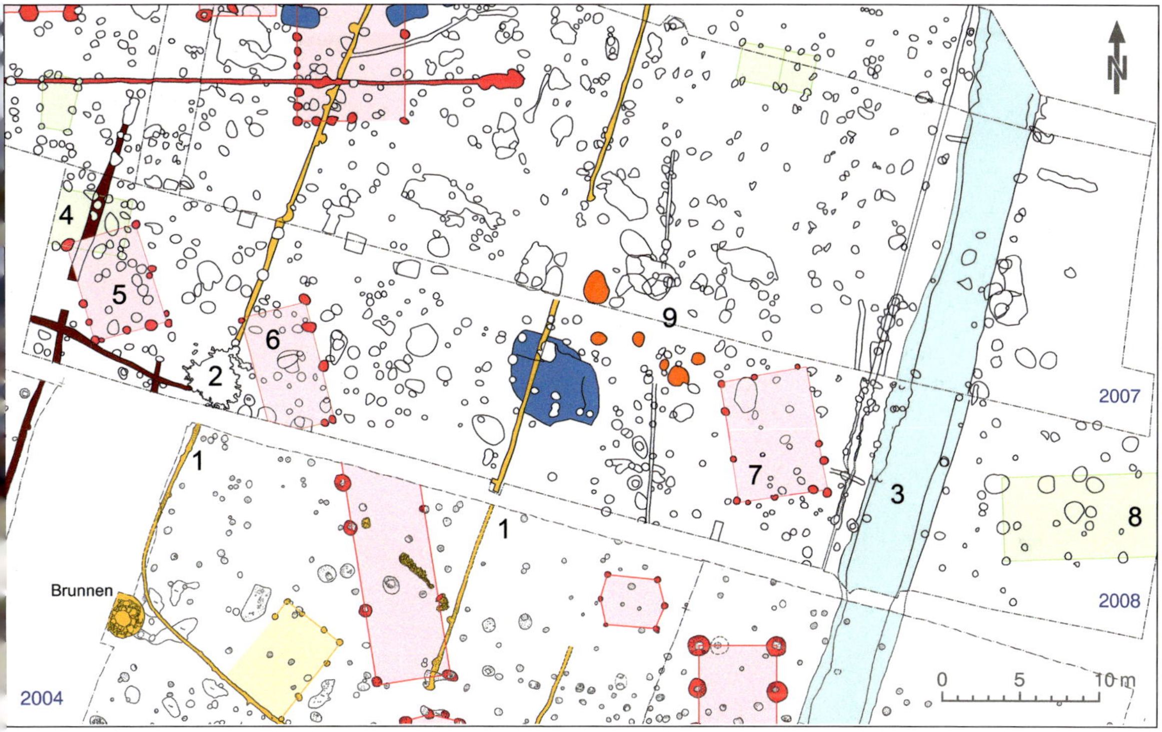

Abb. 166
Heidenheim. Gesamtplan der Ausgrabungen. Hellblau: ehemaliges Bachbett der Brenz. Dunkelblau: vorgeschichtliche Befunde. Gelb/braun: römische Befunde. Rot: alamannische Befunde. Grün: Datierung ungeklärt. Orange: Öfen/Feuerstellen

mentiert. Insgesamt zeichnet sich in dem Areal eine im Vergleich zu den Jahren zuvor höhere Befunddichte ab – sind dies erste Hinweise auf eine verstärkte Siedlungstätigkeit und einen Handwerkerbezirk?

Brenzarm oder Brenzkanal?

Zu den auffälligsten Befunden der Kampagne 2008 zählt eine im Osten des Areals beobachtete, dunkelbraune bis schwarze Bodenverfärbung (Abb. 166 Nr. 3). Diese ist rund 3 m breit, noch 40 cm tief und verläuft in Nord-Süd-Richtung durch das gesamte Grabungsfeld. Anschließend setzt sie sich bis in nördlichste Fläche von 2007 fort, ohne dass eine Begrenzung nach Norden festgestellt wurde; bislang wurde der Befund auf einer Länge von ca. 250 m verfolgt. Da seine genaue Funktion noch nicht abschließend geklärt war, wurde der Befund an mehreren Stellen geschnitten und die Profile beobachtet. Aufgrund der wannenförmigen Profile ist der Befund als altes Bachbett bzw. Nebenarm der Brenz und nicht als Kanal, der ein kastenförmiges Profil aufzeigen würde, anzusprechen.

Das umfangreiche Fundmaterial aus dem Bachbett stammt meist aus römischer Zeit. Nur vereinzelt wurde frühalamannische Keramik gefunden. Mehrere Funde von größeren Luppen verweisen erneut auf Metallverarbeitung vor Ort.

Beidseitig des ehemaligen Bachbetts und dieses begleitend wurden wiederholt Pfostenstandspuren festgestellt, die aufeinander Bezug nehmen. Möglicherweise deuten sie auf eine beidseitige Begrenzung des Bachbetts.

Hausgrundrisse

An Gebäudestrukturen wurden wiederholt Pfostenlöcher als die Reste von Holzbauten festgestellt. Eine der großen Herausforderungen der laufenden Ausgrabungen ist es, die Vielzahl von Pfostenlöchern zu einzelnen Gebäuden zusammenzufügen und zu datieren. Erschwert wird diese Arbeit durch sich überlagernde Hausgrundrisse, wie es sich im Westen der Grabungsfläche abzeichnet (Abb. 166 Nr. 4, 5).

Mit einiger Zuverlässigkeit ist es anhand der Pfostenstellungen möglich, fünf weitere Hausgrundrisse zu ermitteln. Drei der Häuser sind Nord–Süd, mit der Schmalfront zur Wetterseite hin, ausgerichtet. Damit entspricht ihre Orientierung der überwiegenden Anzahl der in die frühalamannische Zeit datierten Häuser vom „Fürsamen“. Die Häuser (Abb. 166 Nr. 5–7) sind zwischen 4,5 m und 5,5 m breit und 7–8 m lang und entsprechen bereits bekannten Typen aus Heidenheim.

Ungewöhnlich hingegen ist eine Ost-West-Orientierung der Häuser. Eine solche wurde 2008 an einem 5 m breiten und mindestens 10 m großen Langhaus östlich des alten Bachbetts festgestellt (Abb. 166 Nr. 8). Aufgrund des geringen Fundaufkommens ist eine Datierung dieses Hauses schwierig. Bislang wurde eine Ost-West-Ausrichtung im Zusammenhang mit als spätkeltisch datierten Befunden beobachtet. Auch ein deutlich kleinerer Bau (Breite 3,5 m), der aufgrund seiner Lage am Westrand der Fläche erst 2009 komplett untersucht werden kann, ist Ost–West orientiert (Abb. 166 Nr. 4).

Handwerksbetriebe

Ermöglichte in den letzten Kampagnen das Fundmaterial (z. B. Tondüsen von Blasebälgen, Eisenschlacken) Rückschlüsse auf unterschiedliche Handwerksbetriebe im „Fürsamen“, so ist es nun möglich, anhand der Befunde den Standort einiger Betriebe zu bestimmen.

Der markanteste Befund ist ein etwa 2 m langer und bis zu 1,5 m breiter, aus Ziegelfragmenten gebauter, länglich-ovaler Töpferofen (Abb. 167). Der Feuerraum wird durch eine aus Ziegeln gebaute Zunge zweigeteilt. Der in den Boden gegrabene Ofen war noch auf einer Höhe von bis zu vier Ziegellagen, das entspricht ca. 40 cm, erhalten; Tenne und Ofenwandung waren in den Feuerungsraum gestürzt. Letztere bildete die Abschlussschicht. Fund- und Baumaterial, dar-

Abb. 167 Heidenheim. Römischer Töpferofen, Foto nach Ausräumung des Feuerungsraumes. Wandung und Zunge des Ofens waren stellenweise noch mit Lehm verstrichen. In einer späteren Umbauphase wurde der Feuerungskanal zugesetzt.

unter ein Ziegel mit Stempel der in Heidenheim stationierten *Ala Flavia Secunda,* verweisen den Ofen in die römische Zeit. Der Töpferofen entspricht zwar dem gängigen Typus der römischen Provinzen, zählt aber mit einem Innendurchmesser von 1,10 m zu den kleineren Ausführungen. Der geringe Fundanfall erlaubt keine Rückschlüsse auf das Töpferprogramm, legt aber einen Zusammenhang zwischen Ofen und Gutshof nahe. Die weitere Untersuchung ergab, dass nach Aufgabe des Ofens der Feuerungskanal mit Ziegeln und Fragmenten der Wandung zugesetzt worden war. Die beidseitig verbrannten Reste der eingestürzten, oben auf dem Ofen aufliegenden Ofenwandung sowie wiederholte Funde von Eisenschlacke auf dieser deuten auf eine spätere Nutzung als Feuerstelle im Zusammenhang mit Metallverarbeitung hin. Zusätzlich befanden sich in unmittelbarer Nähe des Töpferofens Richtung Süden (Abb. 166 Nr. 9) mindestens fünf weitere Feuerstellen bzw. Öfen, deren Aufbau weitgehend einheitlich ist: Die Befunde bestehen aus einem massiven, noch bis zu 10 cm dicken verziegelten Lehmboden und besitzen einen Durchmesser von bis zu 60 cm.
Die Konzentration der beschriebenen Befunde, verbunden mit dem Umbau und einer möglichen Umfunktionierung des Töpferofens in nachrömischer Zeit, lässt einen Zusammenhang mit den metallverarbeitenden Werkstätten erkennen und spricht für eine Datierung der Öfen in die frühalamannische Zeit.

Wie in den Jahren zuvor, so wären auch 2008 die archäologischen Ausgrabungen im „Fürsamen“ nicht ohne die großzügige und beispielhafte Unterstützung der Stadt Heidenheim möglich gewesen. Stellvertretend sei hier Frau Becker, Herrn Baßler, Frau Eberhardt, Herrn Eberhardt, Herrn Hummel, Herrn Rößler und Frau Schindwolf gedankt. Besonderer Dank aber gilt dem gesamten Grabungsteam, bestehend aus Mitarbeitern des Landes, der Stadt und Freiwilligen, für seine Begeisterungsfähigkeit, sein Interesse und seine stete Einsatzbereitschaft.

Peter Knötzele

Literaturhinweise

S. Sievers, Manching – Die Keltenstadt. Führer arch. Denkmäler Bayern. Oberbayern 3 (Stuttgart 2003). – M. Scholz, Eine römische Villa rustica und völkerwanderungszeitliche Bauernhäuser bei Heidenheim-Schnaitheim. Jahrb. Heimat- u. Altertumsver. Heidenheim 11, 2005/2006, 64 ff. – P. Knötzele, Von vorgeschichtlichen Bratgruben und alamannischen Häusern – Über den Fortgang der Ausgrabungen in der frühalamannischen Siedlung zwischen Heidenheim und Schnaitheim. Ebd. 12, 2007/2008, 119 ff.

Hochmittelalterliche Siedlungsspuren am Fuße der Stockacher Oberstadt, Kreis Konstanz

Lage und Fundgeschichte

Etwa 600 m nördlich des Zusammenflusses von Stockacher und Mahlspürer Aach erhebt sich ein von Grundmoräne, Schotter und Gehängeschutt bedeckter Molassesporn über die hier aufeinandertreffenden Täler. Er trägt die Stockacher Oberstadt mit der nach Süden relativ steil abfallenden Kirchhalde (Abb. 168). Die siedlungsgünstige Lage wird durch die gute Erreichbarkeit der etwa 200 m bis 300 m entfernten Gewässer unterstrichen. Auch verkehrstopografisch bietet der Platz Vorteile. Die hier vorzustellende Fundstelle liegt unmittelbar am Hangfuß zur Oberstadt zwischen Goethe- und Stabelstraße noch innerhalb des heute durch eine Straße markierten Stadtwalls. Von dort führte bis zum

Abb. 168
Orthofoto von Stockach mit Kirchhalde und farblich unterlegter Oberstadt. 1 Lage der Fundstelle auf dem ehemaligen Firmengelände „Eisen-Pfeiffer" am Fuße der Kirchhalde.

Bau der Umgehungsstraße der alte, für den Handel wichtige Verkehrsweg über die Kirchhalde steil zur Oberstadt hinauf.

Auf dem Grabungsgebiet war bis zu ihrem Umzug die Stockacher Firma „Eisen-Pfeiffer" ansässig. Im Zuge der Neunutzung des brachliegenden Geländes wurden die alten Verkaufsräume und Lagerhallen abgerissen und eine große Baugrube für einen neuen Gebäudekomplex angelegt. Bei einer Begehung der Baustelle entdeckte der ehrenamtliche Beauftragte der Archäologischen Denkmalpflege Dr. Fredy Meyer neuzeitliche Gerbergruben sowie Reste einer mittelalterlichen Siedlung auf dem Baugrubengrund. Nach einer ersten Sichtung durch Mitarbeiter des Landesamtes für Denkmalpflege, Außenstelle Hemmenhofen wurde am 28. und 29. August durch die Kreisarchäologie des Landratsamtes Konstanz in Zusammenarbeit mit der Denkmalpflege des Regierungspräsidiums Freiburg (Referat 25) in einer zweitägigen Notbergung das Baugrubenplanum dokumentiert und ein Grubenhaus ausgegraben. Die Baugrubensohle war bereits erreicht und die Fläche sollte nun mit Geotextil und einer Schotterschicht für die weitere Bebauung versiegelt werden. Die vollständige Ausgrabung beschränkte sich daher auf einen vielversprechenden Befund im Nordwesten der Grabungsfläche, da die übrigen Befunde durch die Baumaßnahme nicht weiter zerstört werden sollten.

Abb. 169
Stockach, ehem. „Pfeiffer-Gelände". Profil durch Grubenhaus Befund 33. 1 Firstpfosten, 2 Staketen mit Flechtwerk.

Die Befunde

Die mittelalterlichen Befunde erstreckten sich über eine Fläche von knapp 500 m² im nördlichen Bereich der Baugrube, die bis zu 3,8 m in den Hang eingriff (Abb. 170). Hier standen braune Lehmschichten mit einzelnen grauen Lehmlinsen an, in denen sich 33 Befunde sowie eine rezente Störung deutlich abzeichneten. Das Anstehende wurde von einem graubraunen, lehmigen Kolluvium abgedeckt, das im südlichen Bereich der Baugrube aufgrund des Hanggefälles noch erhalten ist und dort möglicherweise weitere Befunde verbirgt. Nach Westen waren Teile der Baugrubensohle bereits mit Schotter abgedeckt. Auch hier muss mit weiteren Siedlungsbefunden gerechnet werden.
Die freigelegten Gräbchen, Pfostengruben, Gruben und Grubenhäuser lassen eine einheitliche Orientierung um NNO–SSW bzw. rechtwinklig hierzu um WNW–OSO erkennen. Im Süden zeichnete sich ein leicht trapezförmiger, etwa 13 m² großer Sechspfostenbau von 4,5 m Länge und 3,1 m maximaler Breite ab. Weiter nördlich waren zwei Grubenhäuser mit etwa 6 m² Grundfläche angeschnitten. Die südliche, etwa 1,9 m × 3,3 m große Grubenhütte zeigte an ihrer südwestlichen Längsseite eine Ausbuchtung, die auf eine Eingangssituation hindeutet.
Weiter nördlich lag das vollständig untersuchte Grubenhaus Befund 33 (Abb. 169). Die dunkelbraun-humose Verfüllung des 2,9 m langen und 2,4 m breiten Befundes zeichnete sich deutlich in der an dieser Stelle grauen, stark sandigen Lehmschicht ab. Lediglich an der nordöstlichen Ecke war der WNW–OSO orientierte Befund schon bis auf die Grubensohle abgetieft und der Grundriss an dieser Stelle nicht mehr vollständig erhalten.
Entlang der Mittelachse des Grubenhauses waren außer dem westlichen Firstpfosten sieben weitere senkrecht eingetiefte Pfosten aus Weichholz erhalten. Zudem konnten 50 bis 60 cm südlich der Grubenhütte sowie an der nördlichen Längsseite mehrere dünne, angespitzte Staketen freigelegt werden. Letztere gehörten zu einer Flechtwerkverkleidung der nördlichen Grubenwand. Der östliche Firstpfosten konnte auch nach dem Ausschälen der lediglich noch 7 cm tiefen, wannenförmigen Grube nicht nachgewiesen werden.
Für eine dendrochronologische Datierung waren die vergleichsweise dünnen Pfosten mit wenigen Jahrringen leider nicht geeignet. Mit Ausnahme eines Ahornpfahls wurden für das tragende Gerüst des Grubenhauses junge, rund belassene Eichenpfähle verwendet. Das Flechtwerk am Grubenrand wurde überwiegend aus Weidenruten sowie wenigen Hasel-, Wachholder, Pappel- und Buchenhölzern gebildet (Bestimmung: Dr. A. Billamboz, dendrochronologisches Labor des Landesamtes für Denkmalpflege, Hemmenhofen). Die torfartige Grubenverfüllung war mit kleinen Ästchen, Blättern und Walnussschalen durchsetzt. Darin fand sich auch ein fein gearbeitetes Tannenbrettchen. Zwei aus dem Sohlbereich genommene botanische Proben ergaben eine Fülle an archäobotanischen Resten, die von Prof. Dr. Manfred Rösch vom Landesamt für Denkmalpflege in Hemmenhofen analysiert wurden (siehe Beitrag M. Rösch, S. 201 ff.).
Neben wenigen, noch unbestimmten Tierknochen konnten auch einige Keramikscherben geborgen werden. Sie gehören zu handaufgebauter, überdrehter Wirtschaftsware, die sich nach freundlicher Bestimmung von Prof. Dr. Ralph Röber ungefähr ins 12. nachchristliche Jahrhundert einordnen lässt. Eine am Institut für Umweltphysik der Ruprecht-Karls-Universität Heidelberg durchgefühte ^{14}C-Datierung der aus dem Befund stammenden botanischen Reste lässt auf eine Verfüllung des Grubenhauses im 11./12. Jahrhundert schließen (siehe Beitrag M. Rösch).
Östlich der Grubenhäuser und des Pfostenbaus verliefen linear angeordnet zwei Gräbchen von 5 m und 10 m Länge und 40–80 cm Breite sowie mehrere Pfostengruben. Es dürfte sich dabei um Reste von Zaungräbchen und zugehörigen Holzpfosten handeln. Ihr Alter ist ungewiss, die einheitliche Orientierung der Befunde weist jedoch auf ein

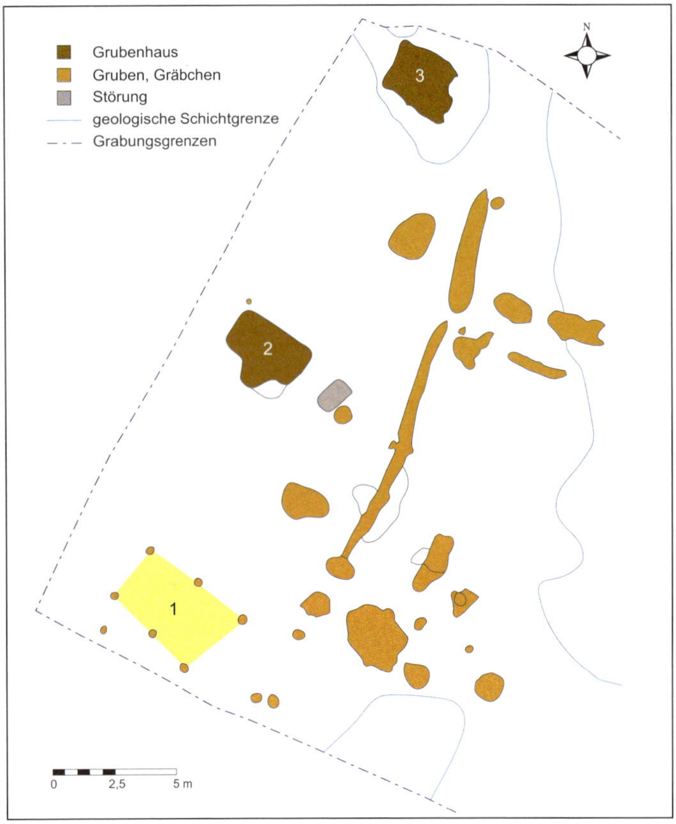

Abb. 170 Stockach, ehem. „Pfeiffer-Gelände". Ausschnitt aus dem Gesamtplan der Notbergung 2008 mit hochmittelalterlichen Befunden im Norden der Baugrube. 1 Sechspfostenbau; 2 Grubenhaus mit Eingangsbereich an der südwestlichen Längsseite; 3 Grubenhaus (Befund 33) mit Holzerhaltung.

gleichzeitiges Bestehen mit den Grubenhäusern hin. Von besonderem Interesse ist noch eine in den Baugrubenwänden deutlich sichtbare Brandschicht von etwa 20 cm Mächtigkeit. Sie lag am nordwestlichen Baugrubenrand etwa 60 cm über dem Niveau der festgestellten Befunde. Bei der Notbergung konnte nicht mit Sicherheit geklärt werden, ob sie den ehemaligen Laufhorizont der festgestellten Siedlungsbefunde markierte oder doch mit dem verheerenden Stadtbrand von 1704 in Verbindung zu bringen ist, als die Stadt Stockach von bayerischen Truppen niedergebrannt wurde.

Interpretation

Die freigelegten Befunde lassen sich als Reste einer ländlich geprägten Siedlung interpretieren. Die Gräbchenstrukturen weisen auf abgegrenzte Siedlungseinheiten mit kleineren Pfostenbauten und Grubenhäusern für handwerkliche Tätigkeiten hin. Wir dürfen dahinter wohl kleinere Gehöfte vermuten, die zu einer hochmittelalterlichen Ansiedlung am Fuße der Kirchhalde gehörten. Es ist naheliegend, die neu entdeckten Befunde mit der ältesten schriftlichen Nennung von Stockach, dem um 1100 n. Chr. erwähnten „Stocka", einer dörflichen Siedlung an der Aach, in Verbindung zu bringen, die der jüngeren Oberstadt voranging und sich nun wohl erstmals auf archäologischem Wege nachweisen lässt.

Abschließend sei Frau und Herrn Dr. Meyer für die ehrenamtliche Mithilfe bei den Ausgrabungsarbeiten und zahlreiche Hinweise zur historischen Entwicklung von Stockach sowie Herrn Prof. Dr. Ralph Röber von der Konstanzer Außenstelle des Archäologischen Landesmuseums Baden-Württemberg für die Datierung des Fundmaterials sehr herzlich gedankt.

Jürgen Hald

Literaturhinweise

F. Meyer, Adel und Herrschaft am Bodensee. Hegau-Bibliothek 51 (Stockach [2]1987) 176–180 mit weiterer Lit.; Der Landkreis Konstanz. Amtliche Kreisbeschreibung IV (Sigmaringen 1984) 434–436.

Ein mittelalterliches Grubenhaus mit Druschabfällen aus Stockach, Kreis Konstanz

Der Befund

Im Sommer 2008 führte die Kreisarchäologie Konstanz unter der Leitung von Dr. Jürgen Hald auf dem Areal der Firma Pfeiffer in Stockach eine Notgrabung durch (siehe Beitrag J. Hald, S. 197 ff.). Dabei wurde ein mittelalterliches Grubenhaus angeschnitten und aus der Verfüllung nahe der Sohle zwei Proben entnommen. Nach der Beschreibung des Ausgräbers handelte es sich um ein dunkelbraunes, humoses, torfartiges Material mit Reisern, Mulch, Rinde, Nussschalen, Tierknochen und wenig Keramik. Anhand der Letztgenannten wurde die Füllung von Prof. Dr. Ralph Röber vom Archäologischen Landesmuseum Konstanz ungefähr ins 12. Jahrhundert datiert. Durch ein Radiocarbondatum an Reisern aus der Grubenhausfüllung (HD-27673) kann deren Alter auf 1036 bis 1154 cal. AD präzisiert werden.

Das Pfeifferareal befindet sich nicht in der Oberstadt (Altstadt), sondern knapp 1 km südwestlich davon, ungefähr 500 m nördlich der Einmündung der Mahlspürener in die Stockacher Aach, also in der Talaue und im Zwickel zwischen den beiden Flüsschen.

Das durch Nass-Sieben und Auslesen isolierte pflanzliche Material war fast ausschließlich unverkohlt und feucht erhalten. Aufgrund der hohen Lagerungsdichte erwies sich die Konzentration als ungewöhnlich hoch. In einer Probe nahe der Sohle waren es 275 000 Reste je Liter, weiter oben in der Verfüllung immerhin noch gut 4000. Sie verteilten sich auf 129 bzw. 94 Resttypen. Aufgrund der nachgewiesenen Arten kann die Füllung als ein Gemisch von Druschabfällen und sonstigen organischen Abfällen charakterisiert werden.

Nahrungspflanzen

Dementsprechend sind beim Getreide Druschreste häufig, aber Körner sehr selten. Dinkel *(Triticum spelta)* und Roggen *(Secale cereale)* überwiegen und sind etwa gleich häufig. Gut vertreten sind auch Einkorn *(Triticum monococcum)* und Emmer *(Triticum dicoccon)*. Als fünfte Getreideart ist Mehrzeilige Nacktgerste *(Hordeum vulgare)* belegt. Mit Hanf *(Cannabis sativa)*, Schlafmohn *(Papaver somniferum)* und Gebautem Lein *(Linum usitatissimum)* sind drei Öl- und Faserpflanzen vertreten. Weitere angebaute Nahrungspflanzen sind Gemüse-Kohl *(Brassica oleracea)*, Dill *(Anethum graveolens)*, Sellerie *(Apium graveolens)* und die Feige *(Ficus carica)*. Bei Wald-Erdbeere *(Fragaria vesca)*, Haselnuss *(Corylus avellana)*, Hopfen *(Humulus lupulus)*, Apfel *(Malus)*, Judenkirsche *(Physalis alkekengi)*, Pflaume oder Schlehe *(Prunus)* und Birne *(Pyrus)* muss offenbleiben, ob es sich um angebautes oder wild gesammeltes Material handelt.

Ackerunkräuter und Wildpflanzen

Unkräuter sind sehr zahlreich und mit vielen Arten vertreten. Lässt man die Arten der Trittrasen, Ruderalfluren und die Hackfruchtunkräuter außer Acht, so bleiben eine ganze Reihe von Halmfruchtunkräutern, die wohl mit den Druschabfällen in das Grubenhaus gelangt sind und besondere Beachtung verdienen, weil sie die Anbaubedingungen charakterisieren. Neben den im Kontext mit mittelalterlichem Getreide häufig gefundenen Arten Kornrade *(Agrostemma githago)*, Acker-Hundskamille *(Anthemis arvensis)*, Kornblume *(Centaurea cyanus)*, Klatsch- oder Saatmohn *(Papaver rhoeas/dubium)*, Windenknöterich *(Polygonum convolvulus)*, Acker-

Abb. 171 Stockach, ehem. „Pfeiffer-Gelände". 1 Acker-Haftdolde *(Caucalis platycarpos L.)*, Teilfrucht; 2 Kornblume *(Centaurea cyanus L.)*, Achäne; 3 Acker-Breitsame *(Orlaya grandiflora [L.] Hoffm.)*, Teilfrucht. Maßstab = 1 mm.

Knäuel *(Scleranthus annuus)* und Acker-Stiefmütterchen *(Viola arvensis)* kommen eine ganze Reihe von Arten der Haftdolden-Äcker *(Caucalidion)* vor, die heute sehr selten, vom Aussterben bedroht oder gar schon ausgestorben sind. Sie sind bezeichnend für Wintergetreidefelder auf kalk- und basenreichen, flachgründigen, trockenen Böden, also wenig produktiven Standorten. Namengebend für den Verband ist die Acker-Haftdolde *(Caucalis platycarpos)*. Sie ist im 19. Jahrhundert im Bodenseegebiet erloschen. Der älteste archäobotanische Beleg stammt aus bronzezeitlichen Schichten in Konstanz-Staad (Hörlepark). Das Eiblättrige Tännelkraut *(Kickxia spuria)* kommt zwar heute noch im Gebiet vor, ist aber sehr selten geworden. Landesweit ausgestorben ist dagegen der Acker-Breitsame *(Orlaya grandiflora)*. Die nächstgelegenen Vorkommen aus neuerer Zeit lagen im Hegau (MTB 8218 Gottmadingen) und sind im 19. Jahrhundert erloschen. Den Einjährigen Ziest *(Stachys annua)* trifft man im westlichen Bodenseegebiet nur noch selten an, den Acker-Klettenkerbel *(Torilis arvensis)* und den Acker-Hahnenfuß *(Ranunculus arvensis)* sucht man hier vergebens. Auch er hatte Vorkommen im Hegau, die im 19. Jahrhundert erloschen. Im Gegensatz zu den bisher genannten Arten, die sich bis in die Bronzezeit zurückverfolgen lassen, ist das Kuhkraut *(Vaccaria pyramidata)* bei uns erst im Hochmittelalter erschienen. Es wurde auch in hochmittelalterlichen Latrinen in Überlingen zahlreich gefunden. Noch im 19. Jahrhundert war es am westlichen Bodensee nicht selten. Danach erloschen die Vorkommen.

Ein Ackerunkraut toniger Böden ist die Stinkende Hundskamille *(Anthemis cotula)*, die mit mehr als 91 000 Achänen (Früchten) am allerhäufigsten ist. Sie kommt heute noch am oberen Neckar und in Ostwürttemberg zerstreut vor, nicht aber im Bodenseegebiet. Ihr häufiges Auftreten zusammen mit Getreidefunden aus dem Mittelalter weist darauf hin, dass damals auch sehr schwere Böden, die heute unter Grünland oder Wald sind, beackert wurden. Die Mischung von säure- und basenholden Ackerunkräutern ist für frühere Verhältnisse nicht ungewöhnlich. Entweder konnten sich bei geringer Saatstärke und Konkurrenz beide Gruppen an einem Standort behaupten, oder die Druschabfälle stammen von zwei verschiedenen

Feldern, wobei der Roggen auf den sauren, die Spelzweizenarten auf den basenreichen Böden zu suchen wären.

Neben den Ackerunkräutern gibt es Arten des Grünlands, vor allem magerer und saurer Standorte, die aber wohl nicht von Wiesen stammen, sondern auch vom Acker, weil dieser im Zuge der Dreifelderwirtschaft regelmäßig brachlag und beweidet wurde.

Den Einfluss der Aach und die Talaue geben Arten von Wäldern und Gebüschen, besonders aber der Nasswiesen, von Ufer- und Auenvegetation wieder. Häufig sind Weiden *(Salix)* und Erlen *(Alnus glutinosa)*, darüber hinaus bemerkenswert Fichtennadeln *(Picea abies)* und einige Rindenmoose, die Färberscharte *(Serratula tinctoria)*, der Echte Ziest *(Stachys officinalis)* und das Bäumchenmoos *(Climacium dendroides)*. In der wohl weitgehend entwaldeten Aue gab es Streuwiesen mit zahlreichen Sauergrasarten, Brunnenkresse *(Nasturtium officinale)*, Wolfstrapp *(Lycopus europaeus)*, Rohrkolben *(Typha latifolia)* und Sumpfmoosen.

Das Vorhandensein mehrerer Arten der Haftdolden-Äcker legt nahe, dass es im Mittelalter hier, in der Jungmoräne, solche extrem flachgründigen, trockenen, kalk- und basenreichen Ackerstandorte gegeben haben muss, was sich vegetationskundlich und floristisch heute nicht mehr nachvollziehen lässt. In Stockach wären sie vielleicht an den Ost- und Südhängen der Nellenburg, des Hermannsberges oder des Altstadt-Hügels selbst zu lokalisieren.

Manfred Rösch

Literaturhinweise

D. Günther, Archäobotanik der Pfahlbausiedlung Konstanz-Staad Hörlepark (Baden-Württemberg) – Subsistenz und Vegetation in der Urnenfelderzeit. Unpubl. Magisterarbeit Univ. Tübingen 2005. – G. Lang, Die Vegetation des westlichen Bodenseegebietes (Stuttgart/New York ^{2}1990). – T. Märkle, Nutrition, aspects of land use and environment in medieval times in southern Germany: plant macro-remain analysis from latrines late 11th–13th century A.D.) at the town of Überlingen, Lake Constance. Vegetation Hist. and Archaeobotany 14, 2005, 427–441. – O. Sebald/S. Seybold/G. Philippi/A. Wörz, Die Farn- und Blütenpflanzen Baden-Württembergs, 8 Bde. (Stuttgart 1990–1998).

Flötentöne bei der Hochschule für Kirchenmusik – Grabungen im mittelalterlichen „Sülchen", Stadt Rottenburg, Kreis Tübingen

Die abgegangene Siedlung „Sülchen" nordöstlich von Rottenburg stellt das Bindeglied zwischen dem römischen Verwaltungszentrum *Sumelocenna* und der hohenbergischen Stadtgründung des 13. Jahrhunderts dar. An kaum einer anderen Stelle im Land lässt sich die Entwicklung eines Siedlungsraumes so deutlich fassen. Das Neubaugebiet „An der Hochschule für Kirchenmusik" gab von 2006 bis 2008 erneut Anlass, den früh- bis hochmittelalterlichen Siedlungsspuren nachzugehen, wobei lediglich die Baufenster untersucht wurden.

Das etwa 0,5 ha große Areal umfasst nur einen geringen Teil der auf ca. 45 ha zu schätzenden Gesamtfläche des abgegangenen Dorfes. Allerdings schließt es unmittelbar an die römische Ausfallstraße von *Sumelocenna* nach Nordosten an, deren Verlauf die heutige Jahnstraße folgt. Bemerkenswert erscheint zudem die Lage des Untersuchungsgebietes auf einem Geländerücken, der sich von Westen her ins Neckartal schiebt, während sich das übrige Siedlungsareal Sülchens über den leicht geneigten Osthang erstreckt, der die hochwasserfreie Terrasse des Neckartals bildet.

Abb. 172 Rottenburg, „Sülchen". Spornfragment und Pfeilspitze aus einem Grubenhaus.

Ein römisches Grabmal

Die römische Straße von *Sumelocenna* nach *Grinario*/Köngen folgte zunächst dem Höhenrücken des nördlichen Neckartalrandes und querte ein „Gewerbegebiet", in dem insbesondere kleine Töpfereien angesiedelt waren. Nach rund 500 m erreichte sie ein Gräberfeld, das dort endete, wo die Straße von der Höhe ins Tal hinabführte – also im Bereich der jüngsten Grabungskampagne.

Hier wurde etwa 20 m nördlich der Straße ein rechteckiges, 4,5 m × 5,5 m großes und ca. 0,8 m mächtiges, aus Flussgeröll und Kies bestehendes Fundament mit einzelnen Ziegelfragmenten und Sandsteinbruchstücken freigelegt, offenbar der Unterbau eines römischen Grabmals. Nicht allein die massive Gründung, auch die prominente Lage lässt auf einen repräsentativen Grabbau schließen. Wie der vergleichbare Fundamentsockel des Grabmals von Reutlingen-Sickenhausen könnte auch dieser von einem Pfeilergrabmal stammen. Das an mediterran-römischem Grabbrauch orientierte Begräbnis lässt vermuten, dass der hier Bestattete der „städtischen" Gesellschaft *Sumelocennas* angehörte. Die rot angeziegelten Wände der 2,2 m × 1 m großen und noch 0,7 m tiefen Grabgrube auf der Nordseite des Fundamentes weisen diese als Bustum-Grab aus, d. h. der Leichnam wurde an Ort und Stelle über der Grabgrube verbrannt, die Scheiterhaufenreste bedeckten die Sohle der Grabgrube. Darin enthalten waren keramische Reste sowie ein Glasflakon und ein Öllämpchen, das symbolhaft Licht auf dem Weg ins Jenseits spenden sollte.

Siedlungsstrukturen des Mittelalters

Dieselbe verkehrstopografische Schlüssellage, die der römische Straßenverlauf aufgriff und die die Entstehung des römischen *Sumelocenna* begünstigte, begründete sicherlich auch die Bedeutung Sülchens während des frühen und hohen Mittelalters. Mehrere vorgeschichtliche Siedlungsgruben unterstreichen die prinzipielle Siedlungsgunst des Geländes. Diese gehören vorwiegend der spätesten Urnenfelderkultur an; eine davon enthielt neben dem üblichen Siedlungsabfall aus Tierknochen und Keramik auch eine bronzene Flügelpfeilspitze.

Im Mittelalter war sicherlich nicht die gesamte Fläche dauerhaft bebaut; vielmehr entwickelte sich die Siedlung aus mehreren frühen Siedlungskernen, und man muss im Verlauf der folgenden Jahrhunderte mit Siedlungsverlagerungen und -verdichtungen rechnen. Das zuletzt untersuchte Areal wurde seit der Karolingerzeit und verstärkt während des Hochmittelalters genutzt; im 13. Jahrhundert dünnen die Siedlungsspuren aus. Neben einer Vielzahl an Pfostengruben, diversen Vorratsgruben und Gräbchen sowie einzelnen Back- oder Schmelzöfen wurden hier mindestens 35 Grubenhäuser erfasst, meist typische Sechspfostenbauten, die bis gut 1 m tief erhalten waren. Nur in einem der Grubenhäuser waren die chararakteristischen Standspuren eines Gewichtswebstuhls nachweisbar, doch legen Funde nahe, dass in einigen anderen Grubenhäusern ebenfalls textile Werkstätten untergebracht waren. Weitere Grubenhäuser mögen als sonstige Werkstätten oder als Vorratsräume gedient haben. Ein Grubenhaus maß 4,5 m × 5 m und war noch 2,3 m tief; in seinem auf der Ostseite vorgelagerten Eingangsbereich befand sich eine Treppe. Man möchte es deshalb gerne als Erdkeller bezeichnen, doch gab es keine Hinweise darauf, dass es Bestandteil eines größeren Hauses war.

Die Grubenhäuser zeigen vielfache Überschneidungen und bilden Gruppen mit mindestens drei unterschiedlichen Ausrichtungen der Baufluchten: Hinweise auf eine intensive Bebauung, aber auch auf Veränderungen der Parzellierung, die sich offenbar nur teilweise oder zeitweilig am Verlauf der ehemals römischen Straße orientierte. Ähnliches wird für die ebenerdigen Pfostenbauten gelten, deren Pfostengruben sich vorerst kaum Hausgrundrissen zuordnen lassen.
Mittelalterliche Steinbauten oder zumindest steinerne Fundamente bzw. Einbauten fehlen in diesem Bereich der Siedlung. Einziger Steinbefund blieb der bereits 2006 angetroffene Brunnen mit trocken gemauerter Fassung. Mehrfach war allerdings zu beobachten, dass aufgelassene Gruben oder Keller mit Steinen angefüllt waren, die offensichtlich von römischen Bauten des nahe gelegenen *Sumelocenna* stammten und hier entsorgt wurden.

Flötentöne aus der Vergangenheit

Auf das vielfältige mittelalterliche Fundspektrum kann hier nicht weiter eingegangen werden, dies würde jeden Rahmen sprengen. Erwähnenswert sind jedoch einige Sonderfunde.
Gleich mehrere bemerkenswerte Fundstücke enthielt ein etwa 4 m auf 5 m großes Grubenhaus; neben Keramik aus der zweiten Hälfte des 11. bis ersten Hälfte des 12. Jahrhunderts fanden sich hier u. a. ein Stachelsporn, eine eiserne Tüllenpfeilspitze (Abb. 172) sowie ein Glasringlein.
Von großer Vielfalt sind die Funde aus Bein, wie z. B. diverse Kämme, Spindeln, ein verziertes Brettchen für Bandweberei oder ein Schlittknochen. Aus einem Grubenhaus des 12. Jahrhunderts stammt eine nahezu vollständige, aus dem Schienbein (Tibia) eines Schafs oder einer Ziege hergestellte Knochenflöte (Abb. 173). Dafür wurden die Gelenkenden gekappt, die Spongiosa ausgeschabt und mit derben Schnitten die Löcher gesetzt. Drei Löcher befinden sich auf der Vorderseite, eines – für den Daumen – unterhalb des Flötenkopfes auf der Rückseite. Fragmente zweier weiterer Flöten zeigen, wie beliebt diese einfach herzustellenden Instrumente aus leicht verfügbarem Material waren. Dabei wird es sich nicht um wertvolle und gehütete Musikinstrumente, sondern um zum unmittelbaren Gebrauch angefertigte Flöten der einfachen Bevölkerung gehandelt haben. Vom Grabungsareal bei der heutigen Hochschule für Kirchenmusik scheinen die Töne einer einfachen Hirtenflöte zu uns herüberzudringen.

Für die gute Zusammenarbeit danken wir dem Stadtbauamt Rottenburg und der Grund- und Bauverwaltung des Bischöflichen Ordinariats der Diözese Rottenburg/Stuttgart, nicht zuletzt auch den Bauherrschaften für das entgegengebrachte Verständnis.

Frieder Klein, Beate Schmid

Abb. 173
Rottenburg, „Sülchen". Aus der Tibia einer Ziege oder eines Schafs gefertigte Knochenflöte des 12. Jhs.

Literaturhinweise

A. Gaubatz-Sattler, Sumelocenna. Geschichte und Topographie des römischen Rottenburg am Neckar nach den Befunden und Funden bis 1987. Forsch. u. Ber. Vor- u. Frühgesch. Baden-Württemberg 71 (Stuttgart 1999). – H. Reim, Arch. Ausgr. Baden-Württemberg 2006, 194–198. – E. Schmidt, Arch. Ausgr. Baden-Württemberg 1985, 201–203.

Auf den Spuren der Gerber – archäologische Kurzuntersuchung in Biberach a. d. Riß

In der spätmittelalterlichen Vorstadt von Biberach, die Mitte des 14. Jahrhunderts in die Stadtbefestigung einbezogen wurde, hatten schon mehrfach archäologische Beobachtungen auf die Spuren von Gerbern geführt. Im Bereich zwischen Bachgasse und Pfluggasse – unmittelbar am Ostufer des ursprünglichen stauferzeitlichen Stadtgrabens und nachmaligen Gewerbebachs – stand jetzt eine Neubaumaßnahme an. Deshalb wurden zunächst im Dezember 2007 eine Baggersondage und in der Folge von Mai bis Juni 2008 eine archäologische Kurzuntersuchung durchgeführt.

Bereits im Profil des Baggerschnitts zeigten sich unmittelbar unter der Oberfläche und über dem ehemaligen Oberboden sowohl mehrfach erneuerte Stampflehmfußböden (Abb. 174) als auch eine große, mit Gerberlohe verfüllte Grube, die von einem kleinen Gebäude geschnitten wurde. Bei Letzterem handelte es sich um ein 3,6 m breites und 1,2 m eingetieftes Rückgebäude des Hauses Bachgasse 19. Laut Stadtpan von 1622 bestand damals zwar schon das Vorderhaus, das außerhalb des Grabungsschnittes lag und kurz vor Grabungsbeginn abgebrochen wurde, das Rückgebäude wurde jedoch erst später gebaut – im Urkataster von 1830 ist es zu erkennen. Auf eine Untersuchung des Westteils der Parzellen konnte deshalb verzichtet werden.

Abb. 174
Biberach. Querschnitt durch die Stampflehmfußböden der beiden mittelalterlichen Häuser.

Ein Wohnhaus in der Vorstadt

Auch im Ostteil wurde die zu untersuchende Fläche durch Störungen reduziert, vor allem im Süden, teilweise auch im Norden. Dennoch gelang es, in der Restfläche den Grundriss eines spätmittelalterlichen Gebäudes mit mindestens zwei Bauphasen zu erschließen. Das Haus stand an der Pfluggasse, deren älteres Straßenpflaster östlich des Gebäudes nur ansatzweise erhalten war. Es handelte sich zunächst um ein reines Holzgebäude, dessen Schwellbalken und Pfosten der Außenwände sowie von zwei Zwischenwänden partiell nachgewiesen werden konnten. Bei einer Länge von ca. 12 m war es knapp 10 m breit, eine Zwischenwand verlief im Abstand von rund 4 m parallel zur Ostwand, die andere im Abstand von knapp 3 m parallel zur Südwand. Dies könnte auf eine dreischiffige und dreizonige Grundrissgliederung hindeuten, wie sie von spätmittelalterlichen Fachwerkgebäuden in Biberach bekannt ist, die allerdings in der Regel einen langrechteckigen Grundriss aufweisen. Aus einem der Fundamentgräbchen stammte übrigens ein sehr großes Messer, dessen Holzgriff teilweise noch erhalten war.

Der Nachweis eines Stampflehmfußbodens blieb auf das Mittelschiff begrenzt. In der mittleren Gebäudezone, wohl angelehnt an die südliche und nahe der westlichen Zwischenwand, wurde zudem der ca. 1 m × 2 m große Unterbau eines Kachelofens erfasst.

Abb. 175
Biberach. Nordwestlicher Gebäudeteil mit eingetieften Fässern.

Im darüberliegenden Versturz des Ofenaufbaus konnten die dazugehörigen Ofenkacheln geborgen werden: Dabei handelte es sich um nachgedrehte Becherkacheln des frühen 13. Jahrhunderts. Da der ehemalige humose Oberboden unter dem Stampflehmfußboden Fragmente nachgedrehter sandiger Ware mit z. T. unterschnittenen, schmalen Leistenrändern enthielt, möchte man daraus schließen, dass das Holzhaus im frühen 13. Jahrhundert gebaut wurde. Allerdings enthielt die Verfüllung einer unter dem Stampflehmfußboden gelegenen Grube Keramik des fortgeschrittenen 13. Jahrhunderts, Fragmente reduzierend gebrannter Töpfe mit Leisten- und einfachen Karniesrändern sowie von Bügelkannen. Das Haus muss demnach etwas jünger sein; wurden die Ofenkacheln hier also zweitverwendet? Trotz dieser Unklarheit steht eindeutig fest, dass das Holzgebäude, das wegen des Kachelofens als Wohnhaus anzusprechen ist, im 13. Jahrhundert errichtet wurde – nur wenige Jahrzehnte nach dem Bau der stauferzeitlichen Stadtbefestigung und lange bevor die Vorstadt in die Ummauerung der Stadt einbezogen wurde.

Umbau oder Neubau

In einer zweiten Bauphase erhielten die westliche Außenwand sowie die südliche Zwischenwand ein Streifenfundament. Man kann annehmen, dass dies auch für die übrigen Wände gilt und somit ein Neubau auf gleichem Grundriss stattfand, doch konnte diese Vermutung wegen der starken Störungen nicht verifiziert werden. Ein Stampflehmfußboden mit stark angeziegelter Oberfläche war in dieser Bauphase nicht nur im mittleren, sondern auch im südlichen Schiff des Gebäudes vorhanden. Dorthin hatte man nun das 2 m auf 2 m große, mit Backsteinen eingefasste Ofenfundament versetzt. Im Ofenversturz wurden erneut die dazugehörigen Kacheln gefunden. Dabei handelte es sich um teils reduzierend, teils oxidierend gebrannte, auf der schnell rotierenden Töpferscheibe hergestellte Becher- und Napfkacheln, deren z. T. glatte, z. T. geriefte Oberflächen sowie die unterschiedlichen Randformen und Durchmesser darauf schließen lassen, dass sie innerhalb eines größeren Zeitraums entstanden. Höchstwahrscheinlich wurde der Ofen im frühen 14. Jahrhundert unter teilweiser Verwendung älterer Kacheln errichtet oder erneuert. Auch das Fragment einer Bodenfliese mit Lilienstab im Viertelrund, die in das dritte Viertel des 13. Jahrhunderts zu datieren ist, dürfte umgelagert worden sein. Als weiterer bedeutsamer Fund aus dem Stampflehmfußboden in Ofennähe seien die Fragmente einer reich verzierten spätmittelalterlichen „Feuerstülpe" erwähnt. Über dem Stampflehmfußboden wurden eine kiesige Ausgleichschicht und anschließend ein weiterer Stampflehmfußboden aufgetragen, der kein datierendes Fundmaterial enthielt, dessen Oberfläche aber ebenfalls wieder stark angeziegelt war (Abb. 174). Wie lange das Gebäude während des 14. Jahrhunderts oder sogar darüber hinaus genutzt wurde, bleibt also offen.

Die Gerbergruben

Unmittelbar außerhalb der Nordwestecke des Gebäudes wurden die Reste eines eingetieften, außen mit Ton abgedichteten Fasses freigelegt (Abb. 175). Dessen Verfüllung enthielt eine große Anzahl von Hornzapfen sowie – neben kleineren Lederresten – eine zusammengefaltete Tierhaut. Offensichtlich handelt es sich hierbei um eine Gerbergrube, in der die Felle kleinerer Tiere gegerbt wurden. Dendrochronologisch kann das Fass vorläufig grob in die zweite Hälfte des 14. Jahrhunderts datiert werden. Aufgegeben wurde es spätestens in der ersten Hälfte des 15. Jahrhunderts, wie die keramischen Funde – Fragmente von reduzierend gebrannten Töpfen mit breiten Karniesrändern und von Kleeblattkrügen – aus seiner Verfüllung zeigen.
Ein zweites eingetieftes Fass lag 3 m weiter östlich innerhalb des Gebäudes; da es wesentlich schlechter erhalten war, kam eine dendrochronologische Datierung nicht in Betracht. Da außerdem datierendes Fundmaterial fehlt, steht nicht fest, ob die beiden Fässer zeitgleich in Benutzung waren.
Dagegen enthielt die große, nur im Baggerschnitt erfasste, ca. 2 m südlich des besser erhaltenen Fasses gelegene und mit Gerberlohe gefüllte Grube einige reduzierend gebrannte, sehr gut geglättete Wandscherben. Diese dürften von einer Enghalsflasche oder einem Kleeblattkrug stammen – die Grube kann demnach durchaus im selben Zeitraum wie das Fass genutzt worden sein. Dass der Gerber im unmittelbar benachbarten Fachwerkgebäude lebte und dieses während seiner letzten Nutzungsphase als Gerberhaus diente, kann dagegen nur vermutet werden. Trotz der eingeschränkten Untersuchungsmöglichkeiten ließen sich bei der archäologischen Kurzuntersuchung mit vergleichsweise geringem Aufwand die erwarteten Ergebnisse erzielen. Die Nutzung des Stadtbachs im Spätmittelalter durch einen Handwerksbetrieb – eine Gerberei – konnte erneut bestätigt werden. Von größerer Bedeutung war jedoch der Nachweis einer Bebauung außerhalb der stauferzeitlichen Kernstadt bereits seit dem 13. Jahrhundert.

Den Mitarbeitern der Stadtverwaltung Biberach an der Riß, dem Bauleiter und dem Bauherrn danken wir für die intensive logistische Unterstützung und das entgegengebrachte Interesse.

Beate Schmid

Literaturhinweise

A. Schneider, Biberach an der Riß. Arch. Stadtkataster Baden-Württemberg 7 (Stuttgart 2000). – E. Schmidt, Arch. Ausgr. Baden-Württemberg 1998, 244–247.

Dem Königshof noch nie so nahe – zu den archäologischen Ausgrabungen im Umfeld der Liebfrauenkirche in Bruchsal, Kreis Karlsruhe

Die letzte Baulücke in der Innenstadt wird geschlossen

Dem gegenwärtigen Trend hin zur Errichtung von Einzelhandelszentren in den Innenstadtlagen folgend ist in Bruchsal die Überbauung eines 4500 m² großen Areals südlich der Liebfrauenkirche geplant. Auf der in den letzten Jahrzehnten als Markt- und Parkplatz genutzten Kriegsbrache stand einst ein dicht bebautes Altstadtquartier. Auch wenn hier wenig an die mittelalterliche Vergangenheit Bruchsals erinnert, schienen angesichts der Lage des Bauplatzes im Zentrum der historisch bedeutsamen Stadt archäologische Ausgrabungen unabdingbar. Weit im Vorfeld

Abb. 176
Bruchsal. Topografie der mittelalterlichen Stadt (Zustand um 1650, nach R. Heiligenthal) mit Eintrag der frühmittelalterlichen Fundstellen.

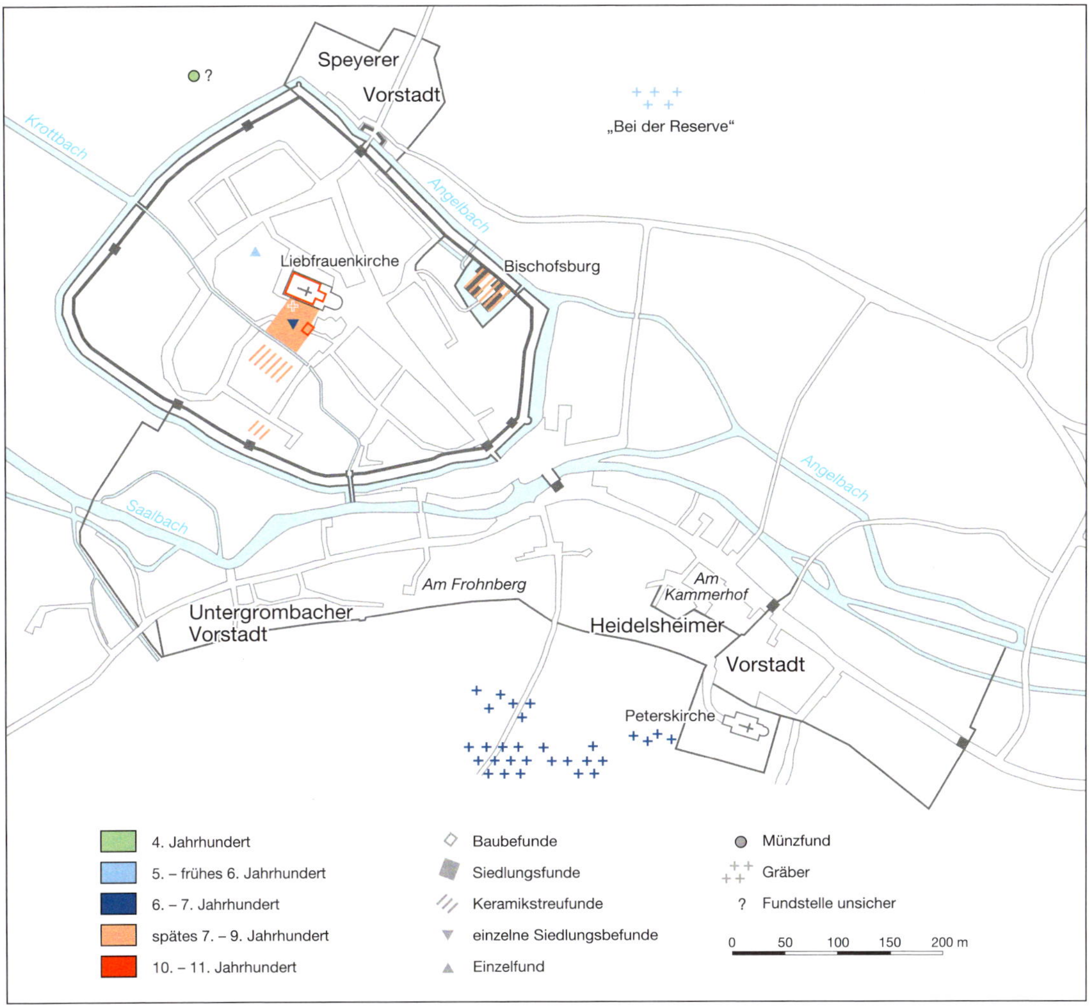

Abb. 177
Bruchsal. Blick von der Marien- zur Peterskirche, den beiden Siedlungskernen des frühmittelalterlichen Bruchsal.

des Bauprojektes suchte deshalb die Stadt Bruchsal das Gespräch mit der Archäologischen Denkmalpflege im Regierungspräsidium Karlsruhe. Gemeinsam mit dem aufgrund des voraussichtlichen Finanzvolumens des Projektes herangezogenen Landesamt für Denkmalpflege wurden die Rahmenbedingungen für die archäologischen Untersuchungen festgelegt und deren vollständige Finanzierung schließlich durch den Gemeinderat der Stadt beschlossen.

Schriftquellen und Archäologie, Bausteine der Stadtgeschichte

Die zentralörtliche Bedeutung Bruchsals, dessen Ortsname gemeinhin als „Herrenhof beim Bruch" gedeutet wird, manifestiert sich in den Schriftquellen durch sieben zwischen 976 und 1067 bezeugte Königsaufenthalte, ist archäologisch jedoch mindestens bis in das 5. Jahrhundert zurückzuverfolgen. Ein am Hang nördlich oberhalb der Stadt aufgedecktes Gräberfeld vom Typ Hemmingen (Abb. 176) belegt, dass bereits die Alamannen die verkehrsgünstige Lage des Ortes an der Schnittstelle von Oberrheingraben und dem fruchtbaren Lösshügelland des Kraichgaus nutzten, um die sich hier kreuzenden Wegeverbindungen zu kontrollieren. Die politischen Umwälzungen mit der Eroberung der Region durch die Merowinger in der ersten Hälfte des 6. Jahrhunderts äußern sich archäologisch in der Verlagerung des Bestattungsplatzes auf das südliche Ufer des Saalbaches in den Bereich der Peterskirche (Abb. 176). Wie weit damit Verschiebungen im Siedlungsbild verbunden waren, muss unklar bleiben. Ein frühmittelalterlicher Siedlungskern, später im Besitz des Klosters Weißenburg, ist jedenfalls im Umfeld von Peterskirche und Reihengräberfeld zu suchen (Abb. 177). Die mittelalterliche Stadt mit Marienkirche und bischöflicher Burg entwickelte sich indes auf einer flachen, in die Niederung ausgreifenden Geländezunge nördlich des Saalbaches. Wie weit dieser Siedlungskern in der Geschichte zurückreicht, war ebenso ungeklärt wie die Frage, ob hier das neben den 991 an die Salier gelangten Weißenburger Besitzungen bestehende Königsgut zu lokalisieren sei. Für den damit verbundenen Hof, der den König und sein Gefolge bei den historisch belegten Aufenthalten beherbergte, waren – ohne dass dies letztlich geklärt werden konnte – in der historischen Forschung mehrere Standorte in der Diskussion.

Aufgrund weitgehender Verluste der Archivbestände in den Kriegen des 17. Jahrhunderts, vor allem aber während des Zweiten Weltkrieges kommt der Archäologie auch für die Erforschung der spätmitelalterlich-frühneuzeitlichen Siedlungsphasen des bei dem verheerenden Bombenangriff im März 1945 untergegangenen Quartiers besondere Bedeutung zu.

Die archäologischen Ausgrabungen

Eine 2007 flächenhaft durchgeführte Sondagegrabung erbrachte eine geschlossene Befundabfolge vom späten Mittelalter bis in die Neuzeit. Von daher stand fest, dass auch bei einem Verzicht auf Unterkellerung der Neubauten die Eingriffsbereiche der Fundamente archäologisch untersucht werden mussten. Dies gilt gerade vor dem Hintergrund einer immer kürzer werdenden Lebensdauer innerstädtischer Bebauung.

Die von März bis August 2008 dauernden Ausgrabungen im Bereich der Neubauten beschränkten sich auf die Streifenfundamente in etwa 1,5 m Tiefe. Profile in einer Gesamtlänge von etwa 500 m erlauben Einblicke in die mittelalterliche Bebauung im Zentrum Bruchsals (Abb. 178). An den Gelenkstellen sich kreuzender Fundamentgräben waren Pfahlbohrungen vorgesehen und ermöglichten tiefer reichende Untersuchungen. Beobachtungen größerer Flächen erlaubten allein die Ausschachtungen der vorgesehenen Fahrstuhl- und Rolltreppenunterbauten (Abb. 179).

Abb. 178
Bruchsal. Grabungsplan und Gebäudegrundrisse der neuzeitlichen und modernen Bebauung.

Abb. 179 Bruchsal. Grabungssituation im geplanten Fahrstuhlschacht. Auf der Sohle der Ausschachtung karolingische und hochmittelalterliche Gruben, in den Profilen spätmittelalterliche Laufhorizonte und Öfen.

Kellereingänge – Treppen zur Geschichte

Während in Teilbereichen vor allem Spuren der heftigen Bombardierung Bruchsals freigelegt werden konnten, traten an anderen Stellen nur wenige Zentimeter unter dem heutigen Straßenniveau Mauern und Schichten der frühneuzeitlichen und spätmittelalterlichen Bebauung zutage. Der Kellereingang des ehemaligen Pfarrhauses in der Pfarrstraße erlaubte einen bemerkenswerten Einstieg in die Geschichte Bruchsals. Unter dem Weltkriegsschutt führte ein großzügiger Treppenabgang hinab in den Gewölbekeller, der wegen des hoch anstehenden Grundwassers nur zu zwei Dritteln in den Boden eingetieft worden war. Während des Zweiten Weltkriegs diente der massive Gewölberaum als Luftschutzkeller. Unter den Bodenplatten und der frühneuzeitlichen Fundamentierung fanden sich Gruben des 13. Jahrhunderts. Die Gruben lagen in Schwemmschichten, die kleinste Fragmente neolithischer Keramik bargen und erosionsbedingt von hangnahen Siedlungen stammen dürften.

Neben den Schutthorizonten des Zweiten Weltkriegs sprechen einige Kellerverfüllungen von einer älteren Zerstörung Bruchsals. Wenig Zeit, genau zwei Stunden, blieb den Bewohnern am 13. März 1676, um das Nötigste mitzunehmen und die Stadt zu verlassen. Französische Soldaten hatten den Befehl, die Stadt niederzubrennen. Dem zeitgenössischen Bericht zufolge wurden an die 500 Gebäude einschließlich der Marienkirche zerstört. Von diesem Brand zeugen die charakteristischen Kellerverfüllungen des 17. Jahrhunderts. Über dem Kellerboden liegen die verkohlten Überreste abgebrannter Stockwerke und des Dachgebälks, darüber folgt die Ziegelbedeckung der Dächer.

Älteste Siedlungsspuren

Ältester Befund der Ausgrabung war eine römische Grube mit wenigen Keramikscherben des 2. Jahrhunderts n. Chr. Eine weitere Grube enthielt einige wenige merowingerzeitliche Scherben, ein vager Hinweis auf einen – neben den unterhalb der Peterskirche angenommenen Hofstellen – zweiten frühmittelalterlichen Siedlungskern am Austritt des Saalbaches in die Rheinebene (vgl. Abb. 176). Spuren der zum Gräberfeld „Bei der Reserve“ gehörigen alamannischen Besiedlung fanden sich dagegen nicht.

Eine intensivere Nutzung des Geländes wird archäologisch erst anhand der zahlreichen Gruben und Pfostenlöcher fassbar, die Scherben der Älteren gelben Drehscheibenware des 8. bis 9. (vereinzelt schon des späten 7.) Jahrhunderts enthielten. Eine einzelne West–Ost ausgerichtete, beigabenlose Bestattung dürfte zu einer kleinen spätestmerowinger- bis karolingerzeitlichen Hofgrablege gehört haben. Ab dieser Epoche darf man damit von einer kontinuierlichen Besiedlung im Bereich der Bruchsaler Kernstadt ausgehen. Einzelfunde weisen darauf hin, dass die zugehörigen Hofstellen möglicherweise nach Osten bis an die Bischofsburg, nach Süden bis an den Rand der Kernstadt streuten (Abb. 176).

Der Königshof – eine Generationen währende Suche

Die Lage des Königshofes war Gegenstand zahlreicher Überlegungen. Vermutet wurde er im Bereich der Peterskirche, im Zentrum der heutigen Stadt, nahe der Frauenkirche oder bei der Bischofburg. Letzteres konnte durch archäologische Grabungen ausgeschlossen werden. Hingegen wurden nördlich und südlich der Frauenkirche während nachkriegszeitlicher Baumaßnahmen Mauerzüge von teils beträchtlicher Stärke angetroffen und dem Königshof zugerechnet. Mangels Fundmaterial und dokumentierter Schichtenabfolgen ist die Zuordnung der Fundamente zum Königshof nicht belegbar. Während der aktuellen Grabungen konnte nun unter der spätmittelalterlichen Aufschüttung einer Gasse ein etwa 8 m × 5 m großer Keller freigelegt werden (Abb. 180). Die Datierung der Kellerverfüllung in das

Abb. 180
Bruchsal. Der ottonische Keller mit südlichem Anbau wurde in einen karolingischen Siedlungshorizont eingetieft. Spätmittelalterliche und frühneuzeitliche Kellerzugänge greifen in den Kellerraum ein.

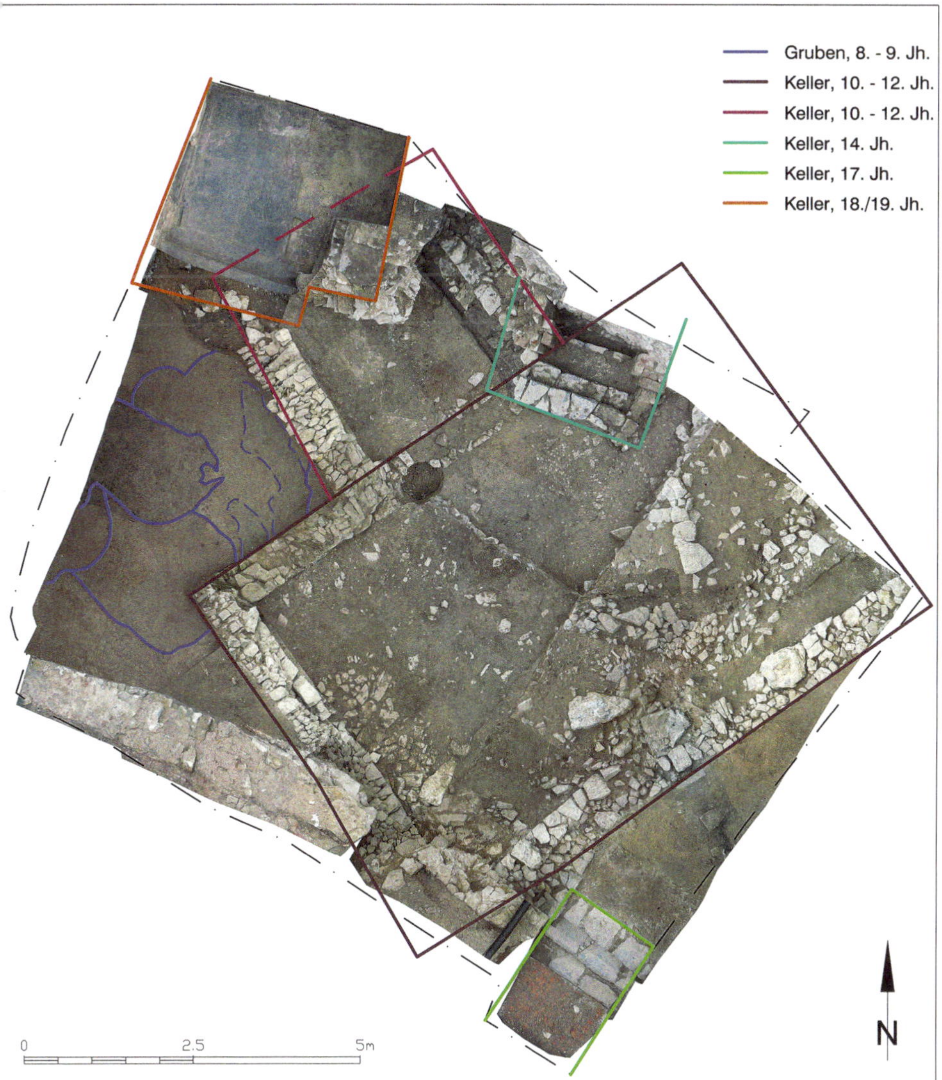

10./11. Jahrhundert deutet ebenso wie die übereinstimmende Ausrichtung der Kellermauern mit den erwähnten massiven Fundamenten nördlich der Frauenkirche darauf hin, dass sich der Königshof tatsächlich im Bereich der Liebfrauenkirche befunden haben könnte.

Der aus Kalksteinblöcken errichtete und verputzte Keller weist eine längere Nutzungsphase auf. An der Westseite wurde der alte Zugang durch einen Anbau erweitert. Im Zentrum des Kellers fand sich in Versturzschichten eingetieft ein Pfosten, der einen über dem mittlerweile baufälligen Keller verlaufenden Boden gestützt haben dürfte. Auf der Kellersohle traten karolingische Gruben zutage, der Keller war in eine Siedlungsstruktur des 8. bis 9. Jahrhunderts eingetieft worden. Es ist sowohl der Lage unter einer spätmittelalterlichen Gasse wie auch der gegenüber späterer Bebauung deutlich abweichenden Ausrichtung des Kellers zu verdanken, dass der Befund erhalten blieb. Nördlich und südlich fanden sich in den Kelleraum eingreifend spätmittelalterliche und frühneuzeitliche Kellerzugänge.

Mit der Stadtumwehrung, der Errichtung der Bischofsburg im 12. Jahrhundert und der 1268 erstmals genannten Liebfrauenkirche findet die voll ausgeprägte mittelalterliche Stadt ihren baulichen Ausdruck. Die Entwicklung dahin beginnt jedoch spätestens mit der Hofsiedlung des 8. bis 9. Jahrhunderts und führt über den nun mit hoher Wahrscheinlichkeit im Umfeld der heutigen Stadtkirche zu verortenden ottonischen Königshof. Für die Zeit, als im Jahre 1002 die Salier den ehemals klösterlichen Besitz mit dem örtlichen Königsgut wieder in einer Hand vereinigten, lassen sich nun mit Sicherheit die beiden Siedlungsbereiche um Peters- und Liebfrauenkirche (Abb. 176; 177) als Kern der jeweiligen Besitzblöcke benennen.

Abschließend sei an dieser Stelle noch einmal der Stadt Bruchsal für die vorbildliche und konstruktive Zusammenarbeit im Rahmen der gesamten Maßnahme gedankt.

Folke Damminger, Jonathan Scheschkewitz, Martin Thoma

Literaturhinweise

H. Maurer, in: Baden-Württemberg. Die deutschen Königspfalzen 3,1 (Göttingen 1998) 63–77; F. Damminger, Die Merowingerzeit im südlichen Kraichgau und in den angrenzenden Landschaften. Materialh. Arch. Baden-Württemberg 61 (Stuttgart 2002) 160–163; ders., Bestattungen und Friedhöfe des frühen Mittelalters. In: Th. Adam (Hrsg.), Bruchsal und seine Friedhöfe (in Vorbereitung).

Zum Abschluss der Grabungen im ehemaligen Lichtentaler Klosterhof in Pforzheim

Die Ausgrabungen 2008

Mit der durch die Errichtung einer Berufsschule zwischen Deimling- und Zehnthofstraße beabsichtigten Schließung der letzten großflächigen Kriegsbrache innerhalb der ehemaligen mittelalterlichen Neustadt Pforzheims drohten auch im großen Umfang archäologische Quellen im Bereich des hier in den südöstlichen Stadtquartieren gelegenen Lichtentaler Klosterhofs verloren zu gehen. Bereits 2007 war daher im Baufenster eine Grabungsfläche von 1600 m² geöffnet und größtenteils untersucht worden. Nicht zuletzt aufgrund der widrigen Witterungsbedingungen im Spätherbst blieben die Gra

Abb. 181
Pforzheim, ehem. Lichtentaler Klosterhof. Gesamtplan der Grabung mit Datierung ausgewählter Befunde.

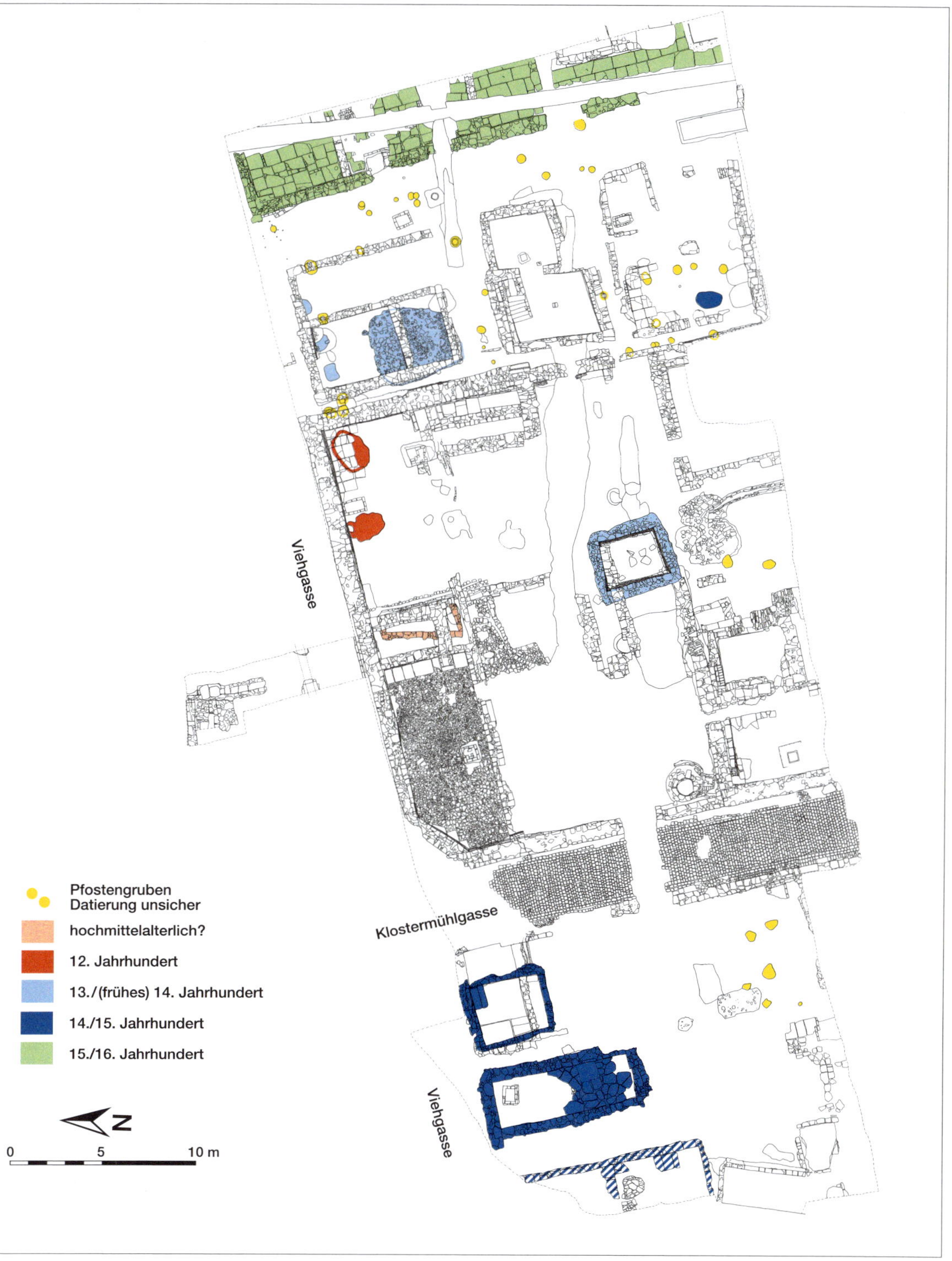

Viehgasse
Klostermühlgasse
Viehgasse
Pfostengruben
Datierung unsicher
hochmittelalterlich?
12. Jahrhundert
13./(frühes) 14. Jahrhundert
14./15. Jahrhundert
15./16. Jahrhundert
N
0
5
10 m

bungen in Teilbereichen jedoch unvollständig. Der glückliche Umstand eines auf Mai 2008 verschobenen Baubeginns ermöglichte in der Zeit von März bis April die nötigen Nachuntersuchungen. Diese betrafen im Wesentlichen den Bereich westlich der ehemaligen Klostermühlgasse und die im Ostteil der Grabungsfläche erhaltenen Humusschichten aus den frühesten Siedlungsphasen. Zudem wurde nach Norden ein Schnitt durch die ehemalige Viehgasse (später Hospital- bzw. Gymnasiumstraße) angelegt (Abb. 181).

Zur siedlungsgeschichtlichen Entwicklung des Areals

Im östlichen Abschnitt der Grabungsfläche waren, wie bereits im letztjährigen Vorbericht ausführlicher dargelegt, die natürlichen Bodenschichten bis hin zu einer humosen Kulturschicht, die den frühesten mittelalterlichen Siedlungshorizont markiert, erhalten. Die darin eingelagerten Funde verweisen auf eine im 13. Jahrhundert einsetzende intensivere Nutzung des Areals. Bei einer genaueren Durchsicht der Funde ließen sich jedoch auch zwei bereits in das 12. Jahrhundert datierende Gruben (Abb. 181) identifizieren.

Durch den Abtrag der Humusschichten auf den reinen Lösslehm erhöhte sich die Anzahl der nachgewiesenen Erdbefunde – Pfosten- und sonstige Gruben – beträchtlich. Da in den wenigsten Fällen zu erkennen war, ob diese Befunde besagte Kulturschicht schnitten oder von dieser überdeckt wurden und Funde oftmals fehlten, muss vielfach offenbleiben, ob sie der durch urnenfelderzeitliche Scherben nachgewiesenen vorgeschichtlichen oder der frühurbanen Nutzungsphase zuzuweisen sind. Auffallend erscheint indes, dass die Ausrichtung der wenigen rudimentären Pfostenreihungen in etwa den Mauerfluchten entspricht (Abb. 181). In einigen Fällen liegen sie gar unmittelbar unter jüngeren Mauerzügen. Besonders auffällig scheint diese Kongruenz an der Nordseite eines kleinen, an der Viehgasse gelegenen Gebäudes, doch blieb der Befund zu unvollständig, um hier mit Sicherheit eine Vorgängerbebauung in Pfostenbauweise postulieren zu können.

Eine differenzierte Analyse der zahlreichen Mauerbefunde steht noch aus. Doch selbst wenn deren relative Abfolge geklärt sein sollte, wird sich mangels Einbindung in fundführende Schichten eine absolute Einordnung von Einzelbefunden innerhalb der baulichen Entwicklung vom späten Mittelalter bis in das frühe 20. Jahrhundert schwierig gestalten. So muss auch die Datierung einiger fragmentierter, stratigrafisch relativ alter Mauerzüge offenbleiben (Abb. 181). Dies scheint umso bedauerlicher, als es sich – weichen diese doch auffällig von den durch das Straßennetz vorgegebenen Baufluchten ab – um Reste der frühesten Steinbebauung handeln könnte.

Als ältester Steinbefund kann daher eine noch im 13. Jahrhundert errichtete, ausgesprochen fundreiche (siehe unten) gemauerte Latrine (Abb. 181) gelten. Ihre Auflassung im 14. Jahrhundert deutet möglicherweise einen Nutzungswandel des Grundstücks im Zusammenhang mit der Übereignung an das Kloster Lichtental durch Eberhard von Iptingen an.

Abb. 182
Pforzheim, ehem. Lichtentaler Klosterhof. Hölzerner Pokal aus der gemauerten Latrine.

Einen Einblick in die kleinteilige spätmittelalterliche Bebauungsstruktur vermag der Befund westlich der Klostermühlgasse zu vermitteln. Entlang der Viehgasse reihten sich – wohl giebelständig – schmale Häuser von etwa 5 m Breite. Zwei solcher Bauten konnten anhand der unterschiedlich weit in die Parzellen reichenden Keller in der Grabungsfläche erfasst werden. Ein dritter ist, auch wenn die älteste Einfüllschicht des Kellers erst in das 18. Jahrhundert datiert, im westlichen Anschluss anzunehmen. Abdichtungs- und Entwässerungsmaßnahmen in all diesen Kellern belegen, dass die Bewohner des Quartiers offensichtlich mit dem Hangwasser zu kämpfen hatten. Dies mag erklären, dass die weiter östlich an der Viehgasse gelegenen Häuser erst nachträglich unterkellert wurden und dass es sich bei dem im 15./16. Jahrhundert errichteten Untergeschoss des Lichtentaler Klosterhofs (Abb. 181) trotz seiner beeindruckenden Flächenmaße bestenfalls um einen Halbkeller handelte.

Den – abgesehen von der Straßenführung selbst – frühesten Befund städtischer Infrastruktur fasst man mit dem wohl spätmittelalterlich-frühneuzeitlich zu datierenden steinernen Abwasserkanal in der Viehgasse.

Abb. 183
Miniatur des Marner, eines ansonsten urkundlich nicht überlieferten Minnesängers aus Schwaben, bei der Benutzung eines hölzernen Trinkgefäßes ähnlich dem aus Pforzheim (Codex Manesse Blatt 349r).

Die Funde – ein erster Überblick

Nach einer ersten kursorischen Durchsicht des Fundmaterials lässt sich festhalten, dass die frühesten, allerdings äußerst spärlichen keramischen Spuren (Ältere graue Drehscheibenware, „nachgedrehte" sog. Albware) – mit einer noch älteren Ausnahme – ins 12. Jahrhundert datieren. Mit dem Einsetzen intensiverer Besiedlung ist aber wohl erst ab dem 13. Jahrhundert zu rechnen.

Nähere Aussagen sind zum Fundgut aus der im Vorbericht zur Grabungskampagne 2007 beschriebenen gemauerten Latrine möglich, die noch im 13. Jahrhundert erbaut und im 14. Jahrhundert aufgelassen worden sein muss. Es schließt neben größeren Mengen Keramik auch Glas- und Holzfunde ein.

Im Gegensatz zum teilweise sehr guten Erhaltungszustand vieler Tongefäße und etlicher hölzerner Objekte ist jener der Hohlgläser schlecht, soweit es sich um heimische Erzeugnisse handelt. Dies liegt an der Korrosionsanfälligkeit der Produkte aus den spätmittelalterlichen Waldglashütten (im vorliegenden Fall sicherlich in der Masse solcher aus dem Schwarzwald). Trotzdem ist mit mehreren Flaschen mit stark verkröpftem Hals und innerem Stauchungsring, die teilweise schräg geriefte Oberteile aufweisen, eine der Hauptformen der Zeit fassbar. Weitaus besser steht es um die wohl importierten farblosen Gläser. Neben Bechern mit kleinen Nuppen kommen solche mit alternie-

Abb. 184 Pforzheim, ehem. Lichtenthaler Klosterhof. Ensemble gut bzw. vollständig erhaltener Töpfe aus der gemauerten Latrine.

rend blauen und entfärbten waagrechten Fäden vor. Durch Boden- und Wandscherben sind auch Flaschen nachweisbar.
Unter den Holzfunden kommt zwei Stücken überregionale Bedeutung zu. Mit der unfertig in der Latrine „entsorgten" Blockflöte (freundliche Bestimmung Dr. Patrick Tröster, Kirchheim unter Teck) aus Holunderholz (Bestimmung LAD, Hemmenhofen), die bereits im letzten Jahrgang abgebildet wurde, gelang in Pforzheim einer der ältesten Nachweise dieser Instrumentenform in ganz Deutschland.
Mit dem gedrechselten Fußgefäß (Abb. 182) fasst man nach einem Exemplar aus der Kloake des Freiburger Augustinereremitenklosters erst das zweite seiner Art in Südwestdeutschland. Zur Zeit ihrer Verwendung stellte einer der Maler der weltberühmten Manessischen oder Großen Heidelberger Liederhandschrift einen solchen Pokal „in Aktion" dar (Abb. 183).
Von der gut erhaltenen wie auch von der zerscherbten Keramik kann das hier abgebildete Ensemble (Abb. 184) einen Eindruck vermitteln. Es dominieren Töpfe, andere Formen wie Bügelkanne, Krug oder Becherkacheln sind nur in geringer Anzahl vertreten. Bei den Töpfen, die vereinzelt bereits mit Henkeln versehen sind, verraten beispielsweise Details der Randgestaltung (block- oder karniesartige Ausprägungen) oder der Bodenbildung (Linsen- oder Standböden), dass Pforzheim im Überschneidungsraum neckarschwäbischer und oberrheinischer Einflüsse liegt.
Eine Bestätigung findet die über das Fundgut erschließbare Nutzungsdauer der Latrine durch die Untersuchung der zahlreich dort entsorgten bearbeiteten Hölzer im dendrochronologischen Labor des Landesamtes für Denkmalpflege in Hemmenhofen. Bei den korrelierbaren Eichen-, Buchen- und Tannenhölzern hatte sich die Waldkante zwar nur teilweise erhalten, doch fallen die Datierungen der jüngsten Jahrringe allesamt in das (späte) 13. bzw. frühe 14. Jahrhundert (1242, W 1284, 1288, 1300 und W 1302).

Folke Damminger, Uwe Gross, Doris Schmid

Literaturhinweise

F. Damminger, Arch. Ausgr. Baden-Württemberg 2007, 196–200; U. Gross in: Codex Manesse. Ausstellungskatalog Heidelberg. Heidelberger Bibliotheksschriften 30 (Heidelberg 1988) 103 f.; 106 f. mit Abb. C 72.

Neue Grabungen im mittelalterlichen Rottweil

Ausgangslage

Neben der römischen Epoche gewinnen in Rottweil Untersuchungen zur frühen mittelalterlichen Stadt zunehmend an Bedeutung. Bedingt durch anstehende Baumaßnahmen konnten im Bereich der „Mittelstadt" im Osten des heutigen Rottweils in den letzten Jahren wiederholt Spuren des frühstädtischen Siedlungsareals archäologisch untersucht werden, die vermehrt Einblicke in die Entwicklung einer Stadt erlauben, deren Kern auf einen seit dem 8. Jahrhundert überlieferten Königshof zurückzuführen ist. Die Voraussetzung ist besonders günstig, da durch eine Verlagerung der Stadt im frühen 13. Jahrhundert die älteren Siedlungsstrukturen verhältnismäßig ungestört im Boden erhalten blieben.

Dementsprechend war die Notwendigkeit einer Rettungsgrabung unstrittig, als sich im Bereich der Parzelle 472 in der Kastellstraße auf einem der großen noch nicht überbauten Grundstücke der „Mittelstadt"

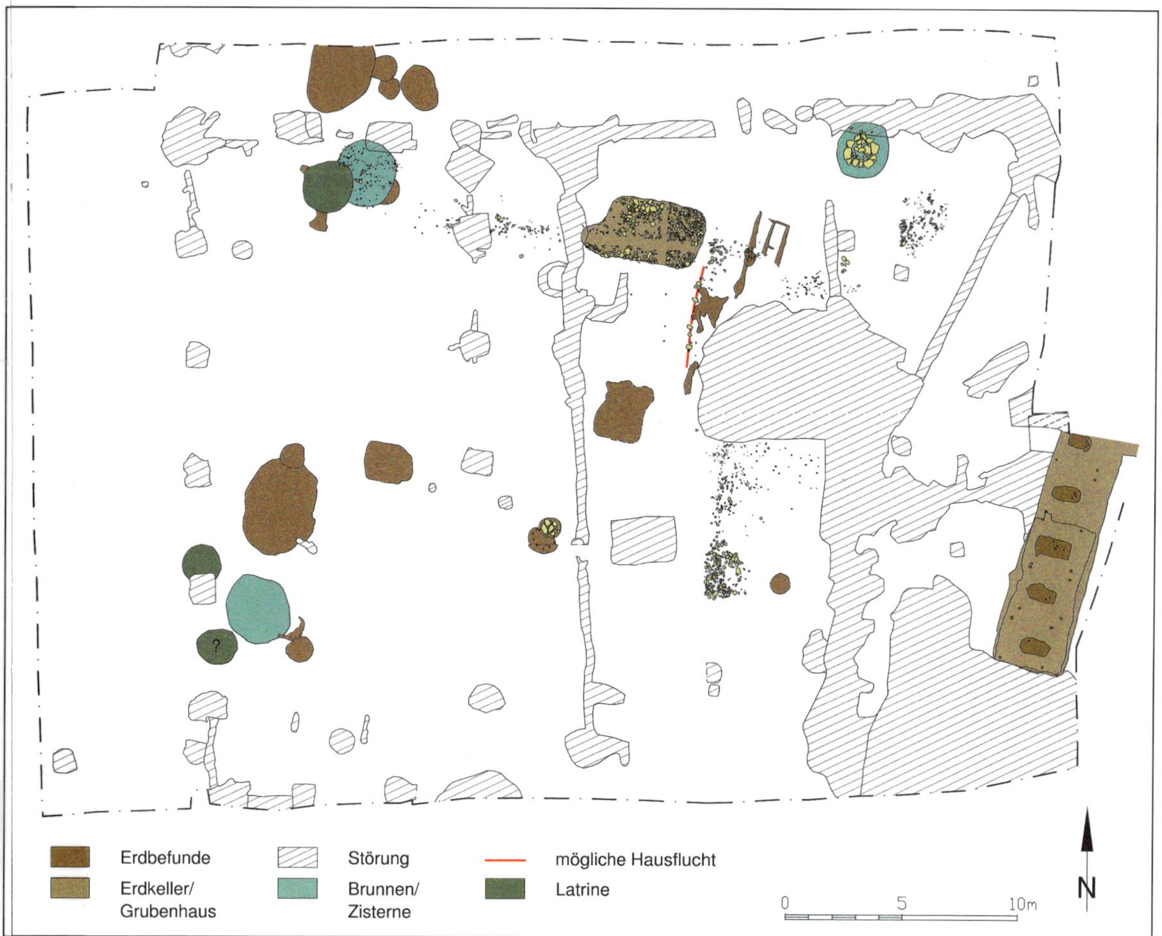

Abb. 185
Rottweil, Kastellstraße. Gesamtplan der Befunde.

die Planungen eines Bauvorhabens konkretisierten. Zudem wurde bereits im Jahr 1990 das nördlich angrenzende Grundstück archäologisch untersucht, und 2006 waren in unmittelbarer Nähe zur aktuellen Fläche in der Heerstraße Siedlungsbefunde freigelegt worden. Man durfte also gespannt sein, welche Ergänzungen und neuen Erkenntnisse die aktuelle Ausgrabung gegenüber den vorangegangenen Untersuchungen liefern würde. Die Grabung wurde vom Referat 115 des Landesamtes für Denkmalpflege von Juli bis November 2008 unter der örtlichen Leitung von T. Schlipf und M. Lingnau durchgeführt.

Zur Grabung

In den letzten Jahren fanden sich bei Maßnahmen in der „Mittelstadt“ meist nur recht spärliche Spuren städtischer Besiedlung. Entsprechend den Erfahrungen aus der Heerstraße war es deshalb schon zu Beginn der Grabung das Ziel, das Niveau des mittelalterlichen Begehungshorizontes zu finden und freizulegen, um dadurch Fragen der Parzelleneinteilung, Bebauung sowie des Verlaufs des Wege- oder Straßennetzes besser beantworten zu können und weitere Hinweise auf den Siedlungsabbruch zu erhalten. Durch einen vorsichtigen Bodenabtrag gelang es, das antike Niveau weitgehend zu erschließen und zu dokumentieren. Trotz dieser Vorgehensweise waren nur noch geringe Spuren der alten Oberfläche erkennbar. Zumindest zeigten sich dünne, kiesige Schotterungen, die Wege andeuten könnten, und Steinreihen, welche möglicherweise auf Hausfluchten hinweisen (Abb. 185).

Den Großteil der Befunde stellten jedoch die meist linear aufgereihten Grubensysteme dar, die sich im Durchmesser und in der Tiefe unterschieden. Bemerkenswert ist, dass hier ähnliche Grubentypen auftraten wie bei der Grabung in der Heerstraße. Vermutlich wird es sich neben Materialentnahmegruben bei den tiefen Gruben um Zisternen (mit Lehmabdichtungen) und Latrinen handeln. Gemeinsam ist den Grubensystemen jedoch die lineare Ausrichtung, die sich in der nördlich anschließenden Grabung aus dem Jahr 1990 weiter verfolgen lässt. Dies deutet auch hier auf eine Parzelleneinteilung hin. Die dazugehörenden Hausstellen sind hingegen schwer auszumachen. Hervorzuheben ist in diesem Zusammenhang ein Ost–West ausgerichteter, ca. 4,20 m × 2,70 m großer Erdkeller mit einem Zugang im Westen, an dessen Ostseite sich eine Nord–Süd verlaufende Reihe aus Steinplatten anschließt. Unter Umständen handelt es sich um die Überreste eines einfachen Steinfundamentes, zu dem der Keller gehört haben könnte.

Abb. 186
Rottweil, Kastellstraße. Trocken gemauerter Brunnenschacht.

Wasserversorgung

Neben den aus Oberflächenwasser gespeisten Zisternen konnte im Verlauf der Grabungskampagne ein trocken gemauerter Steinbrunnen freigelegt werden (Abb. 186). Bislang konnte die Sohle ähnlicher Befunde nicht erreicht werden. Um die Frage klären zu können, in welcher Tiefe man auf Frischwasser stoßen würde, entschied man sich, diesen exemplarisch bis auf die Sohle freizulegen. Erst in einer Tiefe von ca. 7 m stieß der Brunnenschacht auf eine Schichtwasser führende Felsschicht. Der Bau eines solchen

Brunnens war also mit erheblichem Aufwand verbunden.

Gewerbliche Textilproduktion

Zum Abschluss der Rettungsgrabung kam an der östlichen Grabungsgrenze der Befund eines mit ca. 3 m Breite und über 10 m Länge ungewöhnlich großen, Nord–Süd ausgerichteten kellerartigen Befundes zutage, der jedoch nur ca. 0,7 m in den anstehenden Boden eingetieft war. Zwar reichte die nördliche Befundkante über die Grabungsgrenze hinaus, aber der freigelegte Bereich erlaubte eine klare Ansprache, die einen spannenden Einblick in die gewerbliche Produktion in der „Mittelstadt" ermöglicht: Bei der Freilegung erkannte man insgesamt fünf ovale, muldenförmige Eintiefungen auf der Grubensohle, die sich jeweils leicht aus der Mitte versetzt innerhalb eines ca. 1,8 m × 1,8 m großen Gevierts befanden, dessen Ecken durch Pfostenlöcher markiert waren (Abb. 187). Die Befunde können als die Spuren sogenannter Trittwebstühle interpretiert werden (Abb. 188). Während die Pfosten zur Befestigung des horizontalen Webstuhls gedient haben, handelt es sich bei den ovalen Gruben um die Überreste der Trittgruben. Kleine Pfostenlöcher innerhalb der Trittgruben werden mit der Fixierung der Tritte im Zusammenhang gestanden haben.

Demnach handelte es sich bei diesem überdimensionierten Grubenhaus wohl um eine Webhütte, die aufgrund der zur Textilverarbeitung notwendigen Feuchtigkeit in den Boden eingetieft wurde. Ein Absatz innerhalb des Befundes lässt erkennen, dass die Hütte im Lauf der Nutzung vergrößert worden ist. Die identische Ausrichtung des Anbaus sowie der Webstühle spricht für eine Weiternutzung der verbleibenden Webstühle. Demnach waren fünf Trittwebstühle gleichzeitig in Gebrauch. Für die Datierung des Gebäudes kann das in der Verfüllung der Grube aufgefundene Keramikmaterial herangezogen werden, das nach Dr. U. Gross vorbehaltlich einer noch ausstehenden Auswertung in die zweite Hälfte des 12. bis in das frühe 13. Jahrhundert datiert werden kann. Ein vergleichbarer Befund liegt lediglich aus Rheinau-Heerenwis (Kanton Zürich) vor, der ebenfalls in die Mitte bis in die zweite Hälfte des 12. Jahrhunderts datiert werden kann. Bereits 2006 war bei der Grabung in der Heerstraße ein Erdkeller freigelegt worden, der nun ebenfalls als Webkeller mit zwei Trittwebstühlen zu interpretieren ist. Dies zeigt, dass in Rottweil in gewerblichen Betrieben wohl im fortgeschrittenen 12./frühen

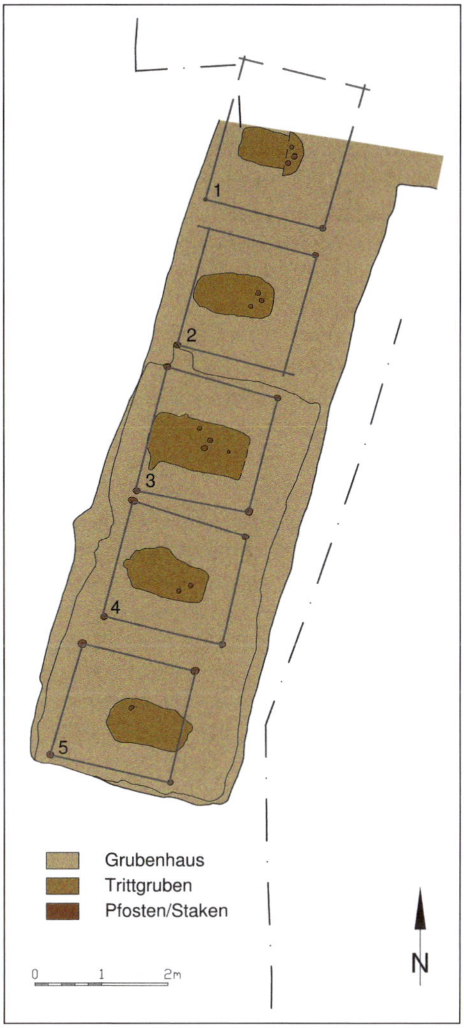

Abb. 187
Rottweil, Kastellstraße. Umzeichnung der Webhütte mit Spuren der Trittwebstühle.

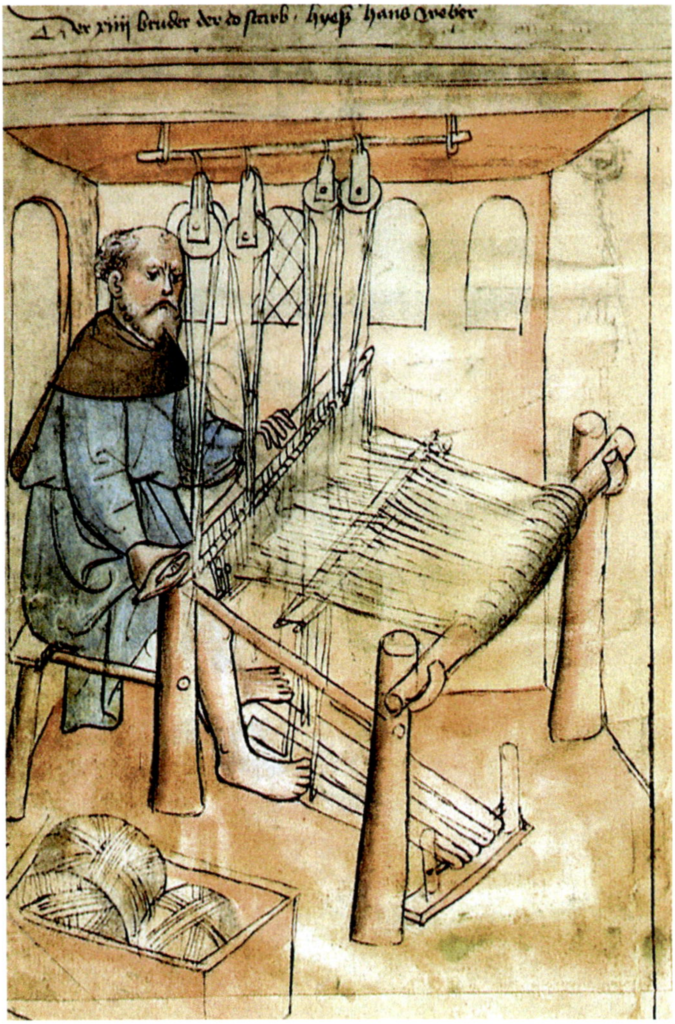

Abb. 188 Arbeitender Mönch am Trittwebstuhl. Darstellung aus dem Hausbuch der Mendelschen Zwölfbrüderstiftung zu Nürnberg (um 1425).

13. Jahrhundert der Gewichtswebstuhl bereits durch den Trittwebstuhl abgelöst worden war und dort Tuche zum Verhandeln produziert wurden.

Siedlungsabbruch

Auf der gesamten Grabungsfläche machten die Befunde den Eindruck, dass sie planmäßig zugefüllt und eingeebnet worden waren. Auch die Menge des Fundmaterials fällt bescheiden aus. Die wenigen verbliebenen Funde lassen aber dennoch den Schluss auf eine ehemals qualitätvolle Bebauung zu. So fand sich in der Füllung des Webhauses eine ganze Reihe von fein bearbeiteten steinernen Architekturteilen aus dem Bereich der Fenster oder Türen. Aber auch Bruchstücke einer Steinplatte mit Führungsschiene einer Ofenschiebetür vielleicht eines Kachelofens, wie Kachelfragmente nahelegen, zeugen von einem gewissen Wohnkomfort.
Während sich die Hinweise auf bestehende Parzellierungen und zumindest partiell qualitätvolle Bebauung im Bereich der Mittelstadt aus den vorausgegangenen Grabungen erneut zu bestätigen scheinen, wird der Kenntnisstand durch die aktuelle Untersuchung um den Aspekt gewerblich ausgeübter Textilproduktion in der frühen Stadt Rottweil erweitert.

Abschließend ist dem Siedlungswerk – gemeinnützige Gesellschaft für Wohnungs- und Städtebau mbH für die gute Kooperation und die finanzielle Unterstützung sowie der Agentur für Arbeit für ihren nicht unerheblichen Beitrag zu danken.

Jonathan Scheschkewitz, Thomas Schlipf

Literaturhinweise

M. Roth, Rheinau-Heerenwis. Früh- und hochmittelalterliche Siedlungsspuren. Züricher Arch. 25 (Zürich/Egg 2008). R. Windler, Mittelalterliche Webstühle und Weberwerkstätten – Archäologische Befunde und Funde. In: W. Melzer (Hrsg.), Archäologie und mittelalterliches Handwerk – Eine Standortbestimmung. Soester Beitr. Arch. 9 [Kongress Soest 2006] (Soest 2008) 201–215; D. Ade-Rademacher/W. Hecht/M. Dumitrache/A. Kotzurek/K. Kortüm, Rottweil. Arch. Stadtkataster Baden-Württemberg 30 (Esslingen 2005); U. Gross/K. Kortüm, Arch. Ausgr. Baden-Württemberg 2006, 111–115; C. S. Sommer, Arch. Ausgr. Baden-Württemberg 1990, 118–123.

Am Rande der staufischen Stadt – neue Ausgrabungen in Ulm

Die Stadt Ulm ist nun seit über zwanzig Jahren einer der Schwerpunkte der Mittelalterarchäologie im heutigen Landesamt für Denkmalpflege, und auch im Jahr 2008 wurde von August bis Dezember eine Rettungsgrabung am östlichen Rand der staufischen Stadt durchgeführt. Betroffen war ein Areal, das bereits verschiedentlich im Fokus archäologischer Forschungen gestanden hat. Tatsächlich waren in vergangenen Grabungskampagnen direkt angrenzende Flächen bereits untersucht worden (Abb. 189), so dass im Vorfeld sehr gut eingeschätzt werden konnte, welche erhaltene Denkmalsubstanz an dieser Stelle zu erwarten war. Dabei war offensichtlich, dass neben einem Teil des staufischen Befestigungsgrabens auch Siedlungsbereiche innerhalb der hochmittelalterlichen Stadt im Grabungsareal freigelegt werden könnten. Die Maßnahme wurde notwendig durch die vorgesehene Bebauung einer bisher als Parkplatz genutzten Fläche im Bereich der Neuen Straße 102.

Schon bald nach dem ersten Bodenabtrag war ersichtlich, dass die Erwartungen an die Befundlage innerhalb der Grabungsfläche nicht enttäuscht werden würden (Abb. 190). Zwar wiesen verschiedene Bereiche tiefgründige moderne Störungen durch Kanal- und Kabelschächte auf, aber in den verbleibenden Arealen traten neben den Fundamenten der historisch überlieferten Gebäude bereits ältere, mittelalterliche Strukturen zutage (Abb. 191).

Frühe Spuren einer Holzbebauung

Bemerkenswert ist die Befunddichte der ältesten Siedlungsstrukturen, die sich im gelben Auelehm deutlich abzeichneten (Abb. 191, Phase I). Zu den ältesten erfassten Befunden zählen fünf nachgewiesene sowie Hinweise auf vier weitere, sämtlich Ost–West ausgerichtete Grubenhäuser sowie verschiedene Gruben und Pfostengruben. Durch spätere Bodeneingriffe auch der jüngeren Steinbebauung und die vorgegebene Untersuchungsfläche sind diese frühen Baustrukturen jedoch meist nur noch partiell erfasst worden. So lässt sich anhand der Pfosten zwar allgemein auf ebenerdige Holzbauten schließen, Grundrisse lassen sich zum gegenwärtigen Zeitpunkt jedoch nicht näher bestimmen. Die dokumentierten Grubenhäuser weisen Maße von 3,5–5 m Länge und 2,5–3 m Breite auf, vergleichbar den Ergebnissen der Großgrabung Neue Straße. Anhand der Überschneidungen unter den Grubenhäusern sind zwar deutliche Abfolgen zu erkennen, datierendes Fundmaterial konnte allerdings aus den frühen Befunden nur wenig geborgen werden. Neben vereinzelten Webgewichten und einem Eisenschlüssel fand sich Ältere gelbtonige Drehscheibenwa-

Abb. 189
Ulm, Neue Straße. Lage der bisherigen (orange) und der aktuellen (dunkelorange) Grabungsfläche auf Grundlage des Plans der Stadt Ulm von 1864.

Abb. 190
Ulm, Neue Straße. Blick von Osten auf die Grabungsfläche. Links erkennbar die Nikolauskapelle.

re sowie überwiegend Ältere graue Drehscheibenware und nachgedrehte Ware des 11./12. Jahrhunderts.

Für die Siedlungsentwicklung wichtig war die Bestätigung der Beobachtungen aus der Grünhofgasse, dass die frühesten Baustrukturen von dem Befestigungsgraben geschnitten werden und somit die Siedlung im 10./11. Jahrhundert wohl über die spätere Befestigung hinausreichte. Ob im Verlauf dieses unter Phase I zusammengefassten Besiedlungsabschnitts mit der Errichtung einer ersten Befestigung gerechnet werden muss, konnte anhand der Befundsituation leider bislang nicht geklärt werden.

Feuerstellen, Öfen und Befestigungsgraben

Die älteren Befunde waren abgedeckt durch eine Kulturschicht, in der sich eine auffällige Konzentration von Befunden zeigte, die durch die charakteristische rote Verziegelung als die Überreste von Öfen oder Feuerstellen verschiedener Funktionen anzusprechen sind (Abb. 191, Phase II). Hierzu zählt eine nahezu rechteckige, ca. 60 cm tiefe Grube mit einer ca. 15 cm starken Holzkohleschicht auf der Sohle im Nordwesten der Fläche, deren Ränder eine deutliche Verziegelung aufwiesen. Vergleichbare Gruben werden als Schmelzgruben interpretiert, jedoch fehlen hier jegliche Schmelzrückstände, die mit einem solchen Prozess in Verbindung gebracht werden könnten. Hingegen spricht eine bis zu 20 cm starke Kalkschicht in einer weiteren verziegelten Grube im Südwesten dafür, dass es sich hierbei um eine Kalkbrenngrube handelt, die zum Brennen von sogenanntem Branntkalk diente. Im gelöschten Zustand konnte Branntkalk zu Kalkmörtel weiterverarbeitet werden und war damit ein unverzichtbarer Bestandteil zur Errichtung von Steingebäuden. Bereits bei der Grabung in der Nikolauskapelle konnte ein vergleichbarer Befund freigelegt werden, der ebenfalls in das 12. Jahrhundert zu datieren ist.

Stratigraphisch jünger sind fünf weitere Befunde (Abb. 192), die entweder aus einfachen, kleinen, ovalen Verziegelungen bestanden, oder wie in vier Fällen Brandlehmflächen aufwiesen, die mit Kalkstein eingefasst waren und zum Teil eine Steinunterfütterung besaßen. Reste einer Lehmschicht östlich der Feuerstellen könnten möglicherweise auf einen Stampflehmboden eines Hauses zurückzuführen sein. Auch weisen Pfostengruben, die aber wiederum keine Strukturen erkennen lassen, auf eine Bebauung hin. Hinzuweisen ist ferner auf einen Schuttstreifen aus verziegeltem Material, der im Kontext mit den Feuerstellen zu sehen ist (Abb. 192). Eine funktionale Ansprache der Befunde bereitet allerdings aufgrund fehlen-

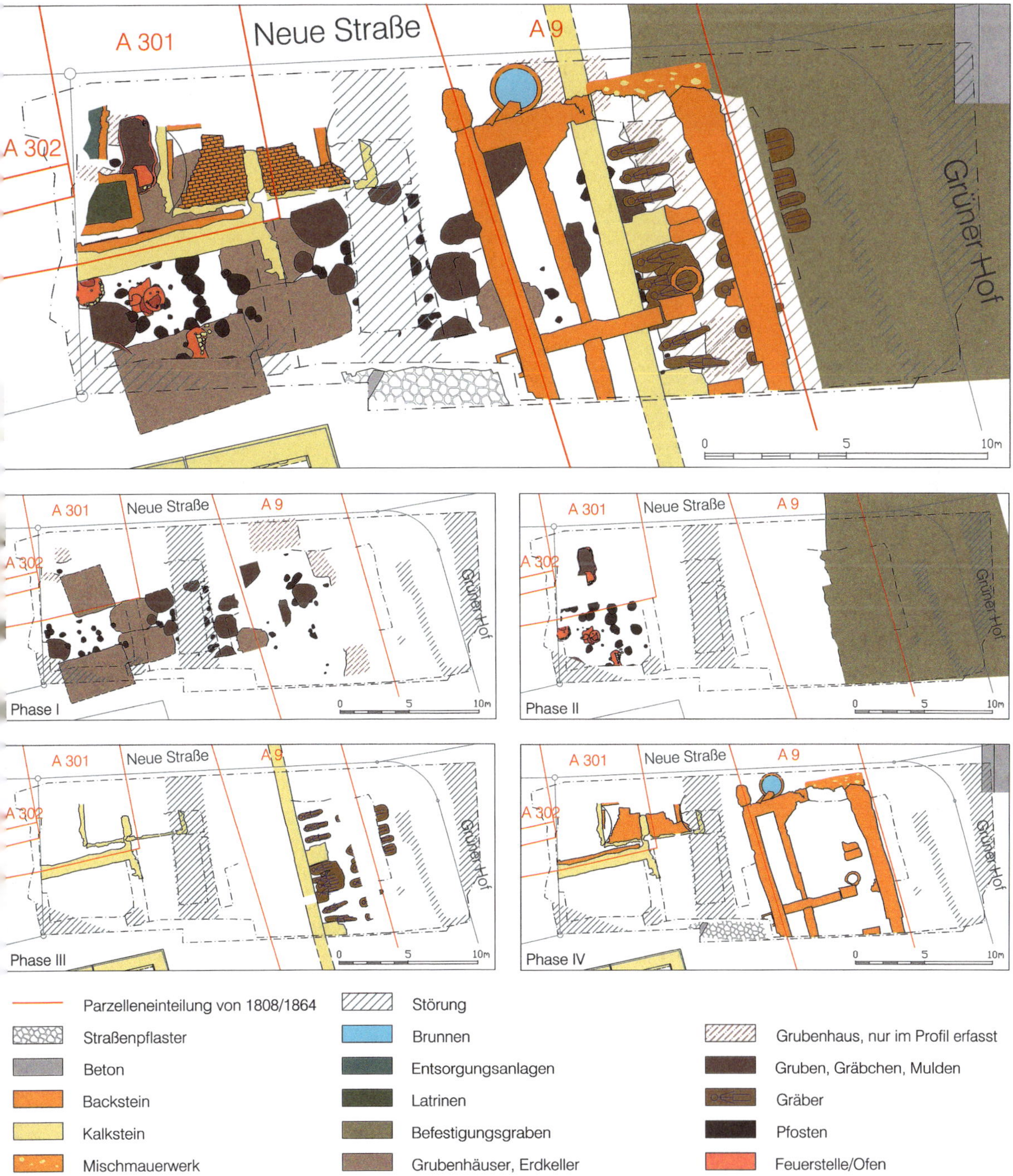

Abb. 191
Ulm, Neue Straße. Oben: Gesamtplan der Grabungsbefunde; unten: schematische Besiedlungsentwicklung in vier Phasen.

Abb. 192 Ulm, Neue Straße. Feuerstellen der Phase II.

der Produktionsrückstände Schwierigkeiten. Dennoch lässt zumindest ihre Häufung einen gewerblichen Zusammenhang in Betracht ziehen.
In diese Besiedlungsphase fällt der mächtige Graben der staufischen Befestigung, der im Osten der Grabungsfläche erfasst werden konnte.

Klostermauer und Gräber

Nach der Aufgabe des Befestigungsgrabens im frühen 14. Jahrhundert im Zuge der Stadterweiterung erwirbt das außerhalb der staufischen Stadt gelegene Dominikanerkloster 1336 die neu entstandenen angrenzenden Grundflächen, fügt sie in das Klosterareal ein und nutzt diesen Bereich als Friedhof. Diese historische Entwicklung spiegelt sich im archäologischen Befund durch die freigelegten Fundamente der Klostermauer am Rand des verfüllten Grabens wider, an die sich die Reihen der spätmittelalterlichen Bestattungen anlehnen (Abb. 191, Phase III). Ebenfalls aus dem Spätmittelalter stammt ein 5,4 m langer und 2,7 m breiter, in Kalkstein gemauerter Keller, der im Verlauf seiner langen Nutzung ein Tonnengewölbe aus Backstein erhielt. Später wurde der Grundriss zur Straßenseite durch eine Backsteinmauer mit einer Lichtnische verkürzt. Ursprünglich gehörte der Keller vermutlich zu dem bereits für 1481 an dieser Stelle belegten *Kargen caplan hus*, das sich zwischen der Nikolauskapelle und dem nördlich gelegenen Haus des bekannten Bildhauers der Ulmer Spätgotik Michel Erhart befunden haben soll, dessen Fundamente beim Bau der Tiefgarage in der Neuen Straße erfasst worden waren.

Jüngste Bebauungsspuren

Dieses Haus Lange Straße 34 des Michel Erhart wurde im 19. Jahrhundert im Süden um einen Anbau erweitert, nachdem das *Kargen caplan hus* bereits abgerissen und der Keller verfüllt worden war. Ein Schicksal, welches das Fachwerkhaus der Familie Erhart im Jahr 1976 ebenfalls ereilen sollte, dessen verbliebene Fundamente sich im Westen der Grabungsfläche noch freilegen ließen (Abb. 191, Phase IV).
Nach dem Abbruch großer Teile des Domini-

kanerklosters im 16./17. Jahrhundert erbaute die wohlhabende Ulmer Familie Heilbronner im Bereich der westlichen Klostermauer 1772 ein prächtiges Palais über dem Friedhof, welches nach einer bewegten Geschichte durch die Bombardierung der Stadt 1944 in Schutt und Asche gelegt wurde. Teile des Grundrisses, die sich unter dem asphaltierten Parkplatz erhalten hatten, zeichneten sich deutlich in der Grabungsfläche ab.
Durch die Grabung im vergangenen Jahr auf dem Parkplatz war es möglich, die Lücke zwischen der Untersuchung in der Nikolauskapelle 1978 und dem Großprojekt der Neuen Straße 2001–2004 fast vollständig zu schließen und damit unser Bild der frühen Geschichte Ulms um wichtige Aspekte zu ergänzen.

Der Ulmer Wohnungs- und Siedlungsgesellschaft mbH, dort insbesondere Herrn Dr. Pinsler und Frau Timmers, ist an dieser Stelle für die hervorragende Kooperation und die finanzielle Unterstützung zu danken.

Hans Lang, Jonathan Scheschkewitz

Literaturhinweise

B. Scholkmann/E. Schmidt, Die Nikolauskapelle auf dem Grünen Hof in Ulm. Ergebnisse einer archäologischen Untersuchung. In: Forsch. u. Ber. Arch. Mittelalter Baden-Württemberg 7 (Stuttgart 1981) 303–370. – R. Röber, Öfen und Feuerstellen in Handwerk und Gewerbe – mittelalterliche Realität und archäologischer Befund. In: Ders. (Hrsg.), Mittelalterliche Öfen und Feuerungsanlagen. Materialh. Arch. Baden-Württemberg 62 [Kolloquium Konstanz 1999] (Stuttgart 2002) 9–26. – G. Kurz/G. Legant/D. Schmid/I. Vogt/K. Weiner, Arch. Ausgr. Baden-Württemberg 2003, 225–231; M. Thoma, ebd. 2007, 214–218.

Auf der Suche nach den siedlungsgeschichtlichen Wurzeln Heidelbergs: Ausgrabungen in der Wüstung Bergheim

Siedlungsarchäologie vor den Toren der Stadt

Richtete sich in den letzten Jahren, bedingt durch die baulichen Entwicklungen, das Augenmerk der Mittelalterarchäologie vornehmlich auf den Bereich der Altstadt, d. h. die ummauerte Gründungsstadt, und die ihr vorangehende hochmittelalterliche Burgsiedlung um die Peterskirche, so ergab sich 2008 die Gelegenheit, in der Siedlungsgeschichte noch weiter zurückzugehen. Die frühmittelalterlichen Wurzeln der Stadt, die sich im Mittelalter am Taltrichter des Neckars entwickelte, liegen ein Stück flussabwärts. Hier ist die Wüstung Bergheim zu suchen, auf deren Gemarkung die erste Heidelberger Burg und später die Stadt gegründet werden sollten. Im Lorscher Codex für das Jahr 769 erstmals erwähnt, zeugen jedoch sowohl der Ortsname auf *-heim* als auch archäologische Funde von einer bereits merowingerzeitlichen Entstehung.
Im Verlauf der Überformung des Wüstungsbereichs durch die sich im 19. Jahrhundert rapide in die Rheinebene ausdehnende städtische Bebauung waren nur punktuelle archäologische Beobachtungen möglich (Abb. 193), was in einem fragmentarischen Kenntnisstand zur Siedlungsstruktur und -entwicklung resultiert.
Entstanden ist Bergheim auf dem südlichen Hochufer des Neckars unweit westlich des sich auf beide Seiten des Flusses erstreckenden ehemaligen römischen *vicus*. Ein wichtiger Kristallisationspunkt der Siedlung dürfte im Einmündungsbereich der heutigen Kirch- in die Vangerowstraße gelegen haben,

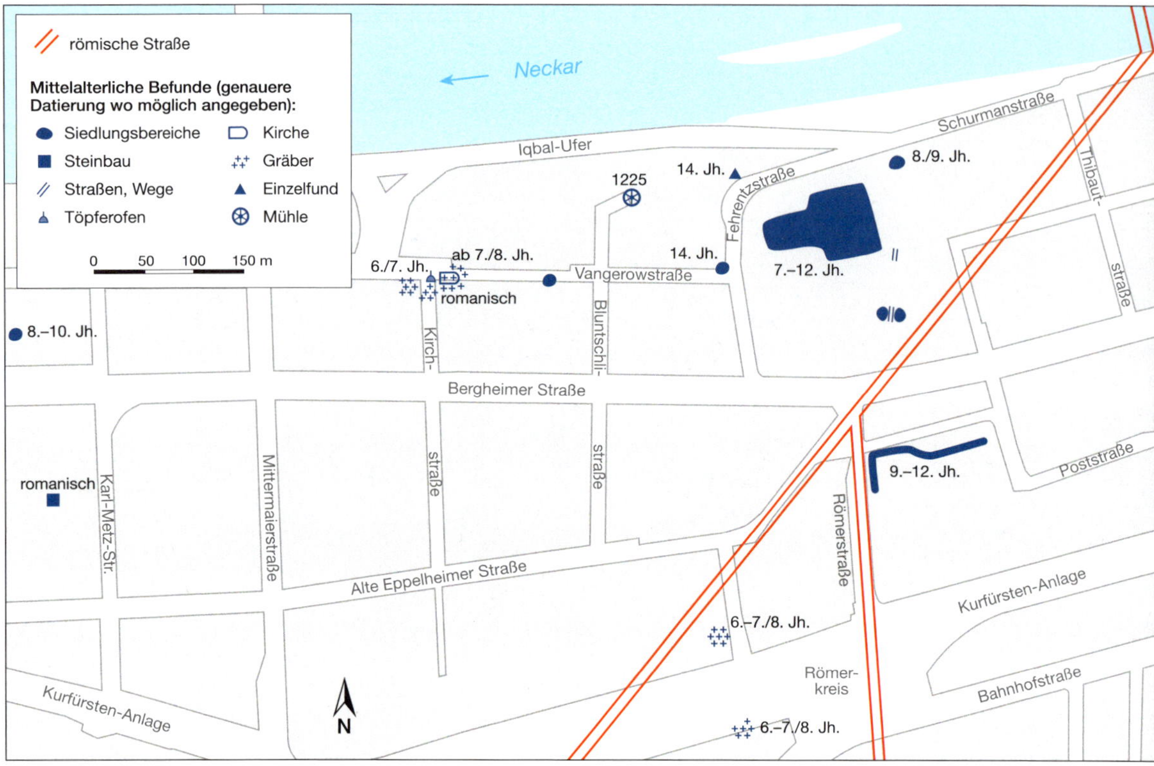

Abb. 193 Heidelberg. Archäologische (und historische) Nachweise der Wüstung Bergheim.

wo in den Jahren um 1900 neben vorgeschichtlichen Befunden auch die Reste eines romanischen Kirchenbaus mit dem zugehörigen, bis in die späte Merowingerzeit zurückreichenden Friedhof zutage kamen. Bei der derzeitigen Quellenlage muss offenbleiben, ob dieser das südöstlich beim heutigen Römerkreis nachgewiesene Reihengräberfeld ablöste oder sich in seiner Belegung zeitlich mit diesem überschnitt. Ein ebenfalls im Bereich Kirchstraße aufgedeckter merowingerzeitlicher Töpferofen weist bereits für diese frühe Siedlungsphase auf die Existenz einer Hofstelle von ökonomisch und wohl auch sozial herausragender Bedeutung hin. Vor diesem Hintergrund überrascht die spätere Kirchengründung an gleicher Stelle nicht.
Die bisherigen Siedlungsnachweise (Abb. 193) erstrecken sich von der Kirchstraße aus rund 500 m nach Osten, teils bis jenseits der alten Römerstraße. Rund 400 m südwestlich weist der Fund eines romanischen Kellers auf einen ebenfalls dem alten Bergheim zuweisbaren Adelshof hin. In diesem riesigen Gebiet dürfte jedoch keine geschlossene Bebauung, sondern verstreut liegende Hofstellen anzunehmen sein. Ein unlängst entwickeltes, auf diesen mehr oder weniger punktuellen Beobachtungen fußendes Siedlungsmodell für Bergheim geht von einem Siedlungskern bei einem Herrenhof im Umfeld der Bergheimer Kirche und weiter entfernt liegenden Siedlungsflächen aus, die zu unterschiedlichen Zeiten bewohnt waren.

Ausgrabungen im Altklinikum

Gelegenheiten, bei denen Reste des mittelalterlichen Bergheim beobachtet werden konnten, ergaben sich 1927 beim Bau der Medizinischen Klinik (später Ludolf-Krehl-Klinik) auf dem Gelände des aufgelassenen Botanischen Gartens an der Bergheimer Straße,

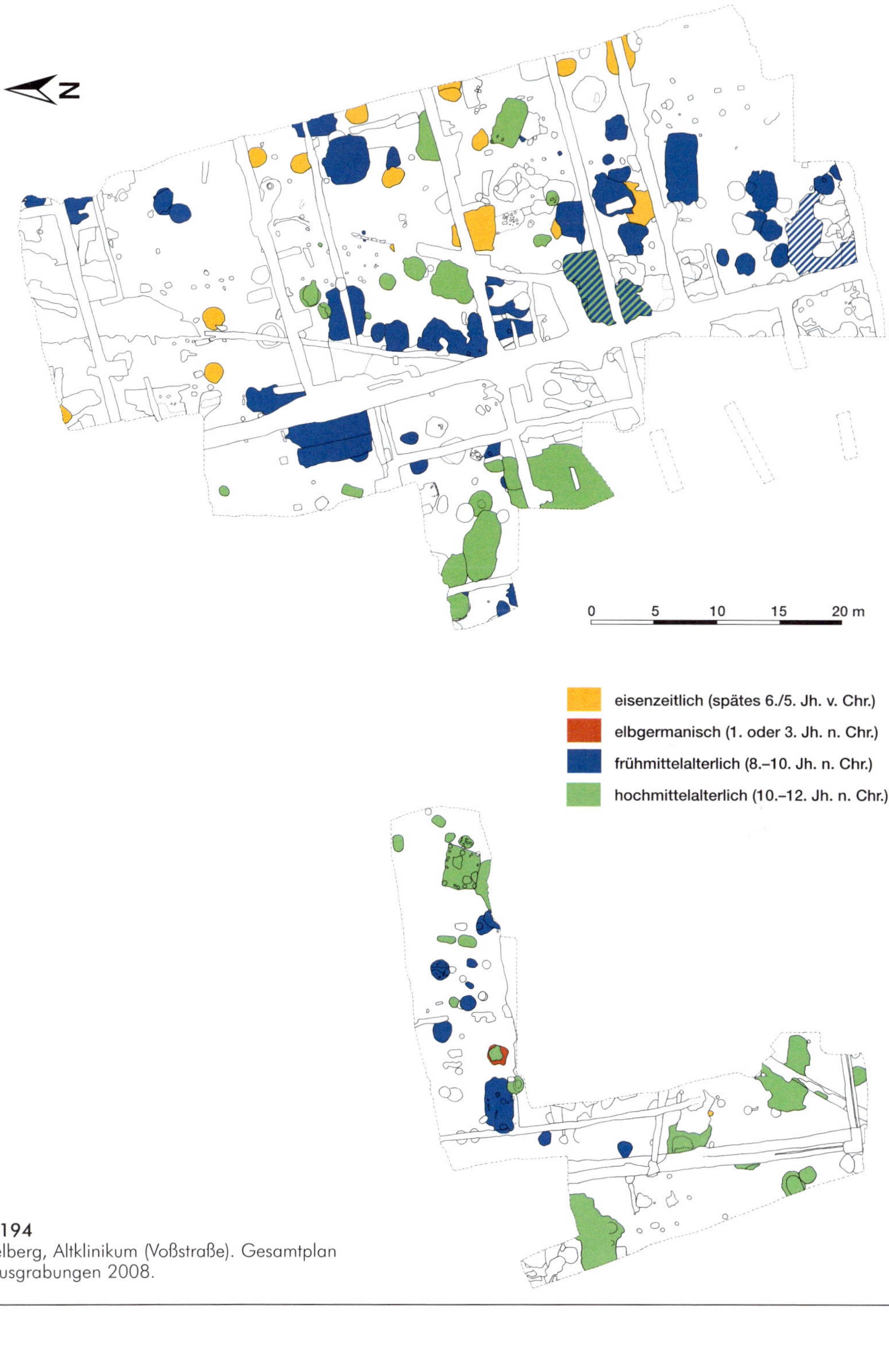

Abb. 194
Heidelberg, Altklinikum (Voßstraße). Gesamtplan der Ausgrabungen 2008.

als Ernst Wahle in der Baugrube eine frühmittelalterliche Straße und weitere Befunde dieser Periode feststellte, sowie 1966, als Berndmark Heukemes vom Kurpfälzischen Museum beim Bau eines Laborgebäudes im Garten der Krehl-Klinik eine größere Anzahl karolingerzeitlicher Gruben in der Baugrubenwand dokumentierte. Weitere Befunde gleicher Zeitstellung wurden, neben urnenfelder- und hallstattzeitlichen Gruben, 1988 nur wenig östlich beim Kanalbau angeschnitten.

Als im Frühjahr 2008 die Pläne einer Überbauung des bislang, abgesehen von dem Laborgebäude, als Garten und Parkplatz genutzten Areals mit einem Klinikkomplex und einer Wohnanlage mit Tiefgarage bekannt wurden, konnte dem seitens der Archäologischen Denkmalpflege nur unter Auflagen zugestimmt werden. Da erste Sondagen im April die aus den Beobachtungen der Vergangenheit zu erschließende Befunddichte bestätigten, erschien eine vollständige, aufgrund fehlender Haushaltsmittel durch den Bauträger zu finanzierende Ausgrabung des Baugeländes unabdingbar. So musste in der Zeit von Juni bis Anfang Oktober eine Gesamtfläche von annähernd 2500 m^2 unter extremem Termindruck untersucht werden.

Eine der wesentlichen Fragestellungen der Grabung war neben der reinen Befunddokumentation auch eine Überprüfung der Überlegungen zur räumlichen Entwicklung Bergheims. Von weiterem Interesse war eine potenzielle räumliche Abgrenzung der frühmittelalterlichen von den römischen Befunden des auf dem Gelände der psychiatrischen Klinik unmittelbar benachbarten *vicus*.

Die Grabung nahm zwei voneinander getrennte Areale ein: Fläche 1 unter dem Parkplatz im Norden der Krehl-Klinik und im Osten des Laborgebäudes und die winkelförmig um dieses im Norden und Westen davon angeordnete Fläche 2. Der Grabungsplan von Fläche 1 zeigt eine Art Gitternetz von rezenten Gräben mit Ver- und Entsorgungsleitungen für den Parkplatz. In den freien Flächen dazwischen fanden sich größere Nutzungsbereiche des alten Botanischen Gartens und ungestörte archäologische Substanz mit vorgeschichtlichen bis hochmittelalterlichen Befunden (Abb. 194).

Vorgeschichtliche Befunde

Sieben überwiegend großformatige Gruben mit reichlich Funden frühmetallzeitlicher Grob- sowie geglätteter, ritzverzierter Feinkeramik waren – umgeben von frühmittelalterlichen Gruben – tief in den anstehenden Löss eingegraben. Ihre spezifische kegelstumpfartige Form kennzeichnet sie als Vorratsgruben. Das chronologische Spektrum der Funde reicht von der Urnenfelderzeit über die Phasen Ha D1 und D3/Lt A (Abb. 195) bis hin zu einem reinen Frühlatène (freundl. Hinw. K. Ludwig, G. Wieland).

Römerzeitliche Befunde wurden nicht beobachtet. Nur vereinzelt begegneten verschleppte Fragmente von Leistenziegeln, Gebrauchskeramik und Terra sigillata in frühmittelalterlichen Zusammenhängen. Mindestens einer Grube konnte elbgermanische Keramik zugeordnet werden. Ob sie Föderaten neckarsuebischer Herkunft des 1. Jahrhunderts n. Chr., wie mehrere kammstrichverzierte Scherben nahezulegen scheinen, zuzuweisen ist oder solchen des 3. Jahrhunderts, ist bislang noch offen. Beides erscheint angesichts der Nähe zur Neckarfurt bzw. -brücke, für die eine Sicherung des Flussüberganges nötig war, als nicht abwegig.

Abb. 195 Heidelberg, Altklinikum (Voßstraße). Frühkeltische Fibelfunde.

Mittelalterliche Befunde

Die aufgedeckte überwiegend frühmittelalterliche Siedlungssubstanz stellt sich in Grabungsfläche 1 als dicht geknüpftes Netz von vielen Gruben, Pfostenlöchern und fünf Grubenhäusern dar. Lässt sich damit Siedlungstätigkeit in Form wirtschaftlicher Nutzung problemlos nachweisen, fanden sich für Wohnbebauung so gut wie keine direkten Hinweise. Die durchaus vorhandenen Pfostengruben, von denen vielfach nur noch unbedeutende Reste erhalten waren, ergaben jedenfalls keine erschließbaren Hausgrundrisse. Mag sein, dass durch die Anlage des Botanischen Gartens im 19. Jahrhundert und des Parkplatzes in den 1980er Jahren höher gelegene Befunde für Pfosten- oder Schwellenbauten zerstört worden sind. Das Fundspektrum wird dominiert von der karolingerzeitlichen Älteren gelben Drehscheibenware. Befunde mit hochmittelalterlicher Älterer grauer Drehscheibenware, Glimmerware und einige Fragmente spätmittelalterlicher Jüngerer Drehscheibenware finden sich hauptsächlich am westlichen Rand der Grabungsfläche 1. Sondageschnitte im südwestlichen Quadranten des Parkplatzes, der aus Zeitmangel nicht mehr von der Flächengrabung erfasst werden konnte, belegen eine Veränderung der Befundstruktur durch einen hochmittelalterlichen tiefen Erdkeller.

Diese Entwicklung setzt sich in Fläche 2 fort. Sie ist geprägt von drei großen Erdkellern, Gruben (Abb. 196) und nur noch einem Grubenhaus in der der Grabungsfläche 1 zugewandten Nordostecke. Die Dichte karolingerzeitlicher Funde und Befunde nimmt deutlich ab zugunsten hochmittelalterlicher Strukturen. Es dominiert hier die Ältere graue Drehscheibenware, begleitet von Glimmer- und Pingsdorfer Ware. Randformen des Typs Stetten und Leistenränder, die auch in den ältesten Befunden der Heidelberger Altstadt begegnen, verweisen auf eine Konzentration der archäologischen Substanz auf das 12. Jahrhundert. Spätestens mit dem Beginn des 13. Jahrhunderts brechen hier die Fundsequenzen ab. Funde von Becherkacheln und verzierte Beschläge aus Bein belegen ein gehobenes soziales Ambiente.

Abb. 196
Heidelberg, Altklinikum (Voßstraße). Spätkarolingische Abfallgrube mit Webgewichtdepot.

Zur Siedlungsentwicklung

Der etwa 250 m weiter ostwärts gelegene, zu allen Zeiten strategisch wichtige Flussübergang ist als Ansatzpunkt der Siedlungstätigkeit jedweder Epoche zu sehen. Größe und Grenzen der Siedlung an der Krehl-Klinik ließen sich archäologisch nicht belegen. Ostwärts wird sie mindestens die Straße zur Neckarfurt erreicht haben, die bereits von Wahle und Heukemes im Ostflügel der Krehl-Klinik und an der Grundstücksgrenze zur Psychiatrie erfasst wurde. Sie verlief westlich der alten Römerstraße und führte entlang des Ruinenfeldes des römischen *vicus* zur Neckarfurt an der alten Römerbrücke. Da bei früheren Untersuchungen auf dem Gelände der Psychiatrie nur noch eine dem Neckarufer zugewandte karolingerzeitliche Fundstelle festgestellt worden ist, liegt die Vermutung nahe, dass sich die Frankensiedlung der Karolingerzeit an den *vicus* anlehnte, ihn aber weitgehend von der Besiedlung ausschloss.

Ob und in welcher Form das fränkische Bergheim bereits zur Merowingerzeit an der

Krehl-Klinik bestand, steht angesichts spärlicher Funde dieses Zeitabschnitts dahin. Vorbehaltlich der Grabungsauswertung zeichnet sich ab, dass auf Grabungsfläche 1 in karolingischer Zeit eine erste Phase intensiver Siedlungsnutzung begegnet, die von einer Periode reduzierter Siedlungsintensität abgelöst wird. Es liegt nahe, das Ausdünnen der archäologischen Substanz mit einer Verlagerung der Hofstellen zu einer neuen, unweit an der „alten Glockengießerei“ gelegenen, in spätkarolingischer Zeit beginnenden Siedlung in Verbindung zu bringen. Die zweite Phase verstärkter Siedlungsaktivitäten erfolgt im Hochmittelalter im westwärtigen Randbereich von Grabungsfläche 1 und auf Fläche 2. Die Art der Befunde und die gehobene Qualität des Fundmaterials könnten auf den Wirtschaftsbereich eines nahe gelegenen Herrenhofes hinweisen. Dass die Fundsequenzen hier wie auch in der „alten Glockengießerei“ mit dem späten 12./frühen 13. Jahrhundert zu Ende gehen, verwundert nicht angesichts der Sogwirkung der in diesem Zeitraum neu entstehenden Heidelberger Altstadt. Für hochrangige Mitglieder des Bergheimer Ortsadels ist der Umzug nach Heidelberg historisch ausreichend belegt.

Allergrößter Dank gilt der Firma Heidelberger Wohnbau GmbH , vertreten durch deren Geschäftsführer Herrn Andreas Epple, die die gesamten, nicht unerheblichen Kosten der Ausgrabungen trug. Weiterhin sei dem Kurpfälzischen Museum Heidelberg für die tatkräftige Mithilfe gedankt.

Manfred Benner, Folke Damminger,
Silke Hesemann

Literaturhinweis

W. Seidenspinner/M. Benner, Heidelberg. Arch. Stadtkataster Baden-Württemberg 32 (Esslingen 2006) 57–59.

Archäologie und Bauforschung in der Heidelberger Vorstadt

Die spätmittelalterliche Stadterweiterung

Neben den umfangreichen Ausgrabungen in der Wüstung Bergheim, dem eigentlichen Ursprung der mittelalterlichen Siedlungsentwicklung Heidelbergs, standen im Jahr 2008 auch zwei kleinere Untersuchungen im Bereich der spätmittelalterlichen Stadterweiterung auf dem Programm der Denkmalpflege im Regierungspräsidium Karlsruhe.
Die Heidelberger Vorstadt wurde 1392 im westlichen Anschluss an die Altstadt in die Rheinebenen hinein angelegt. Um die beträchtliche Fläche zu füllen, siedelte man die Bewohner Bergheims per kurfürstlichem Erlass zwangsweise dorthin um – womit sich gewissermaßen der Kreis in der Siedlungsentwicklung schloss. Trotz dieser Maßnahme blieb die Bebauung im Wesentlichen auf die Hauptstraße beschränkt, was der Vorstadt ein straßendorfartiges Gepräge verlieh. Die ausgedehnten Freiflächen wurden erst im Laufe der Zeit, teilweise erst im 19. Jahrhundert überbaut.

Lanzenstechen und Seidenraupen – Untersuchungen im ehemaligen kurfürstlichen Lustgarten

Ab dem Jahr 1545 an erwarb Kurfürst Ottheinrich in der Vorstadt in größerem Umfang Grundstücke zur Anlage eines Lustgartens. Neben Wasserkünsten und Pflanzungen exotischer Bäume und Sträucher bestand hier zum höfischen Zeitvertreib auch ein Turnierplatz. Nach der Verlegung der Residenz wurde der Herrengarten 1758 einer Seidenmanu-

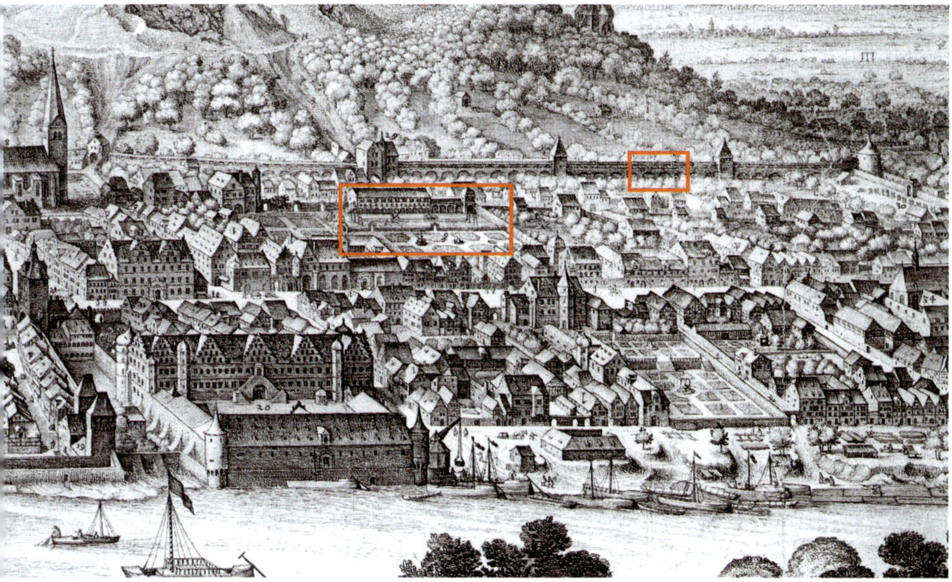

faktur überlassen und als Baumschule für Maulbeerbäume genutzt. Das frühe 19. Jahrhundert schließlich sah die vollständige Aufteilung des Areals in Privatgrundstücke.

Von den Einrichtungen des Herrengartens blieben lediglich im rückwärtigen Bereich des Anwesens Plöck 79 letzte Reste des auf zahlreichen historischen Stadtansichten dargestellten Turniergebäudes erhalten. In den Panoramen von Sebastian Münster (1550) und Franz Hogenberg (1572) ist es jeweils als langgestrecktes zweigeschossiges Gebäude mit rundbogigem Tor und einem an der Westseite angebauten Turm zu erkennen. Matthäus Merians Stadtpanorama von Norden (Abb. 197) zeigt ein zweigeschossiges Gebäude mit Zwischengeschoss und zwölf erdgeschossigen Bogenstellungen. Westlich schließt sich ein eingeschossiger Anbau mit vier Bogenstellungen an, dieser ist wiederum flankiert von einem quadratischen Turm. Bei W. Franke (1645) findet sich ein eingeschossiges Gebäude mit zehn Bogenstellungen dargestellt, jedoch ohne Kopfbau und flankierenden Turm. Das Panorama von Johann Ullrich Kraus (1683) wartet mit einem zweigeschossigen Gebäude mit elf erdgeschossigen Bogenstellungen sowie quadratischen Fensteröffnungen im Obergeschoss auf, ebenfalls ohne Kopfbau und Turm. Die in der Realität vorhandenen zehn Bogenstellungen sind in ihrer richtigen Anzahl lediglich bei W. Franke zu finden.

Die Reste des ehemals mächtigen Gebäudes, die an ihrer Nordseite noch die auf den genannten Illustrationen (Abb. 197) erkennbaren Arkaden aufwiesen (Abb. 198), sollten in die Erweiterung der nördlich benachbarten Hochschule für jüdische Studien einbezogen werden, was bereits 2006 Anlass für eine bauhistorische Untersuchung gab. Bei dem betreffenden Bau(rest) handelt es sich um eine in ostwestlicher Richtung verlaufende Kelleranlage (Abb. 198) mit den Maßen von ca. 34,8 m × 10,8 m (Abb. 199). Diese besitzt einen zweiphasigen, in das 16. Jahrhundert zu datierenden Kopfbau an der Westseite, dessen Breite ca. 6,0 m beträgt. Während der nördliche Teil dieses ältesten nachgewiesenen Bauteils ein Tonnengewölbe aufweist, kann zu dem südlichen Teil keine Aussage getroffen werden – dieser ist vollständig mit Bauschutt verfüllt.

Der nach Osten liegende Hauptbau teilt sich in einen tonnengewölbten Raum mit der Innenabmessung von 6,9 m × 27,7 m und der

Abb. 197 Heidelberger Stadtpanorama von Matthäus Merian (1620). Ausschnitt mit weiten Teilen der Vorstadt, rot umrahmt Teile des kurfürstlichen Lustgartens mit Turnierhaus bzw. die Vorstadtmauer im Bereich des heutigen Friedrich-Ebert-Platzes.

beachtlichen lichten Höhe von 3,7 m sowie eine im Norden befindliche Reihung von zehn Tonnengewölben. Diese nach Norden hin offenen Tonnen liegen quer und weisen eine Tiefe von rund 2,7 m auf. Durch ihre geringere Bauhöhe münden die nordseitigen Lichtschächte des Hauptraumes oberhalb der Gewölbescheitel der Tonnen. Während die Tonnenreihung, wie die Außenmauern des Hauptbaus, zum Bestand des Turnierhauses von 1613 (Abb. 199, Phase III a) gehören, stammt die Einwölbung des Hauptraumes aus der Nutzungszeit des Gebäudes als Seidenraupenzucht nach 1758 (Abb. 199, Phase III b). Sämtliche Mauern und Gewölbe sind in Bruchstein aus rotem Sandstein ausgeführt. An den Tür- und Fensteröffnungen befinden sich scharrierte Werksteingewände – teilweise mit Profilen und Ohrungen. Nach Süden zeigt der Hauptraum fünf Drillingsfenster, deren Größe im Tonnengewölbe Querkappen erfordert. Während die Bodenbeläge aus großformatigen Sandsteinplatten respektive Kopfsteinpflaster bestehen, sind die Wände und Einwölbungen mit einem Kalkputz versehen. Die heutige Treppe zum Keller wurde nachträglich eingefügt. Der ursprüngliche Kellerabgang befand sich an der Nordseite des Gebäudes. Daneben konnten noch vier weitere nachträgliche Kellerabgänge und drei Treppen in das Erdgeschoss lokalisiert werden.

Bei den baubegleitenden archäologischen Untersuchungen konnten 2008 auf Bodenhöhe der Tonnengewölbe keine Begehungshorizonte des ehemaligen Herrengartens angetroffen werden. Es zeigte sich jedoch immerhin, dass das Gelände von der Süd- zur Nordseite des Turnierhauses um rund 1,8 m in die Tiefe versprang, der Bau quasi als Hangbefestigung des niedriger gelegenen Turnierplatzes fungierte.

Mehr als bei Merian – Ausgrabungen am Friedrich-Ebert-Platz

Um der Massen motorisierter Besucher Heidelbergs Herr zu werden, war schon seit Jahren eine Tiefgarage unter dem Friedrich-

Abb. 198 Heidelberg. Reste des ehemaligen Turniergebäudes zwischen Plöck 79/81 und Landfriedstraße 12. Blick von der Landfriedstraße nach Süden.

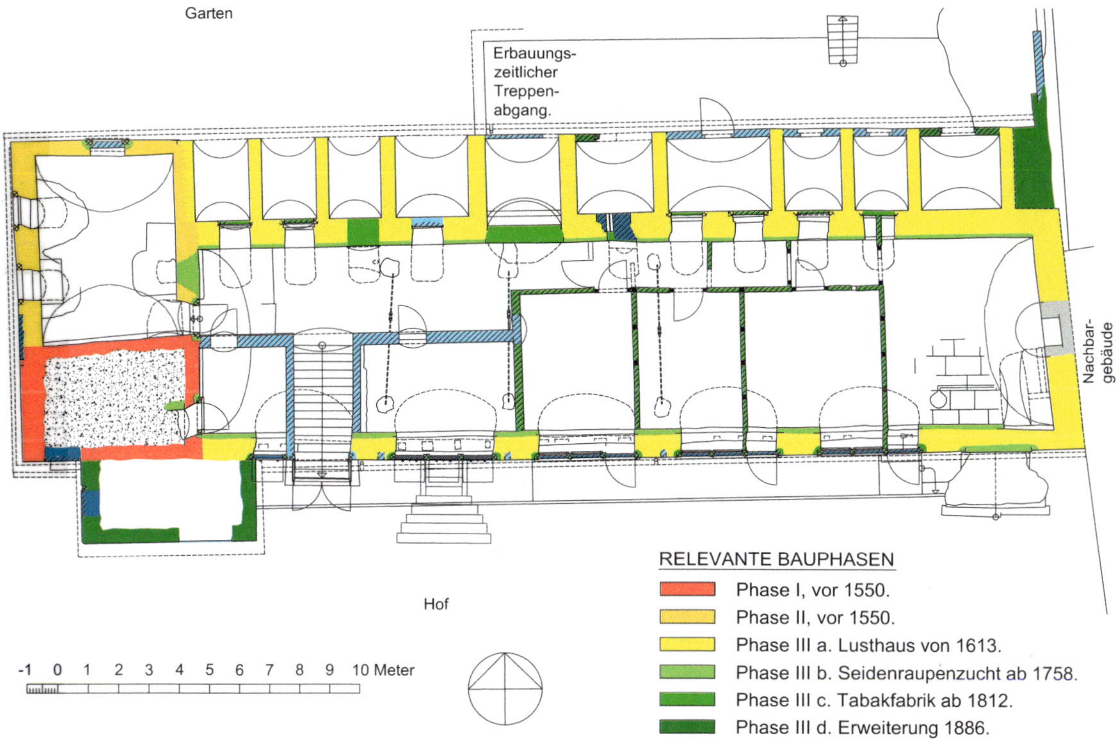

Ebert-Platz geplant, deren Realisierung aufgrund vielfältiger Schwierigkeiten indes erst 2008 in Angriff genommen konnte. Da an der Stelle des innerstädtischen Platzes zuvor der 1593 entstandene Botanische Garten der Universität (Abb. 197) lag und sich eine Untersuchung der gesamten Fläche aufgrund mangelnder Ressourcen verbot, beschränkten sich die Ausgrabungen auf den Bereich der an der Südseite des Platzes verlaufenden Vorstadtmauer.

Über Aussehen und Struktur der spätmittelalterlichen Befestigung der Vorstadt schweigen die Text-, Bild- und archäologischen Quellen weitgehend. Erst mit dem Panorama Heidelbergs von Merian (Abb. 197) begegnet eine Stadtumwehrung in Steinbauweise mit Mauern, Türmen und Toren auf der West-

Abb. 199 Heidelberg, ehemaliges Turniergebäude zwischen Plöck 79/81 und Landfriedstraße 12, Grundriss Kellergeschoss, Baualtersplan.

und Südseite der Vorstadt. Erstere scheint erst relativ spät im 16. Jahrhundert in Stein ausgeführt worden zu sein, während es für die Südseite eine Bauinschrift von 1601 gibt. Aus einer Schriftquelle des späten 16. Jahrhunderts lässt sich eine Holz-Erde-Befestigung als Vorgängerumwehrung erschließen. Bei Merian erscheint die südwärtige Stadtmauer als langgestreckter, auf der Innenseite von Entlastungsbögen arkadenförmig gegliederter Mauerzug mit Wehrgang und in regelmäßigen Abständen eingesetzten Türmen.

Archäologische Einblicke in die Stadtmauer ergaben sich bei verschiedenen Baumaßnahmen der letzten dreißig Jahre an der Sofienstraße und der Friedrich-Ebert-Anlage, jedoch konnte sie nur ansatzweise dokumentiert werden. Der Tiefgaragenbau am Friedrich-Ebert-Platz bot nun die Chance einer Bauaufnahme ihrer Innenseite von den Fundamenten bis zur erhaltenen Oberkante. Grabarbeiten für einen Kanalanschluss der Tiefgarage mehrere Wochen nach dem Abschluss der archäologischen Untersuchung ermöglichten eine fotografische Aufnahme des Mauerdurchbruchs.

Die Mauer konnte in zwei voneinander getrennten Abschnitten auf einer Gesamtlänge

Abb. 200 Heidelberg, Friedrich-Ebert-Platz. Blick auf die Innenseite des Stadtmauerfundaments mit Stützpfeiler eines Entlastungsbogens. Blickrichtung Süd.

von ca. 10 m erfasst werden (Abb. 200). Sie verlief in Ost-West-Richtung unter dem Bürgersteig vor der derzeitigen Häuserfront der Ebertanlage direkt unter dem Kiesunterbau des Asphalts. Knapp drei Meter tiefer, bei 108,90 m ü. NN gründete sie auf dem Schotter des eiszeitlichen Neckarbetts. Sie bestand im unteren Fundamentbereich aus in die Baugrube eingebrachtem kleinteiligem Gussmauerwerk, darüber aus gegen den anstehenden Löss gesetztem unregelmäßigem Mauerwerk mit grob behauenen Bruchsteinen unterschiedlichsten Formats aus Buntsandstein, verbunden mit hartem Kalkmörtel. Die Mauerstärke betrug ca. 1,50 m. In die Mauer eingebunden waren nur unwesentlich tiefer fundamentierte Stützpfeiler (1,40 m breit, 1,20 m tief), zwischen denen sich ein Abstand von ca. 3,50 m rechnerisch ermitteln lässt. Die Bauaufnahme bestätigt die Ansicht des Merianpanoramas mit auf Stützpfeilern ruhenden Entlastungsbögen.

Die hinter der Mauer liegende Gartenanlage ist bei Merian chiffreartig mit Bäumen angegeben, eine Bebauung fehlt. Insofern war die Freilegung eines Kellers im Abstand von nur zwei Metern von der Stadtmauer eine Überraschung. Er maß 4 m × 4 m, bestand aus nachlässig gesetztem einschaligem Mauerwerk und einem Boden aus in Reihen verlegten großen Sandsteinplatten (Abb. 201). In einer zweiten Bauphase war vor die Innenseite der Kellerwand auf die Platten eine neue Schale aus Backsteinen gesetzt worden, die noch in mehreren Lagen erhalten war. Die Bauzeit des Kellers, über dem wohl nur ein leicht gebautes Fachwerkgebäude stand, erklärt dessen Fehlen auf Merians Stich. Funde aus der Baugrube, darunter ein Tonpfeifenfragment, datieren es frühestens in die Zeit während des oder – wahrscheinlicher – nach dem Dreißigjährigen Krieg. Organisatorisch wird der Bau mit dem hier angelegten Botanischen Garten verknüpft gewesen sein. Eine lange Lebensdauer hatte der Bau wohl nicht, enthielt die Kellerverfüllung doch typisches Fundgut des späteren 17. Jahrhunderts. Spätestens mit der Niederlegung der Stadtmauer 1689/93 im Pfälzischen Erbfolgekrieg, deren Abbruchhorizont auf ganzer Länge des Grabungsausschnitts erfasst werden konnte, ist der Keller verfüllt worden.

Die offensichtlich mittelalterliche Anmutung der Heidelberger Stadtumwehrung erfordert angesichts ihrer Bauzeit um 1600, als die Fortifikationstechnik militärisch weitaus effektivere Befestigungssysteme anbot, eine Erklärung. Tatsächlich erscheint ein Rückgriff auf tradierte Bauformen im Heidelberg der frühen Neuzeit nicht außergewöhnlich. Bereits für den umfassenden Umbau der Schlossanlage während der ersten Jahrzehnte des 16. Jahrhunderts wurden „veraltete" spätgotische Dekorationselemente verwendet, gegründet auf ein kurfürstliches Repräsentationsbedürfnis, das tradierte Bauformen bevorzugte. Die Heidelberger Bürgerschaft als Trägerin des Stadtmauerbaus ließ sich, so scheint es, von vergleichbaren Prinzipien leiten. Für sie stand offensichtlich die Repräsentativität der Stadt, die sich als Chiffre in Form eines von hohen Mauern, Türmen und Toren umgebenen Bauensembles traditionell abbildete, gegenüber militärischer Zweckmäßigkeit im Vordergrund. Zwanzig Jahre später, in der Vorbereitung auf die Auseinandersetzungen des beginnenden Dreißigjährigen Krieges, versuchte man, die veraltete neue Stadtmauer mit einem modernen, mehrfach gegliederten und bastionsartig verstärkten Befestigungssystem zu schützen.

Abb. 201
Heidelberg, Friedrich-Ebert-Platz. Blick nach Norden in den im rückwärtigen Bereich der Stadtmauer entdeckten Keller.

Dank gebührt der Bauträgerin, der Heidelberger Garagengesellschaft mbH, die am Friedrich-Ebert-Platz Bagger und Grabungseinrichtung stellte, Herrn Raijki (Heidelberger Versorgungs- und Verkehrsbetriebe) und Herrn Bellm (Architekturbüro ap88) für die kooperative Zusammenarbeit bei der Abstimmung von Grabungs- und Bauarbeiten.

Manfred Benner, Folke Damminger, Bernd Säubert

Literaturhinweis

W. Seidenspinner/M. Benner, Heidelberg. Arch. Stadtkataster Baden-Württemberg 32 (Esslingen 2006) 64–65; 212; 226.

Archäologie am ehemaligen Standort des „Weinzierl-Hauses" in Radolfzell, Kreis Konstanz

Im Jahr 2008 endete die über 370-jährige Baugeschichte des sogenannten Weinzierl-Hauses am Marktplatz 10. Das am Ostrand des Radolfzeller Marktplatzes gelegene denkmalgeschützte Bürgerhaus wurde vor dem Abbruch baugefügekundlich untersucht. Es bestand im Kern aus einem dendrochronologisch in das Jahr 1633 datierten Fachwerkbau mit einem massiven Erdgeschosssockel. Seine bis in das 18. Jahrhundert zu verfolgende Besitzgeschichte ist durch häufige Eigentümerwechsel gekennzeichnet. Den Na-

Abb. 202 Radolfzell, Marktplatz 10. Vereinfachter Phasenplan der Grabungsbefunde.

men verdankt das Haus dem großherzoglichen Assistenzarzt Dr. Raphael von Weinzierl, der im Jahr 1874 die Liegenschaft kaufte. Die Pfarrei Radolfzell erwarb das Anwesen 1938. Damals erfolgte die Abtrennung des im Süden an die Obertorstraße anstoßenden Teils der Parzelle, der aktuell als Gartenwirtschaft genutzt wird.

Am Standort des Weinzierl-Hauses soll ein Neubau entstehen, dessen Unterkellerung

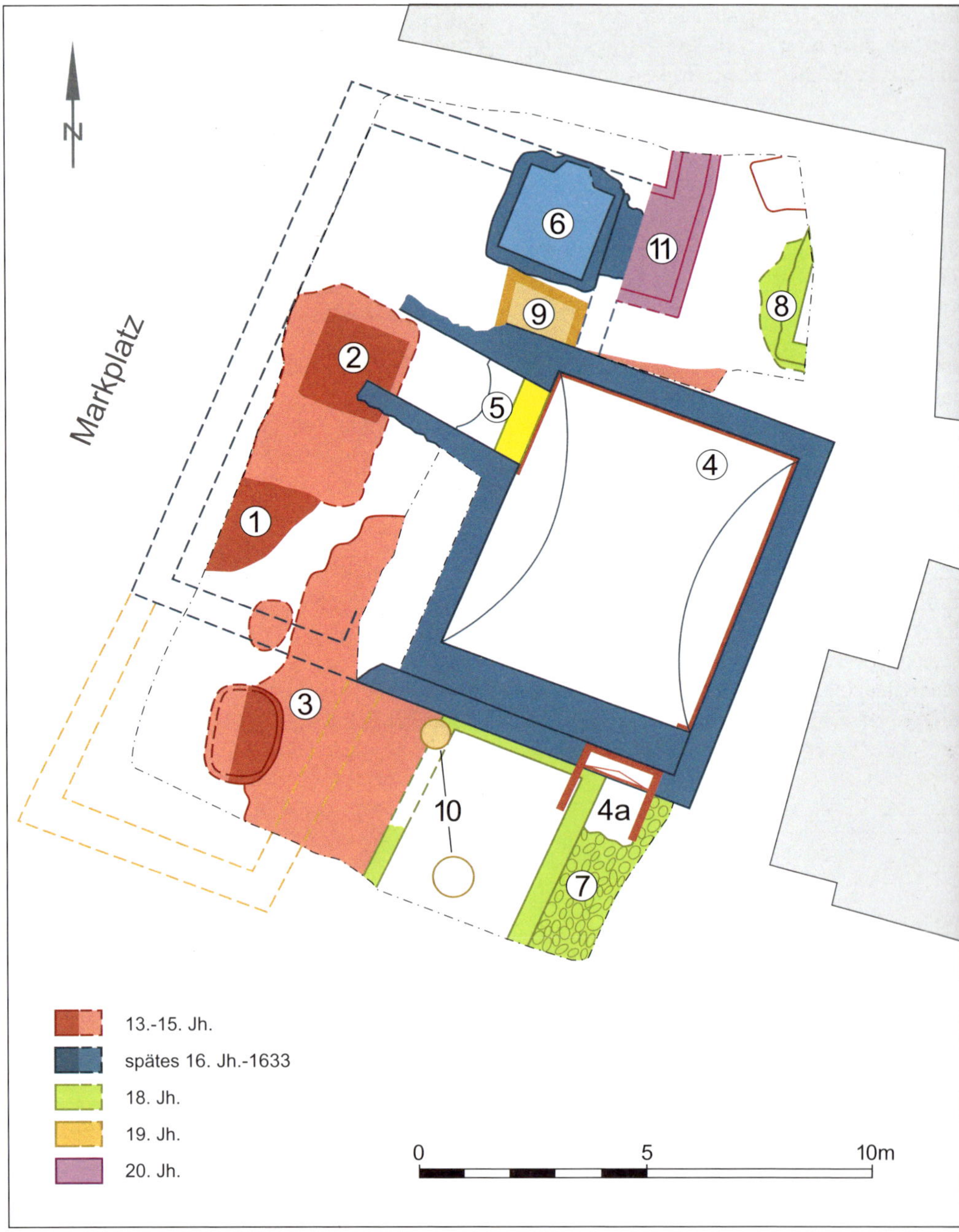

im Vorfeld der Baumaßnahme archäologisch untersucht wurde, da Befunde zur mittelalterlichen Geschichte Radolfzells erwartet wurden. Es galt zu überprüfen, ob der Platz zwischen dem Stiftsbezirk der 826 gegründeten *Cella Radolti* und der nordöstlich davon gelegenen Reichenauer Burg bereits vor der spätmittelalterlichen Stadtwerdung Radolfzells (um 1267) besiedelt war.

Die mittelalterlichen Befunde

Intensive spätmittelalterliche und neuzeitliche Bodeneingriffe haben zum vollständigen Verlust der früh- und hochmittelalterlichen Kulturschichten geführt. Die oberen Bereiche des anstehenden Moränenkieses waren nur noch in Resten vorhanden. Die Aufsiedlung der Parzelle und ihres Umfelds erfolgte nach Ausweis von umgelagerten Keramikscherben nicht vor dem mittleren Drittel des 13. Jahrhunderts. Zu den älteren Befunden zählen eine unspezifische Grube des späten 13. Jahrhunderts und eine darin eingetiefte Latrine, die mit Holzbohlen verschalt war und in der zweiten Hälfte des 14. Jahrhunderts aufgegeben wurde (Abb. 202 Nr. 1, 2). Eine Konstante innerhalb des vorgefundenen Bebauungsmusters stellt der in Bezug auf die Parzellengrenzen zurückversetzte, ca. 6,5 m × 5,6 m große Gewölbekeller eines Hinterhauses dar (Abb. 202 Nr. 4). Im Kern geht der Keller auf einen seit dem frühen 15. Jahrhundert existierenden Vorgängerbau mit identischen Ausmaßen zurück, was durch flächig erhaltenes Wackenmauerwerk in den unteren Wandpartien belegt ist. Ein in der Ostwand erhaltener Gewölbeansatz zeigt, dass das Kellergewölbe ursprünglich von Osten nach Westen gespannt war. Der spätmittelalterliche Kellerzugang lag am Ostende der südlichen Schmalseite (Abb. 202 Nr. 4a) und war ehemals als Türgewände mit geradem Sturz und einem darüberliegenden giebelförmigen Entlastungsbogen aus Ziegeln ausgeführt. In Verbindung mit diesem Kellerbau steht eine ausgedehnte Baugrube, an deren westlichem Rand eine Kalklöschgrube und eine Mörtelmischgrube eingetieft wurden (Abb. 202 Nr. 3).

Abb. 203
Radolfzell, Marktplatz 10. Südseite des neuzeitlichen Kellerabgangs mit Wandmalereiresten (um 1600).

Ranken im Kellerabgang, Gläser in der Latrine – die frühe Neuzeit

Im späten 16. Jahrhundert wurde ein grundlegender Um- bzw. Neubau des Anwesens vorgenommen. Unter Beibehaltung des Grundrisses erfolgte die Neueinwölbung des Kellers mit einem nun von Norden nach Süden gespannten Tonnengewölbe. Außerdem verlegte man den Kellerzugang an das Nordende der westlichen Längsseite (Abb. 202 Nr. 5) und integrierte das Hinterhaus in einen im Westen vorgelagerten Baukörper. Mit diesen Baumaßnahmen ging vermutlich auch die Anlage einer aus Bruchsteinen gemauerten Latrine in der Nordostecke des westlichen Bauteils einher (Abb. 202 Nr. 6). Bedingt durch jüngere Eingriffe ließ sich die Binnengliederung des Westbaus nicht mehr klären. Es kann hier aber ein ebenerdiger, hallenartiger Raum vermutet werden, von dem aus der Treppenabgang in den Keller hinabführte. Für eine architektonische Einbeziehung des Kellerzugangs in die vorgeschlagene Halle spricht unter anderem die auf Sicht hin ausgelegte und auf der dritten

Putzoberfläche des Kellerabgangs dokumentierte Wandmalerei (Abb. 203). Bei den Bemalungsresten handelt es sich um eine in Schwarz angelegte bogenförmige Rankenmalerei mit rotbraunem Blattwerk, die offenbar längere Zeit als Dekor diente und durch Retuschen ergänzt wurde, bevor sie schließlich übertüncht wurde. Eine genauere chronologische Einordnung der Malereireste auf das Datum 1633, als Obergeschoss und Dachstuhl nach dem Brand Radolfzells im Jahr 1632 wieder aufgebaut wurden, ist stilistisch nicht möglich. Auch hinsichtlich der repräsentativeren Gestaltung des Kellerabgangs und seiner Funktion im Raumgefüge bleiben Fragen offen. Vorstellbar erscheint beispielsweise eine Erdgeschossnutzung als Schankstube oder als Verkaufsraum eines Weinhändlers. Die zahlreichen Glasfunde des 17. Jahrhunderts (Nuppenbecher, optisch geblasene Becher, Kelchgläser mit Löwenkopfbaluster etc.) aus dem Bodensatz der gemauerten Latrine stehen diesen Interpretationsansätzen zumindest nicht entgegen.

Jüngere Veränderungen

In der Folge wurde die Grundstruktur des Hauses nur unwesentlich verändert. Lediglich im Süden errichtete man im 18. und 19. Jahrhundert kleinere Anbauten (Abb. 202 Nr. 7). Im Gebäudeinneren müssen hingegen im späten 18. Jahrhundert umfangreiche Arbeiten durchgeführt worden sein, wie Halbrundstableisten und Ofennischenrahmungen aus Gipsstuck – teilweise mit leuchtend kobaltblauer Begleitstrichbemalung – anzeigen. Teile dieser Innenausstattung fielen im späten 19. Jahrhundert einer Renovierung zum Opfer und wurden im einstigen Kellerhals entsorgt, nachdem man das neue Treppenhaus durch die Gewölbekappe des Kellers hinabgeführt hatte und der alte Kellerabgang von Osten her zugesetzt worden war. Ferner wurde die frühneuzeitliche Latrine mit Bauschutt verfüllt und auf ihr eine ebenerdige Herdstelle angelegt (Abb. 202 Nr. 6). An ihre Stelle traten neue Abtrittanlagen des 19. und 20. Jahrhunderts (Abb. 202 Nr. 9, 11).

Die Parzelle in ihrem städtebaulichen Kontext – Obertorstraße versus Marktplatz?

Die abschließende Betrachtung der Grabungsergebnisse wirft die Frage auf, wie sich die dokumentierten Befunde in den städtebaulichen Rahmen des Mittelalters und der Neuzeit einfügen. Die spätmittelalterliche Latrine nahe des heutigen Marktplatzes, der zurückversetzte spätmittelalterliche Keller mit seiner nach Süden weisenden Baugrube und dem ersten Kellerzugang im Südosten legen die Vermutung nahe, dass das Grundstück ursprünglich von der Obertorstraße her erschlossen war. Demnach wäre in dem südlich anschließenden Bereich die zugehörige mittelalterliche Wohnbebauung zu suchen. Eine gewisse Unterstützung finden diese Überlegungen durch eine um 1560 entstandene Ansicht von Radolfzell, die noch eine der heutigen Marktplatzflucht im Westen vorgelagerte Häuserzeile darstellt. Erst durch den Abriss dieser Häuser, die Erweiterung des Marktplatzes nach Osten und den 1619 begonnenen Bau des „Österreichischen Schlössles“ wurde der einstige Hinterhofbereich der Parzelle zur Schauseite aufgewertet.

Die archäologische Maßnahme konnte dank der Kooperation und finanziellen Unterstützung durch die Kirchengemeinde Münster Unserer Lieben Frau, vertreten durch Herrn Pfarrer Michael Hauser, und dem ausführenden Architekturbüro Martin Frei trotz widriger Witterungsverhältnisse reibungslos durchgeführt werden. Dank gebührt auch unserem ehrenamtlichen Mitarbeiter Christof Stadler für seine Unterstützung.

Mark Rauschkolb, Bertram Jenisch

Literaturhinweis

P. Wichmann, Historische Dachmoden, dargestellt am Beispiel Radolfzells. Denkmalpfl. Baden-Württemberg 25/2, 1996, 158–167.

Archäologische Ausgrabungen hinter dem Palais des Freiherrn von Cunzmann in Mannheim

Der geplante Bau des neuen Museums „Bassermannhaus für Musik und Kunst“ mit „Klaus-Tschira-Labor für physikalische Altersbestimmung“ auf den Grundstücken C 4,8, C 4,9a und C 4,9b eröffnete der Stadtarchäologie Mannheim in den Monaten August und September 2008 erstmalig Einblicke in die Bebauungsstrukturen dieser Parzellen nach der Verfüllung des Festungsgrabens ab 1709. Schon die zeitweiligen Eigentümer der Grundstücke, Major von Müller (C 4,8 ab 1770) und der Geheime Rat Johann Kaspar von Cunzmann (C 4,9 ab 1765), ließen wegen ihrer gesellschaftlich herausragenden Position im Umfeld Carl Theodors vermuten, dass Wohn- und Wirtschaftsgebäude sowie deren Ausstattung von hoher Qualität und entsprechende materielle Hinterlassenschaften zu erwarten waren (Abb. 204).

Das ca. 108 m lange und ca. 58 m breite Quadrat C 4 (ehemals „Q“) befindet sich am nördlichen Rand der sogenannten „Oberstadt“ Mannheims. Nach den Bild- und Schriftquellen erfolgte ab 1725 die Aufteilung des Quadrates in 22 langschmale Parzellen, von denen die Parzelle C 4,8 die Nummer „21“ (Breite ca. 9,57 m, Länge ca. 29 m), die im späteren Eigentum des Geheimrats von Cunzmann stehenden (C 4,9a; C 4,9b) die Bezeichnungen „1“ und „2“ (Breite je ca. 14,5 m, Länge je ca. 36 m) erhielten.

Die Grundstücke von C 4,8, C 4,9a und C 4,9b lagen in großen Teilen über dem mit Bauschutt, Kies und Sand verfüllten Graben der frühneuzeitlichen Festung Friedrichsburg (ab 1606). Die Verfüllung der Gräben wurde ab 1709 mit dem Zusammenlegen von „Ober“- und „Unterstadt“ verfügt. Nach derzeitigem Kenntnisstand ist davon auszugehen, dass der Festungsgraben in den Berei-

Abb. 204
Mannheim, Palais Cunzmann. Blick von Südosten auf die Grabungsfläche.

Abb. 205 Mannheim, Palais Cunzmann. Knöpfe aus Horn, Knochen und Glas, ein Riemenendbeschlag aus Knochen, eine Steinkugel, Schneiderkreide, Flaschenkorken aus der sekundären Verfüllung eines Vorratskellers.

chen der Hofareale von C 4,8 und C 4,9b nicht in einem Zuge verfüllt wurde und eine Hofnutzung mit der Errichtung von Seit- und Rückgebäuden erst nach 1730 (Münzfund) möglich war. Der Investitionsdruck schien so hoch, dass der nicht ausreichend verfestigte Baugrund stellenweise nachgab und sich Setzungserscheinungen an Fußböden und vermutlich auch an aufgehendem Mauerwerk zeigten.

Die Fundamente der ältesten Bebauung auf dem Grundstück „Q"/77 – „1" gehörten zu traufständig errichteten Gebäuden mit giebelständig orientierten, tonnengewölbten Kellern an der Straße zwischen C 4 und D 4 (*Closter-Gaß*/Leopoldstraße) bzw. zwischen C 4 und C 3 *(Frankenthaler Gasz)*. Schriftquellen belegen, dass ein Weinhändler Treßler in rascher Folge die Grundstücke Q 1 und Q 5 erwarb. Erst 1765 erwarb der Geheimrat Cunzmann die Grundstücke Q 1 und Q 2 (C 4,9), auf denen er sein bis heute erhaltenes Palais errichten ließ. Noch 1908 befanden sich große Teile der Innenausstattung des Cunzmann'schen Hauses an ihrem Platz, reich verzierte Stuckdecken, Kaminnischen, Fußböden und Wanddekorationen im Stile des Rokoko, wie wir den Beschreibungen Friedrich Walters in den Mannheimer Geschichtsblättern von 1908 auf der Grundlage von Innenaufnahmen entnehmen können. Die Bausubstanz im rückliegenden Hofareal des Palais war mit Ausnahme eines im Viertelkreis verlaufenden Ziegelfundamentes in der Südecke wegen des Baus eines massiven Steingebäudes gegen Ende des 19. Jahrhunderts vollständig ausgeräumt.

Eine wechselvolle Baugeschichte konnte gegen alle Erwartungen auf dem Grundstück C 4,8 (Q 21) nachgewiesen werden. Kurz nach 1725 errichtete man ein Wohnhaus mit tonnengewölbtem Keller aus Ziegelsteinen an der *Frankenthaler Gasz* (zu C 3), später einen hofseitigen, ebenfalls unterkellerten Anbau. Durch Zukauf eines Grundstücksteils (ca. 80 m^2) mit Hausbebauung von Weinhändler Treßler waren nur ca. zehn Jahre nach der Vergabe des Bauplatzes C 4,8 zwei Drittel von ca. 363 m^2 Fläche mit unterkellerten Häusern überbaut!

Von einem schmalen Seitgebäude fand sich im hinteren Parzellenbereich das Mörtelbett für einen Fußboden aus quadratischen und rechteckigen Sandsteinplatten sowie für ein schmales Mauerfundament. Die Sandsteinplatten hatte man beim Abbruch des Gebäudes entfernt. Nach datierbaren Funden dürfte das Seitgebäude aus der ersten Hälfte des 18. Jahrhunderts stammen. Bereits in die zweite Hälfte des 18. Jahrhunderts gehörte ein mit Steinplatten ausgelegter Vorratskeller mit jüngerer Teilüberwölbung, der in sekundärer Nutzung gegen Ende des 18. Jahrhunderts offenbar in einem Zug mit Abfällen verfüllt wurde. Da alle sandigen Verfüllungen bei der Ausgrabung geschlämmt wurden, liegt der Archäologie jetzt ein weites Spektrum an Klein- und Kleinstfunden aller Fundgattungen vor, die uns einen detaillierten Einblick in die Wohn- und Handwerkskultur im Zeitraum von 1730 bis um 1800 gewähren. Außer Groß- und Kleingefäßen bleiglasierter Irdenwaren, darunter zahlreiche datierte Teller mit Malhorndekor, enthielt das Fundmaterial Teller, Platten, Koppchen und Puppengeschirr von glasierter Irdenware und Fayence mit Marken (Mosbach 1. Teilperiode Römer & Co. 1787–1799; Sulzbach Periode Andreas Windschlügel

1771–1774; Straßburg Carl Franz Hannong 1725–1730 u. a.). Viele Schank- und Trinkgefäße bestanden aus Steinzeug Westerwälder Art und aus Porzellan regionaler (Frankenthal) und chinesischer Produktion. Hervorzuheben ist eine Porzellanfigur von cremig weißer Glasur, die in der Frankenthaler Porzellanmanufaktur gegen 1760 hergestellt wurde. Der Winzer trägt Rock, Weste, Kniehose, Halbschürze und einen Dreispitz, in der rechten Hand hält er eine Holzpritsche. Zusammen mit einer traubenlesenden Winzerin und einem Winzer, der Trauben zerstößt, verkörpert diese Porzellanfigur in einer bekannten Folge von Jahreszeiten den „Herbst". Ein bemaltes Pendant zu dem Neufund ist im Zeughaus der Reiss-Engelhorn-Museen ausgestellt.

Darüber hinaus wurden zahlreiche Kleinstgegenstände aus Metall, Knochen und Horn geborgen. Zu einer Auswahl der ersten Gruppe zählen Stecknadeln, ein Fingerhut, S-Häkchen, Anhänger, durchlochte Bronzescheibchen, Ringe, Kruzifixe, Endbeschläge, ein Gehänge aus (vergoldeter) Bronze mit 5 erhaltenen, ursprünglich 6 Ösen, an denen Kettchen aus Ovalringen hingen, Münzen, 1 Plombe aus Blei mit Umschrift („DANIEL D.....N") sowie ein Taschenuhrenschlüssel aus Messing. Zu Belegen für Schneiderhandwerk zählen Knöpfe aus Horn, Knochen und Glas sowie Stücke verschiedenfarbiger Schneiderkreide. Aus der Werkstatt eines Knochenschnitzers stammen gesägte Hornstücke und -platten, Wetzsteine aus Schiefer und Sandstein dienten dem Anschärfen von Schneidgeräten. Unbekannter Funktion bleiben zwei gedrechselte, verzierte Hülsen aus Knochen mit Innen- und Außengewinde (Abb. 205). Fragmente von Tonpfeifen wurden nach Fersenmarke und Stempel in Gouda/Niederlande produziert, wenn es sich nicht um Fälschungen handelt. Eine Tonpfeife trägt die Umschrift „WILHELM" / „FABRICIRT". Gedrechselte Schälchen aus Horn dienten als Futterale kleiner Taschenspiegel, Brett- und Würfelspiele sind durch entsprechende Spielsteine dokumentiert.

Die nun beginnende Auswertung stützt sich auf eine relative Abfolge aller Befunde, die durch zahlreiche Münzfunde und datierte Keramik einen absoluten Zeitrahmen erhält. Somit erscheint es auch möglich, die Laufzeiten bestimmter keramischer Warenarten des 18. und 19. Jahrhunderts exakter als bisher fixieren zu können.

Mein Dank für die Hilfe zur termingerechten Beendigung der Ausgrabung gilt den Damen und Herren Antoni, Bier, Gerlach, Greth, Grochow, Lang, Oppek, Rehbein, Reiß, Schmidt, Seidu Muhammed, Stadler, Strub, Teutsch, Tokarski und Wenneis.

Klaus Wirth

Der zähringische Zugriff im Befund – die Michaelskapelle von Riegel, Kreis Emmendingen

Südlich des schon in keltischer und römischer Zeit intensiv besiedelten Ortes Riegel erhebt sich der Michaelsberg, ein Ausläufer des Kaiserstuhls. Auf dem Lössrücken, von dem die Verkehrswege kontrolliert werden können, die hier eine Engstelle der Oberrheinebene passieren, erhebt sich die weithin sichtbare Michaelskapelle (Abb. 206). Eine nicht näher lokalisierte Kirche St. Michael wird 971/990 erstmals genannt. Ab etwa 1150/70 ist eine von den Zähringern gegründete Burg Riegel überliefert, die bereits um 1400 abging. 1465 wird die Wallfahrt zur Michaelskapelle begründet. In diese Zeit sowie in die Zeit nach einer angeblichen Zerstörung im Dreißigjährigen Krieg datierte

Abb. 206
Der Michaelsberg bei Riegel von Nordost.

man bisher den Baukörper der Kapelle. 1993 datierte B. Lohrum die beiden wesentlichen Dachstuhlabschnitte der Kapelle dendrochronologisch in das späte 13. Jahrhundert, was die bisher überlieferte Baugeschichte in Frage stellte. Dadurch wurde wieder die Frage nach der Abfolge von Kirche und Burg aufgeworfen, der anlässlich der aktuellen Sanierung nachgegangen werden sollte.

Merkwürdige Höhenverhältnisse

Das Plateau ist großteils von einer neuzeitlichen Mauer eingefasst und im Süden durch einen tiefen Halsgraben von der angrenzenden Hochfläche abgetrennt. Der auf dem Plateau stehende 17,70 m lange Sakralbau ist geostet. Die Südseite der Kapelle lehnt sich augenscheinlich an ein höher gelegenes Lössplateau an. Nur die Dachtraufe ragt hier ein wenig aus der Erde.
Auf der Nordseite betritt man die Kapelle durch ein – auf Höhe der unteren Empore gelegenes – gotisches Sandsteinportal und gelangt über eine gemauerte Treppe auf den 1,80 m tiefer liegenden Boden des Langhauses. Der beeindruckende hohe Sakralraum weist im Westen eine Quermauer auf, die heute die Begrenzung der unteren Empore bildet. Zur oberen Emporenebene führt von Westen her ein direkter ebenerdiger Zugang mit einem spätestgotisch/frührenaissancezeitlichen Sandsteingewände.

Unerwartete Baubefunde

Wegen aufsteigender Feuchtigkeit im Mauerwerk wurde zunächst außen entlang der Nordseite aufgegraben. Die untere Mauerpartie von Langhaus und Chor ist hier als Kleinquadermauerwerk vorwiegend aus Kalksteinen gebildet. In zwei Lagen zeigten sich Gerüstlöcher, ferner eine Fensteröffnung an der Nordseite des Chores. Im Westen lag eine aus schön gehauenen, leicht keilförmigen Buntsandsteinquadern gesetzte Rundbogentür (lichte Weite 1,90 m, lichte Höhe ursprünglich ca. 2,65 m), die sekundär vermauert war; außen war das Niveau um 2,30 m mit Löss aufgefüllt worden. Dieser umgelagerte Löss enthielt einige römische und frühmittelalterliche Funde. Die Enddatierung liefern zwei Wandscherben der nachgedrehten Ware des 12. Jahrhunderts.

Im Inneren der Kapelle stellte man einen Befall durch Hausschwamm fest, weshalb ein alter Betonboden, darunterliegende vermulmte Holzreste sowie eine Auffüllschicht des 17. Jahrhunderts entfernt wurden. Unter dieser Überdeckung lagen Reste eines Bodens aus handgestrichenen rechteckigen Backsteinen, der, wie einige Funde und seine Anbindung an den gotischen Chor belegen, in die Zeit um 1300 datiert.

Eine Sondage vor dem Chorbogen zeigte unter dem gotischen Pfeiler eine verputzte romanische Mauerkante, die vermutlich einen Chorbogen am Übergang des romanischen Chores zum Langhaus getragen hatte. Anhand einer Baufuge in der Sakristei und anderer Befunde war zu erkennen, dass die südliche Langhauswand im Mittelalter um etwa 1,5 m nach innen (Norden) verschoben worden war.

Die Bauabfolge

Die baubegleitenden Sondagen und flankierenden baugefügekundlichen Untersuchungen lassen die folgende Bauentwicklung erschließen (Abb. 207):

Ein gestörtes Grab weist auf einen frühmittelalterlichen Sakralbau hin, der unter der heutigen Kapelle liegen dürfte. Im 10. bis 11. Jahrhundert wurde der Bau mit eingezogenem Rechteckchor in den jetzigen Grundrissdimensionen errichtet; die südliche Langhauswand lag zunächst 1,5 m weiter südlich (Abb. 207, orange). Später wurde die Türschwelle höhergesetzt, da sich das Außenniveau mit eingeschwemmtem Löss aufsedimentiert hatte.

Die Errichtung der Burg der Zähringer bzw. ihres Gefolgsmanns Werner von Roggenbach brachte ca. 1150/70 eine grundlegende Zäsur. Das Rundbogenportal wurde zugesetzt und das Außenniveau aus fortifikatorischen Gründen um 2,30 m mit Löss aufgefüllt, der wohl aus dem neu angelegten Halsgraben stammte. Eine Ringmauer wurde errichtet, von der im Norden noch geringe Reste vorhanden sind. Spätestens zu diesem Zeitpunkt wurde der Friedhof aufgelöst. Die im Süden verkleinerte Kirche wurde zur Burgkapelle (Abb. 207, rot). Durch eine Quermauer im Inneren wurde der westliche Teil des Langhauses abgetrennt und wohl zu profanen Zwecken umgewidmet. Das alte, nun tief liegende Niveau des Kirchenbodens behielt man bei. Durch die Auffüllungen im Außenbereich verschwand die Kirche teilweise im Boden und war aufgrund der Verdeckung durch die neue Ringmauer optisch kaum mehr präsent.

Etwa um 1300, wohl zur Zeit der Üsenberger, stockte man die Burgkapelle auf und zimmerte die beiden Dachstühle ab. Das Bodenniveau des Langhauses und Chores hob man etwas an und verlegte einen Backsteinboden. In den vorhandenen Rechteckchor baute man innen ein Polygon mit hohem gotischem Chorbogen und Gewölbe ein. Später (etwa um 1340/50?) entstand das heutige gotische Portal auf der Nordseite mit der Treppenanlage im Inneren.

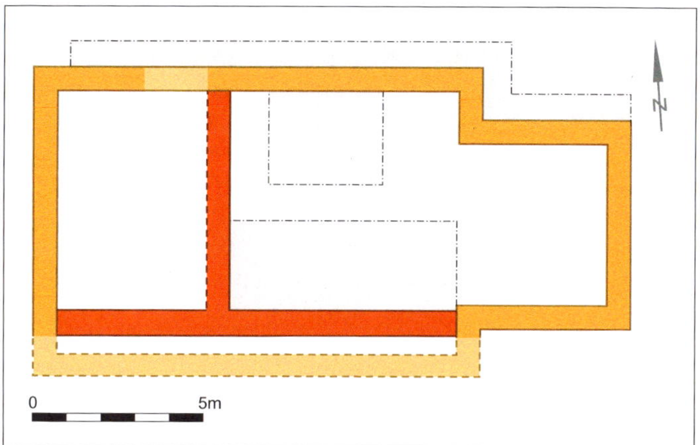

Abb. 207
Riegel, Michaelskapelle. Schematischer Plan. Orange: Phase 1 – Kirche im 11./frühen 12. Jh.; rot: Phase 2 – Kirche mit reduzierter Grundfläche nach dem Bau der Burg 1150/70.

Bereits um 1400 wurde die Burg aufgegeben und sukzessive abgebrochen. Die Kirche blieb stehen und konnte wieder von der Bevölkerung besucht werden. In der Folgezeit wurden nach Aussage der restauratorischen Befunde in der Kirche fast nur noch die Böden, Putze, Anstriche und das mobile Inventar erneuert. Weder der Beginn der Wallfahrt um 1465 noch die angeblichen Zerstörungen im Dreißigjährigen Krieg lassen sich archäologisch fassen. Bei einer Renovierung im 18. Jahrhundert wurde auch der gotische Altartisch verändert. In einer Nische fand sich ein Reliquienglas, ein Bindeglas lokaler Produktion.

Fazit

Die baubegleitende Untersuchung belegt, dass die St. Michaelskapelle eines der ältesten mittelalterlichen Bauwerke des Landkreises Emmendingen ist. Ein bemerkenswertes Schlaglicht fällt auf das Vorgehen der Zähringer, die sich hier einen festen Punkt schufen und dabei in ältere Rechte des Klosters Einsiedeln eingriffen.

Der Pfarrgemeinde St. Martin mit Herrn Pfarrer Ekkehard Baumgartner gilt Dank für die gute Zusammenarbeit und finanzielle Unterstützung der Maßnahme. Zum Gelingen der Untersuchung trugen Architekt Wolfgang Mittl, Peter Ziegler, die Restauratoren Bernhard Wink und Luise Schreiber-Knaus sowie die Bauforscher Stefan King und Burghard Lohrum bei.

Heiko Wagner, Bertram Jenisch

Literaturhinweise

A. Futterer, Der St. Michaelsberg bei Riegel und seine Kapelle (Selbstverlag 1927). – U. Parlow, Die Zähringer – Kommentierte Quellendokumentation (Stuttgart 1999) 294–295.

Ein Kloster auf Wanderschaft – die Reste des Klosters Klingental in Wehr, Kreis Waldshut

Die Herren von Horburg stifteten 1236 in Häusern bei Pfaffenheim, unweit Colmar im Elsass, einen Schwesternkonvent. Um 1253 mussten sich die Schwestern aufgrund von Beeinträchtigung durch Fehden während des Interregnums nach Pfaffenheim zurückziehen und waren quasi heimatlos. Dieser Konvent wurde am 2. September 1256 von Walter von Klingen ins Wehratal gerufen, mit einem Stiftungsbrief ausgestattet und benannte sich forthin nach dem Stifter „Klingental“. Der Bau der Klosteranlage zog sich offenbar über mehrere Jahre bis 1264 hin. 1259 war der Bau aber schon so weit fortgeschritten, dass die Schwestern einziehen konnten.

Nur siebzehn Jahre später entschloss man sich 1273, das Kloster aufzugeben und nach Kleinbasel zu verlegen, wo es sich zu einem bedeutenden Kloster entwickelte.

Der Klosterhof in Wehr wurde jedoch weiter unterhalten und diente mit der benachbarten St.-Wolfgangs-Kapelle noch 1480–1482 reformunwilligen Nonnen des Klosters Klingental als Aufenthaltsort.

Wo sind die Reste des Klosters zu suchen?

Von dem zwischen 1256 und 1264 errichteten Kloster haben sich keine baulichen Reste im Aufgehenden erhalten. Die Flurnamen „Klosterhof“ und „Klostermatt“ weisen auf die Lage oberhalb des Dorfes Wehr zwischen Wehra und Steineggberg hin. Die örtliche Überlieferung bringt die Lage des Klosters mit der St.-Wolfgangs-Kapelle in Verbindung (Abb. 208). Es wurde vermutet, dass in der Kapelle die einstige Klosterkirche des Klosters Klingental fortlebte. Vermutlich wurde sie aber für den nach der Verlegung des Klosters noch lange weiterbetriebenen Wirtschaftshof errichtet.

Das Baudatum der Kapelle ist noch nicht geklärt, reicht aber offenbar nicht in die Gründungszeit des Klosters zurück. Eine Erneuerung ist inschriftlich über der Tür für das Jahr 1484 verbürgt. Die baugefügekundliche Untersuchung des Dachwerks durch B. Lohrum erbrachte ebenfalls das Datum 1484/85 bzw. 1485/86.

Für die Lage des Klosters lassen sich archäologische Zeugnisse im Gelände heranziehen. Bereits 1935 wurden westlich der Kapelle umfangreiche Mauerreste beobachtet, die sich auf eine Länge von über 50 m erstreckten. Bei der Errichtung eines Hotels wurden 1969/70 auf dem Teilgrundstück 6421/1 er-

Abb. 208
Standort des ehem. Klosters Klingental bei der Wolfgangskapelle in Wehr.

Abb. 209
Georadarmessung des Klostergeländes Klingental in Wehr.

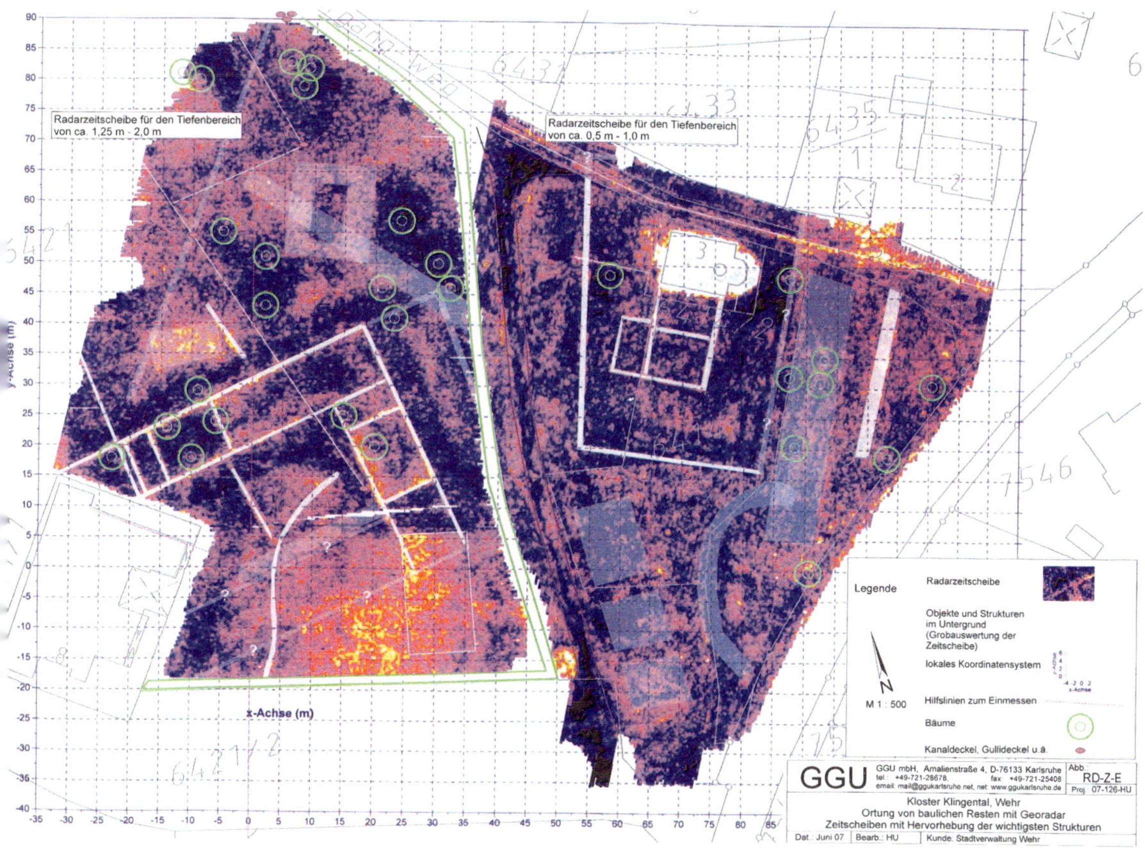

neut Mauerreste angeschnitten und leider undokumentiert entfernt. Fridolin Jehle konnte in den 1970er Jahren erstmals durch den Einsatz von Luftbildern nachweisen, wo diese Bauten lagen. Der fragliche Baukörper befindet sich im Bereich des heutigen Schwimmbadgeländes. Bei Begehungen vor Ort kann man die leicht erhöhten Geländeriegel selbst vom Boden aus erkennen.

Geophysikalische Prospektion

Zur Klärung der Befundsituation hat die Stadt Wehr nach Absprache mit der Archäologischen Denkmalpflege eine geophysikalische Untersuchung der 1,3 ha großen Fläche in Auftrag gegeben. Die von Markus Hübner, GGU Karlsruhe durchgeführte Georadarmessung erbrachte erstaunlich klare Ergebnisse (Abb. 209). In drei Bereichen ließen sich Fundamentreste im Boden ausmachen. An die Wolfgangskapelle schloss sich südlich ein etwa 15 m langer Anbau an, der in drei Räume gegliedert war. Der Komplex war von einer polygonalen Mauer eingefriedet und mit einem Graben umgeben. Aufgrund seiner geringen Größe scheidet dieser Baukörper als Kloster aus.

Westlich davon lag der seit 1935 bekannte Gebäudekomplex, der von einem etwa 55 m langen und etwa 9 m breiten, Ost–West gerichteten Baukörper geprägt ist. An dessen Südostecke schloss sich ein weiterer, 30 m langer und ebenfalls 9 m breiter Gebäudetrakt an. Die im Süden von einer Mauer umgebenen Gebäude können als Reste des Klosters Klingental angesprochen werden.

Nördlich davon lagen weitere Gebäude, die am ehesten als wirtschaftlich genutzter Klosterhof zu interpretieren sind.

Abb. 210 Rekonstruktionsvorschlag des 1256 bis 1264 errichteten Klosters Klingental in Wehr.

Rekonstruktionsvorschlag Klingental Wehr

Der geophysikalische Befund zeigt keine geschlossene Klosteranlage, die bei frühen Frauenklöstern von Bettelorden auch nicht zu erwarten ist. Diese waren häufig als offene Anlagen ausgebildet und bevorzugten meist einschiffige Kirchen. Der Ausschluss der Frauen von priesterlichen Ämtern machte eine Vielzahl von Altarstellen unnötig, so dass mehrgliedrige Ostteile verzichtbar waren. Bei der Lage des Nonnenchores gab es im Wesentlichen zwei Lösungen: zum einen die Nonnenempore im Westen des Kirchenschiffs, oder aber den Nonnenchor östlich des Chores.

Um sich eine Vorstellung vom ehemaligen Aussehen der Anlage zu machen, sind zeitgleiche Frauenkonvente der näheren Umgebung heranzuziehen. In der Ost- und Zentralschweiz findet sich bei frühen Klosterkirchen von Frauenkonventen der Bettelorden ausschließlich der Typus des quergeteilten Rechteckbaus.

Der Gründungsbau des in den 1250er Jahren entstandene Klarissenklosters Paradies, etwa 5 km südöstlich von Schaffhausen, hatte einen schlichten Grundriss von 10,5 m × 32 m (Außenmaß). Eine Mauer trennte den Saal in einen ca. 7 m langen West- und einen 22 m langen Ostteil. Die Kirche des Dominikanerinnenklosters St. Peter am Bach in Schwyz

wies laut den Grabungsbefunden eine vergleichbare Raumdisposition auf. Der 30 m lange und 8,5 m breite Vorgängerbau des späten 13. Jahrhunderts gliederte sich in zwei hintereinander gestaffelte Rechteckräume von 17 m (Ostsaal) bzw. 12,5 m (Westsaal) Länge. Als einfacher, schmuckloser Bau wird die ca. 66 m lange und 10 m breite Kirche von Töss bei Winterthur beschrieben. Chor und Langhaus waren im Verhältnis 2:1 durch einen Lettner getrennt. Der einschiffige Bau war flach gedeckt.
In ähnlicher Weise muss man sich auch das Kloster Klingental vorstellen (Abb. 210). Zentrum der Niederlassung war eine schlicht gestaltete, rechteckige Saalkirche von etwa 38 m Länge, die in den Proportionen den oben genannten Beispielen entspricht. Die eigentlichen Konventsbauten schlossen im Süden des Chores des Gotteshauses und an dessen Westabschluss an. Die Anlage war im Süden von einer Mauer umgeben. Nördlich davon lagen die Ökonomiebauten, der sogenannte Klosterhof, der von Konversen bewirtschaftet wurde. Abgesetzt davon lag die vermutlich später errichtete Wolfgangskapelle, an die sich südlich ein Gebäudekomplex anschloss. Handelte es sich hier um das Wohnhaus des Kaplans oder Beichtvaters?
Die Klosteranlage vermittelt, selbst bei einer Modifikation von Baudetails, nicht den Eindruck eines Provisoriums. Offenbar hatten die vom Elsass übersiedelten Nonnen vor, dauerhaft in Wehr zu bleiben.

Perspektive

Die Klosterwüstung Klingental stellt ein Kulturdenkmal von überregionaler Bedeutung dar. Sie überliefert ohne nachträgliche Verfälschungen wichtige Erkenntnisse zur Architektur der Bettelordensklöster des 13. Jahrhunderts. Der weitaus größte Teil der Anlage blieb durch spätere Baumaßnahmen ungestört. Teile des Wüstungsareals wurden daher im Oktober 1980 als Grabungsschutzgebiet gemäß § 22 DSchG ausgewiesen; dieses wurde am 27. Januar 2007 auf die heutige Fläche ausgedehnt.

Gemeinsam mit der Stadt Wehr werden nun Wege gesucht, diese Klosteranlage denkmalverträglich zu erschließen. Herrn Bürgermeister Thater und Kulturamtsleiter Valenta gebührt unser Dank für die konstruktive Zusammenarbeit.

Bertram Jenisch

Literaturhinweise

P. Zimmer (Red.), Die Dominikaner und Dominikanerinnen in der Schweiz. Helvetia Sacra IV,5 (Basel 1999). – F. Jehle, Wehr. Eine Ortsgeschichte (o. O. 1969).

„*Ecclesia Beatae Mariae Virginis*" – erste archäologische Untersuchungen in der Kirche des ehemaligen Zisterzienserklosters Bebenhausen, Stadt Tübingen

Auch 2008 war es wieder möglich, in der um 1183 gegründeten Klosteranlage Bebenhausen archäologische Untersuchungen durchzuführen. Dabei stand nun erstmals die Klosterkirche im Blickpunkt der Archäologie. Bisherige Aufschlüsse im Bereich der Kirche erstreckten sich ausschließlich auf die heutigen Außenbereiche. Anlass zu dieser Maßnahme gab die Verlegung von Kabeln für eine neue Sitzheizung sowie eine moderne Licht- und Beschallungseinrichtung. Die Trassen dieser Leitungen wurden in sechs Sondageschnitten im Vorfeld archäologisch untersucht (Abb. 211), wobei ledig-

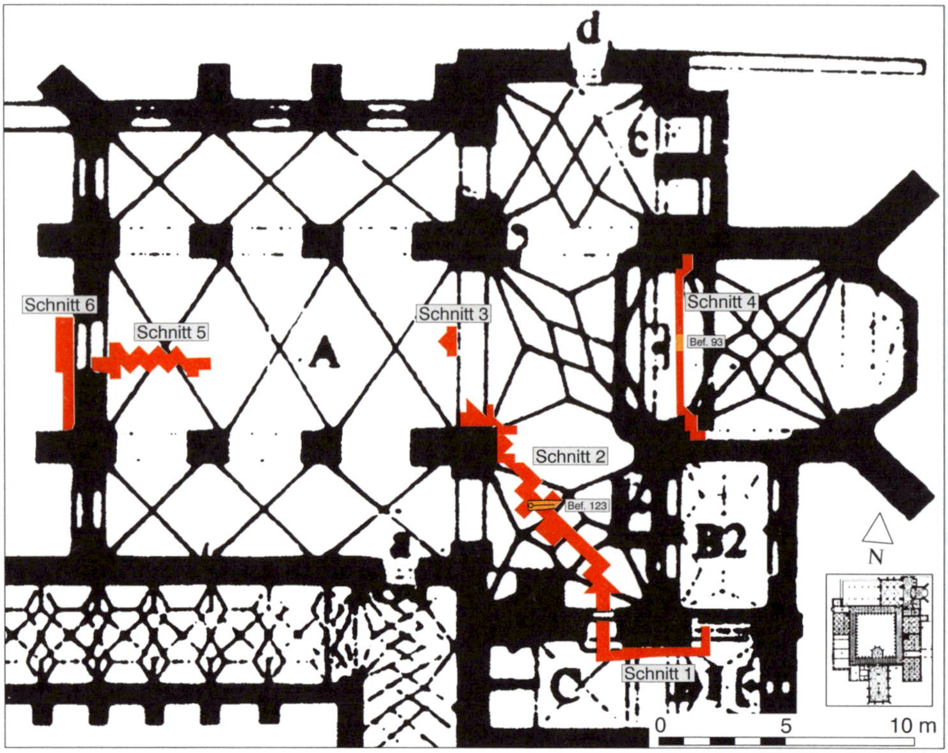

Abb. 211 Tübingen-Bebenhausen, Klosterkirche. Lage der Sondageschnitte 1–6.

lich die erforderliche Tiefe von max. 40 cm ausgegraben wurde.
Die Grabung wurde von Vermögen und Bau Baden-Württemberg, Amt Tübingen in Auftrag gegeben und durch das Institut für Ur- und Frühgeschichte und Archäologie des Mittelalters der Universität Tübingen unter fachlicher Leitung des Regierungspräsidiums Tübingen, Referat 25 Denkmalpflege durchgeführt.

Zur Baugeschichte

Eine der zentralen Fragen der Untersuchung betraf die Baugeschichte von Kirche und Kloster. Die Kirche wurde 1228 geweiht (erste Teilweihen ab 1192) und nach der Reformation von Westen her fast bis zur Vierung abgerissen. Ab 1566 begann der teilweise Wiederaufbau, der nach einer Inschrift an der Westfassade 1568 abgeschlossen war. Vor allem für die Anfangszeit des Klosters bestehen hinsichtlich des Baubestands noch Unklarheiten, insbesondere die Frage, wie weit der Klosterbau der ab ca. 1183 hier ansässigen Prämonstratenser gediehen war, als 1190 Zisterzienser das Kloster übernahmen. Tatsächlich konnten am Nord- und Südfundament im Chor Steine freigelegt werden, die so sorgfältig bearbeitet sind, dass sie vermutlich ursprünglich auf Sicht, also als aufgehendes Mauerwerk, geplant waren. Der heutige Fußboden mit Steinplatten des 19. Jahrhunderts liegt etwa 30 cm höher, und in der weiteren Auswertung wird noch zu klären sein, ob diese Planänderung und Aufschüttung während der Errichtung durch die Zisterzienser ab 1190 erfolgte oder ob damit der erste Hinweis auf die Bautätigkeiten der Prämonstratenser vorliegt. Auch sind Teile der Sockelprofile an den Triumphbogenpfeilern abgearbeitet worden, was eine andere Anbindung des ursprünglichen Fußbodens an Wand und Pfeiler erkennen lässt. Mit einem niedrigeren Fußbodenniveau im Chor wäre die Gestaltung der Kirche ganz wesentlich verändert, ist doch der Chor mit dem Hochaltar das liturgische Zentrum eines jeden Klosters.

Die Innenausstattung der Kirche

Des Weiteren standen Fragen zur Nutzung und Ausgestaltung der Kirche (Fußboden, Altarstellen, Lettner) im Blickfeld der Untersuchung. Im Bereich der abgebrochenen Kirche wurden bei Grabungen im Jahr 2000 Reste des mittelalterlichen Fliesenfußbodens in situ erfasst, wie er auch im Dormitorium zu sehen ist. Im heutigen Kirchenraum konnten jedoch keine Überreste eines alten Fußbodens festgestellt werden. Vermutlich lag er im Bereich der Vierung auf etwa heutigem Niveau, denn es ließen sich keine weiteren Fußbodenniveaus erkennen. So dürfte bei der Einbringung der heutigen Bodenplatten im 19. Jahrhundert der alte Boden entweder vollständig zerstört oder entfernt worden sein. Eine gezielte Entfernung ist eher wahrscheinlich, denn im gesamten Grabungsareal wurden lediglich sechs Fliesenfragmente gefunden. Da ebenfalls im 19. Jahrhundert der Fliesenboden im Dormitorium erneuert wurde, liegt die Vermutung nahe, dass die Fliesen aus diesem Teil der Kirche ins Dormitorium verlegt wurden.
Reste des im Bereich der heutigen Westfassade vermuteten mittelalterlichen Lettners konnten nicht erfasst werden. Das Fundament der Westwand ist massiv aus Bruchsteinen gesetzt und springt nach Westen um 20 cm, nach Osten um 50 cm vor. Die hierfür erforderlichen Bodeneingriffe des 16. Jahrhunderts haben den Bereich großräumig gestört.

Grablegen in der Kirche

Vom 15. bis ins 18. Jahrhundert war die Klosterkirche auch ein wichtiger Ort für Bestattungen. Bei der Neuverlegung des Fußbodens im 19. Jahrhundert wurden die noch vorhandenen Grabplatten geborgen und aufrecht an die Wände gestellt, so dass heute die genaue Lage der Gräber nicht mehr bekannt ist. Erfreulicherweise wurden in den Grabungsbereichen mindestens zwei Bestattungen angeschnitten, eine davon konnte in Schnitt 2 (Bef. 123) fast vollständig freigelegt werden (Abb. 212). Sie befand sich ca. 2 m vor dem Seitenaltar im südlichen Querhaus, der Tote lag mit überkreuzten Armen und dem Blick nach Osten in den Resten eines Holzsarges. Das Skelett wurde aus konservatorischen Gründen nicht entnommen, doch konnten die außergewöhnlichen Beigaben geborgen werden. Es handelt sich zum einen um ein in

Abb. 212 Tübingen-Bebenhausen, Klosterkirche, Schnitt 2. Bestattung (Bef. 123) im südlichen Querschiff mit ledergebundenem Buch und Rosenkranz.

Abb. 213 Tübingen-Bebenhausen, Klosterkirche. Rosenkranz aus Bef. 123 nach der Restaurierung.

Leder gebundenes Buch mit Holzdeckeln. Computertomografische Aufnahmen zeigen, dass die Seiten des Buches noch erhalten, aber stark verklebt sind. Die Aufnahme lässt überdies deutliche Spuren von Buchmalerei erkennen. Hier stehen Konservierung und Restaurierung jedoch noch ganz am Anfang. Die zweite Beigabe, ein Rosenkranz, konnte bereits vollständig restauriert werden. Er weist ein etwa 5 cm langes, leicht geschwungenes Holzkreuz auf, metallene Glieder verbinden Glasperlen in zwei unterschiedlichen Größen (Abb. 213). Beides hielt der Bestattete zwischen seinen Händen, wobei der Rosenkranz mehrfach um den linken Arm gewickelt war.

Die Datierung ist derzeit noch nicht klar, da die stratigrafische Einbindung durch das Fehlen der Fußbodenschichten nicht möglich ist. Es könnte sich somit entweder um eine spätmittelalterliche Bestattung des 15./16. Jahrhunderts handeln oder aber um eine Person, die während der katholischen Interimszeit im 17. Jahrhundert in der Kirche beigesetzt wurde. Letzteres ist eher zu vermuten, da Bücher als Beigabe im Mittelalter weitgehend unbekannt sind, als Gebetsbücher jedoch ab und zu in neuzeitlichen Gräbern zu finden sind.

Ein weiteres Grab konnte im Chor, mittig vor dem Altar, festgestellt werden (Bef. 93). Hier wurde lediglich die Oberkante des 0,65 m breiten Holzsarges erfasst, mehrere Knochen außerhalb des Sarges deuten darauf hin, dass eine ältere Bestattung zur Seite geräumt wurde. Diese Stelle war ein sehr begehrter Bestattungsplatz und deshalb sicherlich nur ausgewählten Persönlichkeiten wie einem Abt oder Prälaten vorbehalten. Aufgrund der festgelegten Grabungstiefe und des sehr schmalen Aufschlusses war es hier nicht möglich, die Bestattung vollständig freizulegen.

Auch in diesem Jahr wurde die Grabung von vielen Seiten materiell und inhaltlich unterstützt. Ein herzliches Dankeschön richtet sich an Frau Dr. Schmid, Herrn Rümmele und Frau Kreß vom Regierungspräsidium Tübingen, Ref. 25 Denkmalpflege, an Frau Prof. Scholkmann (Bebenhausen), die Bauleiterin Frau Grohe (Vermögen und Bau, Amt Tübingen), an die Mitarbeiter des Klosters Bebenhausen, die Ev. Kirchengemeinde Bebenhausen, den Steinmetz Herrn Ruppert (Haigerloch) sowie an die Inhaber der Firma strebewerk (Stuttgart), Frau Schöbel, Herrn Riegler und Herrn Läpple. Letztere übernahmen erneut die Einmessung der Schnitte.

Christina Vossler

Literaturhinweise

Ch. Ihle/D. Lengert/B. Scholkmann, Arch. Ausgr. Baden-Württemberg 2000, 161 ff.; M. Köhler, Die Bau- und Kunstgeschichte des ehemaligen Zisterzienserklosters Bebenhausen bei Tübingen. Der Klausurbereich (Stuttgart 1995); E. Paulus, Die Cistercienser-Abtei Bebenhausen (Stuttgart 1886).

Archäologie im Weltkulturerbe – Untersuchungen im Kloster Maulbronn, Enzkreis

Denkmalpflege und Bildungspolitik

Auch nach der Säkularisierung blieb das Kloster Maulbronn stets ein Ort des Lernens. Die ursprünglich 1556 durch Herzog Christoph von Württemberg zur Ausbildung künftiger evangelischer Pfarrer eingerichtete Klosterschule besteht heute noch als von der evangelischen Landeskirche unterhaltenes Seminar. Teilten sich bis vor kurzem die beiden Klosterschulen Blaubeuren und Maulbronn die vier letzten Gymnasialjahrgänge, so erfordert das im Rahmen des Bologna-Prozesses auf acht Klassenstufen verkürzte Gymnasium eine Umorganisation des Lehrbetriebs. Nunmehr ist an beiden Standorten der Schulbesuch in den drei Jahren bis zum Abitur möglich. Damit geht, durch die Anhebung der Klassenzahl von zwei auf drei, eine erhöhte Schülerzahl einher, was wiederum einen verstärkten Nutzungsdruck durch zusätzlich benötigte Räume für Unterricht, Wohnen und Essen mit sich bringt. Vor allem Letzteres, sprich die Suche nach neuen Standorten für Küchen und Speisesaal, gestaltete sich in der Gemengelage unterschiedlichster Interessen in Maulbronn nicht leicht. Einerseits soll eine ebenso zeitgemäße wie leben-

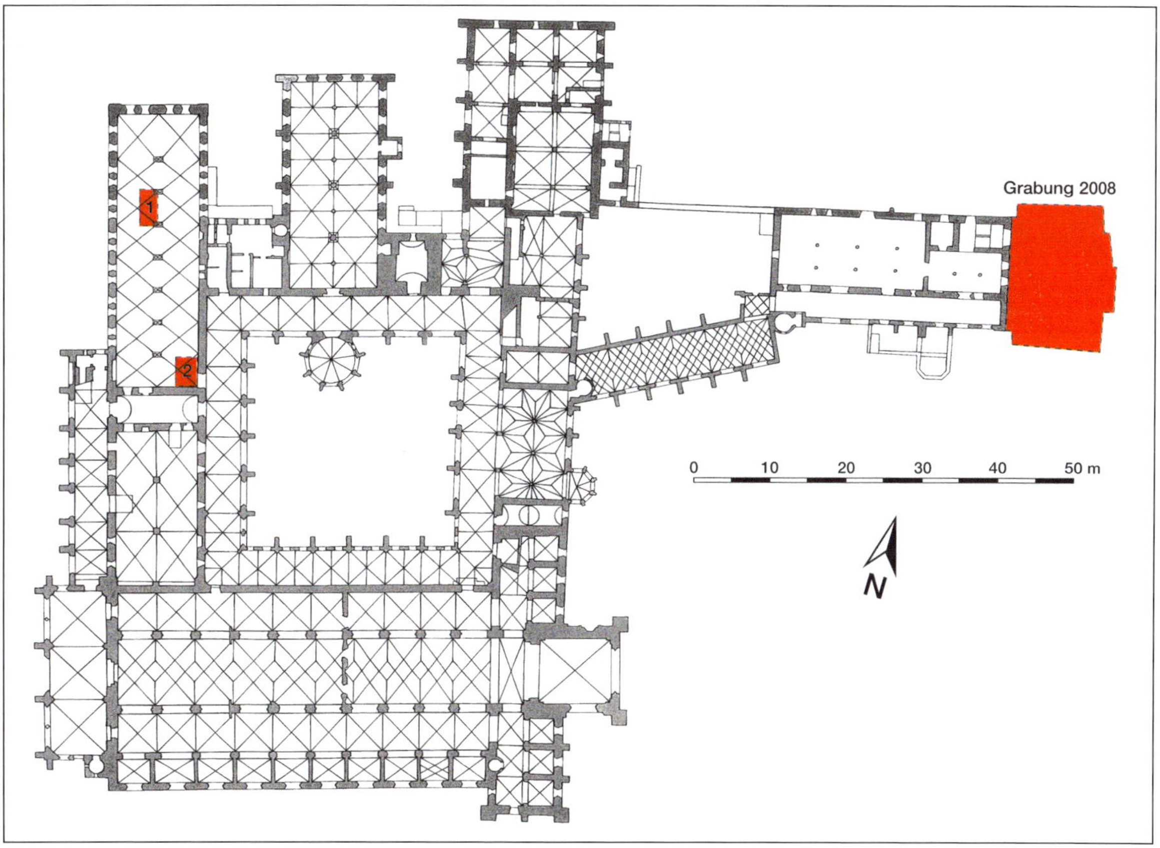

Abb. 214 Maulbronn. Grundriss von Kirche und Klausur mit Eintragung der Sondagen im ehem. Laienrefektorium (1 und 2) und der Grabungsfläche von 2008.

dige Nutzung des Denkmals gewährleistet sein, andererseits besteht eine besondere Verpflichtung gegenüber dem UNESCO-Welterbe in seiner Substanz.

In die Standortsuche war seitens der Denkmalpflege auch die Mittelarchäologie eingeschaltet, um mögliche Auswirkungen verschiedener Planungsvarianten auf die archäologische Substanz zu prüfen. Dies betraf zum einen das Laienrefektorium als möglichen Standort des neuen Speisesaals, zum anderen die Fläche im östlichen Anschluss an das Ephorat, wo bei einer Nutzung der in jenem Gebäude befindlichen Abt-Entenfuß-Halle als Mensa ein Küchenneubau nötig gewesen wäre (Abb. 214). Es war schließlich letztere Variante, die in der Gesamtabwägung aller Belange den Vorzug erhielt.

Abb. 215 Maulbronn. Ehem. Laienrefektorium. Überblick nach Norden über Sondagefläche 1. In der linken Bildhälfte ist der mittelalterliche Steinplattenfußboden, rechts unten das Steinbecken mit Abflussrinne erkennbar.

Die Sondagen im Laienrefektorium

Dem Betrachter vermittelt das Laienrefektorium einen durch und durch mittelalterlichen Raumeindruck; doch ist originale Bausubstanz des 12. Jahrhunderts nur in den Außenwänden erhalten, die romanische Anmutung im Wesentlichen Resultat einer Neueinwölbung im 19. Jahrhundert.

Um die Auswirkungen des allfälligen Einbaus einer Bodenheizung zu klären, wurden 2007 an zwei Stellen des Raumes die neuzeitlichen Bodenplatten zur Anlage von Sondagen abgehoben. In der Westhälfte von Schnitt 1 (Abb. 215) kamen dabei 0,5 m unter rezentem Niveau zu einem mittelalterlichen Fußbodenbelag gehörige Steinplatten zutage. Da aus konservatorischen Gründen auf einen weiteren Aushub verzichtet wurde, lässt sich nicht mit Sicherheit sagen, ob diesem noch weitere Bauphasen vorausgingen. Es ergab sich jedoch der Eindruck, dass sich die romanischen Säulenbasen – auf deren Resten die Basen des 19. Jahrhunderts mit einer kaum erkennbaren Fuge aufsitzen – auf die Höhe dieses Fußbodens beziehen.

Im Ostteil des Schnittes schlossen sich an den Plattenboden eine Reihe wohl einem Fundament zuweisbarer Steine und daran ein Estrich an. Dies deutet eine Nord–Süd verlaufende Binnenteilung des Refektoriums an. Ein in der Südostecke eingebautes flaches Steinbecken entwässerte nach Osten, möglicherweise in die hier den Bau in einem unterirdischen Kanal querende Salzach.

Auch in Schnitt 2 gelang der Nachweis des mittelalterlichen Fußbodens. Dieser zeigte sich dort allerdings wesentlich schlechter erhalten mit flächenhaften Ausflickungen und lag zudem rund 0,2 m tiefer als in Schnitt 1. Darüber hinaus waren letzte Fundamentreste eines im 19. Jahrhundert beseitigten Trep-

penturms nachweisbar, über den man einst durch ein heute noch erhaltenes Stabwerkportal vom Kreuzgang in das um 1500 im ehemaligen Laiendorment eingerichtete Winterrefektorium gelangte.

Der östliche Bereich des Maulbronner Klosterhofs

Was sich dem Besucher heute als stiller Winkel am östlichen Ende des Klosterareals darbietet, war einst ein wichtiges Zentrum klösterlichen Lebens (Abb. 216). Als Vorgängerin des heutigen Ephorats entstand dort bereits in der Frühzeit des Klosters die Infirmerie, deren aus der Zeit von 1160–1680 stammende Baureste noch im Erdgeschoss erhalten sind. Besonderes Interesse gebührt diesem Bereich als potenziellem Standort möglicher Gründungsbauten des Klosters, die den ersten Mönchen bis zur Fertigstellung der steinernen Klausurbauten Unterkunft geboten hätten.

Im Zusammenhang mit der Errichtung eines neuen Krankenhauses, des späteren Pfründhauses, erfolgte in den 1420er Jahren der Ausbau der alten Infirmerie zu einem Gästehaus für vornehme Besucher. Im Rahmen der Umbauten unter Abt Johannes Entenfuß von Unteröwisheim (1512–1518) wurde jener repräsentative Speisesaal geschaffen, der auch zukünftig wieder diesem Zweck dienen soll.

Nach der Reformation ließ sich auch der neue Klosterherr in diesem Bereich, vis à vis des Herrenhauses, nieder. Herzog Ludwig von Württemberg veranlasste hier 1588 an Stelle eines älteren Baus – wohl des ehemaligen Vogtssitzes – die Errichtung eines Jagdschlosses für seine Aufenthalte in Maulbronn. Gleichzeitig erfuhr der Küchenbereich des Herrenhauses eine Erweiterung in Gestalt eines um 1800 bereits wieder abgetragenen Anbaus.

Die Grabungen östlich des Ephorats

Die beabsichtigte Wiedernutzung der Abt-Entenfuß-Halle als Speisesaal erfordert den Neubau einer Küche, der auf einer Fläche von rund 240 m² im Bereich zwischen dem Ephorat und der Ruine des 1892 abgebrannten Pfründhauses verwirklicht werden sollte. Der Bereich wurde 2007 mit einem Such-

Abb. 216
Maulbronn. Blick von der Klausur nach Osten auf herzogliches Jagdschloss (links), Pfründhaus (im Hintergrund) und Ephorat mit Küchenanbau (rechts). Ansicht von 1750/90.

schnitt sondiert, der neben bislang unbekannten Mauerzügen auch den Nachweis von Nutzungshorizonten aus der Frühzeit des Klosters erbrachte.

In der Gesamtabwägung der denkmalpflegerischen Belange erschien der Verlust dieses zu jener Zeit noch nicht klar fassbaren Befundes als das kleinste Übel. Aufgrund der beschriebenen historisch-topografischen Situation war jedoch eine vorherige archäologische Untersuchung des Baufensters unstrittig. Parallel zur Schlussphase der von Mai bis Dezember 2008 dauernden Ausgrabungen liefen eine bauhistorische Untersuchung des Befundes durch Dr. Ulrich Knapp sowie eine geophysikalische Prospektion des Umfeldes durch Dr. Harald von der Osten (Landesamt für Denkmalpflege). Aufgrund der nicht vorhersehbaren Dichte und Qualität der zutage gekommenen Baureste (Abb. 217) erwies sich letztlich eine Überbauung der Fläche in der geplanten Weise als konservatorisch nicht vertretbar.

Die Befunde setzen in der Frühphase des Klosters mit einer Abfolge von – in einem Fall sogar dendrochronologisch (1149 + ca. 50) datierten – Bau- und Planierhorizonten ein. Daneben fallen zwei Mauerzüge von jeweils etwa einem Meter Stärke aufgrund ihrer deutlich von den bestehenden Bauten abwei-

Abb. 217
Maulbronn. Blick aus dem Ephorat nach Osten über den südlichen Teil der Grabungsfläche von 2008. In der Bildmitte liegt der Steinplattenboden des spätmittelalterlichen Fischtanks. Zu erkennen sind die Dichtungsfugen zu den verschwundenen Wandplatten und die Lehmabdichtung an der Ostwand. Quer durch die Bildmitte und am rechten oberen Rand verlaufen die beiden mittelalterlichen Mauern, vermutlich von einer älteren Klosterumwehrung. Links sind genutete Steinplatten als Rest eines renaissancezeitlichen Kastenbrunnens zu erkennen.

chenden Flucht ins Auge. Ob es sich hier, wie zu vermuten, um frühe Umfassungsmauern des Klosters handelt, wird hoffentlich die Auswertung der geophysikalischen Prospektion zeigen.
In den jüngeren Phasen überwiegen im weitesten Sinne mit der Wassernutzung und -bewirtschaftung in Verbindung stehende bauliche Einrichtungen. Das Spektrum reicht von teils recht jungen und heute noch funktionierenden Kanälen aus Naturstein über die Reste eines renaissancezeitlichen Kastenbrunnens bis hin zu qualitätvollen, aus einem monolithischen Quader gearbeiteten Becken im östlichen Anschluss an die ehemalige herzogliche Küche. Am spektakulärsten sind jedoch sicherlich die Reste eines von U. Knapp in das 15. Jahrhundert datierten, einst von einem heute noch wasserführenden Kanal gespeisten Fischtanks von 4,4 m × 4,8 m Fläche. Während auf dem eingetieften Boden der Belag aus rechteckigen Steinplatten noch vorhanden war, blieb an den Wänden nur noch die Lehmabdichtung erhalten.
Mit diesen Befunden lässt sich in großem Umfang Infrastruktur im Umfeld des – neben der eigentlichen Klosterküche – zweiten wichtigen Küchenbereichs im Kloster fassen, von dem aus die Kranken und Pfründner, aber auch der Abt und später – so er in Maulbronn weilte – der Herzog und sein Gefolge bekocht wurden.

Aussichten

Durch Umplanung und Verzicht auf eine Unterkellerung konnte der Erhalt der beschriebenen Befunde gesichert werden. Lediglich im Bereich der „Gelenkstelle“ zwischen Neubau und Ephorat werden 2009 kleinere Nachgrabungen nötig. Diese sollen Anlass geben, im kommenden Band dieses Jahrbuchs eine detailliertere Analyse der Befunde unter Einbeziehung der bauhistorischen und geophysikalischen Untersuchungen vorzulegen.

Dank gebührt dem Landesbetrieb Vermögen und Bau Baden-Württemberg, Amt Pforzheim, der die Kosten für Baggerarbeiten und Grabungseinrichtung übernahm. Stellvertretend seien hier die Herren Hess und Castel von der Bauleitung in Maulbronn genannt.

Folke Damminger

Literaturhinweise

H. Diruf, Zwischen Infirmerie und Schloss. Baugeschichtliche Beobachtungen im östlichen Bereich der Klosteranlage. In: Maulbronn. Zur 850jährigen Geschichte des Zisterzienserklosters. Forsch. u. Ber. Bau- u. Kunstdenkmalpfl. Baden-Württemberg 7 (Stuttgart 1997) 395–423; U. Knapp, Das Kloster Maulbronn. Geschichte und Baugeschichte (Stuttgart 1997); M. Untermann, Forma Ordinis. Die mittelalterliche Baukunst der Zisterzienser (München/Berlin 2001) bes. 171–183.

Dominikanerkloster und Stadtbefestigung – die Grabung auf dem BaKoLa-Gelände in Freiburg i. Br.

Von November 2007 bis September 2008 wurden im Stadtzentrum von Freiburg im Breisgau auf dem Gelände der Badischen Kommunalen Landesbank (BaKoLa) archäologische Ausgrabungen durchgeführt. Im Mittelalter stand hier an der Stadtmauer das älteste Kloster Freiburgs, das Dominikaner- oder Predigerkloster. Nach der Auflösung des Konvents 1790 brach man im 19. Jahrhundert den gotischen Hochchor ab, das Gelände wurde parzelliert und an seiner Stelle die heutige Predigerstraße angelegt. Entlang der Straße entstanden neue Wohngebäude. Den westlichen Teil des Klosters so-

Abb. 218
Freiburg, BaKoLa. Gesamtplan der Grabungsbereiche auf der Grundlage des entzerrten Rinderleplans von 1800. 1 Chor; 2 Langhaus/Kreuzgang; 3 Südwestecke Langhaus; 4 Kaiserbau; 5 Dormitorium; 6 Stadtbefestigung; 7 Sondage Predigerstraße 2006; † † Klosterfriedhof.

wie das Langhaus der Klosterkirche und Teile der Klausur baute man zum Vincentiuskrankenhaus um. Im Zweiten Weltkrieg wurde das Areal am 27. November 1944 bombardiert und dabei das Krankenhaus stark beschädigt. 1952 trug man die Ruinen ab, darunter auch die letzten noch aufrecht stehenden Teile des Predigerklosters – der Westgiebel mit den zugesetzten gotischen Spitzbogenfenstern und Teile des Kreuzgangs – und erstellte 1953/54 einen Bankneubau. Durch die tiefe Unterkellerung, insbesondere für Tresorräume, ging damals ein Großteil der archäologischen Substanz unbeobachtet verloren. Außerhalb des damaligen Bauprojekts war noch mit Resten des Langhauses und des Chores, einer möglichen älteren Vorgängerbebauung sowie mit den Befestigungsanlagen zu rechnen. Diese galt es bei dem aktuellen Bauvorhaben vor ihrer Zerstörung zu dokumentieren. Die archäologischen Befunde waren nur inselhaft in dem stark gestörten Areal erhalten und können nur auf der Grundlage historischer Pläne interpretiert werden (Abb. 218).

Das archäologische Umfeld

Das Quartier Unterlinden rückte schon mehrfach in den Blickpunkt der archäologischen Denkmalpflege: Bei der Ausschachtung für die einstöckige Tiefgarage am kleinen Friedrichring wurde 1961 ein Teil der Stadtmauer angeschnitten und ein Schalenturm freigelegt. Im Jahr 1992 folgten weitere Untersuchungen südlich der Grabungsfläche, die das Predigertor dokumentierten. Ausgegraben wurde die südliche Wange der Toranlage, auf der heute der sogenannte ADAC-Turm steht. Anhand dieser Ausgrabungen konnte die zuvor strittige Datierung dieses Stadtmauerabschnittes in das späte 13. Jahrhundert eingegrenzt werden. Die städtische Bebauungsstruktur des Mittelalters, die bis in die Zeit um 1180 zurückreichte, erbrachten gezielte archäologische Ausgrabungen 1988/89 zwischen der Gauchstraße und Unterlinden, als mehrere Parzellen für einen umfassenden Neubaukomplex niedergelegt wurden.
Die bei der Verlegung einer neuen Kanalisation in der Predigerstraße im Jahr 2006 gemachten Beobachtungen rückten die Dominikanerkirche in das Blickfeld (Abb. 218 Nr. 7).

Frühe Siedlungsspuren

Die Besiedlung des Gebietes am nordwestlichen Rand der Freiburger Altstadt setzte analog zur südlich angrenzenden Gauchstraße im 12. Jahrhundert ein. Im Bereich des Langhauses der Kirche fanden sich Reste von alten Geh- und Nutzungsniveaus, die anhand keramischer Funde datiert werden können. Im Bereich des späteren Kreuzgangs wurde die Basis einer schachtförmigen Latrine erfasst, die keine Schichtanbindung an die vorklosterzeitliche Besiedlung hat. Von den Gebäuden dieser Zeit haben sich keine Reste erhalten, lediglich der Negativbefund im Bereich des Kirchenchores weist darauf hin, dass die nach Unterlinden ausgerichteten Gebäude unterkellert waren.

Das ehemalige Predigerkloster

Die seit 1238 in Freiburg nachgewiesenen Dominikaner erhielten wohl erst wenig später das zu bebauende Areal von dem Grafen von Freiburg. Papst Innozenz IV. bestätigte ihnen 1248 diese Schenkung nebst Befreiung von Hofstättenzinsen. Danach begannen die Prediger mit dem Bau ihres Klosters, über dessen Aussehen wir aus zeitgenössischen Quellen nichts erfahren. Erst frühneuzeitliche Stadtansichten vermitteln einen Eindruck von der nach dem Münster zweitgrößten Kirche in der Stadt. Den ersten verlässlichen Plan der Anlage fertigte Prof. Thaddäus Rinderle um 1800 erst nach der Auflösung des Konvents.

Abb. 219
Phasenentwicklung der Freiburger Predigerkirche.

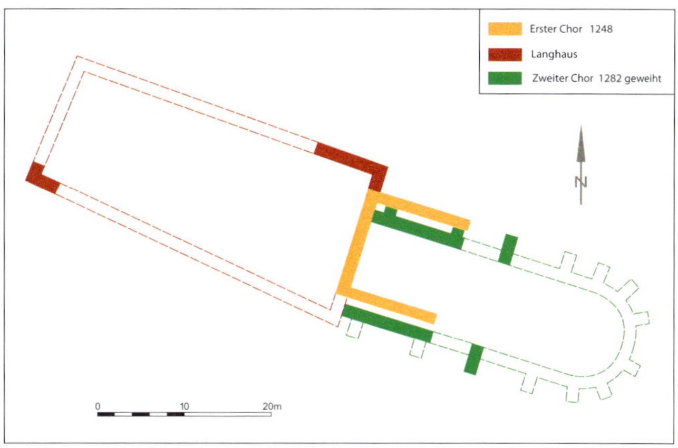

Trotz der fragmentarischen Überlieferung konnten wesentliche Teile der Klosterkirche erfasst werden. Im Chor (Abb. 218 Nr. 1) waren zunächst die großen Niveauunterschiede der Fundamentgründungen auffallend. Sie erklären sich wohl aus der Vorbebauung, die keine Überbauung von verfüllten Kellern zuließ. Ein erster Chor (Abb. 219, orange) war daher um 4 m tiefer fundamentiert als das anschließende Langhaus (Abb. 219, rot). Von ihm wurden die Nord-, West- und Südseite freigelegt, sein östlicher Anschluss erstreckt sich noch weiter unter die Predigerstraße (Abb. 220). An mehreren Stellen wurde ein Estrich festgestellt, der zu einem über eine Tür zugänglichen Raum unter dem Chor gehört, dessen Nutzung sich uns bisher nicht erschließt. Die Mauerstärke von 1,20 m spricht nicht für einen profanen Keller.

An diesen älteren Chor wurde das 36 m lange Kirchenschiff angebaut, von dem die nordöstliche und südwestliche Ecke freigelegt wurden (Abb. 218 Nr. 2, 3). Am Übergang zum Chor lag das Fundament eines später eingebauten Lettners. In der Nordostecke befand sich der massive Unterbau eines Seitenaltars. Im angrenzenden Kreuzgang haben sich Teile des Friedhofs der Klosterzeit erhalten (Abb. 218, †; siehe unten).

Noch vor 1300 wurde der Chor niedergelegt und durch einen nur um etwa 2 m nach Süden verschobenen Chor ersetzt (Abb. 219, grün). Die Südwand des Chores rückte so an die Straßenflucht, in diesem Bereich konnte das Fundament nur wenig unter der Geländeoberfläche auf tragfähigen Grund gesetzt werden. Der Anlass für den Neubau war eine geplante Überwölbung des neuen Chores, die sich an den Strebepfeilern erkennen lässt. Der Vorgängerbau war statisch dafür nicht ausgelegt.

Jenseits des abgegangenen Kreuzgangs wurde die Rückwand des sogenannten Kaiserbaus angetroffen (Abb. 218 Nr. 4). Der Konventsflügel diente hochrangigen Gästen Freiburgs in der Frühneuzeit als Herberge – Aufenthalte des 1415 vom Konstanzer Konzil abgesetzten Gegenpapstes Johannes XXIII. sowie mehrfach von Kaisern sind verbürgt. Am Übergang dieses Gebäudetrakts zum Dormitorium lag in einem Anbau der Wasch- und Latrinentrakt (Abb. 221). Hier lösten sich mindestens vier teilweise aus Spolien errichtete Latrinen ab. Ferner wurde hier ein Herd betrieben. Ein Keller unter dem ehemaligen Dormitorium (Abb. 218 Nr. 5) wurde noch bis zu seiner Zerstörung in der Bombennacht am 27. November 1944 genutzt.

Abb. 220
Freiburg, BaKoLa. Blick in den Chor der ehem. Predigerkirche, von Osten.

Abb. 221
Freiburg, BaKoLa. Latrinen hinter dem „Kaiserbau" mit Überlauf aus Spolien.

Ein Teil der verbrannten Habseligkeiten der letzten Bewohner wurde als Block geborgen und konserviert.

Die Entwicklung der Stadtbefestigung am nordwestlichen Rand Freiburgs

An den Baustrukturen am Nordrand des Grabungsareals lässt sich die Entwicklung der Stadtbefestigung Freiburgs vom 12. bis 18. Jahrhundert exemplarisch nachvollziehen (Abb. 218 Nr. 6). Das älteste Element ist die Stadtmauer aus der Mitte des 12. Jahrhunderts, von der nur noch die zum Graben hin schräg vorgeblendete Mauerschürze erhalten war. Die höher liegenden Teile fielen bereits 1961 dem Bau eines Parkdecks zum Opfer. In diese Zeit gehört auch die im Südwesten des Areals (Abb. 218 Nr. 3) beobachtete kiesige Aufplanierung des Aushubs aus dem Stadtgraben, die an dieser Stelle 1,4 m mächtig war. Die Stadtmauer wurde im 14. Jahrhundert durch den Anbau eines rechteckigen Schalenturms ertüchtigt, dessen westliche Wange untersucht wurde.
Ab 1679 baute man Freiburg unter dem französischen Festungsbaumeister Vauban zur Festung aus. Die alten Vorstädte wurden abgebrochen und der kleinere Altstadtbereich von einem Festungsgürtel mit acht Bastionen umgeben. An der Nordwestecke der Altstadt stellten wir in unserer Ausgrabung Reste der „Bastion Ste. Thérèse" fest, bei deren Bau Teile der älteren Wehranlage beseitigt wurden. Die Bastion wurde in der Mitte des 18. Jahrhunderts systematisch gesprengt. Im archäologischen Befund waren ihre in den ehemaligen Graben verkippten Mauern mit anhaftenden Schmauchspuren der Sprengladungen gut zu erkennen.

Die elf Monate dauernde Grabung am Fahnenbergplatz in Freiburg förderte Bodenzeugnisse zur Geschichte Freiburgs zutage, die von den Anfängen im 12. Jahrhundert bis zur schicksalhaften Bombennacht am 27. November 1944 reichen. Die von Anfang an enge Abstimmung und Zusammenarbeit mit dem Bauherrn Sparkasse, den Planern der Bauträgergesellschaft Unmüssig und Stadt Freiburg war ausgezeichnet. Nur so und aufgrund der gewährten Unterstützung konnte sichergestellt werden, dass unser Team seine Arbeiten fristgerecht abschließen konnte.

Andrea Bräuning, Bertram Jenisch

Der Friedhof des Freiburger Dominikanerklosters – der anthropologische Befund

Bei den Ausgrabungen im Bereich des Kreuzgangs des ehemaligen Dominikanerklosters konnten von den Archäologen in Fläche 4 neben zahlreichen verworfenen Menschenknochen vier wenigstens noch teilweise erhaltene Grabgruben angesprochen werden (Abb. 218, †). Die Begutachtung der darin enthaltenen Skelettreste erbrachte folgende Ergebnisse:
Grab 1 (Befund 138) enthielt neben schlecht erhaltenen, teilweise großflächig aberodierten und postmortal deformierten Abschnitten beider Scheitelbeine und des linken Schläfenbeins Reste von mindestens 14 Zähnen, deren Wurzeln weitgehend verwittert sind, 4 ausgesprochen mürbe und rissige Diaphysenfragmente von großen Langknochen (2 × Ulna, Radius und Fibula) sowie das Bruchstück eines Wirbelkörpers. Nach den

üblichen Kriterien zu urteilen, stammen diese Überreste von drei nicht erwachsenen Individuen: je einem Kind der Altersstufe infans I (2–3 Jahre) und infans II (ca. 10–12 Jahre) und einem Jugendlichen von etwa 16–18 Jahren. Die meisten Knochenteile sind dem ältesten aus dieser Gruppe zuzuordnen, dessen Geschlecht nicht zweifelsfrei zu diagnostizieren ist, der einen Überbiss aufwies und dessen Zahnschmelz Spuren moderater Entwicklungsstörungen zeigt. Das jüngste Individuum ist lediglich durch das Wirbelfragment repräsentiert.

Aus Grab 2 (Befund 139) sind ein größeres Kalottenbruchstück, ein Fragment des linken Jochbeins, Reste von 13 Zähnen, Teile des linken Oberschenkelknochens, der linken Kniescheibe sowie umfangreichere Abschnitte beider Unterschenkel und Füße überliefert. Das Material kann einem mindestens maturen, wohl eher männlichen Individuum mit einer Körperhöhe von etwas unter 1,70 m zugeschrieben werden. Besonders auffällig sind die stark abradierten Zahnkronen, drei Kariesbefunde und Zahnstein sowie arthrotische Randleisten im Bereich der Fußgelenke, Anzeichen einer verheilten Knochenhautentzündung an beiden Schienbeinen sowie wulstige Knochenneubildungen an zwei Mittelfußknochen der linken Seite.

Die Skelettreste aus Grab 3 (Befund 145) beschränken sich auf Fragmente der Wadenbeine, Fußwurzel- und Mittelfußknochen beider Seiten eines (älteren?) eher männlichen Erwachsenen, wobei die Diaphysenanteile erneut stark verwittert sind. Es zeigen sich degenerative Veränderungen in den Gelenken und eine beginnende Verknöcherung von Sehnenansätzen am Fersenbein.

In Grab 4 (Befund 147) wurden ausschließlich Partien des rechten Unterschenkels und Fußes angetroffen. Die Stücke sind stark fragmentiert, ihre Oberfläche ist teilweise erodiert und schwarzfleckig. Sie stammen von einem außerordentlich robusten, sicherlich männlichen Erwachsenen mit einer Körpergröße von etwa 1,70 m. Schwache Randleisten weisen auf beginnenden Verschleiß der Gelenkknorpel hin.

Trotz der eingeschränkten Auswertungsmöglichkeiten im Hinblick auf den schlechten Erhaltungszustand sowie die neben spärlichen Schädelresten eher weniger aussagekräftigen Skelettelemente der Unterschenkelregion, lassen sich aus dem vorliegenden Material zumindest zwei Erkenntnisse ableiten: Im Bereich des Kreuzgangs, der Kernzone des Klosters, sind ehedem offensichtlich auch Kinder und Jugendliche (Findelkinder, Novizen?) beigesetzt worden, und bei den Erwachsenen handelt es sich – erwartungsgemäß – anscheinend durchgehend um Männer.

Joachim Wahl

Literaturhinweise

J. Schlippe, Die drei großen Bettelordenskirchen in Freiburg. In: Freiburg im Mittelalter. Veröff. Alemann. Inst. 29 (Bühl/Baden 1970) 109–140. – A. Bräuning/M. Strotz, Über den Bauzaun geschaut. Denkmalpfl. Baden-Württemberg 37, 2008, 77–81.

Die staufische Pfalz in Bad Wimpfen am Berg, Kreis Heilbronn – nun doch älter?

In Bad Wimpfen befand sich in staufischer Zeit eine der größten Pfalzanlagen Deutschlands. Neben dem Blauen und Roten Turm sind heute noch die Arkadenfenster des ehemaligen Palas samt angebauter Pfalzkapelle anschaulich erhalten. Dennoch ist die Datierung der Entstehung dieser Pfalz und damit die Verknüpfung mit den staufischen Kaiserpersönlichkeiten schwierig geblieben. Der langjährige Erforscher Fritz Arens kam zu einer Spätdatierung zwischen 1200 und 1220/30. Dagegen hat Walter Hotz im Vergleich mit dem Wormser Dom für die Palasarkaden einen Zeitansatz um 1160/70 vorgeschlagen. Diese Problematik wird durch die hier vorgestellten Ergebnisse etwas erhellt. Im Jahre 2007 begann der Verein Alt-Wimpfen neben einigen Sondierungen im nördlichen Außenbereich auch eine Untersuchung in einem Keller unter Gebäude Burgviertel 19 (Abb. 222). Der Keller des 19. Jahrhunderts besaß keine gemauerte nördliche Stirnwand, sondern war hier einfach in das anstehende Erdreich abgegraben worden. Bei der Untersuchung wurden an dieser Stelle bedeutende ältere archäologische Schichten angeschnitten, die ein neues Licht auf die Geschichte der Pfalz werfen.

Das Fundmaterial

Gemessen an der recht geringen aufgedeckten Fläche kam erstaunlich viel Keramik zum Vorschein. Diese ist zudem nicht auf das Hochmittelalter beschränkt, sondern schließt auch frühmittelalterliche Stücke ein. Mit Sicherheit in die Zeit zwischen dem späten 7./frühen 8. und dem späteren 10. Jahrhundert gehören etliche Fragmente der Älteren gelben Drehscheibenware mit Rollstempelverzierungen (Abb. 223,1–4) sowie

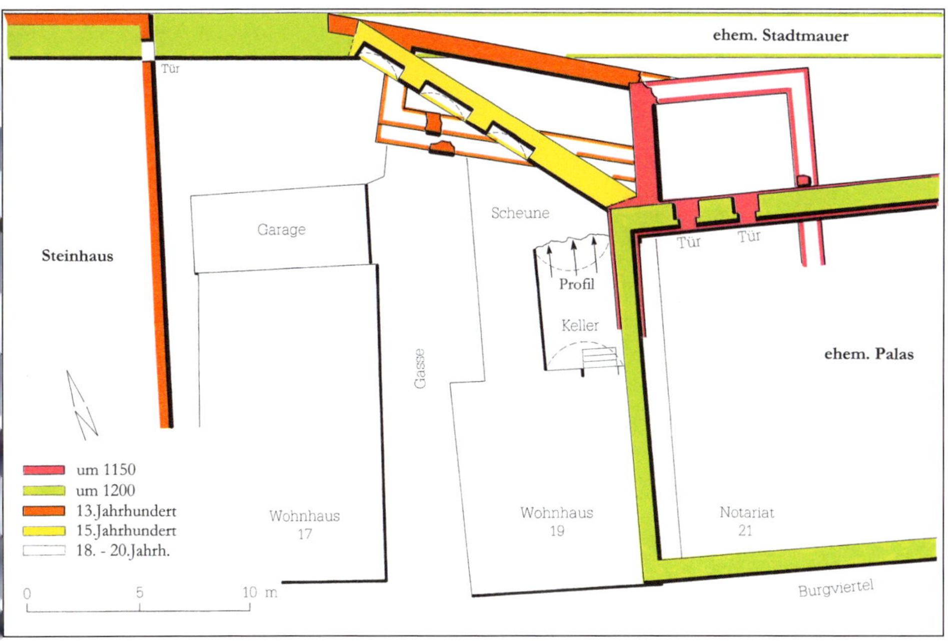

Abb. 222
Bad Wimpfen. Befundplan der Untersuchungen im Bereich Burgviertel 19 mit Bauphasen.

mehrere Randstücke des Typs Runder Berg (Abb. 223,5.6). Auch unter der „nachgedrehten" Ware dürften einige Scherben bereits dieser Frühzeit entstammen (Abb. 223,22). Die ältesten Scherben (Abb. 223,1–4) belegen zweifelsfrei Siedlungstätigkeit in Wimpfen am Berg schon für die Karolingerzeit. Damit ist nun eine mehrere Jahrhunderte früher als bisher angenommene Parallelexistenz von Wimpfen am Berg mit der Talsiedlung gesichert.

Die Masse der Funde ist allerdings in das 11. und 12. Jahrhundert zu datieren. Die Lage von Wimpfen am östlichen Rand des Kraichgaus, der im Hochmittelalter von oberrheinischer Keramik dominiert wird, spiegelt sich im Vorkommen der Älteren grauen Drehscheibenware (Abb. 223,9–14) wider, die auch eine Becherkachel einschließt (Abb. 223,14). Die Nähe zum neckarschwäbischen Raum unterstreichen andererseits die zahlreichen Ränder vom Typ Jagstfeld, der jüngsten Ausprägung der Älteren gelben Drehscheibenware (Abb. 223,7.8). Echte Importe (nur?) aus dem südlichen Hessen und vom Niederrhein stellen Gefäße der imitierten bzw. der echten Pingsdorf-Ware dar (Amphoren, hochhalsige Becher, Kugeltöpfchen;

Abb. 223 Bad Wimpfen, Burgviertel 19. Keramikfunde.

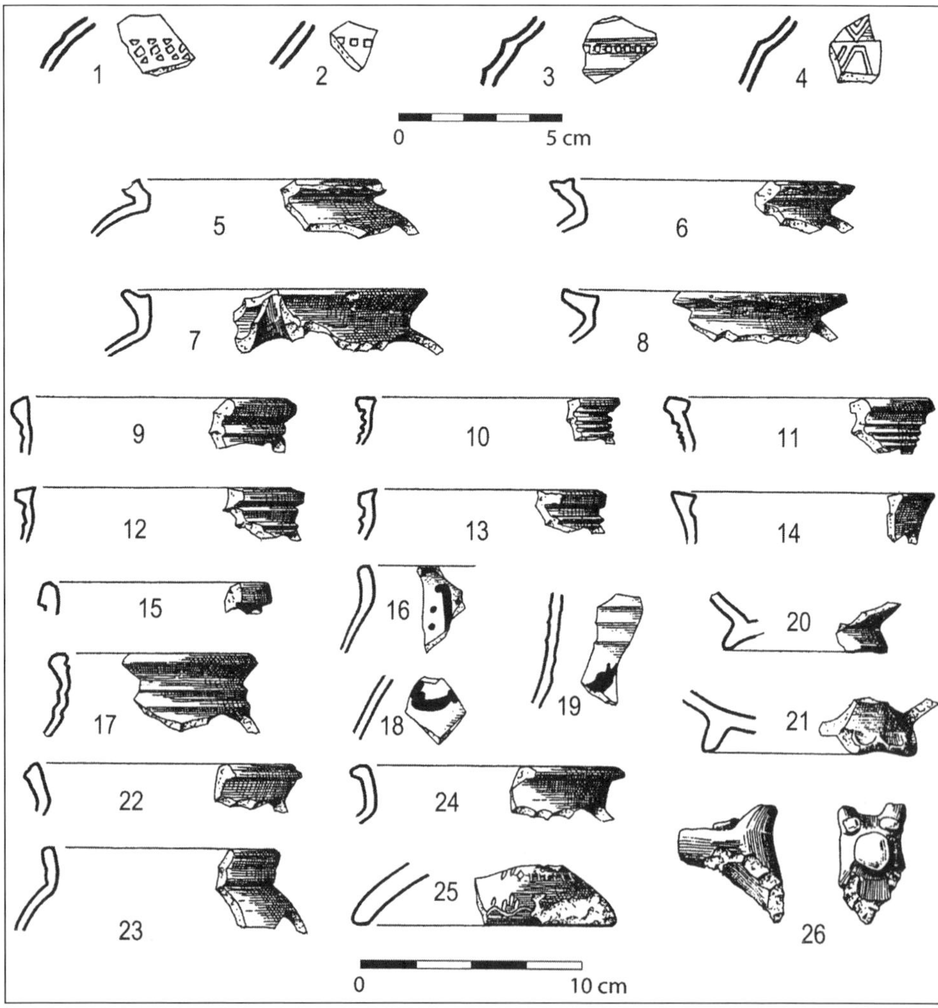

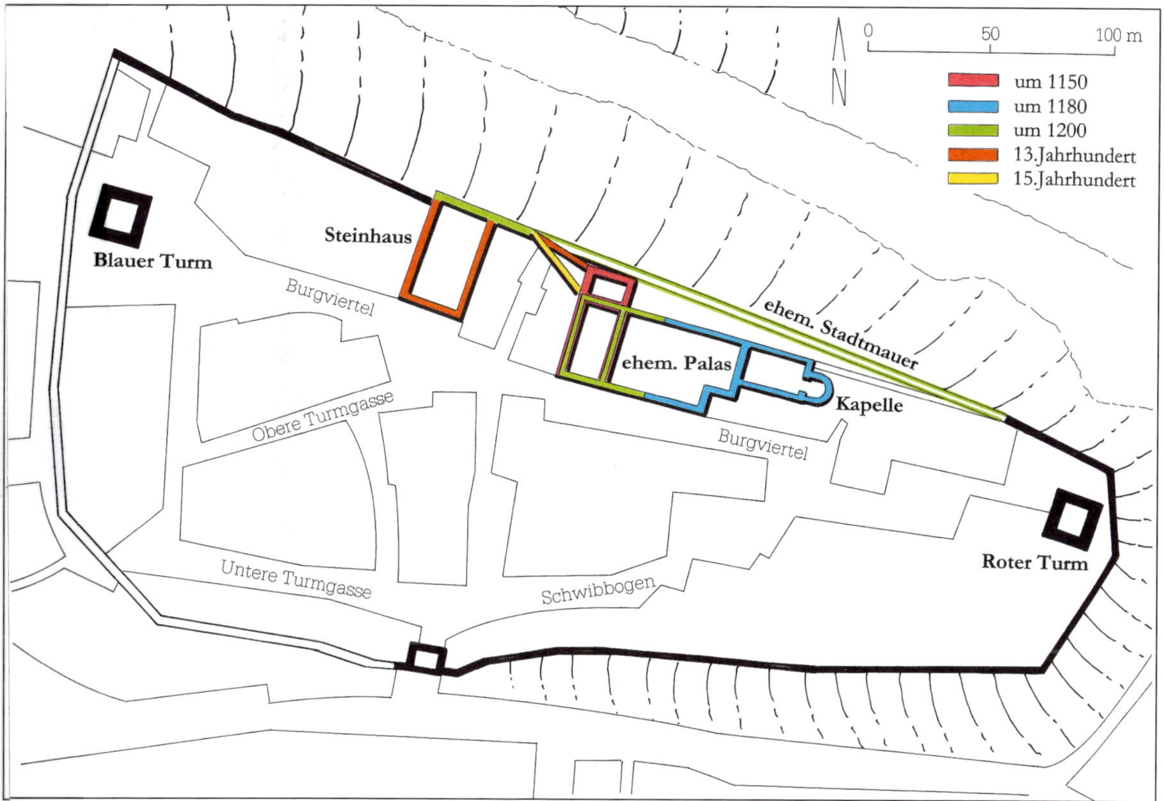

Abb. 224
Bad Wimpfen. Übersichtsplan des hochmittelalterlichen Pfalzviertels mit Bauphasen.

(Abb. 223,15–21). Lokale Entstehung ist für die „nachgedrehte" Ware anzunehmen (Abb. 223,22–26). Bei ihr sind als auffälligste Objekte ein kerb- und wellenverzierter Deckel oder Fuß eines Leuchters (?) (Abb. 223,25) sowie der Kopf eines tiergestaltigen Gießgefäßes für Handwaschwasser (Aquamanile) zu nennen (Abb. 223,26). Durch seinen gesicherten Fundkontext, aus dem auch zwei Münzen stammen, gehört es zu den ältesten Exemplaren in ganz Süddeutschland.

Neues zur Baugeschichte der Pfalz

Wegen des Fehlens von Formen, die für das fortgeschrittene 12. Jahrhundert charakteristisch sind, dürften die Funde spätestens um 1150 in den Boden gekommen sein. Diese Fundschicht datiert mit zugehörigem Bauhorizont einen Mauerrest der Palasanlage, welcher auch im nördlichen Außenbereich weiter verfolgt werden konnte. Aufgrund dieser überraschenden Frühdatierung von Gebäudeteilen wurde die gesamte Befundsituation von der Archäologischen Denkmalpflege unter Mithilfe des Vereins Alt-Wimpfen nochmals kritisch überprüft. Die Verknüpfung archäologischer und baugeschichtlicher Ergebnisse zeigt nun ein neues, noch nicht in allen Punkten abgesichertes Bild (Abb. 224):

Bereits ab etwa 1150 existieren offensichtlich Gebäude im Bereich der Pfalz. An diesen Bestand lehnt sich der Bau des Palas mit den Arkadenfenstern um 1160/70 samt Kapelle an. Hier ist Walter Hotz mit seiner Datierung absolut zuzustimmen. Erst später, wohl um 1200, wurde der Palas nach Westen hin erweitert und die älteren Bauteile hier teilweise verändert. Es verwundert nicht, dass sich Fritz Arens im Zuge seiner archäologischen Forschungen im ehemaligen Innenraum des Palas mit seiner Spätdatierung nach 1200 bestätigt sieht. Offensichtlich waren hier nur Befundreste des späteren An- bzw. Umbaus des Palas überliefert. Zusammenfassend muss man aber davon ausgehen, dass um 1150 bereits ein baulicher Anfang der Pfalz vorhanden war. Damit gerät Kaiser Friedrich I. Barbarossa ins Blickfeld, der bei seinem Besuch in Wimpfen im Jahre 1182 einen gewissen Baubestand vorgefunden haben muss und möglicherweise erst auf den weiteren Ausbau der Pfalz eingewirkt hat.

Auch für die ehemalige Ummauerung der Pfalz ergaben sich neue Hinweise. Bereits um 1200, vielleicht auch früher muss es eine dem Palas nördlich vorgelagerte Umfassungsmauer des Pfalzbezirks gegeben haben (Abb. 224). Ein größeres Teilstück dieser Mauer ist offensichtlich bereits in mittelalterlicher Zeit abgegangen und kann heute erst weiter westlich im Bereich des Steinhauses im Bestand beobachtet werden. Die Ursache dafür war die Erosion am Prallhang des nördlich verlaufenden Neckars. Als Reaktion entstand im Laufe des 13./14. Jahrhunderts ein Mauerzug gegen die noch bestehenden, ältesten Bauteile der Palasanlage. Mit fortschreitender Erosion sind aber auch diese Bereiche abgegangen oder abgetragen worden. Im 15. Jahrhundert verband ein neuer Mauerzug die bestehende Stadtmauer mit der Nordwestecke des Palasgebäudes (Abb. 224). Notgedrungen bekam jetzt dessen Nordwand die Funktion einer Stadtmauer. Sämtliche Öffnungen, wie etwa die Arkadenfenster, sind in dieser Zeit zugemauert worden. Diesem Umstand verdanken wir auch den Erhalt der Nordwand, da der restliche Palas oberirdisch längst verschwunden ist. Der Pfalzbezirk hatte nämlich mit dem Niedergang der Staufer seine Bedeutung verloren, und Wimpfen konnte um die Mitte des 14. Jahrhunderts den Status einer Freien Reichsstadt erlangen.

Uwe Gross, Michael Weihs

Literaturhinweise

P. Knoch, Die Errichtung der Pfalz Wimpfen – Überlegungen zum Stand der Forschung. Forsch. u. Ber. Arch. Mittelalter Baden-Württemberg 8 (Stuttgart 1983) 343 ff.; F. Arens, Die staufischen Königspfalzen. In: Die Zeit der Staufer. Geschichte, Kunst, Kultur. Ausstellungskat. Bd. 3: Aufsätze (Stuttgart 1977). – W. Hotz, Pfalzen und Burgen der Stauferzeit, Geschichte und Gestalt (Darmstadt 1981).

Neue Ausgrabungen auf dem Zähringer Burgberg, Gde. Gundelfingen, Kreis Breisgau-Hochschwarzwald

Vom 28. Juli bis 29. August 2008 hat auf dem Zähringer Burgberg erneut eine archäologische Ausgrabung stattgefunden, durchgeführt in Zusammenarbeit des Instituts für Ur- und Frühgeschichte und Archäologie des Mittelalters der Universität Freiburg mit dem Referat 25 Denkmalpflege des Regierungspräsidiums Freiburg und der Gemeinde Gundelfingen.

Die Besiedlung des Zähringer Burgbergs

Die um 1080 auf dem Berg errichtete Burg in der Nähe des Dorfes Zähringen wurde na-

Abb. 225
Gundelfingen, Zähringer Burgberg. Gelb: im 4. Jh. n. Chr. von den Alamannen künstlich geschaffenes Plateau; blau: spätere Burg der Zähringer. Im Süden und Osten zeigen die heutigen Geländeformationen, dass hier der Terrassenbau nicht vollendet wurde.

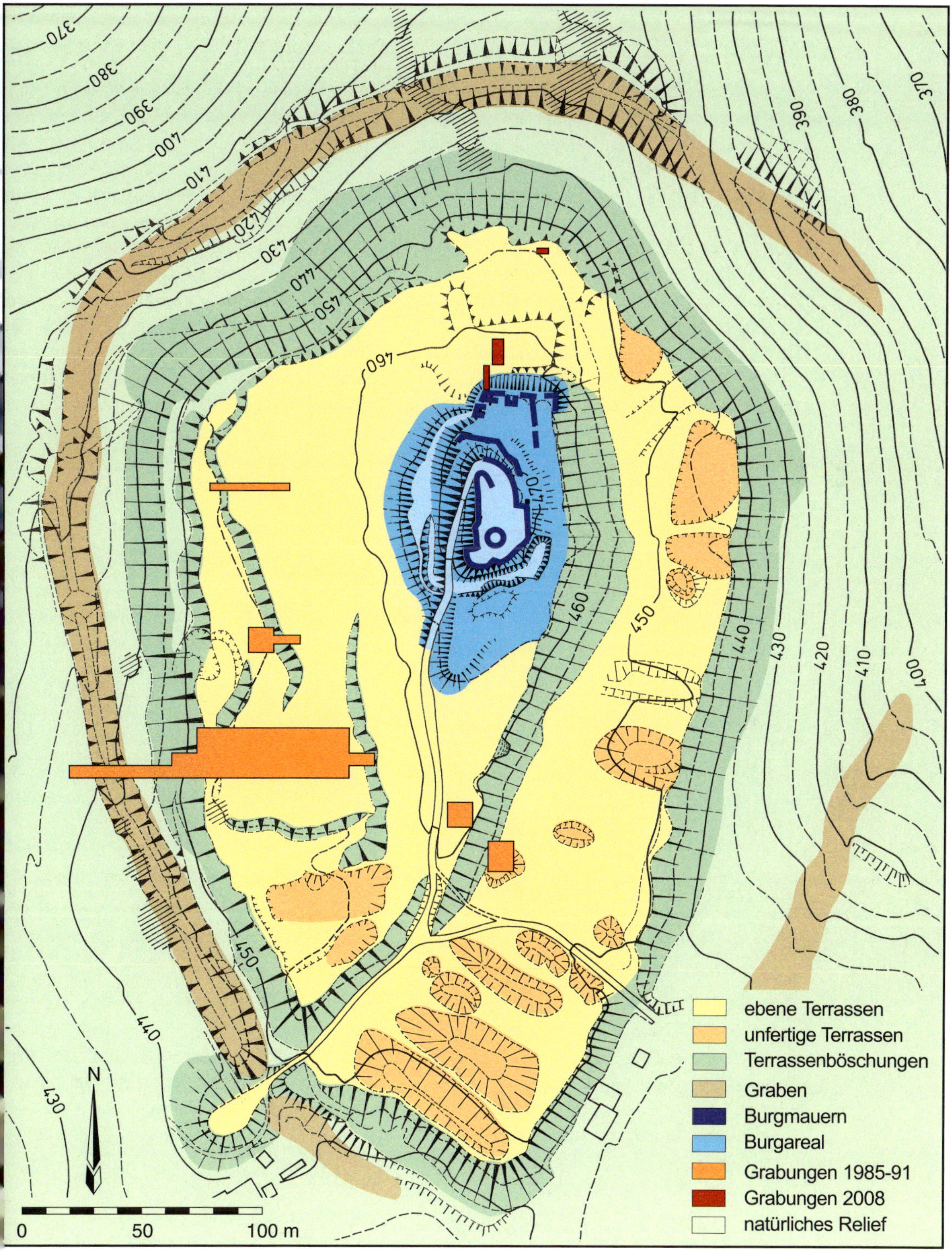
ebene Terrassen
unfertige Terrassen
Terrassenböschungen
Graben
Burgmauern
Burgareal
Grabungen 1985-91
Grabungen 2008
natürliches Relief
N
0
50
100 m

mengebend für das Geschlecht der Zähringer, nachdem diese den Breisgau besetzt hatten. Der Zähringer Burgberg überragt die Ebene des Breisgaus mehr als 200 m und bietet damit im strategischen Sinne einen ausgezeichneten Blick über das Rheintal bis zum Breisacher Münsterberg und zum Kaiserstuhl. Daher hat sich die herrschende Elite zu verschiedenen Zeiten seit dem Neolithikum dort oben festgesetzt. Zuletzt wählten die Zähringer Herzöge diesen Berg als Standort für ihre erste Burg im Breisgau.

Im Jungneolithikum wurde dort eine Höhensiedlung der Michelsberger Kultur (um 3000 v. Chr.) angelegt. In der Hallstattzeit (600 bis 550 v. Chr.) bauten frühe Kelten eine mächtige Befestigung, die während der frühen Latènezeit erneut genutzt wurde. Entscheidend aber wurden die Alamannen, die im 4./5. Jahrhundert n. Chr. den Berg zu einem Königssitz ausbauten. Damals brach man rund um die Mitte der einst runden Bergkuppe enorme Mengen an Gestein (insgesamt geschätzt 200 000 Kubikmeter), baute damit an den schrägen Hang radial von der Mitte nach außen verlaufende mächtige Stützmauern, füllte die Zwischenräume mit Steinen und Erde und schuf damit ineinander übergehende ebene Terrassen von 200 m auf 300 m Größe (Abb. 225). Auf diesen Terrassenflächen errichteten alamannische Herrscher mit ihrem Kriegergefolge Gehöfte und beschäftigten Handwerker, von hier aus kontrollierten sie die Umgebung: zeitweilig als Partner der Römer, die jenseits des Rheins eine Befestigungslinie aus Kastellen errichtet hatten, und zeitweilig als bedrohliche Gegner.

Abb. 226 Gundelfingen, Zähringer Burgberg. Der mittelalterliche Burggraben während der Ausgrabungen. Am oberen Bildrand sind die Reste der Vorburgmauern zu erkennen.

Die Ausgrabungen 2008

In den Jahren 1985 bis 1991 haben großflächige Ausgrabungen auf den West- und Südterrassen des Berges einen Teil der Geschichte dieses Herrschaftsmittelpunkts im Breisgau erforscht (Abb. 225). Wie bei archäologischer Forschung üblich, blieben Fragen offen und neue kamen hinzu. Zur Beantwortung diente die Grabung 2008 auf der oberen Terrasse nördlich der Burg des Mittelalters. Die Fragestellung war, wie sich der Bau der Mittelalter-Burg (vor rund 900 Jahren) zu den Terrassenbauten der Alamannen (noch einmal 700 Jahre früher) verhält, denn der als Standort für die Zähringer-Burg ausersehene Berggipfel erhielt seine Form erst durch die Steinbrucharbeiten für die alamannischen Terrassen. Der Nordbereich gliedert sich in vier übereinander gestaffelte Terrassenflächen. Auf der obersten und der nächst tiefer gelegenen Terrasse stehen die Mauern der mittelalterlichen Ober- und Unterburg (Abb. 225).

Auf den zwei weiteren, tiefer gelegenen Terrassenflächen wurde im Sommer 2008 je ein Sondierungsschnitt angelegt. Die Ausgrabun-

gen zeigten, dass die nächste Terrasse tatsächlich durch Einebnungsarbeiten des Felsens zur Zeit der Alamannen entstanden ist, d. h. damals hat man den schräg abfallenden natürlichen Felshang in eine waagegerechte Fläche umgearbeitet. In den Fels eingehauene Pfostenlöcher zeigen, dass hier auf der ebenen Fläche einst Gebäude errichtet worden waren. Die Ausgrabung auf der vierten, untersten Terrasse zum Norden hin zeigte dagegen, dass diese demgegenüber künstlich durch den Auftrag der gebrochenen Steine geschaffen worden ist.
Ein weiterer Sondierungsschnitt wurde auf der dritten Terrasse gegen die Mauern der mittelalterlichen Burg angelegt, dort, wo der mittelalterliche nördliche Burggraben zu vermuten war.

Der nördliche Burggraben

Die Ausgrabungen zeigten, dass die Nordmauer der mittelalterlichen Unterburg mit ihrem Fundament auf einem künstlich geschaffenen Absatz des Felsens steht (Abb. 226); der Burggraben ist in die von den Alamannen angelegte ebene Terrasse in den Felsen eingeschlagen worden und hat eine Tiefe von ca. 2,70 m. Im Süden und Westen der Burg ist der Graben heute teilweise noch sichtbar, im Norden aber fast völlig verfüllt und so im Gelände kaum noch erkennbar. Der Burggraben ist schon im Mittelalter durch Erosion und die Nutzung als Abfallgrube teilweise verfüllt worden. So fanden sich unten im Graben in einer humosen Schicht von einem Meter Mächtigkeit zahlreiche Tierknochen, die als Küchenabfälle zu deuten sind, sowie Keramikgefäßfragmente. Darüber lag eine Schicht aus Bauschutt der Burganlage, der wohl erst im Laufe der Zeit nach der Zerstörung der Burg in den Bauernkriegen nach und nach in den Graben geriet. Daneben zeugen weitere Funde aus dem Graben von der wechselvollen Geschichte der Burg.

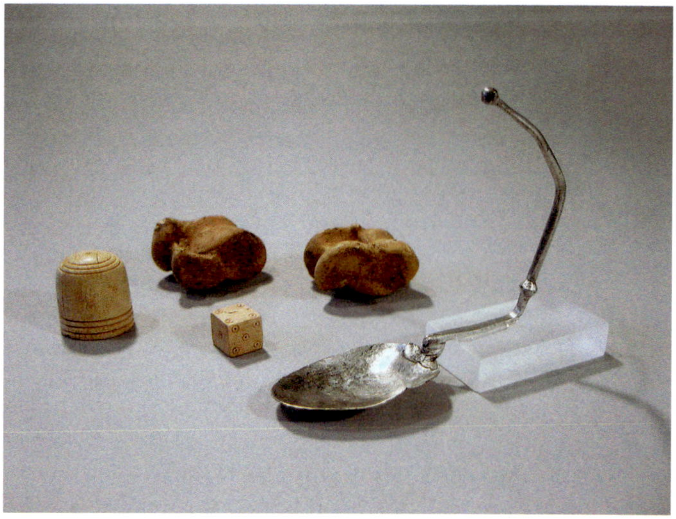

Abb. 227
Gundelfingen, Zähringer Burgberg. Silberlöffel, Schachfigur aus Elfenbein sowie Knochenwürfel und zwei Astragal-Würfel aus der Verfüllung des Burggrabens.

Die Funde aus dem Burggraben

Die Ausgrabungen haben zahlreiche Gegenstände zutage gefördert, die von Verteidigung und Angriffen auf die hochmittelalterliche Zähringer Burg stammen. Dazu gehören eiserne Bolzenspitzen und zwei Schleuderkugelfragmente aus rotem Sandstein, die mit einer großen Wurfmaschine, der sogenannten Blide, gegen die Burgmauern geschleudert wurden.
Von den Essgewohnheiten der Bewohner auf der Burg zeugen die vielen Tierknochen aus dem Burggraben. Es wurden Knochen von Rindern, Schweinen und Schafen oder Ziegen gefunden. Ungewöhnlich ist der Fund eines Bärenzahns, da Bären schon im Mittelalter hier am Oberrhein sehr selten waren.
Daneben fanden sich zahlreiche Scherben von Keramikgefäßen aus dem 11. bis 15. Jahrhundert sowie Ofenkachelfragmente des 11. bis 13. Jahrhunderts. Eine Besonderheit sind die Fragmente eines halben Topfes aus der untersten Schicht des Burggrabens, der sich in das 8./9. Jahrhunderts datieren lässt.
Ebenfalls hervorzuheben ist der Fund eines zerbrochenen silbernen Löffels aus dem 13./14. Jahrhundert (Abb. 227). Neben Messern aus Eisen sind Löffel im Mittelalter in der Regel aus Holz. Silberne Löffel haben in

der Spätantike und im frühen Mittelalter zumeist einen christlichen Hintergrund. Im 15./16. Jahrhundert wurden in gehobenen Kreisen die sogenannten silbernen Apostellöffel zur Geburt oder Taufe eines Kindes geschenkt. Dies lässt auch bei dem Silberlöffel vom Zähringer Burgberg eher auf eine Bedeutung als Statussymbol oder liturgisches Gerät schließen.

Eine Schachfigur, ein Spielwürfel und zwei Astragalknochen belegen, dass im Mittelalter auch auf der Zähringer Burg gespielt wurde (Abb. 227). Die kleine gedrechselte Schachfigur aus Elfenbein stellt einen Bauern dar und hat noch wenig Ähnlichkeit mit den heute geläufigen Formen. Sie stammt aus dem 12. Jahrhundert, einer Zeit, in der das Schachspiel gerade erst aus dem Orient nach Mitteleuropa gelangt war. Die frühen orientalischen Schachfiguren waren noch nicht figürlich oder gegenständlich, sondern zeigten einfache kegelartige Formen.

Spielwürfel wurden im Mittelalter aus Tierknochen hergestellt und waren deshalb oft sehr klein. Mit diesen spielte man Knobeln mit zwei Würfeln oder man brauchte sie für Brettspiele wie das Trictrac-Spiel, das man heute Backgammon nennt. Daneben gab es auch noch eine andere Art von Knochenwürfeln, die Astragale (Sprunggelenkknochen) von Schaf und Ziege. Diese Astragale können kaum rollen, sondern fallen lediglich auf eine von vier Seiten, die sich optisch voneinander unterscheiden. Sie waren schon zur Römerzeit bekannt und werden heute noch im Orient verwendet. Vom Spiel mit diesen Knochen, auch „Knöcheln“ genannt, leitet sich das heutige „Knobeln“ ab.

Zu danken ist der Gemeinde Gundelfingen und ihrem Bürgermeister Dr. Reinhard Bentler sowie dem Verein für Heimatgeschichte Gundelfingen und Wildtal e. V. für die vielfältige Unterstützung dieser Grabungskampagne.

Michael Hoeper, Heiko Steuer, Andrea Bräuning

Literaturhinweise

M. Hoeper, Residenzen auf der Höhe – die alamannischen Höhensiedlungen am Schwarzwaldrand. In: Imperium Romanum. Römer, Christen, Alamannen – Die Spätantike am Oberrhein. Ausstellungskat. Karlsruhe 2005 (Stuttgart 2005) 219–225; H. Steuer, Zähringer Burgberg. In: Reallexikon der Germanischen Altertumskunde 34 (Berlin/New York 2007) 398–417.

Auf Sand gebaut – archäologische Untersuchungen auf der „Burghalde“ in Oberbalzheim, Gde. Balzheim, Alb-Donau-Kreis

Das Illertal ist reich an eindrucksvollen Wallanlagen und Befestigungen, die jedoch meistens unerforscht und auch zeitlich unbestimmt sind. Bei einigen dieser Anlagen, insbesondere auf der westlichen Illerseite, besteht der Verdacht, dass es sich um frühmittelalterliche Höhensiedlungen handeln könnte. Die Lage am Donau-Iller-Rhein-Limes, gegenüber von spätrömischen Kastellen wie Kellmünz legt eine Analogie zu der Situation am Oberrhein nahe. Eines dieser imposanten Geländedenkmäler befindet sich oberhalb von Oberbalzheim im Waldstück „Burghalde“. Mehrere durch Gräben und Wälle getrennte Plateaus werden in der Mitte von einem mächtigen Hügel überragt, der auf drei Seiten von Wall und Graben umgeben ist (Abb. 228). Auf dem Hügel befindet sich ein Plateau von ca. 50 m × 25 m Ausdehnung.

Vom obersten Plateau stammen einige Lesefunde, die dem Hoch- und Spätmittelalter zuzurechnen sind. Darunter befinden sich auch

Abb. 228
Oberbalzheim, Burghalde. Ansicht des Burghügels mit Wall von Westen.

Bruchstücke von Hohlziegeln, die auf eine Bebauung schließen lassen, obwohl sich obertägig keinerlei Bebauungsspuren zeigen. Im Frühjahr 2008 wurde durch die Firma Terrana Geophysik eine geophysikalische Prospektion des Areals durchgeführt. Die Ergebnisse zeigten auf dem obersten Plateau zahlreiche Anomalien. Am auffälligsten war eine umlaufende Struktur, die wohl zu einer Befestigungsanlage gehörte. Innerhalb dieser Befestigung konnten auch Spuren von Gebäuden sichtbar gemacht werden. Die Messwerte deuteten auf verbrannte Holzstrukturen hin.

Um nähere Informationen über die Zeitstellung zu erhalten, wurde nun eine archäologische Sondage als Lehrgrabung des Instituts für Ur- und Frühgeschichte und Archäologie des Mittelalters der Universität Tübingen durchgeführt. Insgesamt absolvierten 22 Studierende im Zeitraum von Juli bis September ein Grabungspraktikum. Die Arbeiten wurden auch durch freiwillige Helfer aus Oberbalzheim unterstützt.

Es wurden vier Schnitte angelegt, zwei davon am südwestlichen Rand des Burgplateaus, ein kleiner Sondageschnitt bei einer Mulde in der Mitte des Hügels und ein großer Schnitt, der durch den Wall und Graben bis zum Hügelfuß auf der nordwestlichen Seite gezogen wurde.

Ein „Sommerhaus" des 19. Jahrhunderts

Auf dem Plateau stieß man im größeren der beiden Schnitte zunächst auf die Spuren des 19. Jahrhunderts, als am südlichsten Punkt des Berges ein Aussichtspavillon errichtet worden war. Dieses „Sommerhaus" war Teil einer Garten- bzw. Gehölzanlage und hatte wohl nur eine kurze Zeit bestanden. Die Köcherfundamente für seine Holzkonstruktion bestanden aus wiederverwendetem Baumaterial, insbesondere aus Hohlziegeln. Im Bereich des ehemaligen Pavillons war das Bodenniveau um ca. 60 cm aufgefüllt worden. Das Fundmaterial in diesen Auffüllschichten bestand fast ausschließlich aus hoch- und spätmittelalterlicher Keramik, Tierknochen und Baukeramik. Die darunterliegenden spätmittelalterlichen Schichten zeigten ebenfalls Störungen des 19. Jahrhunderts in Form von Baugruben für die Köcherfundamente.

Ein weiterer Schnitt wurde ungefähr in der Mitte des Plateaus angelegt. Hier befindet sich eine deutlich sichtbare Vertiefung, die wahrscheinlich zur Materialentnahme beim Bau des Sommerhauses diente. In dem kleinen Sondageschnitt befanden sich lediglich am südöstlichen Rand der Grube noch Schichten mit mittelalterlichen Funden. Im übrigen Bereich konnten nur noch geologische Schichten ergraben werden.

Abb. 229
Oberbalzheim, Burghalde. Profilschnitt durch die Befestigungsanlagen. Verkohlte Holzstruktur mit aufliegendem Brandschutt.

Spuren einer Befestigung

In der Verlängerung des großen Schnittes fanden sich unter einer sehr dünnen Humusdecke bereits erste Hinweise auf die spätmittelalterliche Bebauung. Zahlreiche Dachziegel und Ziegelfragmente, die ausschließlich von einer Mönch-Nonne-Deckung stammten, bedeckten die Grabungsfläche. Darunter fand sich eine nahezu rechtwinklige Struktur, die vermutlich zu einer Fußbodenkonstruktion eines Gebäudes gehörte. In dieser Fläche zeichnete sich bereits eine Trennung zwischen einem Innen- und einem Außenbereich innerhalb des Grabungsschnittes ab. Dies sollte sich auch in den folgenden Flächen fortsetzten. Unter der Lehmtenne folgte eine stärkere Schicht aus verziegeltem Material, die auf Brandeinwirkung hinweist. Darunter zeichnet sich eine verkohlte Holzkonstruktion ab, die zum gegenwärtigen Zeitpunkt noch nicht interpretiert werden kann (Abb. 229). Im westlichen Bereich des Schnittes konnte eine Konstruktion ergraben werden, die möglicherweise zu einer Doppelpalisade gehört hat und die Außenbefestigung der Anlage darstellte. Auch hierzu können derzeit noch keine näheren Aussagen gemacht werden.

Abb. 230
Oberbalzheim, Burghalde. Schnitt durch den Wall mit Becherkachel in situ.

Ein Wall aus Sand

Bedingt durch die geologische Situation im Illertal, dessen Randbereiche fast ausschließlich aus der oberen Süßwassermolasse gebildet werden, besteht der Wall ebenso wie der Burghügel nahezu komplett aus Sand (Abb. 230). Der Burghügel wurde im Mittelalter künstlich versteilt, und mit dem dabei gewonnenen Material konnte der Wall aufgeschüttet werden. Der Wall wurde mindestens einmal erhöht und der Graben wohl öfters gereinigt. Im Wall selbst konnten keine Spuren einer zusätzlichen Befestigung in Form einer Palisade oder Ähnlichem nachgewiesen werden. In der Wallschüttung fanden sich jedoch einige Keramikscherben, darunter auch Fragmente von Becherkacheln, die wohl in das späte 11./frühe 12. Jahrhundert datiert werden können.

Ergebnis

Bei der Oberbalzheimer Anlage handelt es sich demnach um eine mittelalterliche Burg, die wohl Sitz des Ortsadels gewesen ist. Die Herren von Baldesheim werden 1083 erstmals erwähnt und tauchen in diversen Zeugenlisten und Urkunden auf, bis gegen Ende des 13. Jahrhunderts der Ortsadel aus den Dokumenten verschwindet. Danach befindet sich Balzheim im Besitz verschiedener Herrschaften und gelangte schließlich Ende des 15. Jahrhunderts in den Besitz der Familie Ehinger. Die Burg wird in verschiedenen Urkunden erwähnt, ab ca. 1470 findet man jedoch die Bezeichnung *„burgstall“* oder *„burgstell“*, was auf eine abgegangene bzw. nicht mehr in Funktion befindliche Anlage hindeutet. Ab etwa 1500 wurde dann das heutige Oberschloss an einer tiefer gelegenen Stelle gebaut. Die historische Überlieferung deckt sich hier weitestgehend mit dem archäologischen Fundmaterial, welches fast ausschließlich in das 11. bis 15. Jahrhundert datiert. Die Grabungen sollen im nächsten Jahr auf dem Burgplateau fortgesetzt werden, um noch offene Fragen zur Befestigung und zur Funktion der ergrabenen Strukturen beantworten zu können.

Wir möchten uns ganz herzlich bei der Imre Freiherr von Palm'schen Stiftung Oberbalzheim bedanken, die die finanziellen Mittel für die Grabungen zur Verfügung stellt. Ganz besonders möchten wir uns bei dem Stiftungsvorsitzenden Herrn Edgar F. Huber mit Familie bedanken, die uns durch unermüdlichen Einsatz in allen Dingen unterstützt hat. Den Eigentümern des Oberbalzheimer Ritterguts sei für ihre Zustimmung zur Grabung in ihrem Privatwald gedankt. Dank gilt auch Herrn Harald Kächler für die Archivrecherchen, Herrn Dr. Kurt Niedziolka für die Bohrsondagen sowie dem Rentamtmann Herrn Ulrich Gai für die vielfältige Unterstützung.

Barbara Scholkmann, Steffen Killinger

Literaturhinweis

H. Kächler, Balzheim (Augsburg 1986) 17–26.

Die geophysikalische Erkundung der Burg Wersau in Reilingen, Rhein-Neckar-Kreis

Geschichte der Burg

Etwa 500 Meter südöstlich des Ortskerns von Reilingen befand sich die früher sehr bedeutende Burg Wersau. An der von Speyer über Wiesloch nach Wimpfen verlaufenden Kaiserstraße gelegen, dürfte es sich um eine Gründung des 11. Jahrhunderts handeln. Die Ersterwähnung der Burg erfolgt zwar erst 1286, die dort ansässige speyrische Ministerialenfamilie der Schenken von Wersau wird aber schon 1153 genannt. In der zweiten Hälfte des 18. Jahrhunderts wurde die Burg komplett abgerissen. Aus alten Baubeschreibungen und Karten, darunter ein Plan aus dem Jahr 1690, lässt sich rekonstruieren, dass die Anlage inklusive der Vorburg aus insgesamt 24 Gebäuden bestand, u. a. die Kernburg mit 8 m hoher Ringmauer, einem Palas und einem großen Turm (Abb. 231). Die grobe Lage der ehemaligen Burg im

Abb. 231
Reilingen. Historischer Plan der Burg Wersau von 1690, eingenordet nach dem geophysikalischen Befund.

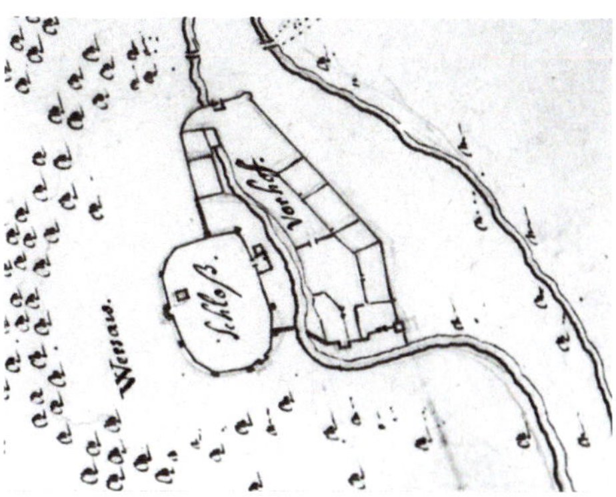

Bereich des Grundstücks „Schlossmühle 1“, das durch die Gemeinde erworben wurde, war bekannt. Das Terrain ist heute eben und weist nur gen Westen eine Geländestufe auf, die auf eine frühere Anschüttung (Einmottung) des Burggeländes in einer ersten Bauphase (11. Jahrhundert?) hinweist.

Untersuchungen im Jahr 2008

Um die Gefährdung des archäologischen Denkmals durch eine mögliche künftige Nutzung des Grundstücks beurteilen zu können, regte das Referat 25 Denkmalpflege des Regierungspräsidiums Karlsruhe die geophysi-

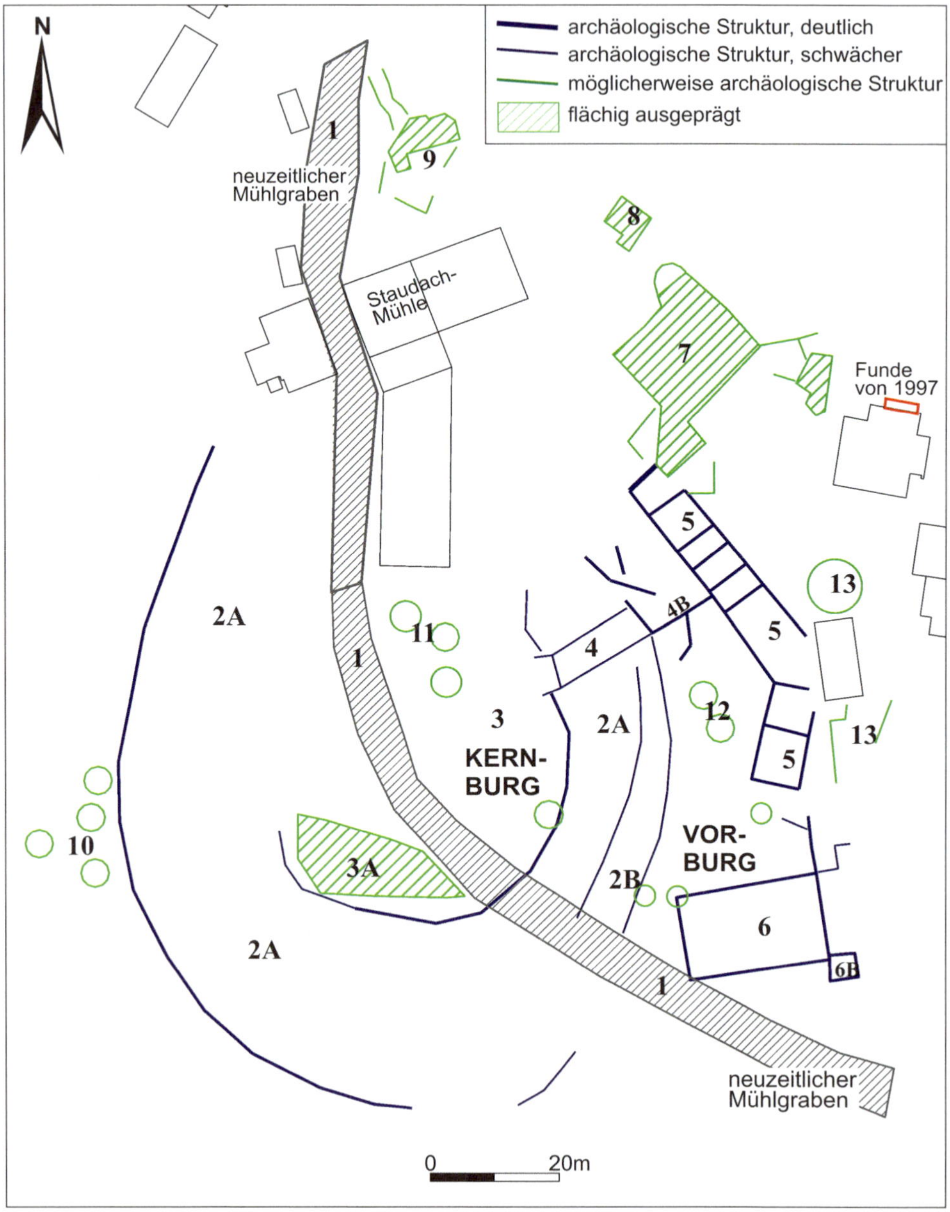

Abb. 232 Reilingen, Burg Wersau. Interpretation der gemessenen Widerstandswerte.

kalische Untersuchung des Areals an, die von der Gemeinde Reilingen finanziert wurde. Nach Testmessungen hat sich die geoelektrische Widerstandskartierung als geeignet erwiesen, die den elektrischen Widerstand des Bodens bis zu einer Tiefe von ca. 1 m erfasst. Im Messraster von 1,0 m × 0,5 m wurden etwas über 40 000 Messpunkte aufgenommen. Die Flächen wurden mit einem geodätischen GPS eingemessen. Die Messwerte wurden mit dem Programm Geoplot bearbeitet, um potenziell archäologische Strukturen hervorzuheben. Die Abbildung 232 zeigt die Interpretation der Messergebnisse. In blau gehalten sind Befunde, die strukturell zum Burgplan (Abb. 231) passen und somit wahrscheinlich archäologisch bedeutend sind. Grün dargestellt sind weitere Strukturen, die möglicherweise archäologisch relevant sein können, unter Umständen jedoch neuzeitlicher Herkunft sind.

Bei der Anomalie 1 handelt es sich um den z. T. steinig verfüllten Mühlkanal, angelegt im 19. Jahrhundert und aufgefüllt um das Jahr 1968. Der Anomaliebereich 2A ist ein ovaler Ring von leicht niedrigerem Widerstand. Es dürfte sich um einen die Kernburg umgebenden Wassergraben handeln, der feinkörnig verfüllt wurde. Im Inneren liegt die Kernburg (3). Sie dürfte sich noch etwas nach Norden fortsetzen unter den versiegelten Innenhof. Fundamente ehemaliger Gebäude in der Kernburg sind nicht klar erkennbar. Bei 3A (erhöhte Messwerte) wurde das Gelände in der Neuzeit um ca. 1 m abgegraben. Bei 4 lässt sich die ehemalige Brücke über den Wassergraben vermuten, wie sie auch im Plan (Abb. 231) angedeutet ist. Die Anomalien zu beiden Seiten weisen auf eine befestigte Torsituation hin. Bei 5 befinden sich gut erkennbare Umrisse, die sehr gut mit im Plan von 1690 eingezeichneten Gebäuden korrelieren. Es dürfte sich um die in Archivalien erwähnten Schweine- und Pferdeställe der Vorburg handeln. Zwischen 4 und 5 lässt sich ein Mauerzug (4B) nachweisen, der die Vorburg quasi halbierte und ebenfalls in dem genannten Plan erkennbar ist. Das Gebäude 6 ist hingegen nur wesentlich kleiner und in anderer Orientierung dort verzeichnet. An dessen südöstlicher Ecke konnte die quadratische Struktur 6B von ca. 6 m Seitenlänge erfasst werden – wohl der schon 1649 als stark baufällig beschriebene sogenannte „Hinterturm". Die große, rechteckige Anomalie 7 ist im historischen Plan (Abb. 231) nicht zu erkennen, sie ist jedoch auf einem Plan von 1823 enthalten, scheint also neuzeitlich zu sein. Dasselbe gilt für die weiteren Anomalien 8 und 9. Unmittelbar östlich davon wurden 1997 bei einer Baumaßnahme auf Pfählen gegründete Mauern angeschnitten sowie zwei fundreiche Horizonte, die in das späte 13. Jahrhundert (Ausbau der Burg nach dem Erwerb durch die Pfalzgrafen?) und spätere 15. Jahrhundert (Zerstörungen durch die Belagerung von 1462?) datiert werden konnten. Bei 10 fallen kreisförmige Anomalien auf. Die archäologische Signifikanz ist unklar. Weitere kreisrunde Anomalien befinden sich im Kernburgbereich (11) (verfüllter Brunnen?) und vor den Stallungen (12). Die Anomalien 13 sind mit größerer Wahrscheinlichkeit von neuzeitlicher Herkunft, da sie in einem kürzlich bebauten Grundstück liegen.

Zusammenfassung

Die im Messbild erkennbaren rechteckigen Gebäudeumrisse stimmen zum Teil sehr gut überein mit den skizzierten Burgumrissen des Plans von 1690 (Abb. 231). Die Lage der ehemaligen Burg konnte somit genau bestimmt werden. In der Vorburg zeichnen sich deutliche Gebäudestrukturen ab, wogegen in der Kernburg kaum noch Mauerzüge erkennbar sind. Der nördliche Teil der Burg befindet sich teilweise unter dem heute bebauten Bereich. Die Befunde im nordöstlichen Teil der Messfläche zeigen keine Übereinstimmung mit dem Plan von 1690.

Martin Waldhör, Ludwig Hildebrandt, Arno Patzelt

Literaturhinweise

L. Hildebrandt, Die Burg Wersau bei Reilingen. Kraichgau 15, 1997, 105–136; U. Gross, Die Keramikfunde aus der Burg Wersau. Ebd. 137–150; L. Hildebrandt/U. Gross, Arch. Ausgr. Baden-Württemberg 1997, 182 ff.; R. Kunze, Wersau und die gotische Burg im unteren Neckarraum. Mannheimer Geschichtsbl. N.F. 8, 2002, 105–126.

Eine salierzeitliche Grafenburg im Ufgau – die Burgstelle „Waldenfels" bei Waldprechtsweier, Gde. Malsch, Kreis Karlsruhe

Zwischen Malsch und Waldprechtsweier, abseits der Orte, liegt im Laub- bis Mischwald die seit langem bekannte Burgstelle „Waldenfels". In der flachwelligen Vorbergzone des Nordschwarzwaldes ist das Gelände durch Bachrinnen gegliedert, die tief eingeschnitten sein können. Ein derart herausmodellierter Geländevorsprung war zum Bau der Burg Waldenfels genutzt und im Süden mit einem – heutzutage teilweise gestörten – Halsgraben von der Hochfläche abgetrennt worden. Seit Jahrzehnten ist bekannt, dass immer wieder die Jugend beider Dörfer Teile der Burg auf der Suche nach „Schätzen" umgrub. Davor, mindestens bis ins 19. oder frühe 20. Jahrhundert, wurden zahlreiche Steine abgefahren. Wegen der fortschreitenden Gefährdung wurde im Jahre 2006 ein Konzept für eine Wiederherstellung des getrichterten Geländes erarbeitet, das eher an ein Pingenfeld oder eine Kraterlandschaft denn an eine Burg erinnerte. Die ausgeprägten Kanten der Raublöcher wurden immer wieder zum Weitergraben genutzt.

Vor einer Wiederherstellung des Geländes sollte zunächst eine Vermessung durchgeführt, dann in den alten Grabungslöchern einige Profile aufgenommen und erkennbare Mauerverläufe und Bodenniveaus dokumentiert werden. Diese Erkenntnisse sollten als Grundlage für eine Markierung nach der Verfüllung und teilweisen Einebnung des Geländes dienen. Das archäologische Geländedenkmal soll dadurch einerseits ins Bewusstsein gerückt, andererseits aber dem Zugriff unbefugter Grabungen entzogen werden und so erhalten bleiben. Die Markierung soll dabei einige Elemente des Grundrisses wieder ablesbar machen. Damit verband sich auch die Hoffnung, etwas zur Entstehung, Bauentwicklung und Geschichte der Burg zu ermitteln. Angesichts des traurigen Zustands der Burgstelle war diese Hoffnung jedoch anfangs sehr vage.

Wenige Schriftquellen und ein Graf

Die Urkunden zu der Burg sind spärlich; sie wird erstmals 1309 anlässlich einer Teilung der badischen Markgrafschaft erwähnt (und auch noch als „Wildenfels" verschrieben). Im Jahre 1314 ging *„daz huze zu Waldenvelse"* als Leibgeding an einen markgräflichen Lehensmann. Doch schon 1318 fielen das Dorf Malsch und die Burg an das Kloster Herrenalb, das die Burg nicht benötigte und auch kein Interesse an einem Weiterbestehen der Anlage hatte. Im Herbst 1431 hielt sich Markgraf Jakob I. anlässlich einer Jagd auf der Burg auf, wobei er – als Vogt des Klosters Herrenalb – das „Catering" dem Kloster in Rechnung stellen ließ.

Trotz der späten Überlieferung war aufgrund des historischen Hintergrunds mit einer frühen Burggründung zu rechnen. Während des Investiturstreits verlor 1086 ein gewisser Reginbodo als päpstlicher Parteigänger sein Grafenamt im Ufgau. Er verlegte seinen (privaten) Wohnsitz vom Amtssitz Forchheim

weg nach Malsch und betrieb von dort seinen Herrschaftsaufbau durch Rodungen, Siedlungs- und Kirchengründungen. In dieser Zeit wäre auch die Gründung der Burg zu vermuten.
Irgendwann zwischen 1102 und 1110 erhielt ein Reginbodo wieder das Grafenamt im Ufgau; sein Sitz aber verblieb in Malsch, wo er auch Rechtsgeschäfte beurkundete.
Nach dem Aussterben der Familie ohne männliche Nachkommen irgendwann nach 1115 fiel das Eigengut Malsch – nicht aber das Grafenamt – an die Ebersteiner. In der Folgezeit sind in Malsch ebersteinische Gefolgsleute belegt, die sich nach dem Ort nannten; ab 1219 dürften die nach Malsch genannten Personen markgräflich-badische Ministeriale gewesen sein.
Aufgrund der dürftigen Quellenlage ergab sich die Frage, ob Burg Waldenfels eine Gründung des Grafen Reginbodo sein kann, oder ob dafür doch die nachfolgenden Geschlechter wie die Ebersteiner, Markgrafen von Baden oder die Staufer in Frage kommen.

Ein massiver Wohnturm

In zwei kurzen Kampagnen in den Sommern 2007 und 2008 wurden nach und nach die einzelnen Raublöcher auf dem Burggelände dokumentiert. Trotz aller tiefgreifenden Störungen kamen die Mauerkanten eines 12,5 m im Quadrat messenden Wohnturmes zutage. Die mit 2,70 m Stärke beachtlichen Mauerstärken lassen auf eine gewisse Höhe des Turmes schließen, die nach vergleichbaren Parallelen zwischen 20 m und 30 m gelegen haben dürfte: Die vom Wohnturm in Dreieichenhain (Hessen) verbliebene Mauer hat etwa 25 m Höhe, mit Dach wären es etwa 30 m. Der im Mauerwerk noch annähernd 14 m hoch erhaltene Turm von Lauffen am Neckar würde – wenn man nur ein zusätzliches Geschoss rekonstruieren würde – mit dem Dach etwa 20–25 m Höhe messen (abhängig von Raumhöhe und Dachform).
Die Bestimmung des Grundrisses der Burg

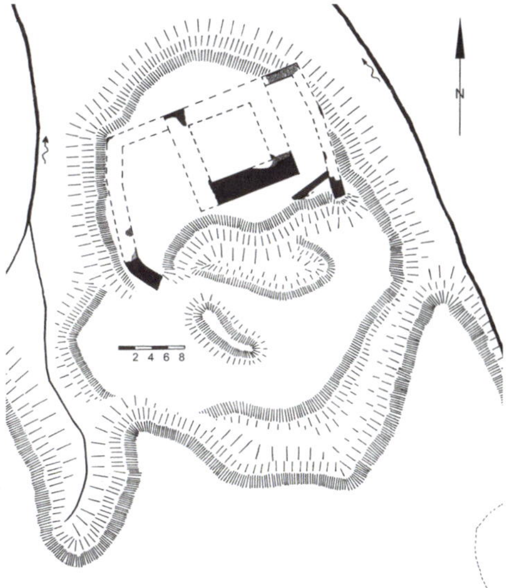

Abb. 233 Malsch-Waldprechtsweier, Burgstelle Waldenfels. Vereinfachter Übersichtsplan.

Waldenfels als Wohnturm (und nicht als Bergfried) resultiert aus den Ausmaßen des Innenraums (im Kellergeschoss etwa 7,5 m im Quadrat), aus der frühen Zeitstellung „um 1100“ und aus der grundlegenden Tat-

Abb. 234 Malsch-Waldprechtsweier, Burgstelle Waldenfels. Südseite des Wohnturms. Ansicht von Westen.

sache, dass ansonsten auf der Burgstelle nur noch wenig Raum für weitere Gebäude zur Verfügung steht (Abb. 233).
Ein Glücksgriff war bereits der Schnitt 1 (Abb. 235), aus dem auch nach Aussage älterer „Ausgräber“ der Großteil einer Keramiksammlung stammen soll, die kürzlich bekannt wurde. Die Profile erbrachten ein Laufniveau mit Keramikabfällen des 13./frühen 14. Jahrhunderts, eine fundleere Auffüllschicht aus Lehm und besonders eine dicke Nutzungsschicht mit einigen Knochenfragmenten und Älterer grautoniger Drehscheibenware, die allgemein in das 11./12. Jahrhundert zu datieren ist. Neben einigen Randscherben sind eine große Wandscherbe einer frühen grautonigen Becherkachel und ein Beinplättchen mit Kreisaugenverzierung bemerkenswert. Zuunterst wurden der natürlich anstehende Lehm und die Baugrube einer massiven Mauer (des Wohnturmes) festgestellt.
Zwei kleine, abgerollte, leider bereits umgelagerte Scherben der Älteren gelbtonigen Drehscheibenware deuten eine Geländenutzung während der Karolingerzeit an. Es handelt sich um die ersten frühmittelalterlichen Funde der Gemarkungen Malsch und Waldprechtsweier überhaupt.

Abb. 235
Malsch-Waldprechtsweier, Burgstelle Waldenfels. Schnitt 1, Südseite des Wohnturms, Ansicht von außen.

Später zeigte sich, dass außerhalb des Bereiches von Schnitt 1 kaum mehr Spuren der komplexen Stratigrafie erhalten waren.
In den übrigen Schnitten 2 bis 21 musste man sich mit der Feststellung von Mauerverläufen und tiefen Ausbrüchen begnügen.

Wohntürme der Salierzeit

Der Wohnturm lässt sich in seinen Dimensionen gut mit Wohntürmen wie Eschborn (außen 10,5 m Seitenlänge bei 2,75 m Mauerdicke), Dreieichenhain (13 m Seitenlänge, 2,4 m Mauerdicke, Innenraum 8 m × 8 m im unteren Teil), Aglasterhausen im nördlichen Kraichgau (11,40 m × 12,10 m bei annähernd 2 m Mauerstärke) und Lauffen am Neckar (Mauerstärken und Dimensionen ähnlich, jedoch rechteckig) vergleichen. Mit etwa 16 m Seitenlänge größer und vielleicht auch höher war das „Schlössel“ bei Klingenmünster (Pfalz).
Diese salierzeitlichen Wohntürme sind sich insgesamt recht ähnlich; ihr Grundriss variiert jedoch von quadratisch bis rechteckig. Häufig, jedoch nicht immer, weisen sie Kleinquadermauerwerk auf. Die im Falle von Waldenfels stark variierenden Steinformate von kleinen Stücken bis zu großen Blöcken sind nicht ganz typisch, könnten aber mit der geringen erhaltenen Höhe (Fundamentbereich und knapp über dem Boden) zu erklären sein (Abb. 234). Höhere Mauerlagen könnten aus kleinstückigerem und vielleicht auch regelmäßigerem Material bestanden haben. Ein Verputz konnte nirgends gefunden werden, was angesichts der schlechten Erhaltung und des eher sauren Bodenmilieus aber auch verwundert hätte. Im Falle des oben genannten Reginbodo wäre angesichts einer gewissen Bedrohungssituation im Investiturstreit und wegen des Verlustes des Grafenamtes auch mit Zeitdruck und Knappheit an finanziellen Mitteln und spezialisierten Steinmetzen zu rechnen, was eine gröbere, weniger repräsentative Ausführung durchaus erklären könnte.

Die Ringmauer – und ein Bauschaden

Zum Wohnturm gehörte eine mit 1,30 m relativ schwache Ringmauer, die an einigen Stellen der Ostseite festgestellt wurde. Sie band offenbar an die Nordostecke des Wohnturms an. Ob sie gleichzeitig mit dem Wohnturm, kurz nach diesem oder aber erst wesentlich später erbaut wurde, ist unklar; mit einer Zeitstellung im 12. Jahrhundert ist zu rechnen. Im Westen scheint die mit etwa 1,70 m etwas stärkere Ringmauer erst im 13./14. Jahrhundert erbaut oder aber neu errichtet worden zu sein, da hier im Füllmauerwerk eine rottonige Wandscherbe des 13. oder frühen 14. Jahrhunderts eingemörtelt war. Da im Nordwesten eine Ecke der Ringmauer festgestellt wurde, dürfte sie hier ebenfalls (wie im Nordosten) an den Wohnturm angebunden haben. Im Süden scheint die Ringmauer aufgrund des unsicheren Baugrundes (Lehm, der Buntsandstein steht erst viel tiefer an) in den Halsgraben abgerutscht zu sein. Weiter innen, dicht am Wohnturm, wurde im 13./frühen 14. Jahrhundert eine flach fundamentierte, relativ dicke Mauer errichtet, die die entstandene Lücke füllte. Von ihr ist nur noch eine Steinlage der inneren, hofseitigen Mauerschale und etwas Füllmauerwerk erhalten. Diese Mauer stellt die letzte Baumaßnahme an der Burg dar, die sich im Grundriss niederschlug.

Unerwartete Ergebnisse

Durch die „minimal-invasive“ Untersuchung unter Ausnutzung der Störungsflächen konnten die Baugeschichte und das ehemalige Aussehen der Burg Waldenfels noch einigermaßen geklärt werden. Gleichzeitig wurde anhand des Fundmaterials und des massiven Wohnturms der Bezug zu dem urkundlich genannten Grafen Reginbodo hergestellt. Damit wurden Erkenntnisse erlangt, wie sie angesichts der starken Zerstörungen an der Burgstelle kaum mehr möglich erschienen waren. Waldenfels ist demnach eine wichtige und überhaupt sehr frühe Burg, deren nächstes Pendant derzeit mit dem Grabungsbefund des Turmbergs von Karlsruhe-Durlach fassbar ist.
Das Beispiel Waldenfels zeigt, dass auch scheinbar „zerstörte“ archäologische Denkmäler noch wesentliche Informationen liefern können und unsere Beachtung und Wertschätzung verdienen.
Um das Mauerwerk zu schützen, werden die Raublöcher aufgefüllt und die Mauerkronen mit Erde überdeckt. Die Markierung wird wohl durch Holzpfähle und eine Tafel mit dem Grundriss erfolgen. Die anfänglich angedachte Auslegung der Mauerflächen mit Rindenmulch oder Steinen/Kalksplitt wäre wegen der unterschiedlichen Geländeniveaus wohl nicht trittbeständig genug. Eine Aufmauerung ist wegen der Gefährdung des Originalmauerwerks und des aufwendigen Unterhalts in der Zukunft nicht vorgesehen. Die Burgstelle soll als solche erhalten bleiben und nicht durch eine künstliche Ruine ersetzt werden. Damit wird auch ein neuer Weg im Umgang mit archäologisch erfassten Burgen beschritten.

Abschließend ist der Gemeinde Malsch, vertreten durch Bürgermeister Elmar Himmel, für den Auftrag zur Untersuchung und ihr Engagement zur Erhaltung der Burgstelle zu danken. Forstamtsleiter Wipfler und Förster Krause unterstützten die Arbeiten. Außerdem danke ich Gerhard Bullinger und Thomas Meyer von den Heimatfreunden Malsch e. V. für die Anregung, die Vermessung des Geländes und die Mitarbeit vor Ort. Für Hinweise zu den Parallelen danke ich Nicolai Knauer, Marco Keller und Ludwig H. Hildebrandt.

Heiko Wagner

Literaturhinweis

G. Bullinger, Burg Waldenfels in den Spielfinken – Die Geschichte einer Burg aus salischer Zeit (Malsch 2006).

Die ehemalige Burg Rems in Remseck-Neckarrems, Kreis Ludwigsburg

Die Burg Rems lag ehemals in beherrschender Spornlage oberhalb von Neckarrems am Zusammenfluss von Neckar und Rems. Bis heute zeichnet sich im Gelände noch deutlich eine Wallanlage mit vorgelagertem Graben ab. Dieser Abschnittswall nährte in der Vergangenheit natürlich Vermutungen, dass hier eine frühmittelalterliche oder gar vorgeschichtliche Befestigung vorliegen könnte. Da weitere oberirdische Reste der mittelalterlichen Burg bis dato nicht sicher bekannt waren, stützte sich das bisherige Bild auf wenige Schrift- und Bildquellen.

Zur Geschichte der Burg Rems

Während die Existenz der Burg seit dem 11. Jahrhundert zu vermuten ist, taucht in einer Urkunde im Jahre 1286 erstmals sicher eine Burg Rems auf, welche von Graf Eberhard dem Erlauchten an Kaiser Rudolf von Habsburg verpfändet wurde. Es sollte sich demnach um eine bereits bestehende Anlage von gewissem Wert gehandelt haben. Die Burg fiel später an die Grafen von Württemberg zurück und soll schon um 1310 im Reichskrieg zerstört worden sein. Das Ergebnis war offensichtlich ein gewaltiger Bedeutungsverlust. Immer wieder wird danach nur von notdürftigen Reparaturen berichtet. Um 1576 erfolgte dann ein vollständiger Abbruch mit Ausnahme des ehemaligen Bergfrieds. Jetzt entstand hier eine sogenannte Kleemeisterei, modern gesprochen eine Einrichtung zur Tierkörperverwertung. Der Kleemeister war im gesamten Oberamt für die hygienische Entsorgung von Tierkadavern zuständig. Eine Ansicht der Zeit um 1680 zeigt die Betriebsgebäude mitsamt dem ruinösen Bergfried der ehemaligen Burg (Abb. 236). Der Turmrest soll dann 1792 eingestürzt sein. Die Kleemeisterei wurde 1840 aufgelöst. An deren Stelle errichtete Franz von Grimm 1843–1845 das neugotische Schloss Remseck. Der Bau prägt mit seinen Nebengebäuden und Gartenanlagen das heutige Bild auf dem Sporn oberhalb von Neckarrems.

Abb. 236 Remseck-Neckarrems, Burg Rems. Ansicht der sogenannten Kleemeisterei mit dem ruinösen Bergfried der ehemaligen Burg im Forstlagerbuch von Andreas Kieser, um 1680.

Die archäologische Untersuchung

Seit 2003 wird die gesamte Schlossanlage Zug um Zug von privater Seite renoviert. Um eine zeitgemäße Nutzung zu ermöglichen, sollte nun 2008 im Hofbereich des Schlosses der Aushub für eine Unterkellerung erfolgen. Obwohl wegen des Abbruchs der Burg 1576 und der nochmaligen grundlegenden Umgestaltung des Geländes für den Schlossbau ab 1843 mit nur wenigen archäologischen Befunden gerechnet wurde, veranlasste die Denkmalpflege eine zumindest baubegleitende Untersuchung – mit erstaunlichen Ergebnissen.
Im Norden der Anlage konnte nun ein massives Gebäude festgestellt werden, von dem aber nur noch Teile des Kellergeschosses in situ erhalten waren (Abb. 237). In der Auffüllung fanden sich aber Teile des aufgehen-

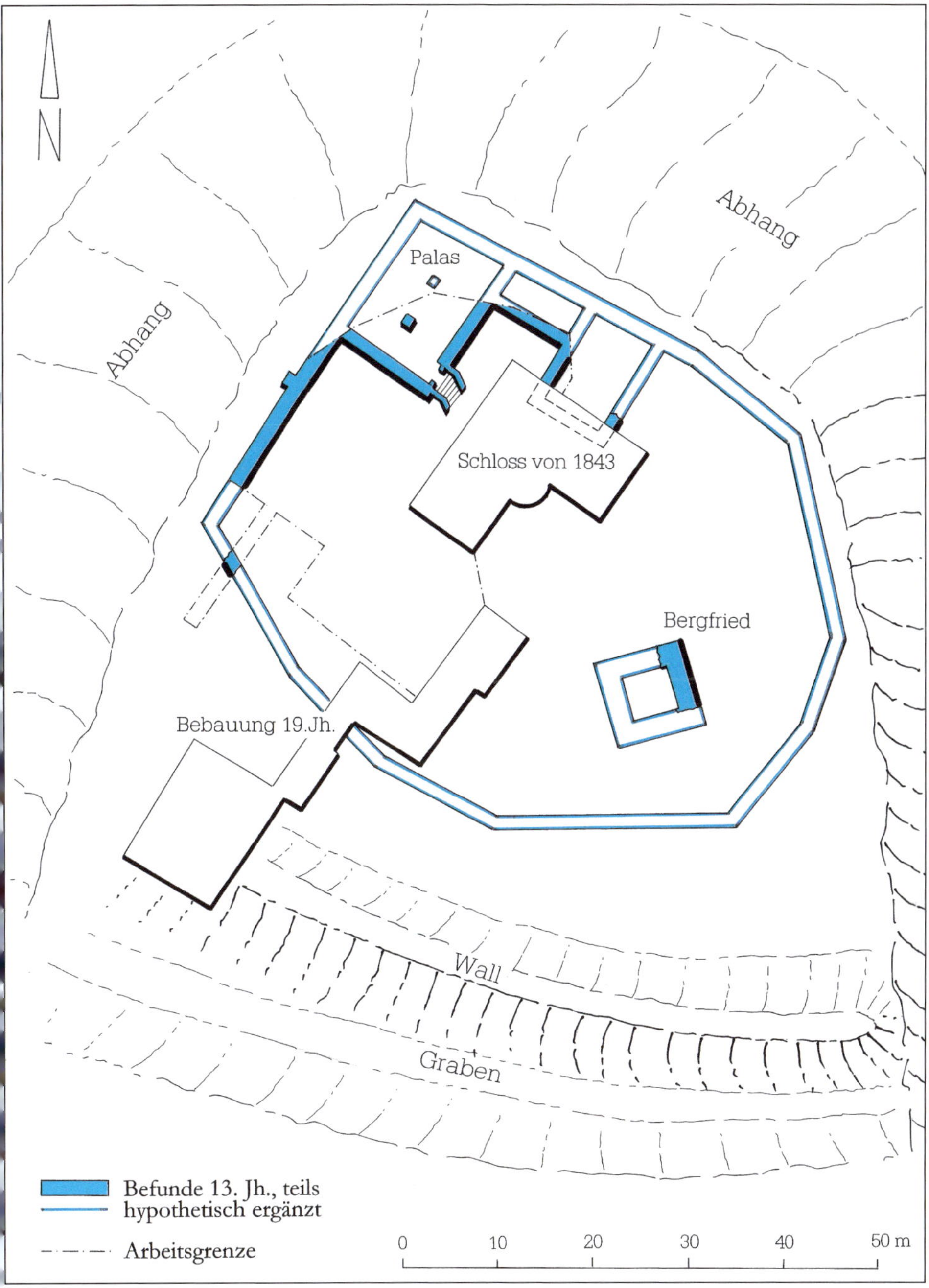

Abb. 237
Remseck-Neckarrems, Burg Rems. Gesamtplan mit Befunden des 13. Jhs.

den Baus, wie etwa Fenster- und Türgewände. Teilweise sind ganze Mauerstücke der Außenwände in den Keller abgekippt gewesen. Unmengen von Dachziegeln oder die verbrannten Lehmreste von Fachwerkwänden weisen auf den weiteren Aufbau hin. Auch die Werksteine des teilzerstörten Kellerzugangs zeigen deutliche Spuren eines

Abb. 238
Remseck-Neckarrems, Burg Rems. Detail vom Kellereingang des Steinhauses mit geröteten Brandschäden an Gewändesteinen und Treppe.

Abb. 239
Remseck-Neckarrems, Burg Rems. Die mittelalterlichen Zeitschienen der Burg bis 1310 in hypothetischer, skizzenhafter Abfolge.

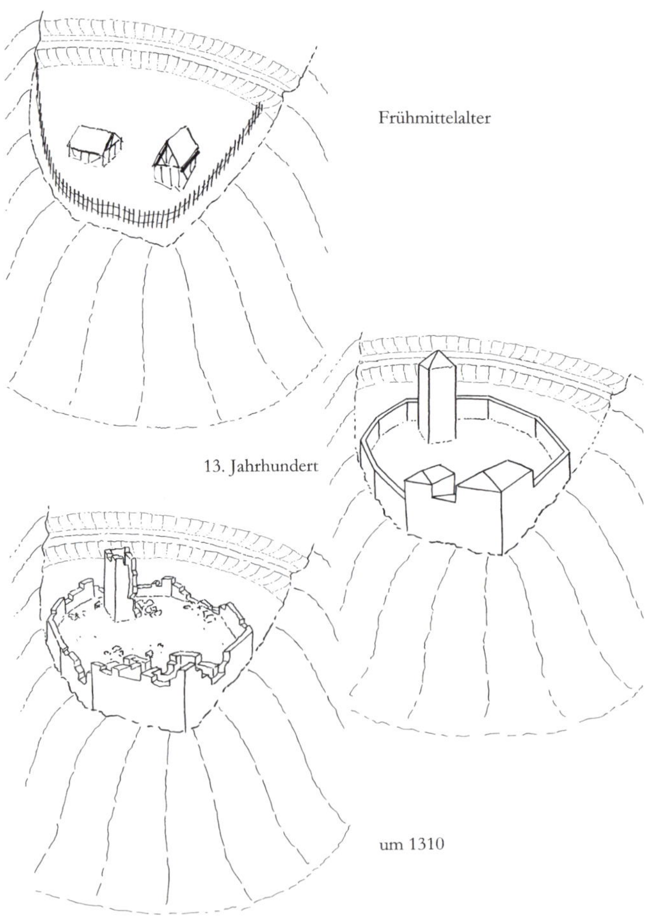

Brandes (Abb. 238). Im Fundmaterial überwiegen Keramikfragmente der sogenannten Schwäbischen Feinware, einer qualitätvollen Warenart, die im Mittelalter gerne den gehobenen Lebensstandard eines Burgbesitzers dokumentiert. Häufig vorkommende Ofenkacheln vom Typ der sogenannten Becherkachel deuten auf beheizbare und damit wohnliche Räume.

Im Gesamtbefund lässt sich also ein massives, unterkellertes Steinhaus mit mehreren Wohn- oder Nutzebenen rekonstruieren – dies sollte der Palas der ehemaligen Burg gewesen sein. Manche der geborgenen Bauteile zeigen frühgotische Formen. Der Bau könnte demnach in der ersten Hälfte des 13. Jahrhunderts entstanden sein. Auch die Datierung der geborgenen Keramikfunde steht dem nicht entgegen. Doch es gibt noch mehr: Westlich anschließend wurden Reste der ursprünglichen Ringmauer mit einer Mauerstärke von über 1,8 m festgestellt. Die Mauer war auffallend tief ausgebrochen, und auch hier sind im Zusammenhang mit deren Abbruch Brandspuren zu beobachten. Östlich des vermuteten Palas sind weitere Steinbauten angeschnitten, deren Funktion und Aussehen aber offenbleiben müssen. Dazu wurde jetzt südlich des jüngeren Schlosses von 1843 in einem unscheinbaren Mauerwinkel der Rest des Bergfrieds erkannt. Dieser war seit dem 19. Jahrhundert als romantische Ruine im Schlosspark belassen und baulich verändert worden. Mit der einen erhaltenen Außenwand lässt sich gerade noch ein Bergfried mit Außenmaßen von ca. 9 m auf 9 m rekonstruieren. Auch hier lassen sich starke Brandspuren im einstigen Innenraum ablesen.

Ergebnisse

Insgesamt ergibt sich nun das Bild einer mit Bergfried, Palas, Ringmauer und weiteren

Gebäuden ausgestatteten Burg des 13. Jahrhunderts (Abb. 239). Die Anlage war recht groß und dürfte zu ihrer Zeit bedeutend gewesen sein. Auch die Fundkeramik der Schwäbischen Feinware, besonders mit den ausschließlich in dieser Warengruppe hergestellten Ofenkacheln, spricht dafür. Doch dann kündigen die Befunde einen gravierenden Einschnitt an. Der vermutete Palas, die Ringmauer und wohl auch der Bergfried wurden durch Feuer beschädigt bzw. zerstört. Das keramische Fundmaterial bricht um 1300 fast vollständig ab und setzt erst um die Mitte des 15. Jahrhunderts wieder ein. Die Burg muss gründlich zerstört gewesen sein und war offensichtlich danach kaum bewohnt. Hinweise auf eine nachfolgende Reparatur oder einen Wiederaufbau von Ringmauer und Palas fanden sich nicht.

Beim Blick auf die vorhandenen Quellen wird klar: Der württembergische Graf Eberhard hatte sich der königlichen Politik von Heinrich VII. widersetzt. In dessen Auftrag zerstörte 1310 der Reichsvogt Konrad von Weinsberg zusammen mit den Aufgeboten der schwäbischen Reichsstädte die Burg Rems. Diese Schleifung der Burg schlägt sich nun deutlich im archäologischen Befund nieder (Abb. 238). Erst wieder ab der Mitte des 15. Jahrhunderts lässt sich eine intensivere Nutzung des Platzes beobachten, der aber spätestens 1576 mit dem Abbruch von Burgresten und der Umwandlung zur Kleemeisterei seinen wehrhaften Charakter verlor. Der spätere neugotische Schlossbau von 1843 mit seinen kleinen baulichen Zitaten einer Ritterburg setzt damit fast konsequent die wechselvolle Geschichte dieses Platzes fort.

Michael Weihs

Endgültiger Nachweis der Burgstelle in Filderstadt-Plattenhardt, Kreis Esslingen

Einleitung

Bereits seit Jahren, wenn nicht Jahrzehnten, besteht bei einigen Eigentümern derjenigen Flurstücke in Plattenhardt, die den Flurnamen „Kirchgarten" tragen, der Wunsch nach Bebauung. Diese Grundstücke liegen östlich der Panorama- und Römerstraße und bergen die Reste einer ehemaligen Burg. Das Ansinnen der Grundstücksbesitzer wurde daher durch die Denkmalpflege seit jeher abgelehnt, und auch im Flächennutzungsplan ist dieser Platz als der eines Kulturdenkmals ausgewiesen. Neben der Denkmalpflege erhebt z. B. der Naturschutz ebenfalls erhebliche Bedenken gegen eine Bebauung.

Die Eigentümer hatten – ohne erforderliche Genehmigung der Denkmalpflege – eine geophysikalische Messung durchführen lassen, die, da die Messparameter nicht optimal waren (wohl einer möglichst kostengünstigen Lösung für die Auftraggeber geschuldet), nur wenige Resultate zeigte. Sie ließ lediglich kaum aussagefähige Strukturen erkennen, so dass das Landesamt für Denkmalpflege, vertreten durch H. von der Osten, hier noch einmal mit einer geomagnetischen und einer Bodenradar-Messung tätig wurde, um bessere Ergebnisse zu erzielen und den Diskussionen über Vorhandensein oder Nichtvorhandensein der Burg ein Ende zu setzen.

Geländeformation

Bereits eine topografische Vermessung aus dem Jahr 2005 ergab – für das geschulte Auge eindeutig – ein typisches Geländeprofil eines Burgstalls aus dem Mittelalter mit Burghügel und diesen umziehendem Graben

Abb. 240 Filderstadt-Plattenhardt, „Kirchgarten". Panoramafoto des Zentralbereiches und der südlichen Teilfläche des Messgebietes. Deutlich ist der Umfassungsgraben der abgegangenen Burgstelle zu erkennen.

mit weiteren Wall-Graben-Systemen. Im Norden zeigt sich ein flacher Bereich, der eventuell der Platz einer Vorburg sein könnte (Abb. 240). Somit war bereits klar, dass sich hier die Reste eines Burghügels erheben. Besonders herauszustellen ist die hervorragende Erhaltung des Befundes von Plattenhardt, der weder durch Überbauung noch Überpflügung in seinem Erscheinungsbild gestört ist, was sich im Regierungsbezirk Stuttgart sonst kaum findet, mit Ausnahme des Burgstalls in Lauchheim-Röttingen, Ostalbkreis.

Historischer Hintergrund

Der Kreisarchivar des Landkreises Esslingen, Herr Waßner, bestätigte den archäologischen Befund durch seine Forschungen zur Historie von Plattenhardt und Bernhausen. Er konnte anhand der Rückschreibung von Einträgen in Lager- und Güterbüchern feststellen, dass die Grundstücke am Kirchgarten zweifelsfrei als die Stelle der Burgengründung der edelfreien Herren von Bernhausen in Plattenhardt zu identifizieren sind. Seit dem 13. Jahrhundert ist Ortsadel von Plattenhardt erwähnt, der einem Zweig der Edelfreien von Bernhausen entstammte, die als *„nobiles"* dem Hochadel angehörten und sich ein Herrschaftsgebiet am östlichen Schönbuchrand aufbauten. Im 13. Jahrhundert bezeichneten sie sich nach dieser Burggründung vorübergehend als Herren von Plattenhardt. Bereits 1287 jedoch wurde die dortige Burg im Zuge kriegerischer Auseinandersetzungen wohl von Eberhard von Württemberg zerstört. 1363 wird sie als Eigentum der Grafschaft von Württemberg genannt. 1451 wird die Burg nur noch als „Burgstall" bezeichnet, was für einen ruinösen Zustand der ehemaligen Burg spricht.

Die Messungen

Das Messgebiet wird seit einigen Jahren als Kleingartenanlage oder Obstwiese genutzt. Diese Nutzung spiegelt sich im Ergebnis der geomagnetischen Kartierung wider, die wir in einem Messpunkt- und Profilabstand von 0,25 m mit dem Fluxgate-Gradiometer FM256 von Geoscan Research, U.K., durchgeführt hatten: Das ganze Magnetogramm ist übersät von unzähligen, meistens kleinflächigen Störfeldern, die von eisenhaltigen Objekten und von kleinen Gegenständen aus Weißblech im Erdmagnetfeld induziert werden.
Aus diesem Grunde untersuchten wir das Gelände erneut mit dem Bodenradar. Wir entschieden uns für den Einsatz einer 500-MHz-Antenne und des SIR-2-Systems von GSSI, USA. Den Profilabstand legten wir zu 0,5 m fest. Jedes einzelne Profil wurde mit einer Messdichte von 30 Messungen pro Profilmeter abgescannt.
Nahe des Zentrums der Messfläche musste ein Teilbereich aufgrund dichten Baumbestan-

Abb. 241
Filderstadt-Plattenhardt, „Kirchgarten". Teilergebnis der Radarprospektion: Inhomogenitätsverteilung in einer Tiefe von etwa 0,40 m. Beschreibung der Strukturen siehe Text.

des von den Messungen ausgespart bleiben. Dieser Bereich trennt die Messfläche in eine nördliche und südliche Teilfläche auf, diese Bezeichnungen werden in der folgenden Ansprache archäologischer Strukturen verwendet.

Diskussion der Messergebnisse

Der eindeutige Nachweis der Burganlage gelang mit dem Bodenradar-Verfahren. Im nördlichen Bereich der südlichen Teilfläche konnte eine annähernd quadratische Mauerstruktur mit einer Seitenlänge von etwa 12 m dokumentiert werden (Abb. 241). Direkt nördlich dieser Struktur schließt sich ein 12 m auf 3 m großer Raum an, dessen nördliche Außenwand offensichtlich stark zerstört ist und sich nur noch teilweise als Mauer und streckenweise als Mauerschutt abbildet. Nordöstlich der 12 m auf 12 m großen Struktur ist ein etwa 3 m auf 3 m großer Anbau zu erkennen. Die beiden parallelen Lineamente, etwa 10 m südlich davon gelegen, sind jedoch auf Fahrspuren zurückzuführen. Mit schwerem Gerät wurden im Vorfeld der Messungen größere verwilderte Bereiche zugänglich gemacht.

Zudem konnte der Umfassungsgraben dokumentiert werden, der in der Abbildung 237 vor allem in seinem nördlichen und westlichen Teilbereich als dunkle Struktur von variabler, mehrere Meter messender Breite zu erkennen ist. Dieser Umfassungsgraben konnte in größeren Tiefen wesentlich deutlicher abgebildet werden.

Im westlichen Bereich der nördlichen Teilfläche sind mehrere, teilweise rechteckige Strukturen erfasst worden, die zum Teil bis in eine Tiefe von etwa 0,80 m hinabreichen. Weitere, ähnliche Strukturen sind nahe des nordöstlichen Randes dieser Teilfläche sowie nahe des Ostrandes zu erkennen. Ob es sich hierbei um archäologisch relevante Strukturen handelt, kann indes derzeit nicht eindeutig geklärt werden.

Ergebnis

Im Zuge der Messungen durch das Landesdenkmalamt konnte nun endgültig auch archäologisch zweifelsfrei die Burg in Plattenhardt nachgewiesen werden. Die Burg stellt sich dar als ein steinernes Gebäude von rechteckigem Grundriss (12×12 m) mit einem wohl nachträglich hinzugefügten längsrechteckigen, schmalen Anbau derselben Breite und einer weiteren kleinen, 3×3 m messenden Erweiterung östlich des Kerngebäudes. Beide Anbauten sind ebenfalls in Stein errichtet. Ist der nördliche in seiner Funktion nicht eindeutig zu bestimmen, kann man vermuten, dass derjenige im Osten eventuell als Latrine zu deuten ist.

Von weiteren Gebäuden außer dem Wohnturm konnten auf dem Burghügel keine Spuren festgestellt werden, was aber zusätzliche, in Holz errichtete Bauten keinesfalls ausschließt. Eine Umfassungsmauer scheint es nicht gegeben zu haben, zumindest zeichnen sich hiervon keinerlei Reste ab – im Gegensatz zu dem mächtigen Graben, der den zentralen Burghügel umgibt. Trotz des Terminus post quem der ersten Nennung um 1269 ist eine frühere Entstehung bereits im 12. Jahrhundert nach dem Befund (Wohnturm mit Anbauten) durchaus möglich. Relikte einer nördlichen Vorburg scheinen sich ebenfalls abzuzeichnen, zumindest könnten die dortigen Strukturen dafür sprechen.

Ausblick

Die Denkmalpflege kann nun eindeutig die Reste der Burg in Plattenhardt als solche nachweisen, so dass sich eine Bebauung in diesem Bereich aufgrund der Schutzwürdigkeit des Denkmals und des heute noch markanten Geländeprofils, das hinsichtlich seines Erhaltungszustandes seinesgleichen sucht, aus Sicht der Denkmalpflege verbietet.

Susanne Arnold,
Harald von der Osten-Woldenburg

Literaturhinweis

M. Waßner, Filderstadt und sein Wald (Filderstadt 2005) 6 ff.

Zum Fortgang der archäologischen Untersuchungen *„in castro Hiltiburk"* bei Bad Ditzenbach, Kreis Göppingen

Historisches

Zwischen Bad Ditzenbach und Gosbach beherrscht der Schlossberg mit der 1516 durch Herzog Ulrich von Württemberg zerstörten Hiltenburg das obere Filstal. Bereits im Verlauf der Urnenfelderzeit befand sich auf dem 120 m langen und 50 m breiten Gipfelplateau eine Höhensiedlung. 1208 war möglicherweise „Eberhardus de Ticimbah" als Edelfreier oder Ministeriale der Staufer „Burgsasse" auf der Hiltenburg. Von 1382 bis zu ihrer Zerstörung diente die mehrfach umgebaute Festung als Residenz der Grafen von Helfenstein. Durch eine Teilungsurkunde von 1441 wird offenkundig, dass man die Anlage für mehrere Grafenfamilien zu einem *„vordern"* und einem *„hindern"* Schloss umgestaltet hatte.

Stand der Renovierung

In Bad Ditzenbach erkannte man die Problematik um den desolaten Gesamtzustand der Burgruine bereits 1998 und reagierte mit einem auf mehrere Jahre ausgelegten Sanierungsprogramm. Finanziell konnte das Vorhaben mit Haushaltsmitteln der Gemeinde und Fördergeldern des Landes Baden-Württemberg, nicht zuletzt aber auch durch zahlreiche Spenden realisiert werden. Die fachkundige Beratung und Begleitung der Renovierung ist durch das Landratsamt Göppingen sowie durch das Regierungspräsidium Stuttgart gewährleistet. Seit 2005 betreut die Kreisarchäologie Göppingen in Absprache mit dem Referat 25 Denkmalpflege des Regierungspräsidiums alle Erhaltungsmaßnahmen, die zwangsläufig auch Bodeneingriffe erforderlich machen. Dass dieses Sanierungskonzept nicht allein von der Öffentlichkeit in der Region, sondern gleichermaßen von Touristen und Fachleuten positiv aufgenommen wird, ist auch den Architekten Wolfgang Hartmann und Walter-Gerd Fleck sowie der Firma Dengel Bau zu verdanken. Bisher wurden im nordöstlichen Teil des Burgareals, also im „Hinteren Schloss", zwei miteinander verbundene Keller (3/1B und 2/1A) freigelegt, restauriert und zugänglich gemacht. Sie gehörten zu einem großen, an die südöstliche Wehrmauer angesetzten Gebäude. Ein weiterer Keller (1/1C) an der südwestlichen Wehrmauer im „Vorderen Schloss" ist inzwischen ebenfalls konserviert. Wie bei früheren Sanierungen steht auch heute wieder einzig der Erhalt des zentralen Burgareals im Vordergrund. Die wohl im 14. Jahrhundert entstandene äußere Zwingermauer und zwei Vorwerke blieben unbeachtet, so dass der Zustand dieser Mauerreste inzwischen Anlass zu ernsthafter Besorgnis gibt.

Unbekannte Schriftquellen

Parallel zu den archäologischen Untersuchungen setzte sich Karlfriedrich Gruber mit dem Quellenstand zur Burggeschichte auseinander. Eine erstaunliche Zahl bisher unbekannter Dokumente gewährt aufschlussreiche Einblicke in die Besitz- und Verwaltungsstrukturen der Burg. Auch liegen inzwischen kaum für möglich gehaltene Detailinformationen zu einzelnen Baulichkeiten und zur Ausstattung der Räume, darunter auch zwei Burgkapellen, vor. Ein *„Ratschlag Hilttenpurg zu bevesten"* stammt von dem Festungsbaumeister Johannes Hanns Capitani. Dieses neu entdeckte Gutachten zeigt, dass sich die Helfensteiner zunächst noch mit dem Gedanken trugen, die zerstörte Anlage unter Berücksichtigung neuester wehrtechnischer Erkenntnisse wieder aufzubauen.

Abb. 242
Bad Ditzenbach, Hiltenburg. An den älteren Teil der südwestlichen Ringmauer mit Buckelquadern an der Basis (rechts) schließt sich der den Wehrgraben zwischen „Vorderem" und „Hinterem Schloss" schließende jüngere Mauerabschnitt (links) an.

Abb. 243
Bad Ditzenbach, Hiltenburg. Blick in den Bergfried des „Vorderen Schlosses" mit dem umlaufenden Sims für das tragende Gebälk der Inneneinbauten und eines Bodens. Unterhalb dieses Niveaus enthielt die steindurchsetzte Verfüllung „nachgedrehte" Keramik.

Wehrmauer und Gebäudereste

Einer der Sanierungsschwerpunkte lag 2008 auf der Konservierung der südöstlichen Umfassungsmauer. Ein kleinerer Abschnitt zwischen dem Zugang zum Burgareal und dem Graben, der das „Vordere Schloss" vom „Hinteren Schloss" trennt, ist bereits seit 2005 wiederhergestellt. Bei der Freilegung des Mauerfußes wurde deutlich, dass der anstehende Fels am Rand des Gipfelplateaus bereits zur Zeit der Errichtung durch Erosionseinwirkungen sehr brüchig und von Klüften durchzogen war. Diese „Problemzonen" hatte man während der Bestehenszeit der Burg immer wieder gesichert, um das Abrutschen der Wehrmauer zu verhindern. An eben diesen Stellen war die äußere Mauerschale wieder massiv ausgebrochen. Die untersten Steinlagen bestehen abschnittsweise aus langrechteckigen Buckelquadern, darüber folgen grob bearbeitete Kalksteine unterschiedlicher Größe. Im Bereich des Grabens, der das Burgareal in Südost-Nordwest-Richtung durchschneidet, war die Umfassungsmauer ursprünglich unterbrochen (Abb. 242). Zu beiden Seiten des Grabens bog sie rechtwinklig ab und bildete so eine Befestigung der Grabenwände. Wie eine Baufuge belegt, wurde der Wehrgraben erst in einer Ausbau-

phase, möglicherweise mit der Errichtung der äußeren Zwingermauer, geschlossen. Auf der Grabensohle errichtete man später im Zwickel der Umfassungsmauer und der südwestlichen Grabenbegrenzung ein Gebäude, dessen vollständige Freilegung noch nicht abgeschlossen ist.

Der Bergfried im „Vorderen Schloss"

Im südwestlichen Teil des Burgareals ist eine massive Turmruine in die Wehrmauer integriert. Das Buckelquadermauerwerk ist ein Indiz dafür, dass es sich um den Bergfried der mittelalterlichen Burg handelt. Die ursprüngliche Hauptburg ist also im Bereich des „Vorderen Schlosses" zu suchen. Ein zweiter Turmstumpf im „Hinteren Schloss" weist lediglich in den Eckbereichen einzelne kleinere Buckelquader auf. Dieser zweite Bergfried wurde möglicherweise erst im Zuge des Baus der äußeren Zwingermauer zur Absicherung der ehemaligen Vorburg errichtet.
Nachdem noch im Jahr 2007 damit begonnen worden war, das Innere des Bergfrieds im „Vorderen Schloss" freizulegen, konnten diese Arbeiten auch 2008 fortgeführt werden. Einer Lage herabgebrochener Mauersteine folgte der Brandschutt von 1516 mit verkohlten Balkenresten. In vier Metern Tiefe bilden die leicht verbreiterten Mauern einen umlaufenden Sims für das tragende Gebälk der Inneneinbauten und einen Boden (Abb. 243). Bis auf dieses Niveau bestand die Verfüllung aus Bauschuttschichten, die zahlreiche Funde, darunter viele Becherkacheln mit Resten vom Lehm der Ofenkuppeln enthielten.
Das Tiefergehen erleichterte ein motorisierter Aufzug für den Abraum. Die nun sehr einheitliche Verfüllung aus lehmigem Material und Kalksteinen unterschiedlicher Größe war mit Holzkohle, Gefäßscherben und nichtkeramischen Funden durchsetzt. Der Befund belegt massive bauliche Veränderungen, in deren Rahmen man Bauschutt aus dem Burgareal in den Turm einbrachte. In einer Tiefe von sieben Metern war der anstehende Fels erreicht, auf dem die nach innen verbreiterte Fundamentierung aufliegt. Unmittelbar darüber befinden sich entlang der Südwest- und Nordostwand gemauerte Steinsimse, die den Boden des Untergeschosses trugen. Diesen Boden hatte man vor der Auffüllung jedoch vollständig entfernt. Es ist noch nicht erkennbar, welche Beweggründe diesen einschneidenden Maßnahmen zugrunde lagen. Was deren exakten Zeitpunkt betrifft, bleibt die Auswertung des Fundguts abzuwarten.

Funde

Seit Beginn der Untersuchungen ist das vielfältige Fundgut stetig angewachsen. Die Geschichte der Hiltenburg lässt sich also nicht allein anhand der neu entdeckten Schriftquellen, sondern auch mit Hilfe dieser Bodenfunde völlig neu bewerten. Wieder fanden sich 2008 Fragmente handgemachter Gefäße aus der urnenfelderzeitlichen Siedlungsphase des Schlossbergs. Die burgenzeitliche Keramik enthält zahlreiche Warengruppen und Formen, die sich auf den Zeitraum zwischen dem 12. und dem 16. Jahrhundert verteilen. Entsprechend datiert auch ein umfangreiches Spektrum an Ofenkeramik sowie interessanten Metall- und Kleinfunden (Abb. 244). Eine Überraschung stellen die Keramikfunde aus der unteren Verfüllung

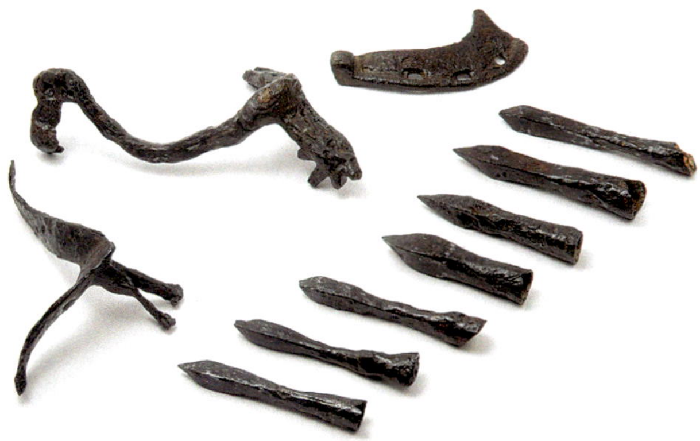

Abb. 244
Bad Ditzenbach, Hiltenburg. Radsporen, Hufeisen, Pfeilspitzen und Armbrustbolzen.

Abb. 245 Bad Ditzenbach, Hiltenburg. „Nachgedrehte" Keramik mit Wellenbandzier und Ältere gelbtonige Drehscheibenware aus dem Bergfried des „Vorderen Schlosses".

des Bergfrieds im „Vorderen Schloss" dar. Es handelt sich um Scherben „nachgedrehter" Keramik mit ausbiegenden oder schräg gestellten, überwiegend jedoch kantig oder wulstartig verdickten und leicht profilierten Randformen (Abb. 245). Umlaufende Wellenlinien sowie Einstichreihen bilden das Dekor. Kreuzförmige Bodenzeichen kommen ebenso vor wie sekundäre Durchbohrungen. Das Formenspektrum weist in das 11. und 12. Jahrhundert, wobei für einzelne Stücke auch eine Datierung vor das Jahr 1000 denkbar ist. Zu diesem Zeitansatz passen einzelne Scherben von Gefäßen der Älteren gelbtonigen Drehscheibenware mit Rändern des Typs „Jagstfeld".

Dank gilt den ehrenamtlichen Mitarbeitern Marlies Barteit-Klopp, Christa Hell, Irene Hirsch, Winfried Poldrack, Michael Weidenbacher, Falk Baur, Alexander und Maximilian Friedrich sowie der Archäologie-AG des Göppinger Mörike-Gymnasiums, dem Förderverein Burgruine Hiltenburg e. V. und einer Gruppe Tübinger Fachstudenten. Herzlich gedankt sei auch Herrn Bürgermeister Gerhard Ueding, Frau Anja Rosenberger, Frau Andrea Maier sowie den Herren Paul Miller, Oliver Scheiber und Förster Rolf Kanaske für die gute Zusammenarbeit. Die Firmen Moll, Köhler, Ziegelin und Löhle, Schweizer, Kräuterhaus St. Bernhard, das THW Gruibingen und der Gemeindebauhof haben die Arbeiten in dankenswerter Weise unterstützt.

Reinhard Rademacher

Literaturhinweise

R. Rademacher, Arch. Ausgr. Baden-Württemberg 2006, 258–261; ders., ebd. 2007, 230–233; ders. Archäologisches von der „Vestin Hiltenburk" bei Bad Ditzenbach. Hohenstaufen/Helfenstein. Hist. Jahrb. Kreis Göppingen 16, 2006 (2009) 217 ff.; K. Gruber, Die Geschichte der Hiltenburg. Teil 1: Von den Anfängen bis 1516. Ebd. 9 ff.

Baubegleitende Untersuchungen an der Deutschordenskommende Beuggen, Karsau, Stadt Rheinfelden, Kreis Lörrach

Die ehemalige Deutschordenskommende Beuggen liegt unmittelbar am rechten Ufer des Rheins (Abb. 246). Beuggen wird erstmals 1218 urkundlich erwähnt. Im Mai 1246 überträgt Ulrich von Liebenberg seine Beuggener Güter an den Deutschen Orden. Hierzu gehörten sein Hof in Beuggen, das dortige Kirchenpatronat und seine Burg. In einer Schenkung durch König Heinrich VII. im Jahr 1310 wird deren Lage als *„[domus] Bukeim prope Rynuelden in litore Reni posita"* beschrieben. Der außergewöhnliche Gebäudekomplex hat bislang keine angemessene Darstellung seiner Entstehungsgeschichte erhalten. Nach mehreren Um- und Ausbauten im Spätmittelalter und im 16. Jahrhundert erfolgte 1752–1755 eine grundlegende Umgestaltung unter dem Baumeister J. C. Bagnato. Heute beherbergt das Ensemble eine Tagungsstätte der evangelischen Landeskirche.

Abb. 246
Rheinfelden-Karsau. Die Deutschordenskommende Beuggen von Osten, Luftbild.

Durch den Neubau des Wasserkraftwerks bei Rheinfelden wird der Wasserspiegel um ca. 1,4 m ansteigen. Darum sind umfangreiche Maßnahmen an der weitläufigen, halbkreisförmig an den Fluss angelehnten Schlossanlage notwendig.

Die barocke Uferrandbefestigung

Zwischen Dezember 2007 bis März 2008 erfolgte die unterwasserarchäologische Dokumentation von Holzeinbauten an der Wasserfront der Anlage durch eine Gruppe von drei Forschungstauchern. Archäologische Befunde reichen von der „Beuggener Halbinsel" über eine Strecke von insgesamt 230 m bis zum Süden der wasserseitigen Gebäudefront. Über eine Länge von 185 m wurde eine Rahmenkonstruktion aus Kiefernstämmen beobachtet. Teile davon sind nur noch in Form von stark erodierten, in regelmäßigen Abständen aus der Uferböschung herausragenden, horizontal verlegten Hölzern nachzuweisen, die an manchen Stellen noch mit uferparallel verlaufenden, gleichartigen Stämmen vernagelt sind. An einer Stelle ist das Bauwerk aber noch so gut erhalten, dass das Konstruktionsprinzip deutlich wird (Abb. 247): Die Balken mit Durchmessern von 20–25 cm sind Teil eines Rahmenwerks, das aus ursprünglich sechs gegenläufig übereinanderliegenden, mit Kerben und Eisennägeln verklammerten Holzlagen bestand und das zum Rhein hin mit vertikalen Dalben aus Eichen gesichert wurde. In die Zwischenräume wurden Bauschutt und Erde eingefüllt, den oberen Abschluss bildete ein Steinpflaster. Die Oberkante dieser Konstruktion liegt heute etwa 1,2 m unter dem regulierten Wasserspiegel des Rheins. Nach dendrochronologischen Datierungen von Kernholz, die Dr. A. Billamboz, Landesamt für Denkmalpfle-

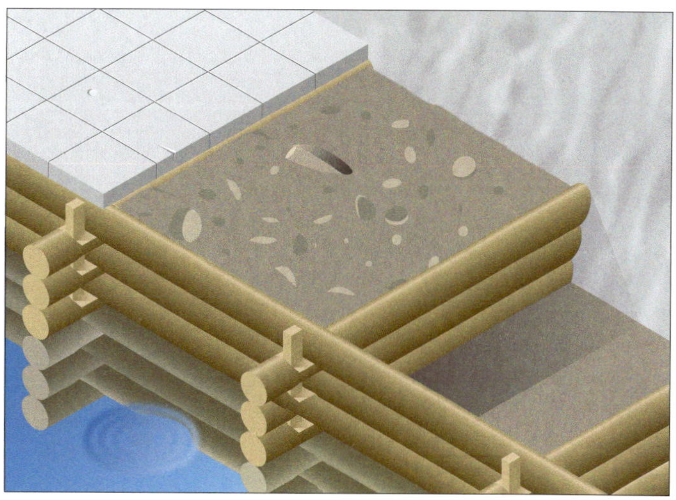

Abb. 247
Rheinfelden-Karsau. Die Uferrandbefestigung bei Schloss Beuggen. Rekonstruktion.

ge, Hemmenhofen, durchführte, ist der Bau dieser Holz-Erde-Stein-Konstruktion in die erste Hälfte des 18. Jahrhunderts zu stellen und kann, unter Berücksichtigung der fehlenden Jahrringe, mit den Umbauten Bagnatos in Verbindung gebracht werden.
Im Bereich der ehemaligen Einmündung des Mühlbaches ist die Konstruktion in Form zweier Holzwände aus fünf übereinandergelegten Rundhölzern ausgebildet, die im Abstand von einem Meter parallel verlaufen. Die in das nördlich und südlich anschließende Holzrahmenwerk eingebundene hölzerne Wasserführung ist etwas in Richtung der Strömung gedreht und steht somit schräg zum Ufer.
Im Bereich der Grabenanschlüsse war der Verbau stellenweise durch eine Steinmauer gesichert. Am nördlichen Anschluss des Wassergrabens erstreckt sich uferparallel eine fast 2 m hohe Bruchsteinmauer über etwa 13 m. Die Konstruktion schließt gegen Süden mit mächtigen, lose aufeinandergesetzten Steinquadern ab, die etwa den gleichen Winkel wie der Holzkanal des Mühlbachs einnehmen und demnach funktional ebenfalls im Zusammenhang mit der Wasserführung stehen könnten.

Die „Beuggener Halbinsel" – ein Wellenbrecher im Rhein

Die Schlossanlage liegt im Prallhang der namensgebenden Rheinbiegung bei Beuggen. Dieser Uferbereich war zu allen Zeiten erheblichen, bei Hochwässern wohl auch gefährlichen erosiven Kräften ausgesetzt. In diesem Zusammenhang muss nicht nur die befestigte Wasserfront der Anlage, sondern auch die etwa 90 m flussaufwärts gelegene, etwa 15 m weit in den Fluss ragende Halbinsel gesehen werden. Der Geländesporn ist in gleicher Weise wie das Ufer mit Hölzern und Steinen verbaut. Er diente als Wellenbrecher und veränderte die Strömungsverhältnisse des Rheins. Unterhalb der „Beuggener Halbinsel" dreht die Rheinströmung zu einem starken, flussaufwärts gewandten Widerwasser. Beim Schloss entstand so eine Stelle, an der man Ruder- oder Segelschiffe ungefährdet anlanden kann.
Der „Beuggener Halbinsel" kommt damit eine Schlüsselrolle im Verständnis der Unterwasserbefunde zu. Ein aus tiefem Wasser aufragender Nagelfluhfels war vermutlich schon für die Erbauer der Burg Beuggen für die Wahl des Ortes entscheidend. Dieser wurde künstlich zur „Halbinsel" erweitert und als Boll- und Leitwerk gegen das Wasser ausgebaut.

Baubegleitende Untersuchungen der Fundamente

Aufgrund des geplanten Höherstaus des Rheins um ca. 1,4 m wird die Sicherung der Mauerwerke der unterkellerten Gebäude gegen aufsteigende Feuchtigkeit notwendig. Betroffen sind das Alte und Neue Schloss, das südlich davon gelegene ehemalige Pfarrhaus und die daran anschließende Mühle – für diese Maßnahme wird ein mindestens 2,5 m breiter Streifen bis zur Sperrschicht 271,25 m ü. NN (d. h. bis zu 5 m unter Laufniveau) abgegraben werden. In den fraglichen Bereichen droht der Totalverlust wichtiger Baubefunde, insbesondere Schichtanschlüsse und Fundamente der zu erwartenden Vorgängerbauten.
Erste Befunde wurden zwischen Alter Burg und Pfarrhaus freigelegt. Die südliche Außenfassade des Alten Schlosses, des wohl ältesten Anbaus an die Kernburg, ist als lagiges Kalksteinmauerwerk mit einem Kalkputzüberzug in Pietra-rasa-Technik ausgebildet. Der untere Rand des Putzes markiert das mittelalterliche Laufniveau, das etwa 2,5 m unter der heutigen Hoffläche lag. Eine Umfassungsmauer schloss das Burggelände zum Rhein hin ab (Abb. 248).
Das Areal zwischen Pfarrhaus und Alter Mühle war bis zu 3 m hoch mit neuzeitlichen Planierschichten aufgefüllt, darunter fand sich eine zweiphasige, aufgedoppelte Umfas-

sungsmauer des Schlossgeländes zum Rhein hin mit anschließendem Kopfsteinpflaster. Innerhalb der Einfriedung lag eine barockzeitliche Latrine. Im Süden der Alten Mühle wurden zwei nach außen angebaute Backöfen unter mächtigen neuzeitlichen Aufschüttungen erfasst.

Schlussbemerkungen

Die baubegleitenden Untersuchungen erfolgten unter großem Zeitdruck in enger Abstimmung mit den vor Ort tätigen Baufirmen. Für die Koordinierung des reibungslosen Ablaufs und die finanzielle Unterstützung der Maßnahme ist der Energiedienst AG – stellvertretend Projektleiter Frank Pelzer – herzlich zu danken. Dank gilt auch der Evangelischen Landeskirche, insbesondere der Leiterin der Tagungsstätte Frau Petra Rieckmann. Noch vor Abschluss der Arbeiten zeichnen sich bereits interessante Ergebnisse ab. Die in Beuggen beobachtete frühneuzeitliche Uferrandverbauung ist bislang am Hochrhein ohne Vergleich. Die Erdgeschosse der spätmittelalterlichen Bauten entlang des Rheins wurden erst durch massiven Geländeauftrag zu Kellern. Über den Fortgang der Untersuchungen wird im kommenden Band abschließend berichtet werden.

Bertram Jenisch, Martin Mainberger

Abb. 248
Rheinfelden-Karsau. Mittelalterliches Laufniveau zwischen Altem Schloss und Pfarrhaus. Die Umfassungsmauer weist hier eine Pforte zum Rhein auf.

Literaturhinweise

D. Zimdars/G. Eckstein, Die ehemalige Deutschordenskirche in Beuggen. Landesdenkmalamt Baden-Württemberg Arbeitsh. 6 (Stuttgart 1999); B. Jenisch/M. Mainberger, In litore Reni posita – am Ufer des Rheins gelegen. Arch. Deutschland 4/2008, 38f.

Neufunde aus der Grube Teufelsgrund im Münstertal, Gde. Münstertal, Kreis Breisgau-Hochschwarzwald

Das Münstertal gehört zu den ältesten urkundlich erwähnten Bergbaugebieten im Schwarzwald. In der Schenkungsurkunde Kaiser Konrads II. an das Stift Basel aus dem Jahre 1028 werden mit den Bergwerken Kropbach, unterem und oberem Steinbronnen die Montanbetriebe erstmals urkundlich erwähnt. Blütezeiten erlebte der Bergbau im 13./14. und 16. Jahrhundert. Der Dreißigjährige Krieg führte wie auch in anderen Revieren zur Stilllegung der Gruben. Während des 18. Jahrhunderts konnte sich das Montanwesen nicht erholen und wurde kurz nach 1800 eingestellt. Ab 1808 wurde mit Unterbrechungen bis 1958 Bergbau betrieben, der nach dem Zweiten Weltkrieg durch den Abbau von Fluorit nochmals Bedeutung erlangte. Seit 1970 befindet sich im 1952 aufgefahrenen Friedrichstollen der Grube Teufelsgrund ein Besucherbergwerk.

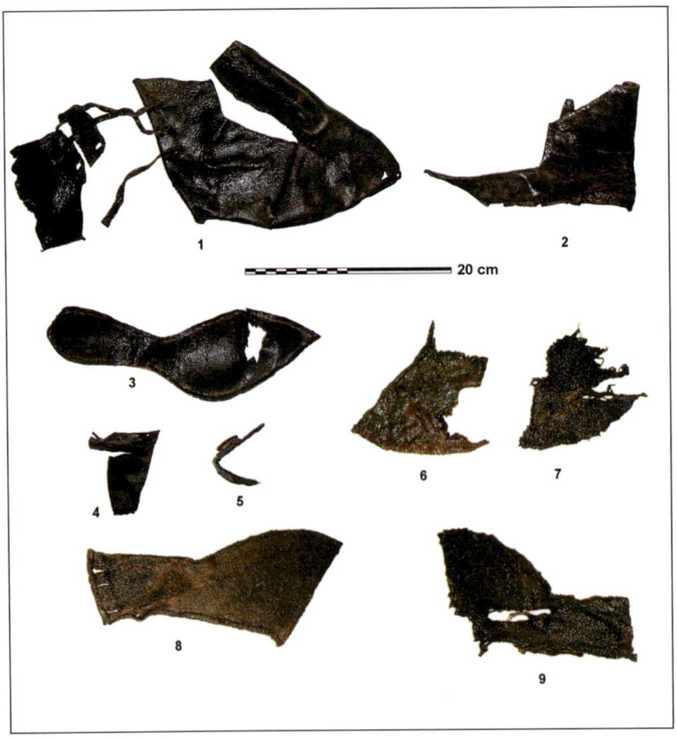

Abb. 249 Münstertal, Grube Teufelsgrund. Schuhteile aus dem Abbau über dem Friedrichstollen. 1 Oberleder mit Riemen; 2 Ferse; 3 Sohle; 4 Einsatz; 5 Verstärkung; 6–9 Teile der Stofffütterung.

Spätmittelalterlicher Abbau und Funde

Im Zuge von Instandhaltungs- und Erweiterungsarbeiten wurde von den „Markgräfler Höhlenforschern“ und der örtlichen Arbeitsgruppe in der Grube Teufelsgrund 200 m unter der Tagesoberfläche und ca. 600 m vom Mundloch des Friedrichstollens entfernt ein alter, 5 m hoher und 9 m langer Abbau entdeckt, der in den 1950er Jahren vom Stollen aus angefahren worden war. Auch im Stollen selbst konnten Reste älterer Grubenbaue festgestellt werden. Der Abbau zeigt mehrere perlschnurartig übereinander angeordnete Örter. Sie sind jeweils ovalförmig, ca. 1,20 m hoch und 0,50 m breit. An den Abbauwänden haben sich in Bögen geführte Prunen erhalten. Vor Ort lagen noch die Stiele von Bergeisen und ein Sitzbrett. Auf die Sohle waren Bretter gelegt worden. Die Kanten der äußeren Bretter waren dem Verlauf der Stöße (Wände) angepasst worden. Eines der Hölzer wurde im Dendrochronologischen Labor des Landesamtes für Denkmalpflege, Hemmenhofen, untersucht und in die Zeit um 1406 datiert. Auch die Arbeitsspuren können unter Berücksichtigung des Gesamtkontextes damit dem beginnenden 15. Jahrhundert zugewiesen werden. Sie sind für den Schwarzwald der bisher älteste Nachweis der „klassischen“ Prunarbeit (Arbeit mit Schlägel und Eisen) im archäologischen Befund. Aus dem Schlamm vor der Ortsbrust wurden Teile vermutlich eines Lederschuhs oder auch mehrerer Schuhe mit Stofffütterung geborgen (Abb. 249). Die Sohle ist spitz zugeschnitten. Sie zeigt Flickspuren und ist durchgelaufen. Das Oberleder besteht aus einem Hauptstück und ergänzenden Teilen,

die stoßend aneinandergenäht wurden. Ähnliche Schuhe und Schnürungen finden sich abgebildet im Londoner Exemplar der „Reisen des Ritters John Mandeville“ aus der Zeit nach 1411 und auch noch im sogenannten „Mittelalterlichen Hausbuch“ sowie auf Kupferstichen von Israhel van Meckenem Ende des 15. Jahrhunderts.
Auf der Sohle des modernen Friedrichstollens zweigt eine kleine Strecke ab, die in Schlägel-Eisenarbeit vorgetrieben wurde. Nach wenigen Metern gelangt man zunächst in einen kleinen Abbau mit Holzbühne, bevor sie im Gangstreichen weiterführt und dann endet. Auf dieser Strecke wurde unter der Firste eine Zwischendecke eingezogen: Auf zwischen die Wände geklemmte Querhölzer wurden Bretter gelegt und mit Moos abgedichtet (Abb. 250). Bei dieser Konstruktion handelt es sich um einen sogenannten Wetterscheider. Die verbrauchte, warme Luft zog in dem abgetrennten Bereich ab, frische Luft konnte darunter nachziehen. Solche Vorrichtungen wurden vor allem in Bereichen eingesetzt, in denen kaum natürliche Luftzirkulation herrschte. Die Bretter dieser Konstruktion konnten dendrochronologisch um 1411 datiert werden. Der Befund ist damit bisher der älteste erhaltene Wetterscheider, nicht nur in Baden-Württemberg.

Bergbauspuren und Aufbereitung über Tage

Über Tage hat der Bergbau deutliche Spuren insbesondere in Form von Halden und Verhauen auf dem Schindlergang hinterlassen, die nicht als Tagebaue, sondern als verbrochene oberflächennahe untertägige Abbaue anzusprechen sind. Der zeitliche Ablauf des Bruches kann je nach geologischen Gegebenheiten, Abbauverfahren usw. entweder sehr kurz oder Jahrzehnte und länger dauern.
Auf den Halden befanden sich weitere Einrichtungen des Montanbetriebes, wie z. B. zwei Bergschmieden, von denen eine durch Keramikfunde in das 14./15. Jahrhundert datiert werden kann. Ferner ist ein annähernd rechteckiger Pochstein aus lokal anstehendem Porphyr Zeugnis für die Erzaufbereitung in Form der sogenannten Handscheidung. Ähnliche Formen sind vor allem von Darstellungen des 16. Jahrhunderts bekannt.
Im Tal sind Funde zahlreicher Erzmühlsteine bekannt, die jedoch nicht im Befundkontext dokumentiert wurden. Die genauen Fundorte sind meist ebenfalls nicht gesichert und können lediglich über Vergleiche ins Mittelalter datiert werden. An bzw. in der Grube Teufelsgrund werden ebenfalls einige Exemplare aufbewahrt (Abb. 251). Bis auf einen aus Gneis bestehen alle Mühlsteine aus Porphyr, der von der Petrologie her die geeignetste Mahlfläche bietet. Die Blöcke wurden vermutlich aus den Bachbetten von Muldenbach und Neumagen geholt und lediglich

Abb. 250
Münstertal, Grube Teufelsgrund. Spätmittelalterlicher Wetterscheider.

Abb. 251
Münstertal, Grube Teufelsgrund. Erzmühlstein vor dem Friedrichstollen.

grob in Form geschlagen. Die Mahlflächen weisen konzentrische Rillen bzw. Mahlspuren auf. Einkerbungen für eine zweiflügelige Haue deuten auf wassergetriebene Mühlen. Die Bohrungen für die Achse wurden von zwei Seiten ausgeführt.
Die montanarchäologischen Funde und Befunde in der Grube Teufelsgrund gehen weit über die lokalhistorische Bedeutung hinaus und führen erneut vor Augen, dass bei Aufwältigungen unter Tage entsprechend vorsichtig gearbeitet werden muss und eine archäologische Fachbetreuung erforderlich ist. Den „Markgräfler Höhlenforschern" und der lokalen Arbeitsgruppe der Grube Teufelsgrund ist für die Möglichkeit zur Dokumentation der montanarchäologisch bedeutenden Funde zu danken.

Martin Straßburger

Literaturhinweise

J. Krása (Hrsg.), Die Reisen des Ritters John Mandeville: Achtundzwanzig kolorierte Silberstiftzeichnungen auf Pergament von einem Meister des Internationalen Stils aus dem Umkreis des Hofes König Wenzels von Böhmen, British Library (Add. ms. 24189) (München 1983);
O. Plaßmann (Red.), Israhel van Meckenem. Kupferstiche des späten Mittelalters aus Westfalen. Ausstellungskat. Mus. im Kloster Grafschaft (Paderborn 2000).

Fundmünzen aus Württemberg

Der Anfall an Fundmünzen blieb im Berichtsjahr vergleichsweise gering. Es wurden ungefähr 60 Stücke erfasst, die zum größten Teil aus aktuellen Grabungen und Untersuchungen des Landesamts für Denkmalpflege stammten. Die Fortsetzung der Grabungen in Rottweil (Linden-/Hoferstraße) und Neuenstadt am Kocher (Flur Mäurich) erbrachte im einen Fall zehn und im anderen fünf Münzen. Sozusagen in Amtshilfe wurde ein Fundkomplex von 23 Stücken aus Bruchsal (John-Bopp-/Blumenstraße) bestimmt. Erst jetzt wurde eine Gruppe von dreizehn Münzen aus der 2001 im *vicus* von Jagsthausen durchgeführten Notgrabung (Sennenfelder Str. II) registriert. Sonst handelte es sich um Einzel- und Streufunde, die meist von privater Seite vorgelegt wurden.

Römische Fundmünzen

Die Rottweiler Gruppe besteht aus neun Prägungen der Kaiser Vespasian, Domitian und Trajan, die alle datiert sind und dem Zeitraum von 72/73 bis 101/102 n. Chr. angehören. Dazu kommt als außergewöhnliches Fundstück eine Tessera (münzähnliche Marke) mit Modius (Scheffel) und Vase, die vielleicht als Wertmarke für Getreide verwendet wurde und wohl zur gleichen Zeit wie die Münzen entstanden ist (Abb. 252 d). Diese setzen mit einem Dupondius des Vespasian ein (Abb. 252 a), an den sich zwei Ausgaben für und von Domitian anschließen (Abb. 252 b, c). Darauf folgen fünf Asse und ein Dupondius des Trajan, von denen jeweils drei Stücke auf die Jahre 98/99 und 101/102 entfallen (Abb. 252 e–g). Mindestens vier davon zeigen als Rückseitendarstellung die nach links schreitende Victoria, die einen Schild mit der Aufschrift SPQR hält (Abb. 252 e, f). Neben den üblichen Prägungen besonders aus der zweiten Hälfte des 2. Jahrhunderts n. Chr. erbrachte die Grabung in Neuenstadt dieses Mal mit einem 255/256 in Rom geprägten Antoninian des Valerian I. auch eine deutlich spätere Münze, die bereits in die Zeit des „Limesfalls" führt (Abb. 253 c). Die Vorderseite trägt das Porträt des Kaisers mit

Abb. 252
Rottweil. Römische Fundmünzen. Dupondien des Vespasian (a), Domitian (c) und Trajan (g). Asse des Domitian (b) und Trajan (e, f). Münzähnliche Marke mit Scheffel und Vase (d). M. 1:1.

der für dieses Nominal typischen Strahlenkrone, während auf der Rückseite die Personifikation der Laetitia (Freude) erscheint, die gerade diesem Kaiser, der in persischer Gefangenschaft starb, nicht besonders wohl gesonnen war. Die anderen Funde aus Neuenstadt waren ein stark abgenützter Dupondius des Hadrian (Abb. 253 a), ein Sesterz und ein Dupondius des Mark Aurel aus den Jahren 174/175 und 177/178 n. Chr. (Abb. 253 b, d) sowie eine Bronzemünze von dessen Frau Faustina II. (Abb. 253 e).
Wie ein Sesterz der vergöttlichten Faustina I. als relativ gut erhaltenes Stück illustriert (Abb. 253 h), konzentrieren sich die sonst ziemlich abgenützten und korrodierten Bronzemünzen aus der Serie der Jagsthausener Funde mit Stücken von Trajan, Hadrian, Antoninus Pius, Mark Aurel (als Caesar) und Faustina II. (noch unter Antoninus Pius) ebenfalls auf das 2. Jahrhundert n. Chr. Gleichsam den Rahmen für diese Gruppe bilden aber zwei Denare aus dem 1. und 3. Jahrhundert. Beim Ersteren handelt es sich um eine Ausgabe des Vespasian, deren Rückseite für eine Sekundärverwendung als Applike o. Ä. abgeschliffen wurde (Abb. 253 i), und das Schlussstück ist eine in den Jahren 201 bis 210 n. Chr. entstandene Prägung des Septimius Severus, deren Rückseite den Kaiser als Friedensstifter präsentiert (Abb. 253 k).
Als Einzelfunde römischer Münzen werden vier Stücke im Bild vorgestellt. Das älteste Gepräge ist ein im Jahre 80/81, also während der Regierungszeit des Kaisers Titus, für Domitian hergestellter As aus Gomadingen, Kreis Reutlingen (Abb. 253 f). Dann folgt ein 151/152 n. Chr. geprägter Dupondius des Antoninus Pius aus Schwaikheim,

Abb. 253
Römische Fundmünzen von verschiedenen Orten. Dupondius des Hadrian (a), Sesterz und Dupondius des Mark Aurel (b, d), Bronzemünze der Faustina II. (e), Antoninian des Valerian I. (c) aus Neuenstadt am Kocher. As des Domitian aus Gomadingen (f). Dupondius des Antoninus Pius aus Schwaikheim (g). Sesterz der Faustina I. (h) sowie Denare des Vespasian (i) und Septimius Severus (k) aus Jagsthausen. Sesterz des Lucius Verus aus Lauterstein-Weißenstein (l). Doppelmaiorina des Magnentius aus Münsingen (m). M 1:1.

Rems-Murr-Kreis (Abb. 253 g). Ferner war aus Schwaikheim ein schlecht erhaltener As des Hadrian zu verzeichnen. Eine weitere Kupfermünze dieses Kaisers, bei der es sich wegen des geringen Gewichts vermutlich um eine sogenannte Limesfälschung handelt, kam in der Umgebung von Owen/Teck (Kreis Esslingen) zum Vorschein. Geschenkt wurde dem Münzkabinett des Landesmuseums Württemberg ein Sesterz des Lucius Verus aus dem Jahre 166 n. Chr., der um 1910 beim Sandgraben in der Sandgrube von Weißenstein (heute Lauterstein, Kreis Göppingen) gefunden worden war und seitdem in der Familie des Finders aufbewahrt wurde (Abb. 253 l). Die Rückseitendarstellung der Münze zeigt eine Victoria, die einen Schild mit einer Siegesinschrift auf den Stumpf einer Palme aufsetzt, und erinnert so an den Partherfeldzug des Kaisers. Die mit Abstand jüngste römische Münze war schließlich eine in Lyon (Lugdunum) geprägte Doppelmaiorina des von 350 bis 353 n. Chr. im Westen des Imperium Romanum regierenden Kaisers Magnentius, die bei Münsingen (Kreis Reutlingen) gefunden wurde (Abb. 253 m). Das für diesen Münztyp charakteristische Rückseitenmotiv, das aus einem großen, von Alpha und Omega flankierten Christogramm besteht, kommt nur bei Magnentius und seinem Bruder Decentius vor.

Ein Münzschatz aus dem Dreißigjährigen Krieg

Der kleine Münzschatz aus Bruchsal, der im Dreißigjährigen Krieg, und zwar in der Zeit um 1630 verborgen wurde, setzt sich aus drei recht unterschiedlichen Bestandteilen zusammen. Die von der Münzgröße her augenfälligste Gruppe bilden acht französische Douzain-Stücke, die den Namen und Titel Ludwigs XIII. (1610–1643) tragen (Abb. 254 a–h). Es handelt sich um illegale Ausgaben von minderem Gehalt und grober Machart, die in der Zeit von 1625 bis 1628/1629 in den damals vom König belagerten „Festungen“ und Hochburgen der Hugenotten wie Marans, La Rochelle und Montauban entstanden sind. Die Münzen tragen den gekrönten Lilienschild und ein Kreuz mit vier Kronen in den Winkeln. Ihre flüchtige und schlampige Herstellung zeigt sich darin, dass Einzelheiten wie die Münzstättenbuchstaben und Jahreszahlen überhaupt nicht zu erkennen oder nicht eindeutig zu lesen sind sowie dass verwilderte Umschriften, seitenverkehrte Buchstaben und Doppelschläge vorkommen. Eine zweite Gruppe von vier Münzen aus den Jahren 1622 und 1624 umreißt das geografisch-politische Umfeld des seinerzeit zum Bistum Speyer gehörenden Fundorts: ein undatiertes, aber 1622 entstandenes badisches 8-Pfennig-Stück (Abb. 254 i), ein württembergischer Schilling desselben Jahres (Abb. 254 m) sowie je ein 1624 geprägtes 2- und ein 1-Kreuzer-Stück des Kurfürsten Maximilian I. von Bayern aus der ehemals kurpfälzischen Münzstätte in dem 1621 eroberten und ihm zugefallenen Heidelberg (Abb. 254 k, l). Die dritte Gruppe besteht aus zehn ober- und mittelrheinischen Schüsselpfennigen des 16. und 17. Jahrhunderts. Ungefähr gleichzeitig wie die Münzen der ersten beiden Gruppen dürften fünf undatierte und schwer einzugrenzende Straßburger Ausgaben mit der Lilie und dem darunterstehenden Schrägbalkenschild sein (Abb. 254 n–r). Etwas älter ist vermutlich ein beschädigtes Exemplar aus Hagenau mit dem Rosenwappen (Abb. 254 s). Eine Prägung des Albrecht von Nassau-Weilburg (1559 bis 1593) kann trotz seiner langen Regierungszeit mit Hilfe der Münzakten auf die Jahre 1590–1593 festgelegt werden (Abb. 254 t). Nicht zu erkennen ist die Jahreszahl, die vermutlich (15)70 lautet, auf einer Ausgabe des Trierer Erzbischofs Jakob III. von Eltz (1567 bis 1581) (Abb. 254 u), während ein Pfennig seines Nachfolgers Johann VII. von Schönenberg (1561–1599) auf (15)92 datiert ist (Abb. 254 v). Das späteste Einzelstück in der dritten Gruppe ist ein sogenannter Spruchpfennig von Solms, der keine Jahreszahl aufweist, aber laut archivalischer Nachrichten

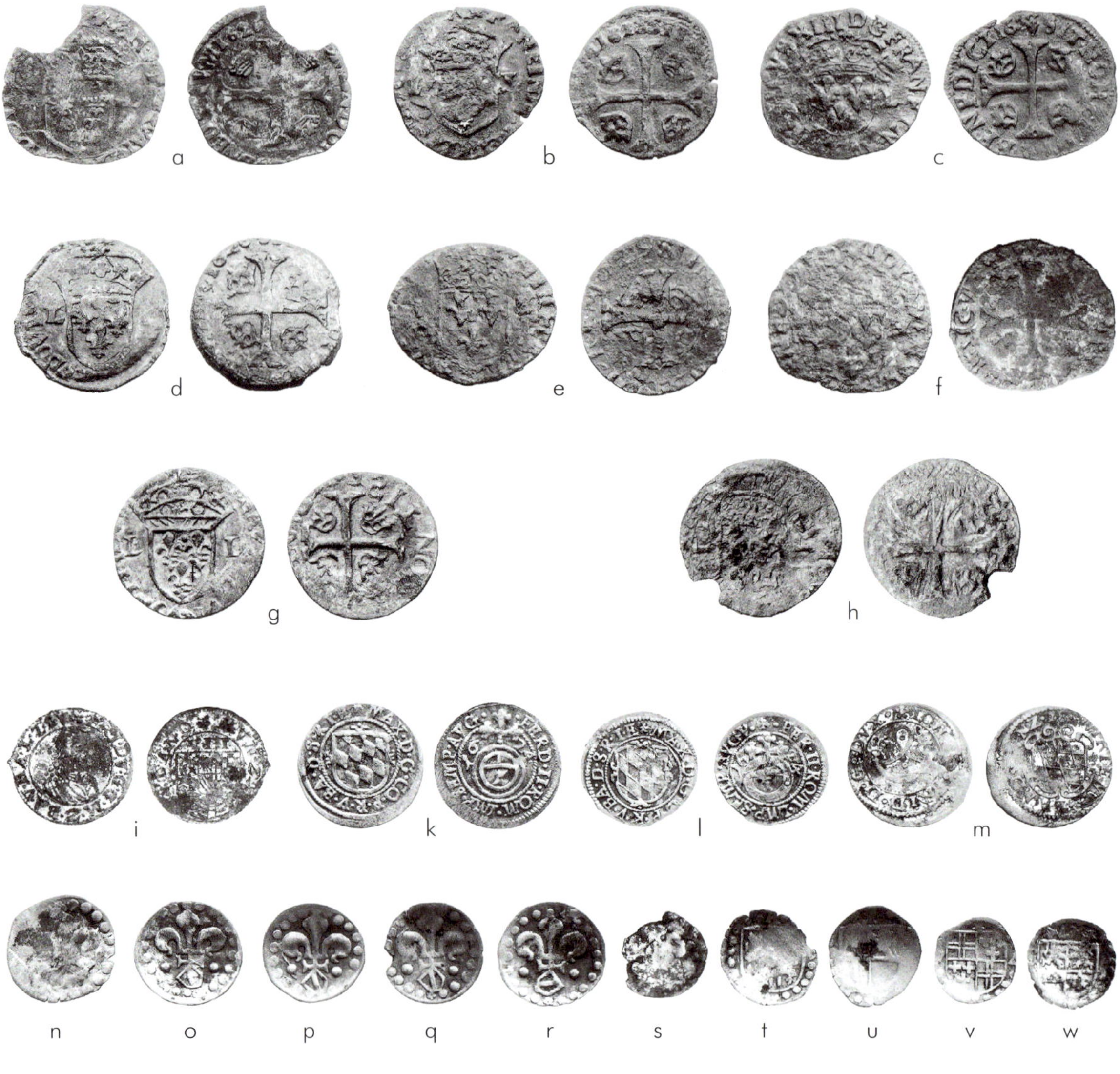

Abb. 254
Bruchsal. Münzschatz aus dem Dreißigjährigen Krieg. Französische Douzain-Stücke, ca. 1625 bis 1629 (a–h), badisches 8-Pfennig-Stück, o. J. (i), pfalz-bayerisches 2- und 1-Kreuzer-Stück, 1624 (k, l), württembergischer Schilling, 1622 (m), Straßburger Pfennige, o. J. (n–r), Hagenauer Pfennig, o. J. (s), Nassauer Pfennig, o. J. (t), Trierer Pfennige, 1570 (?) und 1592 (u, v), Solmser Pfennig, o. J. (w). M. 1:1.

nur 1612 entstanden sein kann (Abb. 254 w). Er trägt über dem Wappenschild statt der Initiale des Münzherrn die Abkürzung SDG (für Soli Deo Gloria = Gott allein sei Ehre!).

Einzelfunde

Als wesentlichere mittelalterliche und neuzeitliche Einzelfunde seien abschließend

Abb. 255
Mittelalterliche und neuzeitliche Fundmünzen von verschiedenen Orten. Augsburger Pfennig o. J. von der Schwäbischen Alb (a). Pfalz-Neuburger Batzen 1519 vom oberen Neckar (b). Luzerner Vierer o. J. aus Hohenlohe (c). Groschen Ferdinands II. 1629 aus Horb-Rexingen (d). M. 1:1.

noch vier Münzen herausgegriffen. Drei davon – ein Gemeinschaftspfennig von Stadt und Bistum Augsburg aus der Zeit um 1441 (Abb. 255 a), ein 1519 geprägter Batzen der Pfalzgrafen Ottheinrich und Philipp von Pfalz-Neuburg (Abb. 255 b) sowie ein Luzerner Vierer aus der Zeit um 1561 (Abb. 255 c) – stammen von Burgen auf der Schwäbischen Alb, am oberen Neckar und im Hohenlohischen. Außerdem wurde schon vor einiger Zeit bei Gartenarbeiten in Rexingen (Stadt Horb, Kreis Freudenstadt) ein Groschen (3-Kreuzer-Stück) Kaiser Ferdinands II. von 1629 aus der Münzstätte Graz gefunden (Abb. 255 d).

Ulrich Klein, Matthias Ohm

Ortsregister

Grabungstechnik, Grafik, Zeichnungen, Fotografie, Restaurierung

R. Auch, D. Bibby, T. Biel, M. Bischler, R. Boes, G. Born-Wirth, A. Bücheler, E. Bürk, B. Cüppers, M. Dauner, H. Deniffel, A. Dittus, H. Eberspächer, N. Ebinger-Rist, U. Ehinger, P. Eisinger, M. Erne, P. Eule, Th. Freier, K. Fisch, L. Fischer, A. Harwath, B. Hausner, A. Hipp-Mannschott, I. Hofmann, W. Hohl, W. Horst, H. Hüther, U. Jondral, A. Kalkowski, J. Kordsmeyer, T. Kreß, U. Krissler, St. Lamperts, H. Lang, A. Lerch, M. Lingnau, I. Marszalek, H. Masula, S. Mehret, Y. Mühleis, B. Nädele, B. Nägele, C. Nübold, St. Papadopoulos, H. Peters, S. Reißing, J. Ritz, E. Rümmele, K. Salmon, Th. Schlipf, R. Schmeil, H. Schmierer, Ch. Schwarzer, R. Staub, H. Steinwand, A. Striffler, S. Sutt, A. Szymanski, H.-J. Teufel, D. Tschocke, C. Urbans, M. Vöhringer, B. Volkmer, M. Weber, Th. Wehler, M. Weissert, Ch. Wulfmeier, K. Zarrad.

Bildnachweis

Amt für Archäologie des Kantons Thurgau: 29
Arch. Landesmuseum Baden-Württemberg, Konstanz, M. Schreiner: 80
ArcTron GmbH, Altenthann: 51, 52
Axolair, Freiberg a. N. (I. Pfeil): 118
M. Benner, Heidelberg: 196, 200, 201
K. Bode, Friedrichshafen: 244, 245
V. Bohnert, Karlsruhe: 167
O. Braasch, Landshut: 17, 27, 55, 93, 206, 208, 246
J. Engel: 71
D. Geistmann, Singen/Landratsamt Konstanz, Kreisarchäologie: 34, 76
GLA Karlsruhe, H, BS-II/65 (Ausschn.): 231
GGU Gesellschaft für Geophysikalische Untersuchungen, Karlsruhe: 209
P. Hankl, Heidenheim: 165
S. K. Harris/Grundlage DGM: ASTER-Satelliten-Daten (USGS/NASA): 15
S. K. Harris/C. Knipper: 16
HStA Stuttgart, H 107/14 Bd. 6, Vorlage und Aufnahme: 236
Heidelberger Akademie der Wissenschaften, Projekt: The Role of Culture in Early Expansions of Humans, Univ. Tübingen, M. Malina: 2
Hochschule für Jüdische Studien Heidelberg, M. Göckel: 198
M. Hoeper, Freiburg: 225–227
W. Joachim, Stuttgart: 130, 131
M. A. Jochim, Santa Barbara: 12–14
St. Killinger, Mössingen: 228
Kreisarchäologie Göppingen, R. Rademacher: 242, 243
Landesmuseum Württemberg, Stuttgart, U. Klein: 252–255
Landratsamt Konstanz, Kreisarchäologie: 35, 36, 77– 79, 81, 168–170
M. Mainberger: 28, 30 (mit LAD); 33
T. Meyer/G. Bullinger, Malsch: 233
M. Mörtel: 31
A. Müller, Teraqua, Freiburg (Doku.): 24
Peh & Schefcik Kartographie, Eppelheim: Karte S. 8; 176, 181, 193, 194 (Grundlagen LAD/RP KA)
Reiss-Engelhorn-Museen Mannheim, Arch. Denkmalpflege und Sammlungen: 66, 67, 163, 164, 204, 205
J. Risse (Grundriss)/Peh & Schefcik Kartographie (Ergänzungen): 214
Römisches Freilichtmuseum Hechingen-Stein, St. Schmidt-Lawrenz: 139, 140
B. Säubert, Karlsruhe: 199
K. Schindwolf, Heidenheim: 166
Th. Schwarz, Urbach: 222 224, 237, 239 (Vorlagen: RP Stuttgart, Ref. 25)
U. Seitz-Gray, Frankfurt am Main: 124
Stadt Ulm, Abt. Vermessung/LAD: 189
Stadtarchiv Maulbronn: 216
Stadtbibliothek Nürnberg, Amb. 317.2° fol. 4v: 188
M. Straßburger, Bollschweil: 249–251
Terrana Geophysik, Mössingen: 53, 132, 232
D. Tonn, Karlsruhe/RP KA: 106, 117
Universität Frankfurt, Institut für Archäologische Wissenschaften: 60–65
Universität Freiburg, Provinzialrömische Archäologie: 121–123
Univ. Tübingen, Inst. für Ur- u. Frühgesch. u. Arch. des Mittelalters: 47, 229, 230; R. Ehmann, S. C. Feine (Zeichnungen)/K. Koll (Montage): 1; H. Jensen: 3, 4; K. Koll: 5; R. Ehmann (Zeichn. 1–8), E. Ghasidian (Zeichn. 9–13)/S. Rudolf, T. Verrept (Montage): 6; J. Lipták: 7
Universitätsbibliothek Heidelberg, Cod. Pal. germ. 848, 349r: 183
Ch. Vossler: 212; mit M. Wolf (Plangrundlage: Leibniz 1858): 211
H. Wagner: 207 (Vorlage)/RP Freiburg (Grafik); 234, 235
F. Zuccaro, Mudau: 109

Alle anderen: Landesamt für Denkmalpflege im Regierungspräsidium Stuttgart und die Fachreferate für Denkmalpflege in den Regierungspräsidien

Der Förderkreis Archäologie in Baden und die Gesellschaft für Archäologie in Württemberg und Hohenzollern wollen die interessierte Öffentlichkeit mit den großen Denkmälern unserer südwestdeutschen Vorzeit vertraut machen. Sie versuchen dies durch Veröffentlichungen, durch Lichtbildervorträge im Land, durch Exkursionen im In- und Ausland und durch jährliche Zusammenkünfte zu erreichen. Die beiden Vereinigungen arbeiten eng mit der Archäologischen Denkmalpflege zusammen. Sie sind gemeinnützige Vereine, die ein Maximum an Information bei einem Minimum an Kosten vermitteln wollen. Helfen auch Sie durch Ihren Beitritt mit, das Wissen um das große historische Erbe unseres Landes zu fördern und dem drohenden Verfall bedeutender Kulturdenkmäler entgegenzuwirken!

Auskünfte und Rat erteilen:

Gesellschaft für Archäologie
in Württemberg und Hohenzollern,
Berliner Straße 12, 73728 Esslingen,
Telefon (0711) 90445-416;
E-Mail: info@gesellschaft-archaeologie.de

Förderkreis Archäologie in Baden,
Kurpfälzisches Museum
Dr. Renate Ludwig
Schiffgasse 10, 69117 Heidelberg,
Telefon (06221) 5834180,
E-Mail: info@foerderkreis-archaeologie.de

Landesamt für Denkmalpflege im
Regierungspräsidium Stuttgart,
Berliner Straße 12, 73728 Esslingen,
Telefon (0711) 90445-501, -401
E-Mail: poststelle@rps.bwl.de
Internet: www.denkmalpflege-bw.de

mit den Referaten für Denkmalpflege
in den Regierungspräsidien
Karlsruhe – Moltkestraße 74,
76133 Karlsruhe, Telefon (0721) 926-4801;
Freiburg – Günterstalstraße 67,
79083 Freiburg, Telefon (0761) 20835-70;
Tübingen – Alexanderstraße 48,
72074 Tübingen, Telefon (07071) 913-200.